冯尔康文集

冯尔康 著

师友述怀·序跋札记

南开大学历史学院◎编

天津出版传媒集团
天津人民出版社

图书在版编目(CIP)数据

师友述怀·序跋札记 / 冯尔康著 ; 南开大学历史学院编. ——
天津 : 天津人民出版社, 2019.9
　(冯尔康文集)
　ISBN 978-7-201-15065-9

　Ⅰ.①师… Ⅱ.①冯… ②南… Ⅲ.①社会科学–文
集 Ⅳ.①C53

中国版本图书馆 CIP 数据核字(2019)第 156788 号

师友述怀·序跋札记
SHIYOU SHUHUAI XUBA ZHAJI

出　　版	天津人民出版社
出 版 人	刘　庆
地　　址	天津市和平区西康路 35 号康岳大厦
邮政编码	300051
邮购电话	(022)23332469
网　　址	http://www.tjrmcbs.com
电子信箱	reader@tjrmcbs.com

策划编辑	韩玉霞
责任编辑	韩玉霞
装帧设计	明轩文化·王烨

印　　刷	河北鹏润印刷有限公司
经　　销	新华书店
开　　本	710 毫米×1000 毫米　1/16
印　　张	29.5
插　　页	4
字　　数	500 千字
版次印次	2019 年 9 月第 1 版　2019 年 9 月第 1 次印刷
定　　价	270.00 元

前　言

　　本卷题名"师友述怀·序跋札记",概括所收入文章的内容,其中缅怀恩师学友的文字,是本卷重点所在。

　　我的求学时代,以批判资产阶级知识分子为主流观念,没有感谢老师的意识,这是一个原因;另一方面年轻人不免有点狂妄,对老师传授的知识往往不以为意。但工作之后,特别是越成熟了,我越感到老师的授课内容和为人师表的可贵,越增加了感激师恩的情愫。我不时回忆与老师相处的点点滴滴往事,感到是那样的温馨。

　　郑毅生天挺师总是那样慈祥地面带笑容,从不对人疾言厉色,我记得有两次,他和颜悦色地教导了我。一次是20世纪80年代初中国科学院历史所召开国际学术研讨会,我原本要出席可是却没有去,毅生师说你应当去。另一次是毅生师主编的《中国历史大辞典》在天津召开工作会议,我在上课之后才到会,毅生师问我怎么才来。我明白,他希望我出席国际学术会议,是让我有机会被学界认识,也是表示南开大学历史系有人从事相关研究;他要我早点到会,是想让我为辞书编辑工作多做点事。不久,他对我说,听说你入党了,要做些社会工作了。他这些含蓄的批评,是希望我上进,是有"望子成龙"的味道啊!每念及此,感激之情油然而生。每当回忆起与郑毅生师、吴廷璆师、杨佩之志玖师、杨生茂师、黎国彬师的往事,我都有幸运兼幸福之感。所以我就主动写了《我的南开老师》等系列文章,收入本卷,也有与读者共享的意思。

　　我感谢学生对我的友爱,写了《独立治学能力的培养——我和学生的真挚友情》一文,其中说到教学相长,举出我从杜家骥、常建华、张仁善等人得到帮助的事例。从学术上得到学生的启发,这类的事情也有很多,所以我总是将学友的好处念念于怀。

　　本卷收有多篇序言、书评,它的产生,有的是老师、好友命题的,有的是出版社、杂志社提议的,有的是只有一面之交者提出来的,我是以友情为重的人,凡有意者,我都应承,都写文交卷。本卷收录的序言只是一部分,还有一些则根据其内容编进文集的其他卷中。按理应不论序言内容皆归为一卷,现在的处理不足为训,权且而已。

书评之作,我是好话多,坏话少,但都会有的。但以书评应能够影响写作风气的高标准要求,我就非常惭愧了。在时风一味吹捧中,我虽也有点坦然,总有不值自己所为之意。

我原想将中国古代史的读书札记汇编为一卷,后来放弃了这种设想,将其分散到几个卷里了,而本卷收录较多,分为"古人婚姻的各色情状""古人的家庭生活""服饰好尚与等级制度""清史札记"等栏目。这些篇章意在描述古人社会生活的一些方面,既叙述史事,又发表点评论,而议论大多很浅显,聊博方家一粲。

"文化省思"一栏,是读史、游历见闻及感受的随札。我自诩不偷懒,无论阅读何种内容的书籍报刊,抑或文艺欣赏、旅行参观,我都在思考,有所得,便不拘大小写出来,是以有这类文章。

(2019 年 2 月 17 日初稿,2019 年 5 月 22 日增订)

编者按

为避免文集各卷内容重复,敬请读者垂注:

一、作者为"冯尔康文集"10 卷本所作的自序《学无止境,是我治学的座右铭》,置于文集的《社会史理论与研究法》之卷首。

二、作者历年著作之总目《冯尔康著作目录》,以及《冯尔康文集总目录》,置于文集的《师友述怀·序跋札记》之卷末。

以上 3 篇内容,不再一一列入文集每卷之中。读者如有需要,可以参阅。不便之处,敬请谅解。

目　录

师友述怀

书　评

古人婚姻的各色情状

古人的家庭生活

服饰好尚与等级制度

清史札记

解　题

常建华

本卷收录文章 93 篇,依据冯先生的分类,为九组。以下分组介绍。

一、师友述怀

这组文章较多,可以细分为写导师、上课老师、前辈学者、同事、同辈学者、编辑等不同的类型。

冯先生十分敬仰历史学家、教育家郑天挺教授,致力于恩师的研究以及往事回顾。收录的 5 篇文章从不同角度论述了郑天挺先生。《探微治史　泽被学林——郑天挺先生办学、治学精神常青》一文,收入南开大学历史学院等编《纪念郑天挺先生诞辰一百一十周年中国古代社会高层论坛文集》,总结了郑先生作为系主任办系的具体内容和措施:师资培训;强调教授开课,特别是讲授基础课;创办学术研究机构,有重点地开展史学研究;积极参与历史学界的学术讨论,与国际史学同行对话;开办新专业。指出郑天挺先生的学术建树和贡献:清史研究的开创者之一;若干断代史和边疆史研究的贡献。认为郑天挺先生的治学方法,主要是实证方法与强调对史料的详细占有,是探微的微观研究法。最后指出继承与发扬郑天挺先生的治学精神和办学精神:热爱教育事业,进一步加强敬业精神;发扬朴实学风;成功地协调行政工作与教学研究工作。

《景仰历史学家、教育家郑毅生师》一文,收入封越健、孙卫国编《郑天挺先生学行录》,认为郑先生的学术财富体现在三个方面:在北大贯彻"学术自由、兼容并包"的办学方针;爱国思想是时代观念的体现——爱国者的表率;学人教务、教学研究双收效的楷模。《学者教育家郑天挺先生》一文指出:郑天挺是现代清史学的开创者之一,是始终不渝的爱国者、敬业的教育家,处理行政与教学研究兼顾。《从学琐记——兼述郑毅生师的学术成就》收入《郑天挺学记》一书,分为问学二十五年、精读一本书——初学者的入门良方、全面占有史料与史料批判、论文选题与搜集资料、比较研究法五个部分,展示了郑先生教书育人的具体情况,弥足珍贵。

《回忆郑毅生天挺师》一文侧重谈了冯先生与恩师郑天挺先生交往的若干事情,描述了郑先生的性格、生活往事、教学态度以及治学特点。如 50 年代大学课堂郑先生讲课比较慎重,对于冯先生提问的涉及政治敏感的问题保持缄默。郑先生十分尊重别人的学术劳动,对于学生也是如此。郑先生与其他学者讨论问题时态度谦虚,治学严谨,考证精深。他备课认真,生活简朴,有收藏折扇的雅好,对爱情更是专一。冯先生的介绍,使我们看到了更多郑先生的为人处世以及生活情形。冯先生还谈到了他与恩师的因缘,因热衷实证史学,1958 年末“拔白旗”运动中,在学生的批判性漫画中,师生同时出现,一个是“资产阶级”学者,一位是“走白专道路”的学生。郑先生逝世之日,也正是冯先生看望病重老师之时,或是冥冥之中天意的安排吧。

纪念上课老师的有一组文章,以《我的南开老师》为题,追忆了向王玉哲、谢国桢、辜燮高、黎国彬诸位教授从学的经历,此外,郑天挺、雷海宗、吴廷璆、杨志玖、杨翼骧诸先生则以专文的形式另外追忆。《重温与新习伯伦师的学术宏论》收入《雷海宗与二十世纪中国史学》纪念文集,回忆起雷海宗先生在讲课内容方面感受最深的有两点:一是破除欧洲中心论,二是塞其提人的生活史和服装史。并就学习雷先生《中国的家族制度》《古今华北的气候与农事》二文谈了对于生态环境史和家族史的理解。

《缅怀吴廷璆师》追忆了吴先生爱护学生、重视友情的往事。《缅怀勇于追求学术真理的杨志玖师》从两方面回忆了杨先生的士人风度,极其可敬的坚持追求学术真理的学风,平实中不乏风趣的授课与演讲,视杨先生为第二恩师。《缅怀生活多姿多彩的史学史大家杨翼骧师》从以下五个方面展开:老师精湛教学及其方法;史学史“大师”;称我为“贤弟”;爱好广泛的有情趣的人生;历史系文献学硕士点因我而遭到周折。《缅怀杨生茂师》评价杨先生为人:“视名利如弊履,无所追求,所好者就在‘学问’二字上。”《缅怀来新夏师,学习他“不搁笔”的治学精神》一文,回顾了来新夏先生往事及与其交往,赞誉来先生勤奋的治学精神。

对于前辈学者的尊重,体现在以下两篇文章。《感念何炳棣先生》写听到何炳棣先生仙逝,感到对何先生"愧疚",其原因一是愧对他想加入南开的托付,一是愧对他的奖掖。读后感到冯先生的君子之风。韦庆远先生与冯先生的关系介于师友之间,《敬悼韦庆远先生》回顾了与韦庆远先生的交往。

冯先生为人真诚、热情,与同事相处很好。世界史专业的冯承柏教授逝世后,他写了《怀念承柏兄三事》收入《春思秋怀忆故人——冯承柏教授纪念集》,所记三事为:商讨社会史;请教电脑问题;一起游泳。刘泽华教授与冯先生是同龄人,前后脚留校入职,长期共事,是南开中国古代史专业两位杰出的学者,他们互相尊重的君子之交,成为我们的楷模。《深情怀念好友泽华》追忆了他们共同编写《中国古代史》教材的往事,还就刘先生为教师呼吁、爱护学生、遗作等事发表了看法,让读者体会到出生于 20 世纪 30 年代这辈人的相处之道。

同辈学者。挚友陈捷先教授逝世,冯先生不胜悲伤,《缅怀好友陈公捷先》详细追忆了二人从钦佩到成为好友的过程,和捷公的学术交流往事,捷公的勤奋治学精神和杰出成就,感情真挚,读来令人动容。

学者的交往圈中少不了编辑,冯先生著述等身,自然和编辑多有交往。冯先生非常尊重编辑,记得有一次冯先生对我讲:两位出书结识的责编都中年早逝,他们对书认真负责,行业压力大,很可惜。我感到了冯先生与编辑结下的友谊,冯先生《深切怀念张继红女士》回顾了因出版《中国社会结构的演变》一书,与责任编辑张继红交往的事情,呈现出作者与编辑的互相尊重。

师生真挚情谊。家骥兄与我是冯先生招收的首届研究生,冯先生至退休前共招收了 30 多名硕士生、博士生,师生之间情谊深厚,相处融洽。外界对此也有认可,邀请冯先生就师生关系作文,和读者分享。于是先生写作了《独立治学能力的培养——我和学生的真挚友情》一文,指出是纯正求学目标与纯正教学职责让我们师生走在一起,注重培养具有独立治学能力的人才,师生间互相尊重,结下真诚的友情。先生的行文发自肺腑,感人至深。

二、序跋

国际著名清史学家、满学家、文献学家陈捷先教授,与冯先生结下深厚友谊,学术交流甚多。二人都是扬州人,共同在家乡举办学术活动,出版有关扬州的学术论著。《论扬州历史特点》是《扬州研究——江都陈轶群先生百龄冥诞纪念论文集》的序言,就扬州的时尚与文化发表见解:"一部扬州史,愚以为最主要的是该地商品生产、商业贸易与交通运输的历史,以及由此形成的独特的文化史。"并介绍了文集组织者陈捷先教授的学术活动。《祝陈捷先教授八十大寿》是冯明珠主编《盛清社会与扬州研究》之序,盛赞陈先生退休之后仍"穿梭于海峡两岸,继续学术研究事业,进行三方面的活动:一为潜心写作;二是推动学术交流;三是办学。"特别是谈到陈教授是颇有"叱咤风云"味道的权威学者,他对于学术的事功甚多,与冯先生交往频繁,为南开历史学热情助力。书序情意满满,令人感受到学者之间的相互尊敬与友谊。

冯先生热情为学界晚辈写序,予以奖掖。有关社会史的两篇,为李泉等编著的《中国古代社会史通论》所作的序,肯定了编著者对于中国社会史教材编写的尝试。《跨学科研究的可喜成果》是为小田著《在神圣与凡俗之间——江南庙会论考》所作的序,认为该书成功地运用了跨学科研究法;"在神圣与凡俗之间",这是小田对江南庙会提出的新颖、系统、可信的见解;值得倡导的"主位观";由庙会看农村近代化之路;着力于材料的搜集和考订。冯先生特别就学术研究的本土化谈了自己的看法:"本土化仅能将外来理论与本土实际情况相结合,西方理论仍然被摆在某种'指导'位置上,不得不运用它,所以并没有彻底甩掉西方中心论的阴影。现实需要我们比本土化前进一步,我们要产生本土理论,从本土的历史、现状中找出本土文化的特质,从文化学术方面为世界多元文化做出贡献。本土文化理论的产生,当然也要参考、吸收外国的有益理论,但既不是以它为准绳,也不是必须拿它作参照系,更多地是作出比较性的研究。"这些看法我以为是很重要的。

有关明清史的也是两篇。《开启书写一日历史文体之先河》是吴十洲著《乾隆一日》之序,先生认为此书的写作是创造了一种前所未有的史书体裁的尝试;内容的选择,别有情趣;利用档案史料有贡献。同时也指出了该书需要改进的地方。山东画报出版社2006年出版该书新版,冯先生又作"补白",就书籍的图文视觉史料谈了看法。《历史剧创作新阶段的标志之作》系刘和平著小说《大明王朝1566》代序,特从跌宕起伏的故事情节、塑造个性鲜明的各类人物、高素质的文化品味、历史真实与艺术真实、敬业精神是创作的成功之源五个方面评论该书,赞誉有加。

冯先生为学生写的序最多,除了文集其他卷收入之外,本卷收录7篇。

《开人心智的高品位之作》是为孙立群著《解读大秦政坛双星吕不韦与李斯》所作的序,肯定了该著对历史知识传播途径可喜的拓宽,及解读"政坛双星"的成功对后人的启示。《从宗族与婚姻形态理解汉代皇权》是为阎爱民著《汉晋家族研究》所作的序,认为该书立论宏博,从家与族的关系、家族发展状态、婚姻形态等方面进行了汉晋家族史的整体研究,不仅使人理解了西汉太后专权和两汉外戚擅权的历史现象,而且提出了汉晋时期是一个新旧交替的变化时代,即清除了原始婚姻习俗,取代了家族的"后氏族"特性,从而使家族制度完成重新构建,进入了一个新时代。

《宗族转型期的一种个案研究》是为马斗成《宋代眉山苏氏家族研究》所作的序,认为该书是一部见解颇多、比较完整的宋代眉山苏氏家族史,是以个案说明中国家族史从中古向近古转型的局部过程。认为该书的学术性在于:阐述了苏氏的家族建设、苏氏的家庭家族教育、苏氏家族婚姻对象的转换、宗族与王权互动关系。肯定了该著文字表达的特点,就需要弥补的不足之处,也谈了看法。

以上是三篇宋以前专著的序言,下面还有四篇明清时期专著之序。《深入学理分析和强烈现实关怀的中朝关系史专著》是韩国学者吴一焕著《海路·移民·遗民社会——以明清之际中朝交往为中心》的序言,认为该书具有"深入学理分析"和"强烈现实关怀"的两大特点,令这部著作成为高品位的学术专著。《执着追求与严谨治学之作》是刘毅《明代帝王陵墓制度研究》一书的代序,肯定了该书是第一部系统研究明代帝王陵墓的学术专著,论述了明代皇陵、王陵的陵园制度、玄宫制度及其特征与演变,并通过纵通、横通的比较研究,首创性地提出明代皇陵制度与前代相比是创新多而继承少的见解,是一部结合历史学、考古学研究的颇具学术建树的陵墓史专著。认为作者能写出这样的好书,在于他的勤奋和知识结构较为完善,以及他对学问的执着追求和严谨的学风。

《糖史研究新方向之作》是周正庆著《中国糖业的发展与社会生活研究——16世纪中叶至20世纪30年代》之序,文中饶有兴趣地回顾了20世纪有关糖与人们生活的故事,认为该书的主要学术贡献,是糖文化理念及其三层面观点的提出,对16世纪中叶至20世纪30年代的糖业商品生产作出了较为全面的考察,首次将糖业商品生产的发展,划分为三个不同的发展时段,对糖业物流情况作了初步系统的清理。《明代海外贸易史研究的基础性专著》

是为李庆新海洋社会经济史研究专著《明代海外贸易制度》所作的序,认为该书"比较完整地论述了明代海外贸易体制及其从传统制度向现代制度转型的某种趋势,对明代海外贸易史提出诸多原创性见解,成为富有学术价值的基础性专著"。在举出具体的创见后,也提出:"令我不能满足的是关于明代海外贸易主客体的客体那一方历史的交待。"同时认为,庆新做的是制度史的学问,"制度史是史学的基础性研究,与其相关的历史研究都离不开它,都要以它为基础,在它的上面去作深入的探讨"。

著述后记有两篇。《高兴、不安与困惑:写作心态》是《18世纪以来中国家族的现代转向》之后记,谈到处理工作与生活关系的感想。《〈中国历史上的农民〉后记》记载了在陈捷先教授的倡导下,成立彭炳进教授学术讲座的情形,该书是讲座学术成果的第一辑。

三、书评

为前辈学者傅安华、梁方仲所写书评,自谦为读后感。《〈梁方仲经济史论文集〉读后》一文,系应出版社之约所写,认为梁先生率先研究苏松田赋之重,是明代户口户籍史的早期考察者之一,肯定梁先生对于明代经济史的开拓性研究;指出梁先生研究制度不局限于制度本身,还追踪制度的实践。《易知由单的研究》洋洋八九万言,在"正史"、政书之外,从地方志、笔记及民间文学等发掘材料。赞誉梁先生求实的学风,从梁先生多次在论文的正文、附白中感谢他的友人,赞誉梁先生尊重他人劳动的学风和史德。值得注意的还有两点:一是冯先生在赞誉梁先生求实学风的同时,批评有些学者并自我检讨:"进行微观研究,资料占有不足,得出的却是带有规律性的结论。当然这类结论也就似是而非了,或不着边际,令人不得要领。个人也常犯这个毛病。今日研读梁先生的论著,时而因发现这种毛病内心不安,更认识到科学研究法的重要,端正学风的重要。"这样勇于批评与自我批评的学风令我感动!二是呼吁继续梁先生的研究工作,"融会明代土地制度史、赋役制度和人口史于一个整体,作有体系的说明"。《20世纪30年代史学研究的硕果》是为《傅安华史学论文集》写的读后感,认为傅先生的史学:"一是主张宏观史学,对历史哲学和历史方法论刻意追求,从而留给后学丰富的史学史、学术史研究素材;二是对社会史、对历史细部(具体史事)的深入研究,对今日的研讨仍有学术参考价值,有一些篇章是后人绕不过去的成果。"

　　为老师所写的书评有《读来新夏师〈清人笔记随录〉的随笔》，评价该书是：信手拈来与长期丰厚积累的物化；重视序跋与解题，金针度人；信息量宏富，研究性的体现；以荦荦大者，为读者醒目；赞扬来先生锲而不舍，具有无穷的学术生命力。最后也就屈大均与清朝的关系、《永宪录》的作者萧奭，作了补充说明。

　　为同辈学者朋友陈捷先、阎崇年二位先生所写的书评，有《评介陈捷先著康雍乾三帝〈写真〉》，认为这三部书讲故事、解疑惑、正视听、创新体例，"是力求向读者介绍历史的真相，让康雍乾三帝以本来的面貌出现在世人面前，纠正了影视剧编造的剧情、虚构的故事给历史制造的混乱"。《话说〈康熙写真〉》称赞陈捷先先生"把康熙个人的禀赋、性格、理政、生活几乎全面展现出来，并且透过他的活动，将康熙一朝的政治经济文化政策，特别是重大政治事件表现出来……岂不是康熙时代的缩影！"《融格物求真与大众普及于一炉的〈阎崇年集〉》，认为阎崇年先生的文集反映了作者学术研究、学术活动的四大特点：研究领域广泛；具有开创性；致力于历史知识的大众化；敬畏历史的态度与敬业求真的勤学精神。

　　评论清史研究的书评较多。《读〈清代人物传稿〉上编第三卷》就如何写好历史传记展开讨论，认为该书所收传记的作者洞悉传主，写出其人的基本面貌；内容翔实；寓论于史。但也存在一些问题：如内容的增减，文字的锤炼，引文的多少，观点的问题。《与社会史研究相结合的学术史专著——〈清初学术思辨录〉读后》认为，陈祖武先生的《清初学术思辨录》一书，"把清初学术界状态以清晰的图案呈献给读者，令读者明了清初哲学、经学、史学、文学、考据学的发展水平，诸家学派的产生及其斗争，清初学术的历史特点和地位"。《开启清人诗文集宝藏的一把钥匙》是柯愈春著《清人诗文集总目提要》的书评，赞扬柯先生为学术事业埋头苦干的求实精神，认为该书具有较高的学术真实性，成为学术界开启清人诗文集宝藏的一把钥匙。

　　评论社会史研究的书评也有三篇。《张瑞德、卢惠芬著〈中华民国史社会志·社会阶层与流动〉评介》认为该书的成功之处在于：有着较强的综合性和吸纳性；观点鲜明，比较准确地把握了社会阶层与社会流动的特征；作者的求真态度令人起敬，主要体现在史料鉴别方面。也指出该书有着值得讨论的地方，或者说需要修饰完善之处。文章还思考了若干历史和现实问题：低水平的生产力和生活,何言世界中心;变革与进化如何不是同意语;天津人应去点虚骄之心;说到南开大学的历史地位,最不能忘记的是严修和张伯苓。

《学术研究成果大众化的成功之作》是为沈阳出版社的系列生活史丛书"生活掠影"所作序言,认为"生活掠影"广泛介绍历史上人们生活的方方面面,细致具体;对一些作者将精力放在具体事象的说明上深表赞同;每一册都配有数十帧图像,反映社会生活各方面的内容;告诉读者历史上人们是如何过某些生活的,从而让读者自己去想象古人的生活方式和生活情趣。2007年11月16日为郭玉峰博士论文《明清以来湖南家族人口研究(1368—1949)——以婚姻行为、生育行为为中心》所作评论,肯定论文的研究方向、方法和新鲜见解,提出存在的问题,建议了修改之处。

评论诗歌、小说文学性作品的也有。《五十年的社会掠影——评介冯尔健著〈沧波掠迹五十秋〉》,讲述了冯尔健先生在20世纪的五十年中,动荡的学习研究与工作生活的沉浮,赞扬其才华出众,对学问锲而不舍的追求。

四、古人婚姻的各色情状

这部分的7篇短文,构成了古代的婚姻史话。《古代女子的择偶》叙述古代贵族、官僚家庭自选夫婿女子的婚姻。根据女子选婚的方式和结果分为三种类型:一是南朝荀阐之女儿的完全自主婚姻;二是在家长主持下的一定程度的自主婚姻;三是家长承认女儿选择对象的既成事实,如西晋贾充同意贾午与韩寿的婚事。先生进而提出,从青年男女特别是女子自选配偶,或在父母家长主持下发表一定的意见,可知当时青年选择配偶的权力比后来要多一些,也就是说婚姻不自主(即包办婚姻)有个发展过程,在古代是越往后越严重,从而愈加引起强烈的反抗。

综论之外,论述两汉南北朝婚姻的文章有4篇之多。《汉家童养皇后》指出,汉朝皇家也出现童养媳,她虽则贵为皇后,但生活遭遇的不幸,有与民间相同的地方。文中强调:作为一种制度,它是对全部青年男女都起作用的,而不管其社会地位高低,因此这种婚姻制度是最不合理的。

《晋武帝的择婚原则》讲述晋武帝为皇太子选妃,他看中卫瓘的女儿并否定贾充女儿的原因:"卫公女有五可,贾公女有五不可。卫家种贤而多子,美而长白;贾家种妒而少子,丑而短黑。"先生认为"五可"与"五不可",虽说是五项内容,实际上可归并为三条,就是人品的好坏,生育子嗣的能力强弱,长相俊丑。其中贯穿着一个精神,是看对方的家风,即以家风的好坏作为选择媳妇的一个条件。

《"糟糠之妻不下堂"的实践者》不仅谈到东汉宋弘拒绝皇帝刘秀为湖阳公主提婚之事,还讲述了同时代的其他事例,以及南宋国戚夏执中以宋弘为楷模与糟糠之妻永为夫妇,认为他是"糟糠之妻不下堂"的实践者,应当获得赞扬。

《两汉南北朝的休妻》谈到一些人休妻的绝情无理之状,令人同情被遗弃的妻子。男子休妻主要是认为妻子犯了"七出"之条。"七出"是妇女的灾难。保护妇女正当的婚姻权利,保护女子正常的婚后生活,这是由来已久的问题,只要男女还没有达到各方面真正的平等,这个问题就不可能不存在。

还有2篇介绍宋代婚姻的文章。《宋初的政治联姻》指出,宋太祖采用皇室子女与功臣子女联姻的办法,以制驭大臣,稳定赵宋政权。在论述了贵胄青年男女的家庭生活后,先生强调:"皇室与贵胄联姻,也是一种门第婚,即是在社会最高层次进行的,它任何时候都起着维护双方家族政治、经济的作用。但是在特定的情况下,如北宋初年,它更具有浓厚的政治色彩,起着巩固皇室政权的作用,关系着政局的安危,成为政治联姻。"

《北宋几位再婚妇女的生活》开篇说道:"在程颐说出'饿死事小,失节事大'而反对寡妇再嫁的同时,却有几位再婚的孀妇,生活没有受什么'失节'的影响,相反过得还不错。"随着"失节事大"观念的流行,对于为再嫁母的守孝制度,朝廷和民间产生了不同的态度。先生特别提出:"时至今日,不少青年反对父母再婚,手段恶劣,乃至迫使业已再婚的分离,造成老人晚年的不幸。从这个现实看,这些人的行为和思想远不及好几百年以前的范仲淹等人,不能不说其行为不当,思想陈腐。"

五、古人的家庭生活

比起婚姻来说,古代家庭的研究较少,这部分的7篇文章反映了多个社会阶层的家庭生活。

皇家的文章3篇,《窦太后与汉景帝的家庭生活》指出,窦后如同吕后一样预政。汉代太后在家庭中地位高,实能主持家政,对皇帝的婚姻、皇太子的确立与婚配,有相当的决定权。先生提出两个问题:一是西汉太后预政出现在君主专制社会的前期,后世在汉人政权中越来越少,这同当时皇帝制度不完善是否有关?二是这一变化同女子社会地位的变化是否是同步进行的?先生还认为"透过皇室的家庭生活,看其对政治生活的影响,不失为研究生活史的课题之一"。

《唐代帝王生活杂谈》讨论了帝王的排行、寿命、生育、晚景与归宿,得出一些值得注意的看法,如嫡长制在唐代未能完全实行;唐代 20 个皇帝善终的与歹死的大约相当;平均每个皇帝生有 23.1 个子女,其中儿子 12.2 人,女儿 10.9 人。皇帝的多子女,实因妃嫔多造成的。

《明初马皇后的家庭生活与人际关系》指出,马皇后帮助丈夫朱元璋成就帝业,谏止丈夫的败政,料理好家中、宫中事务,营造出家庭和睦的局面,对于朱明王朝、对于朱元璋的家庭都做出了贡献。传统时代称颂她,有其道理。但是我们从马皇后身上,也看到古代女子悲惨的一面:她生活的一切就是为着丈夫,丈夫也就是她的生存价值;她没有个人的意志、爱好,没有男人那样的事业,没有个性,没有独立的人格。

上述汉、唐、明的文章,从不同侧面揭示出帝后的生活以及同政治的关系。

古代官府要求士大夫践行儒家伦理治家,家国一体,进而治国。有 3 篇文章涉及这一问题,《北宋不能治家的官员》指出,儒家讲修身、齐家、治国、平天下,以端正己身为根本,北宋就有几位官员因不能治家而遭到谴责,甚至降职。先生认为治国与理家是两种能力,应当有所分别。古人把齐家与治国联系在一起有一定道理,不会理家的官员遭到惩处也不为冤枉。

《杨继盛的家庭生活》指出,杨继盛完全按照父为子纲、夫为妻纲、长幼有序的家庭伦理来处理家内人际关系,是真正实践兄友弟恭、夫唱妇随、父慈子孝、和睦亲族、善待奴仆的人。他的家庭生活有和谐的方面,这是由卑幼、妻子、奴仆敬奉尊长、丈夫、主人造成的,这本身就有屈从的因素。杨继盛处理家庭关系的思想,同他处理与君主关系的思想完全一致,在家庭行孝道,在国家就是实行忠道。杨继盛以身许国,得到身后之名,赢得了一片赞扬。不过这种"兄友弟恭"有可能是表面现象,有学者指出,杨继盛自书《椒山年谱》手稿中,反映出杨继盛与长兄杨继昌的相处矛盾丛生,甚而发生激烈冲突。通过杨继盛笔下的兄弟相处可发现,家产的处置直接影响兄弟相处的状况,同时家庭的规模，个人的品行、教养、性情也与兄弟相处融洽与否密切相关。①

《明季一位塾师的惨淡生涯》通过对王命岳一段时间生活状况的揭示，了解明末一个普通人家的艰难生活。文中对王命岳每月三斗米报酬的消费安排，可以具体入微地认识当时的生活水平。

宋明官员、士人的上述家庭生活，有助于我们了解当时的社会。

《古人的分家》纵论古人分家财产处理方式以及养老问题，一种方式是老人在世分家产，由家长主持。这种分法给家长也留一份养老财产，包括殡葬费也留足了。另一种历史上常见的分家方法，是兄弟们在父亲故世后自行分家，不过要请至亲长辈来主持，或做证人。以上两种分家法，都是诸子平均分配家产。这种诸子平均继承制使财产不断分散，使小生产者增多。女儿没有资格继承娘家财产，娘家给女儿财产，是在出嫁的时候给嫁妆。寡妇对丈夫遗产的继承问题比较复杂，要区别情况处理。冯先生提示我们，古人分家问题，涉及如何分析中国历史的演进过程。

六、服饰好尚与等级制度

这部分的 5 篇文章饶有趣味。《先秦两汉时期几种服饰的流行》谈到，齐桓公时齐国人一度爱穿紫色的衣服；楚文王熊赀喜欢戴獬冠，楚人学戴以为时髦；帻的兴起是汉元帝带动的；汉灵帝尤好胡服、胡帐、胡床、胡坐、胡饭、胡箜篌、胡笛、胡舞。冯先生指出："这几个故事有一个共同点，就是服饰爱好方面上行下效，国君嗜好的，贵族首先跟着学，贵族喜爱的，他的奴仆、他的同类和官僚也爱好上了，民间也随之时兴了。""在下的人向比自身阶层高的人学习衣着方式，首先是为了提高社会地位。"

《商人、工匠的服饰礼制与习俗》指出，各个朝代服饰制度表明，各种身份的人都有特定的衣服及其装饰品。商人、工匠不同于贵族官僚，也不同于有功名的读书人；有的朝代中工商虽在庶人范畴内，似乎与农民相同，但多数情况下又不能服农民之服，所以就总的情形讲，有异于农民且不及农民，与士兵、奴隶、贱民等类人也不一样。商人服饰的特点主要有三条：一是只能用低质量

---

① 范喜茹：《家产与兄弟相处——以杨继盛为例》，《中国社会历史评论》第 17 卷(下卷)，天津古籍出版社 2016 年。

的衣料和其它原料,二是只能是素服不能有花纹图案,三是衣服颜色必须是白色、黑色两种。总起来讲衣服质量是低的。

《晋唐间流行的发式和衣帽》认为,我国古人在服饰上求同的力量大于求异的力量,求同的审美观大于求异的审美观。衣饰求同的原因,一是长期大一统国家专制主义的中央集权和专制主义的文化统治,使人们无论在政治思想上、物质文化和精神文化上都要统一,不许有差异,反映到服饰上就是追求一致;二是民众的认同是受社会上层的影响。

《会稽公主与刘裕纳衣》一文,讲述了刘裕青年时家境清贫,穿的是妻子臧氏做的"纳布袄"。他在东晋富贵并做了皇帝后,生活上仍然清简寡欲。刘裕怕后人不知省俭和谨慎,特意把旧的纳布衫袄交给会稽公主保存,并以往日的贫苦作为家训的资料。刘裕"纳布衫袄"的"纳布",有两种解释,一是纳布的衫袄,二是打了补钉的衫袄,先生以为后一种理解或许是正确的,更符合刘裕当年的衣着情况。

《女扮男装的风尚》指出,记载中最早好穿男服的女子是夏桀的宠妃末喜。春秋时齐灵公喜见身边的妇女作男子装扮,于是媵妾侍婢穿男人服装,戴男人装饰。国中妇女纷纷效法,都城满目皆是男装女子,于是他又看不顺眼,下令禁止民间女子穿着男服,唯独宫女照常是男子打扮。唐朝前期是妇女着男装的盛行时代,唐玄宗时宫内宫外,贵族民间,多有女子身穿男式衣衫,足蹬男人皮靴,女子服装男性化了。古人的传统观念,把男女服装绝对分开,不得掺杂、逾越,否则将要遭到谴责。君主专制时代,男女服制的不同,是男尊女卑的反映,不许女子着男装是制驭女子的一种手段。因此那些敢于女扮男装的女子,在一定意义上说是反抗的行动,绝不能以"服妖"视之。

上述关于服饰的文章,论述了制度尚同、生活趋异、制度与生活互动,以及服饰在传承与变异中发展等问题。

七、清史札记

这一部分可以分为两组:一组以应电台邀请演讲所写的清代人物的通俗稿件为主,另一组则是近乎论文的学术札记。

清史学术札记有4篇,《黄宗羲的工商"皆本"观析疑》原题《关于黄宗羲工商"皆本"思想》,探讨了明清之际著名启蒙思想家黄宗羲的工商"皆本"思想,认为把正常的工商视作本业,已构成一种传统的观念。黄宗羲作为王符的后辈,从先辈那里吸取思想养料,形成共同的本末观。黄宗羲不只是继承,他对先辈思想还进行了提炼和提高。王符区分工商中的本与末,目的在于反对其中的末,而对它们本质上是本业强调不够。黄宗羲反对工商中的末,还直截了当地讲工商"皆本",观念明确,叙述简练,是先辈工商皆本思想的升华和准确描述。该文对于认识古代"四民"特别是工商问题,是一篇重要的学术考辨。

《清代帝王的生育》一文统计,清代皇帝共有子女146位,殇亡数是出生数的一半,其中皇女60人中竟夭亡37人,夭亡率高达61.7%。冯先生讨论了高死亡率的问题,对于皇帝未有生育以及生育率低的问题也有所探讨。这篇文章既有助于人口史研究,对于认识清朝宫廷政治也颇为有益。

《清代的救荒粥厂》原题《清代的粥厂》,具体考察的内容有:赈济类型之一是设置粥厂;开办粥厂事例;粥厂的实行办法;打粥的惨状与官贪吏蚀;粥厂的利弊得失。该文事例丰富,论述细腻。《清代官绅的晚年生活》一文,把清代官绅的晚年生活归类如下:醉心撰述;优游林下;致力族务家政;坚持修身养性;不得卸肩;安排后事。

关于清代人物的通俗稿件有5篇,论述人物为顾炎武、于成龙、徐元梦、李塨、严修、梁章钜,写于2014—2015年,主要是2015年在天津广播电台播出。《一生致力于经世致用之学的顾炎武》介绍顾炎武刻苦掌握书本知识,不辞辛劳地从事实地、实际考察,积累了丰富知识,晚年撰著出《天下郡国利病书》《日知录》等名著。《死于任所的廉洁总督于成龙》一文的结尾处,提醒听众:"百姓盼望清官,颂扬清官,有时代原因,即君主专制政体需要。论及此事,需要察明。"

《三朝皇子师傅徐元梦》为演讲《清人晚年生活》的摘讲稿,说到徐元梦耄耋之年活跃于讲坛,坚持不懈地教学、书写,在古人中亦不多见。"业师郑毅生天挺教授年逾八十亦活跃于讲坛,为本科生、研究生、进修班教师、访问学者传道解惑,仙逝后,笔者即意欲从历史上寻觅一位有影响的同类型人物为之作传,实亦为彰显吾师也。"《终生反省的学者李塨、严修》关注李塨的两件事情:终身自责自勉不辍,劝谏友人不交权贵。严修终生写日记,满篇自省自谴的内容。严修把惰性、爱看戏与饮醉酒当作克服对象。《休致督抚梁章钜的"浪游"生活》认为:"梁章钜晚年的生活,以享乐为主,著述为辅。他在游山玩水中享受人生,希望能把看到的事物弄明白,获得新知识。"

研究及编书的设想收入三个。《乾嘉之际农村社会研究的设想》作于2003年,主要是依据清朝刑科题本探讨以下三方面问题:一是农村、小城镇居民社会生活的基本面貌;二是社会结构,特别是下层社会结构的状况;三是司法制度和行为(法律社会史)。前两方面的内容是连为一体的,第三个内容有附带性质,或许另作专题研究。此项目属于基础性研究与深入性研究的结合。其特色在于:此项目的主旨是考察社会生活基本的、具体的面貌;研讨将是非常细致入微的;有别于大而化之或概念化的研讨;基本上为他人所未进行;要关注18世纪中国历史特点以及与世界历史特点的关系。

《关于编辑〈清代人物传记索引〉的设想》,这是2004年国家清史编纂工程启动之初,先生产生的设想。

《"望族家族教育丛书"编辑设想》一文,是先生对编纂一套带有研究性而且深入浅出的图书想法的记录。冯先生认为,望族依靠教育、文化的兴旺而形成与延续。这套丛书将在一定程度上反映中国历史上从古至今,家族、家庭重视教育的实践和精神。

八、文化省思

本组文章可以分为三种情形,一是会议发言稿,如《新概念与新史料关系有待深入研讨》作于2009年,主要探讨了两个问题:一是新观念新视角取得新成果,二是全面地、高水平地利用新史料。《瑷珲的历史需要深入研讨》是在黑龙江的瑷珲历史文化论坛的讲话,首先归纳学者在论坛发表的学术观点和建设性意见,然后发表两个想法:一是清朝实行一国六种管理体制的正确性在黑龙江、在瑷珲的验证;二是真正进行地方文化建设。

二是思考性笔札。如2008年3月15日所写《历史人物评价中如何分析个人与当世、后世的关系》认为:评论历史人物的功过,主要看其对当时、当世社会的作用;后世反响的社会作用,也需要适当考虑;个人应为国家做贡献,个人不是国家的附属品。2006年9月3日记载思考所得,写了《分析孝道的孝与顺》,论述有二题:区别孝与顺,认为传统社会的孝养观念应肯定,孝顺应作两分法,基本上予以否定;孝道实行的范围:家与族。《移民为什么宣称来自同一地区》是先生为江苏大丰《西团陈氏族谱》所作的序,认为:"不是同时同地来的人,就借用那些同时同地来的家族的时间和地点,也以某地为原籍,某时为迁徙时间,以便和别人一致,以免被歧视,受欺凌,这实在是为在新区生存、立足的需要。"

三是萍踪臆语。有 3 篇,《海外之旅拾零·交通、宾馆、餐饮篇》,谈到两点旅游的感受:"既不要否认共性观念, 也不要忽视各国文化的特征和差异。"《中文在海外从罕见到常见》一文,介绍了在澳大利亚、新西兰、美国及日本公共场所所见中文及其内容,如旅游产品、餐饮食品和保健品、医疗文化教育的介绍,房地产及金融信贷业等行业广告,还介绍了中文学校的文字教育。最后对于中文常见谈了随想八则:其反映海外华人事业、生活比较全面地开展;能够常见中文的原因,经济法则是关键;消费者来路宽广,旅行者、移民及其迅速增多;当地"土人"(无论是白人或其他肤色者)商业意识强,为开辟华人市场而使用中文;新行业的兴起;为什么在华人频繁出没的某些地方罕见中文;海外华人尚需提升品位。

写于 2015 年冬初的《出国游的文化省思》,记载了笔者在英、法、意、瑞士、摩洛哥诸国之游的感想,对比了 20 世纪 80 年代初与 2015 年前后两个层次的"穷旅游",说明国人生活水平的提高;以当代"孝子贤孙"与亲情为题,述说海外老人的生活状况;呼吁要正确对待欧行中看到的西欧衰落的迹象。

九、其他

《学习中文的趣味》是一篇为小学生所作的演讲稿,告诉小朋友中文的特点:是世界上各种语种中运用的人最多的语言;是联合国通用的四种语言里的一种;是从象形文字演变而来的;丰富的中文图书,记录了中国历史文化。学习中文的用处是:中文是世界各国人与中国人交往的必备工具;增加文化品味,丰富人生经历,学中文是掌握工具;从中国历史学习智慧和人伦法则。

《庆幸有这样好的图书馆》收入南开大学图书馆编《南开大学图书馆建馆80 周年纪念集》,就南开大学图书馆的丰富藏书和馆方的良好服务,谈了自己的感受。《一个有荣誉感的历史系所——四个月所感受的台湾暨南大学历史系所》一文,指出该系的办学特色:将好学生输送出去,老师们的主人翁意识,密切的师生关系。文中还比较了两岸大学生的异同。《写作与"三多"》是南京《时代学习报》2007 年 3 月 16 日刊出的应约之文, 与青年同学谈写作的提高要多读书,多练习,多写熟悉的事情。

此部分还收入了先生为三本杂志题的词。

探微治史　泽被学林

——郑天挺先生办学、治学精神常青

　　今天,南开大学、北京大学和中国社会科学院历史研究所,为郑天挺先生诞辰一百一十周年共同举办纪念大会, 令我想起十年前, 也就是 1999 年 9 月,纪念郑天挺先生诞辰一百周年纪念会上,北京大学副校长何芳川教授的话,他说郑天挺先生"把最美好的年华献给了北京大学,而他一生最精彩的岁月是在北京大学度过的;对于南开大学,带来最成熟的学术,从而培养出有自家面貌的南开史学风范和传统"。两个月后,首都师范大学资深教授宁可先生接着何芳川教授的话说:"南开大学历史学系有今天的强大阵容,而且很有后劲,是出于郑天挺先生的造就。"两位史学同仁的话,可以说给郑天挺先生作出定评,那就是:郑天挺先生是杰出的史学家和杰出的教育家,他成就了我们今日的南开史学,我们缅怀他,就是怀念恩人,是"吃水不忘挖井人";当然,我们纪念他,更是要继承和发扬他的学术研究、教学和办学的事业,继承和发扬他可贵的敬业精神。

　　郑天挺先生,1899 年生于北京,字毅生,号及时学人,福建长乐人,出身教育世家,他的父亲郑叔忱先生,是晚清进士,历任奉天学政、京师大学堂教务提调(即北京大学教务长),他的母亲陆嘉坤女士,是天津北洋高等女学堂总教习(相当于教务主任)。1920 年,郑天挺先生毕业于北京大学国文系,次年参加厦门大学筹建工作,1922 年进入北京大学文科研究所国学门为研究生,毕业后在母校担任教职,一度南下,就职于浙江大学,1930 年复回北京大学,直到 1952 年离开,先后在北京大学工作近三十年,历任讲师、副教授、教授,并且自 1933 年起兼任秘书长,西南联大时期兼任总务长。在学校行政和教学中,他秉承自蔡元培校长以来历任校长的"学术自由,兼容并包"的办学方针,特别坚持"保卫学术自由的传统"。在七七事变之际,在北平和平解放之时,北京大学校长不在学校,郑天挺先生挺身而出,与学校共存亡,被学生自治会誉为"北大舵手"。事实表明,他确实将最美好的年华奉献给了北京大学,是北大的功臣。

1952年，郑天挺先生奉调南开大学执教，先后就任南开大学历史系主任兼明清史研究室主任、副校长、顾问。郑天挺先生对南开大学有着强烈的使命感，希望将原来阵容并不强大的南开历史系，办成"与国内素享厚望的几间大学的历史系并驾齐驱"，办成最具影响力的学科。他总结各校历史学系的特长，认为："从历史上看，北大和清华各有自己的长处，譬如清华注意外文，就应该学习；西南联大录取新生是很严的，总得有一个高标准，差一点也不行，南开历史系应该有个好的学风。"办系以最有名的大学为追求目标，向往高品质的学系，要达到并驾齐驱的境地，既不虚夸先进，也不落后于人。抱负如此，郑天挺先生就和副系主任吴廷璆教授、世界史教研室主任雷海宗教授、党总支书记魏宏运教授等通力合作，从多方面去落实，去实践。他办系的具体内容和措施，我认识到的是：

师资培训。提高教师的业务水平，重在青年教师的培养，办法有三，就是老教师指导青年教师，青年教师听老教师的讲课，帮助看学生作业，进行课堂辅导；派遣青年教师到有专长的学校进修，如去北京大学、中山大学、中国人民大学；培养高学历青年教师，鼓励他们在本校本系和外校攻读研究生课程。经过多种方式的培养，师资素质大为提高。他不仅为南开大学培养青年教师尽力，还致力于全国性的青年教师培训，如接受教育部委托，于1979年在南开大学开办明清史进修班，帮助全国各高等学校历史系的明清史教学与研究人员成长，成为骨干力量。

强调教授开课，特别是讲授基础课。郑天挺先生本人身体力行，《中国通史·明清史》和《史料学》是他的保留课程，经常开设，直到晚年，仍以82岁高龄，坚持不懈地走上讲台，给本科生、研究生、进修生、留学生、访问学者授课，讲授《清史概论》《清代制度》《明清史研究》等课程。他还主编《明清史资料》上下二册，作为师资培训的教材。他要求所有教师讲课，并且他亲自去听课。"文革"前的历史系，学有专长、学术建树颇富的教师上基础课，他们编著教材，正式出版，如王玉哲教授的《中国上古史纲要》，杨翼骧教授的《秦汉史》，杨志玖教授的《隋唐五代史纲要》等。

创办学术研究机构，有重点地开展史学研究。早在1957年，郑天挺先生创办明清史研究室，成为高等学校最早设立的专门研究机构之一。在"文革"前，南开大学历史系为加强世界史的研究，成立由吴廷璆教授主持的日本史研究室、杨生茂教授主持的美国史研究室，以及拉丁美洲史研究室。郑天挺先生逝世前一个月，为成立明清史研究中心，在北京与教育部蒋南翔部长面谈，得到支持，即写信让历史系迅速向教育部打报告，惜于他的仙逝而未能如愿。郑天挺先生为反映南开同仁的史学研究成果，倡议创办《南开史学》，亲自题写刊名。1980 年创办后，声誉甚好，反映南开同仁研究水平。现在以书代刊，出版有《中国社会历史评论》，创办十年来，得到学术界认可。办学刊，不仅使本系同仁有发表论文的场所，还吸收外稿，使得南开历史学科在社会上有吸引力和影响力。

积极参与历史学界的学术讨论，与世界史学同行对话。郑天挺先生为了提高南开史学的素质，也为展示南开史学的实力和提升南开历史系在全国的地位，强烈主张教师参与全国性的学术讨论，并且主办学术研讨会。20 世纪五六十年代史学界讨论资本主义萌芽、农民战争、清官、曹操、土地制度等问题，他带领南开史学同仁参加，写作《关于徐一夔〈织工对〉》《关于曹操》等文；倡导举办学术研讨会，如 1960 年举行关于土地制度的讨论会，邀请北京学者与会，会后由杨志玖教授主编出版了《中国封建社会土地所有制形式问题讨论集》。特别值得大书特书的是他在改革开放之始，首倡召开大型国际学术会议，于 1980 年 8 月主持召开明清史国际学术讨论会，出席会议的有日本、美国、澳大利亚、瑞士、联邦德国、民主德国和中国香港学者三十余人，内地学者九十余人，何柄棣、傅衣凌、王钟翰、王赓武、王德昭、谢国桢、陈国符、刘大年、任继愈、蔡尚思、戴逸、许大龄、商鸿逵、李洵、章开沅、林增平、岩见宏、傅吾康、范德、铃木中正等国内外一大批顶级学者参加盛会。这次学术讨论会，是改革开放之初最盛大的国际学术会议、开风气之先的会议。可以设想，假若不是郑天挺先生的大气魄，敏锐的政治胆识和崇高的学术威望，是不可能做到的。这次研讨会推动了国内学术界、史学家与国际学术界的对话，在学术界推动了改革开放方针的实现。研讨会也大大提升了南开史学的地位，我系同仁都是受益者。

开办新专业。1958 年，郑天挺先生和同仁倡议开办博物馆学专业，派遣三名教师到北京进修，随即因国内形势的变化，兴办专业的计划搁浅，至 1980 年，条件相对成熟，再度兴办，由王玉哲教授出任博物馆专业主任，郑天挺先生亲自为专业拟制开设课程计划。这是新时期大学里最早开办的文博专业。今日博物馆专业已经发展为博物馆学系，撰著有《中国古代物质文化史》教材，并且在青铜器、陶瓷史领域研究中具有一定的地位。

早在 1981 年，香港中文大学王德昭教授就指出，郑天挺先生继孟森之后，"维持北大明清史学一脉，而更发扬光大之，其后，毅生师移帐到南开任教，中国明清史研究的重镇也遂移到南开"。他虽说的是明清史研究，其实今日南开大学之中国通史和世界史的研究均成为重镇，中国史教学成为教育部的一级学科，拥有中国古代史、中国近现代史、史学史、历史地理、历史文献学等博士点，世界史教学与研究有世界古代史、世界近现代史、国别史的博士点，此外，建成教育部与学校共管的中国社会史研究中心、世界近现代史研究中心，这些无不表明南开大学史学阵容的可观和在国内史学界的地位。

下面，我想谈谈郑天挺先生的学术建树和贡献。限于学识，仅考虑了学术研究成就、研究法两个方面的部分内容。

清史研究的开创者之一。郑天挺先生以力作《清史探微》奠定他在清史研究中的开创者地位。他对清史研究的贡献是多方面的，主要在：(1)清代制度史研究的开启，即对奏章、宦官、包衣、兵制、科举考试、职官、幕府、礼俗等制度开展研讨。(2)清朝开国史和清初史研究，讨论的问题有清朝皇族姓氏源流、皇族血系、满洲统一、开国重要人物多尔衮、清入关前社会性质、清初三大疑案等。(3)强调对清代通史的研治。由于学术界和社会各界将鸦片战争定为中国古代史与近代史的分水岭，造成清史研究的割裂，郑天挺先生强烈主张对清代历史进行整体的研究。(4)清代历史定位，流行的说法是"封建末世"，郑天挺先生提出"晚期说"，与末世说形成对峙。清朝开国史和初期史，是研究一个王朝兴起的重大问题，制度史涉及到一个时代的基本制度，是基础性研究，从而能够理解一代历史的基本面貌。总之，郑天挺先生的清史研究，是开拓者的原创性研究。可以说孟森、萧一山和郑天挺先生三人是使用近代方法研治清史的第一代学者，是清史学的开创者。郑天挺先生的著作一再重新梓行：《清史探微》，有台湾大立出版社 1983 年重刻本，北京大学出版社 1999 年本；《清史简述》，有中华书局 1980 年、2005 年两种刻本，对后世影响深远。郑天挺先生关于清代幕客的论文面世后，引发许多学者对这一史事的关注。学者研究到郑天挺先生论证过的论题，必然会引证郑天挺先生的见解。当今学者讲到清史学，必云"孟郑"，总是以崇敬的心情，继承郑天挺先生的学术遗产。

若干断代史和边疆史研究的贡献。郑天挺先生治史主张"博""精""深"

"求真""求新""求用"博通古今,在中国古代史的若干断代史和专题史研究中都有精深的见解,本次会议赠送的《元史讲义》,以及中华书局即将出版的《隋唐史讲义》《明清史讲义》等,总计约百万字,表明他在这些领域有精湛的研究,是专家。郑天挺先生对古代边疆史地多有研究,如对西南羌族、藏族;东北边疆,特别是努儿干都司、黑龙江、柳条边;西北丝绸之路等。郑天挺先生边疆史地的研讨重在说明我国多民族国家形成、发展的过程。所以他的这种研究,不仅是学术的,还能体现他的爱国主义精神。

郑天挺先生的治学方法,我以为主要是实证方法与强调对史料的详细占有,用他的话来讲,是探微的微观研究法。他研讨的问题大多是具体的、细小的,但他绝对不是到此为止,而是"以小见大",如《"黄马褂"是什么?》一文,通过赏赐黄马褂制度,说明清朝服饰制度和政治制度;又如论述徐一夔作的《织工对》,是关乎资本主义萌芽的大问题;再如关于清代幕客的研究,开展对一个不上不下的尴尬阶层人群的研讨,涉猎的同样是政治史的大题目。讨论的问题虽小,涉及的历史问题可不小。

郑天挺先生高度重视史料的搜集、掌握与运用,常说:"详细地占有史料,从中得出固有的结论。"他希望习史、治史者认真研读史书,不可不掌握原始资料,不能空发议论。为此他系统讲授史料学,说明其研究对象、方法、功用,尤其是强调史料评判,去伪存真。他是明清档案的最早整理者之一,他指出档案是第一手史料中之第一手史料。他为档案史料和其他历史文献的整理,真正是不遗余力,主编出版两种档案资料集:《明末农民起义史料》(1952年)、《宋景诗起义史料》(1954年);他主编《中国通史参考资料》第1、2、3、4、5、6、8册和近代史册,主编《史学名著选读》五种,都是为大学生基础教育、领进门、打基础制作的。中华书局出版的二十四史中的《明史》,是郑天挺先生主持点校的。在郑天挺先生指导下,南开大学历史系师生编辑出版了《清实录经济资料汇编》。

郑天挺先生的重视史料,为他的同事和学生所继承,新成果不断问世,如享誉学林的杨翼骧教授著《中国史学史编年》;魏宏运教授主持华北农村调查,出版《晋察冀边区财政经济资料选编》《晋冀鲁豫边区财政经济资料选编》等书;陈振江教授参与义和团运动史料调查,出版《义和团文献辑注与研究》,与日本学者合作调查,出版《近代中国的社会与民众文化——华北农村社会调查资料集》;杜家骥教授和我利用中国第一历史档案馆收藏的档案资料编辑出版《清嘉庆朝刑科题本社会史料辑刊》等。我还写出《清史史料学》《清代人物传记史料研究》的史料学专著。历史是不能重新实践的,历史资料是记录其轨迹的,所以说没有史料便没有史学。郑天挺先生正是以这种认知,强调搜集历史资料,进行去伪存真的处理,从而叙述历史,去接近真实的历史。所以搜集与研究历史记载,就如同历史实践,是研究历史的唯一可靠方法,郑天挺先生的研究之路,是我们必须遵循的。

总之,郑天挺先生是清史学创立者之一,是对中国古代史研究有杰出贡献的史学家,给我们留下丰厚的学术遗产。

最后,我想谈谈对郑天挺先生的纪念与继承的关系。

我们经常纪念郑天挺先生,缅怀分两个方面,即召开纪念会和编辑出版有关他的图书。1981 年 12 月底天津市委、市政府召开追悼会,1982 年初中国社科院和中国史学会在北京举行追悼会,同年天津市社联与南开大学联合举行郑天挺先生逝世一周年纪念会,1989 年南开大学纪念他九十诞辰,1999 年南开大学与北京大学历史系共同举办郑天挺教授雕像揭幕仪式暨纪念郑天挺(1899—1999)诞辰百年座谈会,并出版《郑天挺先生百年诞辰纪念文集》(2000 年)。此外编辑出版的有:《郑天挺纪念论文集》(1990 年),《郑天挺学记》(1991 年),《郑天挺先生学行录》(2009 年)等。

今天纪念郑天挺先生,继承与发扬他的治学精神和办学精神,我以为要点在于:

第一,热爱教育事业,进一步加强敬业精神。这里有两重意思,一是办好历史学院,不自满,不能停留在现有成绩上,不进则退,时时刻刻要有危机感,有忧患意识,如何保持我们的优势学科点,如何改变我们在一些学科点上的后进状态;二是教师以兢兢业业态度、爱护学生的精神,认真教学,上好基础课,像郑天挺先生那样言传身教。

第二,发扬朴实学风。南开历史学毕业生,被外界评论为知识扎实,我们南开人深受鼓舞。扎实,是说知识量大,知识掌握牢固,做学问实在,这是郑天挺先生和系院教师共同努力的成就。现在的问题是这种学风不能散失,需要在基础知识方面加强对学生的训练、引导,学历史,如果不像郑天挺先生教导的那样认真阅读原始史料,则不可能将专业知识真正学到手,不可能成为优秀的史学工作者。我们面临这样的问题,不能不引起高度的警惕;一旦丢失这种学风,南开史学将名存实亡。加强基础知识的教育,想方设法让学生大量阅读原始史料,掌握史学的基本知识和技能,培养出合格的史学人才。

第三,成功地协调行政工作与教学研究工作。郑天挺先生身兼秘书长、总务长、系主任、副校长等行政工作,而又是杰出的历史学家,行政工作占用了他大量的时间和精力,但是他科学地支配时间,挤出时间,坚持教学,坚持研究。当任继愈教授就此赞扬郑天挺先生之时,郑天挺先生认为是知己之谈,欣然接受,他不是自满,是因繁忙的行政工作没有太影响他的教学与研究,而感到欣慰,为友人、学生能够理解而欣慰。他的行政工作、教学研究齐头并进的经验,值得有同样情形的学者借鉴。

(本文系 2009 年南开大学、北京大学和中国社会科学院历史研究所共同举办的"纪念郑天挺先生诞辰一百一十周年中国古代社会高层论坛"的主题演讲词,在写作过程中得到郑克晟、李治安、常建华、孙卫国等教授的帮助,特志,以表谢忱,2009 年 9 月 9 日。载南开大学历史学院等编《纪念郑天挺先生诞辰一百一十周年中国古代社会高层论坛文集》,中华书局,2011 年)

景仰历史学家、教育家郑毅生师

我从 1956 年听毅生师讲课,随后从师读研究生,学习明清史,在老师指导下从事历史教学与研究,直到 1981 年老师仙逝,历时 26 年,我从初学者到专业工作者,是老师看着走路的。当老师执教 60 年庆祝大会时,我就发了言,并写出《从学琐记——庆祝郑老任教 60 年》的记叙文①,老师仙逝后重写《从学琐记——兼述郑毅生师的学术成就》②,并和杨志玖师共同撰写《〈探微集〉述略——纪念郑天挺先生》③,1985 年为中州古籍出版社《中国史学家评传》一书撰《郑天挺》一文,1988 年 3 月于《人民日报》撰文《郑天挺的史学成就与教育贡献》,次后写《关于郑天挺教授教学和研究的点滴回忆》④。毅生师不仅是我的老师,他的人品和学术成就更是我国当代史学的宝贵遗产。今天当他百年冥诞之际,我不拟再作追念式的回忆,以免重复过去的文章内容,而想在那些之外,继续思考他留给我们的学术财富,现在认识到三个方面,胪陈于后,聊表我缅怀毅生师的真挚心情于万一。

毅生师在北大贯彻"学术自由、兼容并包"的办学方针

毅生师在北京大学教学、工作 30 年,担任中文系、历史系教授,同时出任北大秘书长、历史系主任、文科研究所副所长,以及包括北大在内的西南联合大学的总务长。在北大的历史上,他的行政工作和教学,都是有口皆碑,了解他的办学思想和为人者,毫不夸张地说他是一位重要的负责人,非常杰出。他的行政工作是处理学校行政事务和总务,对外代表学校与官方及社会联系。

---

① 《南开史学》1981 年第 2 期。
② 《郑天挺学记》,生活·读书·新知三联书店(以下简称"三联书店")1991 年。以下只注书名及页码。
③ 《历史研究》1982 年第 3 期。
④ 张世林编:《学林往事》,朝华出版社,2000 年。

他对学生和教职员工关心尽责的热诚,常常超出职务范围之外,如帮助学生实现半工半读,给生病而又贫穷的学生安排住院治疗,主动给学生介绍工作,写信托人关照毕业生,为教师安排住房,兴办单身教师的食堂及西南联大时期北大文科研究所学生的食堂。除了这类庶务,在下述一些事情上更令受惠者、与事者追忆,写出回忆文章,今就耳闻与寓目的资料列举数端:

1933年北大和北平各界市民为中国共产党创始人之一、被军阀杀害的李大钊举行安葬仪式,毅生师参与操持,并在会上代表北大致悼词,其时为李大钊刻墓碑,毅生师同北大一些同仁都捐了款,并署了名。为安葬会顺利举行,碑石埋于地下,令当局找不到借口进行破坏。送灵车上只有数人,而毅生师为其一。

1935年“一二·九”“一二·一六”学生运动时,北大有学生和教师五人被拘捕入狱,九人受伤,毅生师与教务长樊际昌同去协和医院慰问受伤同学,同时代表学校,向北平市当局提出交涉,经多方努力,当局同意无条件放人。毅生师亲自去监狱接人,被捕学生开始不知情,以为狱方叫他们出牢房是要提审,原来是让出狱,走到门口,看到毅生师在等着他们,接他们出狱,其时他们激动的心情是可以想见的。

1947年北大学生组织起来,筹建孑民(蔡元培)图书馆,收藏和借阅进步书刊,找校长胡适要求图书资助和给予必要的器具及房屋,未得允许,及至找毅生师申请,毅生师不事声张,默认学生原已借用的一间屋子,并令人去室内多安了几盏电灯,增加照明度,还送去一些书架桌椅,使孑民图书馆得以迅速开馆,供学生阅览。

1948年4月南京召开国民大会,为压抑学生运动的蓬勃开展,会议决议加强“剿总”职权,政府对大学生进行军训,以便钳制学生思想,毅生师在报上看到这个消息,立即给在南京开会的校长胡适拍电报表示不满,实即希望胡适能在会上发表反对意见。他说北大有自由批评的传统,向为外间注意,如若用军训等措施抑制这一传统,北大将难以办好。他的这份电报内容,收于《胡适来往书信选》①,读者不难找到。

1948年夏天,北平当局以“共匪嫌疑”之罪名要逮捕北大12名中共地下党员和学生,名单为毅生师获知,他巧妙地通知名单中的学生出走,其中的史

① 中华书局1980年,下册第393页。

学系学生戴逸时因放假回家乡江苏，毅生师还特意写信给戴逸之父，要他注意阅读北方的报纸，没有接到学校的通知不必回校，因为北平的报纸已经刊登了通缉包括戴逸在内的新闻，毅生师的信是暗示戴逸藏匿。于是12名学生全部安然无恙，而毅生师则冒着被当局迫害的危险。

毅生师为什么一而再、再而三地保护和营救学生，反对迫害学生，为死难的教师营葬？他不是共产党人，也未表示信仰共产主义，那么他是在什么思想主导之下做的这些事情呢？戴逸教授在《我所了解的郑天挺教授》一文中作了极其中肯的说明。他说毅生师的信念是"保护学生的人身安全，保卫学术自由的传统，是自己不可推诿的职责"。毅生师表示："坚决不能让军警入校抓人，如果努力失败，将和其他教授一起，辞职抗议。"①可知，毅生师的主导思想是保卫学术自由。这当然要从北大的自由传统说起。

北京大学自蔡元培校长提出"学术自由，兼容并包"的方针，胡适等校长继续执行，使北大成为充满自由思想的学校。40年代执教于美国芝加哥大学而又回国任教职的邓嗣禹教授说"北大有民主作风"，在一些方面比美国大学还民主。他见到向达教授当着众人面责问校长胡适："胡先生，您把北大所有的图书经费，用去买《水经注》。我们教书的几无新材料作研究工作，学生无新教科书可读，请问这是正当的办法吗？"②这样既有合理性又不完全符合实际的责难，胡适只是作一点辩解，而没有压制向达，可见北大的民主程度。北大的学生在这种自由空气弥漫的校园里，思想活跃，关心国事，希望国家独立、富强、进步、民主，成为北平民主运动的重心。蔡元培的"学术自由"，是说学校是自由进行学术研究和学习的地方，将学校、学术与政治分开，学校不是培养官僚的处所，故学生应改变为做官而上学的目的，同样，教员是为教书，倘若想做官、经商，就不要在北大做教授。1946年6月校长蒋梦麟就任国民政府行政院秘书长，北大教授以既做官就不能当校长反对他，迫使他辞职，由胡适继任。北大不培养官僚，而以培养自由进行学术、自由评论政治的人才为其特色。

毅生师担任学校主要负责人二十余年，如果同校方的这种主导方针不吻合，不可想象能在这样的环境里工作这么多年。事实上，他说："大学有其使

---

① 《郑天挺学记》，第362页。
② 《郑天挺学记》，第138—139页。

命,学术研究应有自由。"①这是重复蔡元培的话,是讲的北大传统。他的理念,学校是学术自由的场所,学术是与政治分离的,研究学术的学校不是政治场所,也就是说,学校脱离政治,学术脱离政治,反之,政治不能干扰学校,政府不能干扰学校的内部事务,不能干涉教师、学生的教学和学习,以及学术研究。正因此他反对军警进入学校逮捕学生,对学生中不同信仰者和各种学术见解者,以及他们的分歧、冲突,视为"学校的内部事务,由校方调查、处理,决不让校外任何机关干预"②。他营救学生,保护学生,反对军警到学校抓人,是维护学校学术自由的天地,维护北大的办学方针,诚如北大校友吴相湘教授所说:"当时担任秘书长的郑天挺教授禀承胡适校长意旨,冷静缜密处理一切,明确规定:绝不交出一名学生,并用一切手段阻止军警入校。充分表现出大学独立自由的尊严和郑天挺本身高度的责任感。"③因此,我认为毅生师在北大二十余年主持校务行政,是忠实地、全心全意地贯彻北大学术自由的办学方针。他说如果军警真的要进入学校,他将和其他教授一起辞职抗议。他能作这样的表示,表明北大的教授和他一样信仰学术自由,都能以不怕丢掉饭碗(辞职)捍卫北大的方针。这说明毅生师不是孤立的,他能代表北大的学术自由精神。

毅生师执行北大办学方针,与自身思想认识上的认同相一致,是他高度的敬业精神,将营救、保护学生看作是作为校方负责人的责任,因为人家将子弟送进学校,就是相信学校,学校就有保护之责,如果学生被捕入狱,如何向家长交代?为了维护学生的安全,他不顾自身的安危。这种强烈的敬业精神,产生高度的责任感。营救学生,也反映毅生师是非分明。他说不满现状的人,可能"最爱国",以奸宄视之,岂不冤枉好人。④由此可见,毅生师极具正义感,对学生充满爱心。

总之,毅生师在北大为革命者营葬,营救、保护学生,满足他们的一些正当要求,是忠实执行北大"学术自由"的办学方针,同时也是实现他的"学术自由"的理想,反映出他具有高度的敬业精神和正义感。他为北大的"学术自由"尽了心、用了力,是北大的功臣。1999年9月1日,北京大学和南开大学共同

①④《胡适来往书信选》,下册第393页。

②《郑天挺学记》,第360页。

③《郑天挺师百年诞辰纪念》,台北《传记文学》第75卷第2期,第32页。

举办毅生师百年冥诞纪念会,说明他活在人们的心中! 毅生师可以含笑于九泉了!

毅生师的爱国思想是时代观念的体现——爱国者的表率

爱国对于毅生师几乎是与生俱来的事。他有思想、有行动,体现在他参加爱国学生运动以及他的史学著作和教学活动中,而且成就卓著。

1907年,8岁的毅生师在北京入小学读书,同学中有广东香山人杨健。当时由于葡萄牙侵占澳门,澳门原来是香山县辖境,两地关系之密切非同一般,许多香山人印了不少的图片,反对葡萄牙侵略行径,杨健将图片给毅生师看;还有一位福建惠安人庄绍祖,他的亲友有许多华侨,传来了不少反满的言论。这两件事在毅生师"幼小的心灵中,印象很深"[①]。那时他虽然不可能理解多少革命道理,但是埋下爱国思想的种子。1911年,即辛亥革命这一年,12岁的毅生师考入顺天高等学堂的中学一年级,这时由于帝国主义的侵略,人们担心中国将被瓜分,年轻人尚武,学军事,准备保卫祖国的本领。顺天学校高年级同学发动课外军事训练,称为"兵操",毅生师参加操练,因为年幼,背不动枪,只是随队走步。那时学生、知识青年、一部分士大夫爱国热情增长,形成某种社会气氛,年幼的毅生师在这样的环境中,自然受长辈和学长的感染,自发地萌发爱国思想。

1915年日本向袁世凯提出"二十一条",对16岁的毅生师刺激最大,印象最深。社会上掀起反日高潮,抵制日货,毅生师与爱国者一样不再购买日货,他同表兄、留日归国的张耀曾一同去西郊玉泉山游玩,张耀曾在塔上题诗,谴责袁世凯卖国,他在友人的带动下,更加增强了爱国意识。1919年五四运动爆发,正在北京大学读书的毅生师,参加学生会的工作,和同学一道走上街头示威游行,表现出反帝爱国激情。这年11月,日本帝国主义在福州残杀中国人,又派海军陆战队登陆威胁,福州的学生游行抗议,北京的福建籍学生起而响应,组织福建旅京学生联合会,抗议日本的暴行,毅生师积极参加这一活动,到街头演说,宣传不买日货,并举办游艺会,学生联合会进行募捐筹款。在该会《闽潮周刊》上,毅生师用"攫日"的笔名发表文章,宣传打倒日本帝国主义。

---

① 《郑天挺学记》,第371页。

毅生师结束学生生活以后,当然不再直接参加学生反帝爱国运动,但改换方式,拿起笔来进行。1922 年他在法权委员会工作,著作《列国在华领事裁判权志要》一书,于 1923 年正式出版,对帝国主义在我国攫取领事裁判权的侵略行径予以揭露和谴责,主张撤废这一权力。这是毅生师第一部学术著作,恰是反帝爱国的内容。这自然不是偶然出现的,是他自幼即具有爱国思想的必然表现。

在西南联大时期,正值抗战,那时日本在我国东北建立伪满洲国,并制造"满洲独立论"的谬论,毅生师为了驳斥敌人,写出《清代皇室之氏族与血系》(1943 年)、《满洲入关前后几种礼俗的变迁》(1942 年)等论文,用历史事实证明清代皇室包含了满、蒙、汉三族的血统,是中华民族大家庭的一员。他指出:"以满洲为地名,以统关外三省,更以之名国,于史无据,最为谬妄。满洲出于建州左卫,为女真支裔,即唐之靺鞨,周之肃慎,乃中华历史上宗族之一,清朝入关后散居中原,更不可以一省一地限之也。"[①]给敌伪制造的谬论以狠狠的抨击。

毅生师不仅在学术上批判敌伪谬论,更以民族气节作为衡量人物的基本标准,哪怕他是师生朋友,也不例外。七七事变后,北大的一位学生因肺病不能追随毅生师南下,毅生师要他病好后赶快去内地复学,特别告诫他:"要注意出处大节,不要当汉奸!"[②]可以设想,他是怕年轻的学生一时糊涂给敌伪做事,而预先加以教导。抗战胜利后,国民政府审判文化汉奸周作人,当时北平文化教育界的一些知名人士向南京政府高等法院上书,为其说情,有人要毅生师签名,毅生师认为:周作人虽然是我的老师,过去亦时有联系,但"一个教授应当有起码的民族气节,周曾任伪教育总署督办,这是不能原谅的",遂拒绝签名。[③]于此可见毅生师是多么看重民族气节,对丧失气节者绝不宽恕,是非分明,大义凛然。

中华人民共和国成立后,毅生师的爱国精神继续发展,深入到教学和研究领域,"在教学过程中,尽量向同学进行爱国主义教育"[④]。1953 年,他根据古代史籍中有关石油的记载,批评中国无石油的说法,为我国发展石油工业提

---

① 《探微集》,中华书局 1980 年,第 35 页。
② 《郑天挺学记》,第 96 页。
③ 《郑天挺学记》,第 397 页
④ 《郑天挺学记》,第 401 页。

供一些历史根据。

　　毅生师的爱国是时代精神的反映，更是亿万爱国者中的一个典型。爱国观念、爱国主义在中国历史上有一个发展过程，两宋以来似乎可以分为三个时期，即：一为两宋，是热爱以汉族为中心的爱国观念的真正形成期，明清之际使这一观念有所发展，这时主要是反对少数民族入主中原，维护汉人建立的王朝，热爱汉人君主的国家；二是清朝末期19、20世纪之交的年代，以反对满人君主为主、兼顾反对外国侵略的爱国思潮大兴，因中国受列强侵略，清朝政府屡屡签订丧权辱国的条约，中国面临灭亡或被瓜分的危险，爱国的人们既痛恨外国强盗的侵凌，又愤懑于以满人为主体的清朝政府的无能，于是进行反清革命，提出爱国的民族主义理论，即以汉人反对满人的清朝统治，在推翻清朝之后，建立民主国家，全力对付外国强盗。辛亥革命理论家章太炎是此种论点的倡导者之一，他说：不打倒清朝统治，中国就不能独立，"亦终为欧美之奴隶而已"，而推翻清朝，建设民主政体的国家——"未有不以共和政体国家社会耿介于其心者"。①三是20世纪10—40年代，反对帝国主义侵略是中国人的共识，将爱国发展到新的高峰。清朝灭亡之后，时代的任务，不少人说是两个，即对外反对帝国主义的侵略，对内消除军阀割据统一全国；或者说是三条，就是加上一个革命。无论是两点、三点，反帝是首要任务。这时人们对国家的认识比历史上任何时期都要高明得多。过往爱国基本上是爱汉人之国，而且是君主之国，这时孙中山提出汉满蒙回藏五族共和，爱国是爱多民族形成的中华民族的国家，比古代范围广阔得多，内涵深刻得多，换句话说，这是以中华民族的团结号召国人爱国，去对付历史上从来没有过的比我们文明先进的帝国主义强盗。

　　但是，人们的认识是逐步加深的，革命先驱对民众的爱国表现常常是不满意的，孙中山说："中国人最崇拜的是家庭主义和宗族主义，所以中国人只有家族主义和宗族主义，没有国族主义。"因此中国人愿意为家族牺牲，"至于说到对于国家，从没有一次具极大精神去牺牲的"。②梁漱溟甚至认为："在中国宁为众多家族和合相处的一大社会，而不真正是一个国家。"③孙中山是就

---

　　①《章太炎全集·复仇是非论》，上海人民出版社1985年，第4册第271页。
　　②《孙中山选集·三民主义》，人民出版社1981年，第617页。
　　③《梁漱溟全集》卷7，山东人民出版社1991年，第251页。

辛亥革命前后的历次革命事件中的民众表现讲的,梁漱溟则是就近代国家的水准论述的,他们要求甚高,但是到了五四以后,中国的民众,尤其是知识界和青年,爱国认识大为提高,为民族的解放、为国家的独立富强,不惜抛头颅、洒热血,所以才能同仇敌忾团结一致地抵抗日本帝国主义侵略,并最终取得反法西斯战争的胜利,使中国成为"四强"之一。20世纪上半叶中国人民爱国主义内涵的深刻、热情的高涨是前所未有的。

前述毅生师的爱国是与生俱来,就是指他生活的社会环境,是笼罩在爱国气氛当中,给人以爱国思想和感情,而帝国主义的每一个侵略行为,都刺激中国人爱国热情的高涨。毅生师从小耳濡目染外国的欺凌,通过一个个事件,提高了认识,积聚了丰厚的民族感情,立志为民族的解放与兴盛而奋斗,这才有他的走上街头,参加五四运动和"闽案"斗争等等活动,因此说他的爱国与时代的爱国精神相一致,是时代的产物,同样,从他身上体现了时代的爱国精神。如果仅仅说到这里,是只看到事情的一部分,或者说是表象,因为毅生师的爱国有着他的特点:第一是持续性和一贯性,他的爱国是始终不渝的,终其一生,即在先追求民族解放,其后期望国家富强;第二是务实性,不仅表现出爱国激情,一时的示威游行和拒买日货,而且进行艰苦细致的学术研究,撰写《列国在华领事裁判权志要》《清代皇室之氏族与血系》等著作,批判帝国主义的侵略行为及为其辩护的谬论;第三是传播爱国思想,他不仅自身倾力爱国,同时对学生进行爱国思想的教育,他富有爱国主义内容的文论,无疑还会感染他的读者。正因为他有着这些特点和业绩,说他是爱国者的表率,是不过分的。

学人教务、教学研究双收效的楷模

毅生师是教育家、历史学家,一般说来,一个人身兼二任是很难样样都做好的,因为做教育行政工作,占去了精力时间,势必影响教学和科研的成绩,因此一般人很难兼具这两个头衔,毅生师做到了,而且还达到楷模的境地,对今天大量的"双肩挑"教师或其他类似的工作者来讲,不无可借鉴之处。

在北京大学时期毅生师所担任的行政职务前已说到,在南开大学,他出任明清史研究室主任、历史系主任、副校长、顾问,其他社会兼职甚多,不必胪列。北大、西南联大、南开的行政事务,特别是北大事务的殷繁,耗费毅生师的精力太多,可是他一样教课,而且所开设的课程门数相当多,前后计有:国文、古地理学、校勘学、魏晋南北朝史、中国近三百年史、隋唐五代史、明清史、清史研究、中国目录学史、清代史料、历史研究法、元明清史、中国近代史、隋唐史、明史专题、清史专题、史料学、清史概论、清代制度、明清史研究等20余门,涉及的领域相当广泛;其中以中国古代史为多,在这个范围内,上起魏晋,下至明清、近代,旁及专题史;再一个领域姑名之为文献学,包括史料学、目录学、校勘学等;此外是历史研究法,古代地理学,文字学。一个没有行政职务的专职教师,恐怕也不容易开设出这么多领域的这么多课程。

　　教学的时间是从哪里来的呢?这就是"挤",就是利用一切可以利用的时间,一分一秒地争,用到备课和学术研究上。毅生师讲到抗战前的备课情形:"当时每天行政事务冗杂,占去了每天的大部分时间,我只好利用晚上从事备课和进行科研工作。"这时他讲授古地理学,在晚上编写出《古地理学讲义》;讲授校勘学,为配合课程实习,"利用晚上的零碎时间,每天校勘《世说新语》数页,假日亦不间断"。他在教学的同时,还使用校勘学的方法,写出《杭世骏〈三国志补注〉与赵一清〈三国志注补〉》《张穆〈鞹斋集〉稿本》等论文。[1]真是行政事务、教学、科学研究三不误。作为毅生师的学生,每次去他那里请教,都见他或伏案写作,或读书查阅资料,或排比资料卡片,无有闲时。有一次见他在复写论文,我看着费劲,问他为什么不让别人抄写,他说为的是边抄边作修改,还是自己复写好。他是挤时间,力求提高科研质量。

　　毅生师为了教学与学术,宁肯不续弦。毅生师38岁时,师母仙逝,他痛苦万分,难以解脱。后来友人多次劝他续娶,他因见一些朋友重建家庭后带来的矛盾和不安,影响精力,决定不再结婚。为此他说:"一定要以学业为重,决不以家事干扰自己的事业。"[2]学业、事业为重,生活为次,牺牲了许多生活的乐趣,但是他从而赢得一些时间,从事教学和研究。我们今天拜读毅生师的著作,就是他这种牺牲精神所得的成果,从中我们也感到他牺牲的代价太大,令我们对他的敬仰来得更加浓烈。记得在1981年的一天晚间,我去看望刚从北京回来的毅生师,他说任继愈先生对他说,他有两件事做得对,一是行政事务无论怎么忙,都能坚持教学与研究,二是中年丧偶不再续弦。在言谈中我感

---

　　[1]《郑天挺学记》,第384页
　　[2]《郑天挺学记》,第386页。

到,毅生师有一种知己之感、欣慰之感。就我的记忆,毅生师从未在我们学生面前谈自己的家事,特别是私生活,这是唯一的一次。任继愈先生所说极是,他是非常理解老师的,毅生师的知己感大约也正在这里。任继愈所说的两点是联系在一起的,唯因生活上的牺牲,有益于赢得时间、精力去进行教学与研究。当然,在做行政工作时,要能教学,得有从事教学的强烈愿望和毅力,没有这种意识和毅力,就会在琐务缠身中不去捕捉可能利用的时间,就难得有学术的成就,特别是像毅生师那样的卓越成就了。行政事务与教学研究双收获,这是毅生师留给后人的一项宝贵遗产,对"双肩挑"者尤其如此。

(1999 年 8 月 29 日写于顾真斋,载南开大学历史系、北京大学历史系编《郑天挺先生百年诞辰纪念文集》,中华书局,2000 年)

学者教育家郑天挺先生

具有深厚史学素养的郑天挺怀着对学问的热忱，毕生致力于学术研究，是现代清史研究的先驱之一。而杰出的行政才能，也使他和教学行政工作结下不解之缘。20世纪三四十年代是中国社会动荡剧烈的时代，此时郑天挺投入爱国运动的行列，为学术教育工作及保护受迫害学生而四处奔走，是一位深受敬仰的学者教育家。

郑天挺先生（1899—1981），福建长乐人，出生于北京，乃父郑叔忱进士出身，历官翰林、奉天学政，具有变法维新思想。乃母陆嘉坤于丈夫故世后，携子天挺兄弟二人赴天津任北洋高等女学堂总教习，这在清季是颇为开明的举动，然而不久染病身亡，托孤于表亲梁济（梁漱溟之父）。郑天挺自幼在亲戚照拂下独立成长，1917年考入北京大学国文门，1920年毕业后，应聘至筹建中的厦门大学任教职，一年后返回北京，进入北京大学国学门做研究生，毕业后到杭州执教于浙江大学，旋复回京任教于母校北京大学。原想专心研究学问，然因行政才能出众，深受校方器重和教员推荐，于1932年接替原由校长蒋梦麟兼任的秘书长，从此与学校行政工作结下不解之缘。除任中文系、历史系教授外，还先后兼任西南联合大学总务长、北大文科研究所副所长（正所长是傅斯年，故众人戏称"正[郑]所长是副所长、副[傅]所长是正所长"）、史学系主任。在此期间，于1946年出版了他的学术代表作《清史探微》。1952年调任南开大学历史系主任，清华大学历史系原主任雷海宗亦同时调入，故时人赞誉这个系是小西南联大。随后他在系内组建明清史研究室，促使南开成为明清史研究重镇。1963年担任南开大学副校长，晚年改任顾问。1980年在南开大学主持召开盛况空前的明清史国际学术讨论会，同时北京中华书局梓印他的《探微集》和《清史简述》两部学术专著。50年代以后的郑天挺名位虽高，但真正繁杂的教学行政工作是在三四十年代的北大秘书长和西南联大总务长任上。

郑天挺是现代清史学的开创者之一

用近代的方法研究清朝的历史,始于孟森和萧一山,他们在 20 年代显示出开拓者的雄姿。郑天挺与孟森是同事,在 30 年代前期以精湛的清史论文,跻身于清史研究第一代的行列。

早在 20 年代初郑天挺在北大国学门读书时,就在陈垣教授指导下参加故宫清朝档案的整理。他出身世家,接触的也多是学界人物,耳濡目染清朝的历史掌故,对清史自然地产生了兴趣。综观他一生的清史研究,可以概括为两个特点,一是细部的,即局部历史的研究;二是具有宏观性的,即对整个清史或重大的清史问题作出说明。大体上说他对细部研究用力勤、著述多,终生在进行,而宏观的考察,是在 60 年代以后间或作出的,这也是他对前期研究进行某种总结。

清初历史有三大疑案,其一是太后下嫁,即顺治皇帝之母孝庄文皇后(俗传中的大玉儿)下嫁摄政王多尔衮。此事在清初的汉人中就有传布,至民国初年更为人们渲染。事实究竟如何,郑天挺作了考证,撰文《多尔衮称皇父之臆测》。相信下嫁论者的一个证据是顺治帝称多尔衮为"皇父摄政王",若不是太后下嫁,只能称其为"皇叔",而不能是"皇父"。郑天挺从对多尔衮称谓的演变,以及郑亲王济尔哈朗称谓的事实,认为"皇叔""皇父"称号,是类似于封爵,是在王、贝勒的正式爵位之外,对爱新觉罗家族中特别亲近、有大功和崇高地位者,再给予宣布朝野的尊称,如始封多尔衮、济尔哈朗的"皇叔",后来加封多尔衮"皇父",而济尔哈朗的称谓没有更动。这一解释,使人明了"皇父"为封号,并非皇太后的后夫所能有,不可用以证明太后的下嫁。皇帝的家族尊亲、姻亲固然为伯、叔、舅等,这是家族的自然关系;但在朝中,皇帝若不给予特别的指令是不能随便称呼的,如雍正帝特封隆科多为"舅舅"。所以在当时文献记载(如《起居注》)中,涉及到隆科多的,在他名字前的职衔中,除公、尚书之外,还有"舅舅"一衔,可见郑天挺指出"皇父"是封号当确有事实根据,是有道理的。至于太后是否下嫁的历史疑案,当然不会以郑天挺的论文而成定论,不过他确实提出一个有力的否定之说。

对于清朝开国史,郑天挺关注甚早。他利用满文知识解释一些清朝开国时期的历史,如《墨勒根王考》,揭示多尔衮的历史事实。60 年代初、70 年代末,郑天挺先后写了《清入关前满洲族的社会性质》及《续探》二文,讨论清朝在关外时期的社会生产和社会关系,试图对后金社会有较全面而深入的认识,这是带有宏观性的研究。60年代前期,他对清朝的全部历史作出论述,形成后来出版《清史简述》。顾名思义,它不是鸿篇巨制,但史实涵盖量相当大,可以说对有清一代的重要事实作了归类的叙述和言简意赅的评论,是一部名副其实的清代简史,读之可以令人把握基本的清史要领。

在第一代清史研究者中,如果说萧一山以叙述清代史实为特长,孟森则以细部研究兼及概论为特点;郑天挺同孟森有类似之处,但考证似更精到,评论尤足引起后学的思考和借鉴。毕竟郑氏在孟氏之后又生活了四十多年,坚持不懈地从事清史教学。因此他对清史研究的开发、推动作用,为前人所难以做到,他是当之无愧的清史研究奠基者之一。

清史仅仅是郑天挺史学研究的一个领域,他同时有兴趣于古今中国历史,即中国通史,且是魏晋南北朝史、隋唐史专家。他和翦伯赞教授共同具名主编《中国通史参考资料》,为大学历史系学习参考书,他是在一字一句一条史料的严格审阅后才将书定稿,付梓面世。没有丰厚的通史学识,不可能编好这一大部头史著。他还是史料学专家,撰有专题论文,开设史料学专门课程,他的一些论点,至今被史料学研究者奉为圭臬。

始终不渝的爱国者

郑天挺前半生时代的中国,处于外国侵凌的屈辱时代,特别是他青少年时期,中华民族灾难深重。这时的国人具有强烈的爱国精神,青少年尤其痛恨列强侵略,希望国家独立富强,因而爆发出一次次爱国运动。学生时代的郑天挺就是历次运动的积极参与者。五四运动时,作为北大的学生,他走在抗议示威的行列。接着,因为日本将侵略魔爪伸向福建,引起福建人民的反抗,形成"闽案"。作为福建人,郑天挺成为北京闽籍人士抗争团体的负责人之一,走上街头散发传单,宣传不买日货,表现出强烈的爱国激情。

20年代中期在法权讨论委员会任秘书的郑天挺,撰著并出版《列国在华领事裁判权志要》一书,指出外国领事裁判权的侵略实质,成为学术界清理这一问题的最早专著。这是他在学生时代之后,以学术为武器批判外国侵略者强盗逻辑的开始,并将其持续到晚年。"九一八"事变后,日本军国主义扶植溥仪,炮制满洲独立论,郑天挺激于义愤,写出论述清朝皇室血系的文章,从血缘方面驳斥满族非中国民族的谬论。

郑天挺到昆明西南联大后,鉴于大西南是抗战的后方,需要对这个地区加强研究,遂利用语言学、历史学、地理学的知识,写作了《发羌之地望与对音》等文,说明发羌是藏族的祖先,西藏、大西南与中原有不可分割的关系。

当五六十年代之交中印边界纠纷时,郑天挺查找出标明麦克马洪线以南地区是中国版图的英国版地图,提供中国有关部门谈判时使用。

敬业的教育家

作为学校行政管理人员,郑天挺杰出的业绩,一般人很难做到,这主要表现在临危护校和不分政治信仰地照顾所有学生。

七七事变发生,北大校长蒋梦麟适在南京,其他重要人物,如文学院院长胡适也不在校,在这国变开头,北大群龙无首,作为秘书长的郑天挺毅然担起维持学校的重任,每日继续到校理事,同蒋梦麟联系,向政府要钱,以便疏散教员和学生。及至南京钱到,他发给无路费的学生每人 20 元,要他们去已在长沙设立的临时大学报到复学,给教师路费,使他们分批离开北平南下。日本人到校寻衅滋事,他独自对付,直到日本侵略者宣布接管北大的布告贴出,郑天挺在布告前留影,从此不去上班,表示他与日本占领的北大没有关系。但他仍然在家中作转移爱国师生的布置。在北大灾难时刻,郑天挺坚守学校,疏散师生,为西南联大中的北大继续拥有教学中坚力量做出贡献。1948 年冬,北平被围之时,国民政府方面要动员著名学者南下,其时校长胡适不在校,郑天挺再度出面支撑危局。国民党方面指令他代表北大,与代表清华、师大的教授,三人各自按拟定的名单通知有关人员,送出机票,以便南飞。郑天挺也在名单中,他自己没有走,而负责联络不误。他妥善保护校产,予中国共产党接管以方便。他两边的事情都做,目的是保护学校。学校是社会共同的事业,哪一党执政都要办学。身为教师和行政负责人,郑天挺在感情上、经济上极力关怀学生。对经济困难的学生,设法使他们半工半读,如在课余抄写文书,一时没有工作可以安排,他就从自家并不宽裕的生活费中节省一些资助学生。学生病了,为他们联系住医院,没有医疗费,他便出面谋求减免,务使学生身体康复。有的学生毕业找不到工作,他主动写介绍信,帮助就业。受过他关怀的学生,相继写信、著文表示感谢,至今留存数十篇。一位并不显赫的人物,有这么多人自发地感念他,可见他是多么受人敬重。

对学生参加政治运动而受到迫害,郑天挺总是千方百计予以保护。1935年"一二·九"运动中,北大有三名学生被捕,郑天挺代表学校与当局交涉,要求释放学生。当这三名学生走出监狱大门,见到郑天挺在迎接他们,才知道是他营救的。1948年国民政府意图加强对学生的控制,要在学校增设军训课程。郑天挺认为学校是学术自由研讨的场所,不应当强行政治教育,因此写信给在南京开会的胡适,建议他出面反对。北平地方当局要到北大逮捕学生,郑天挺认为学校有保护学生的责任,不能让军警进校抓人,他还通知当局名单上的学生离开北平,安全出走。郑天挺坚信学校是学术自由研究的圣地,教育不应受政治的干扰,应当允许师生选择自己的信仰,而不能强加给他们。看来郑天挺在思想上是相信自由主义的。自由主义,在20世纪上半叶的中国知识界是颇为流行的,郑天挺有这样的观念,不纯属个人性质,而是具有时代性。

处理行政与教学研究兼顾

曾为西南联大的学生、后任国家图书馆(原北京图书馆)馆长的任继愈,在郑天挺晚年时说他的郑老师有两大特点:一是不论行政事务多么忙,坚持教学与研究,二是中年丧偶不再续弦。郑天挺听后颇有知己之感,可知他亦以此自许。

郑天挺做秘书长、总务长,庶务缠身,必须每天到校办公,处理各种杂事,这样白天毫无做学问的时间,如此下去则会荒废学术研究与教学。他意识到事情的严重性,所以自承担行政工作之始,就晚间作学术研究和备课。他规定了每晚的课目,必须把某部书读到哪个段落,写哪一部分讲义,如此就能讲好课,写好文章。收在《清史探微》中的论文,大多数是在这种情形下写出的。他晚年撰写《清入关前满族的社会性质续探》,文成后用复写纸耐心地抄录。有人问他为什么不让别人代抄,他说为的是抄写时可能会作修改,此亦见他的勤奋和认真,老而弥笃。

郑天挺的夫人周峻,是相夫教子的贤淑女性,不幸中年亡故,遗下二女三男。郑天挺痛失爱妻,一度情绪消沉。朋友劝他再婚,他怕续娶引起家庭不和,亏待子女,分散自己的事业精力。用他的话说是为了不使自己荒疏学术研究,决心不再结婚。他为了业务和子女,放弃个人后半生的婚姻生活。郑天挺家庭生活的选择,有其价值观的影响,他认为人生应走这样的道路。

教育行政工作、家庭生活与教学研究要面面兼顾,有着相当大的难度。有人行政事务一忙,将学术丢在一边,时间一长,再拾不回来了,于是成为单纯的行政工作者,到了晚年追悔痛失专业之憾亦无济于事了。然而郑天挺妥善处理了行政与学术两者关系,对个人是受益一生,对社会则有益于文化教育事业,这是值得人们研究的事情。因为各行各业都有行政人员与业务骨干的分工,如果不通业务,如何能做学校、学术研究机构的行政工作?所以讲求处理行政与专业关系的学问,可以大大提高行政人员的素质和办事效果。郑天挺处理两者关系的经验,会给人们以智慧的启迪。

(原载台湾《历史月刊》2000 年 11 月号,署名顾真)

从学琐记

——兼述郑毅生师的学术成就

问学二十五年

1957年上半年,毅生师给我们讲授中国古代史(明清部分),这是我第一次听先生的课。那时有定期答疑制度,在我听课不久,一天下午的答疑时间,我去向先生求教,其时为课外活动时间,同学们大多去做体育运动了,室内只有先生和我俩人。我提的问题是:黑龙江以北广大地区原来是我国的领土,它的历史是怎样的?为什么看不到有关的研究文章?先生简要地解答了我的第一个问题,接下来的疑点没有置答。我当时很幼稚,不知道我所提出的是个禁区范畴的问题,先生能在不成熟的学生面前说什么呢?不过这一次的答疑,大概是我们师生"缘分"的开始吧。接着,我选修了先生的史料学和明清史专题两门课。因受益良多,遂在同学中表示对先生的敬佩。1958年有"教学改革"运动,举办展览,以漫画的形式有系统地"批判"老师。毅生师在明清史专题中讲过靖难之役一题,说到建文帝的下落,有从下水道出亡的记载。因为这被批判为引导学生钻故纸堆,于是出现了先生钻狗洞的漫画,我也作为钻象牙塔的受害者、企羡者而进入了画面。今天回想起来,这场闹剧,把我们师徒搅和在一起,也是我们的"缘分"吧。

1959年秋天,先生指导的明清史研究班开业,我作为中国古代史教研室的助教参加旁听,不久转为研究生,在先生指导下进行三年的学习,此后的二十年,我在教学和科研中遇到问题,时时向先生求教。如在准备中国古代史课时,感到帝王庙号很重要,反映时间观念,要告诉学生记牢,但是它不好记,因此请教先生,先生随手写给我一个唐宋辽金元帝系的口诀:"唐朝,高太高武中睿,玄肃代,德顺宪,穆敬文武宣,懿僖昭哀。宋朝,太太真仁英,神哲徽钦,高孝光宁理,度恭端昺。辽朝,太太世穆景,圣兴道天祚。金朝,太太熙亮,世章济宣哀。元朝，太太定宪，世成武仁英，泰定天顺，明文宁顺。"这就好记忆了。到了 70 年代末期，先生给进修生、研究生、留学生讲课，我照旧去听。有一次先生不让我去，我说您每次讲课都有新的内容，听了都有收益，还是允许我去吧。

先生在晚年多次批评我。1980 年，中国社科院历史所主办中美学者关于中国经济史的讨论会，先生原要我准备论文，争取参加学习，我竟辜负了先生的期望，先生表示了不满。先生不止一次要我就专门问题进行学习，我决心从事雍正及其时代的研究，先生故世后，克晟兄告诉我，先生对这项写作表示满意。随后我的稿子写了出来，已经再不可能请先生批改了。问学无门，还有比这更令人苦恼的吗？如今回忆二十多年来向毅生师的学习，先生严谨的治学态度，科学的研究方法，精湛的学术见解，是那么熟悉，可是又不是很清晰的，因为自己少学无文，深恨不能全面把握先生的研究方法和学术成就。悔亦无益，仅就个人与先生的接触和学习先生论著的体会，略述数端于下。

精读一本书——初学者的入门良方

明清史研究班开业的第一课，先生讲《明史的古典著作与读法》。开宗明义，先生要求我们精读一本书，即张廷玉主修的《明史》。为什么精读一本书？何以选择《明史》为读本？怎样才是精读？先生对这些问题都作了明确的说明。先生认为，读书有益，但书又不能尽信，所以不能乱读，看到什么就读什么，应当有选择地去读，何况古籍繁富，汗牛充栋，不选择怎么读法！1981 年先生在《漫谈治史》一文中，把他的意思概括为这样几句话："一个人的时间是有限的，中国史籍浩如烟海，当然不可能都读。为了深入系统钻研古汉语并和中国历史结合起来，最好选择一部史书精读。"[①]精读什么古籍，先生有个拣选标准，就是要有见解，有事实，并能首尾一贯。所说有见解，并不是要求它符合于马列主义的看法，而是要有明确的观点，并用大量的历史资料加以说明的。观点不一定多，但一定要能一以贯之，不自相矛盾。先生认为在有关明朝历史的载籍中，《明史》，谷应泰的《明史纪事本末》，夏燮的《明通鉴》，皆是好书，都值得读，不过学习明史，还是以精读《明史》最好。

---

① 《文史知识》1981 年第 3 期。

如何读《明史》，先生提出以"时"为经，以"事"为纬，"人物制度"贯穿其间的读法，要求先读"志"，次读"纪"，然后读"传"。他说："志"叙述一个事情的发生、发展的过程，它的影响，它同其他事情的关系；"纪"说明诸事物的先后关系；"传"有丰富的资料，可以充实"志"的内容。以"志"为线索去读，可能收获大，见效快。如读"食货志"，了解到苏州重赋问题，它提到周忱、况钟等人，顺藤摸瓜，再去读这些人的传，就易于解决这个问题了。

怎样才能精读呢？先生解释说：精读，就是仔细地读，读不通不中辍。如果有不懂的地方，不管是字义、词义、地名、官名，还是事件、制度，都要查一查，比如"行人"，是明代的一种官名，一查《明史·职官志》就知道了。如果需要查的太多，查不胜查，可以暂时放一放，等等再查，但是凡属必须了解的总要查清，避免让错误的理解或假想长期存在自己头脑中，以致将错就错。先生还说：读懂，不是"不求甚解"，而是求其"甚解"，比如杜甫诗句有"蜀主窥吴幸三峡，崩年亦在永安宫"。这"主"字、"窥"字，咬文嚼字地解释，是不以蜀国为正统的，而"幸"字、"崩"字则似是帝蜀的。实际上，杜甫是在语言文字上下功夫，根本没有蜀汉是否正统的意思，所以必须从他的本意来理解，才不会被他的文字所欺骗。因此，就需要对书细读，细思量。

先生说明精读的另一个涵义，是把这本书前后对照着读，要善于在一本书中发现它对某一问题叙述的连贯性或矛盾性，提出新问题，并对这部书本身加以订正。譬如《明史·食货志》关于官田写道："初，官田皆宋、元时入官田地，厥后有还官田，没官田，断入官田，学田，皇庄，牧马草场，城壖苜蓿地，牲地，园陵坟地，公占隙地，诸王、公主、勋戚、大臣、内监、寺观赐乞庄田，百官职田，边臣养廉田，军、民、商屯田，通谓之官田。其余为民田。"先生指出这个记载不准确，因为《明史》本身还有沙田、塌江、无主荒地、绝户遗留地、逃户的空田的记载，这些田都是官田，但都没有被《明史·食货志》算在官田之内，所以它是不准确的。正确的说法应该是："民田之外，皆为官田。"先生又说：精读还要求反复读，常读，要达到熟能生巧的程度，像顾炎武的《日知录》、王鸣盛的《蛾术编》、钱大昕的《十驾斋养新录》等书，都是在熟读、多读的基础上，集小成大的。先生鼓励我们，精读一部书时，要不怕困难，坚持不懈，越是有困难，越要去攻克它。他说：封建时代的文人朱熹、王应麟尚且实行或提倡"困学"，我们社会主义时代的文化工作者比他们目光远大得多，更应当刻苦地向科学文化进军，出色地完成学习和研究任务。

精读一本书,是毅生师总结了学者成功的学习经验。一个初学者,在浩瀚的史籍面前,如何去学习呢?东读一本,西阅一部,虽然也会有所收获,但却会是一鳞片爪的,效益少,见功慢。精读一本书,把握它的内容,打下一个扎扎实实的基础。凡是向新的学科领域进军,都可以采用这种方法,如果是学习明清史以外的断代史或专题史,则可以寻找那些堪作精读的典籍来阅读,以求掌握那一学科的基本知识。有了一个良好的基础,就是继续前进的成功的起点。我国老一辈的史学家,大多经历了精读一本书的学习阶段。向毅生师求过学的杨志玖先生,青年时代精读《元史》,作出成就,后因教学任务,较多地从事隋唐史和古代土地制度史的研究,近年集中精力作元史研究,因基础雄厚,很快取得新成果,写出专著《元史三论》。也受过毅生师教诲的王玉哲先生,在研究生时代,临摹《说文解字》,奠定了坚实的古文字根基,在先秦史的研究中取得重大成就。所以说先生精读一本书的方法,是指导史学初学者的入门良方,也是史学工作者终身受益的方法,带有普遍的意义,是科学的学习方法。

　　我在听毅生师讲课时,刚刚开始明清史的学习,在丰富繁杂的史籍面前正不知如何下手,毅生师精读一本书的教导,就如同给了我一把钥匙,去打开明清史料宝库的大门。对《明史》,虽然我始终没有达到精读的要求,但就读那么一些,也多少懂得一点明代的历史,知道明代重大事件、制度、人物的历史资料线索,需要用时,好去查检。对于其他朝代的历史和专门史的学习,我也准此道理,着重阅读一种基本读物。我把毅生师的方法还用到教学上。如在讲授中国古代史基础课时,对范文澜、郭沫若、翦伯赞、尚钺以及我校历史系同仁编写的《中国古代史》,我要求学生认真阅读其中的一种,其他只作泛览性的参考。常有同学告诉我,他们为研究某一问题读书时,得不到应有的资料,可是读史家的论著,发现自己见过而没有认识的材料前辈全搜集了,他们因此而苦恼。我告诉他们,应当把有关的主要史书多读几遍,也就是精读,若达到这种要求,何愁材料不为我所占有。我的话,是根据不同对象,重述毅生师精读一本书的某些教导。如果他们有所收益的话,实在是受先生之赐啊!不过他们不一定知道。

　　精读一本书,是否同博览群书相矛盾呢?毅生师在讲精读《明史》时,介绍了一系列有关明代历史的载籍,要求我们参照阅读,可见并不忽视广泛阅览。精读、泛览,两者也不是截然对立的。先生教我们史料学,在讲授这门学科的研究对象、任务和方法时,特别说明了古文字学、目录学、版本学、校勘学、题铭学、印章学、钱币学、历代度量衡学、年代学、史讳学、古文书学、古文献学、谱牒学、古器物学等十几种历史科学辅助学科的内容和作用,要求我们具有这些学科的起码知识。所以精读一本书是作为深入研究一个历史领域的一种学习方法,而不是限制读书范围,把人的知识弄成很狭小的范围。至于毅生师本人,原为北京大学研究所国学门研究生,毕业后教过大学国文、六朝文,当然是兼通文史的。在历史学中,先生以明清史专家闻名于国内外,但他关于中国古代通史、近代史的学识,不亚于在那些方面有成就的专门家。他对史料学、校勘学、历史地理学、音韵学都有精湛的研究和独创的见解,是把博览与专精很好结合的典范。

全面占有史料与史料批判

毅生师教育我们做学问要像马克思所说的那样,详细地占有材料,加以科学地分析和综合地研究;教育我们向各种古文献和实物作调查,广泛搜集历史资料。他要求我们大量地读书,强调读最原始的资料,即最早的记录、当事人的记录,要求分析问题、引用资料时,尽量依据常见书籍提供的材料,而不是凭借孤本、珍本,以炫耀自己的"博学多闻"。他说珍本、孤本大多数人见不到,只要一般书上有的,就不要以稀见书为准,这是研究工作中的群众观点。这些话使我深深感到先生讲的详细占有材料,是踏实地搞调查研究,绝不是哗众取宠。只有这样的严肃态度,才可能去下苦功夫,搜求与解释资料。先生到晚年,建议研究问题做到深、广、新、严、通五个字,所说的"广",是"要求详细占有材料,还要广泛联系"。又说学习历史的目的在于"一求真,二求用,三真用结合",而"求真就要详细占有材料,研究事件是怎样发生的,经过及结果如何,一点一点地核实了,把事情真相反映出来"(前揭《漫谈治史》),言简意赅地把揭示历史发展规律与详细占有资料的道理说得很透彻。

毅生师的广泛搜集资料,就清史领域讲,尤其重视对档案材料的占有,相信历史档案是原始资料的原始资料,应放在历史研究的最高地位,所以说"离开了历史档案无法研究历史"。先生又看到清史研究的不发展情况,在60年代初期说:"清史研究是历史研究中最薄弱的一环,专著最少,研究最少。过去研究时许多观点是跟着外国走,这部分必须重新来搞,必须加强。这与整理历史档案分不开,要用整理历史档案来带动清史研究。"他尖锐地提出根据档案改写历史的建议。①先生深知并且阐明历史档案的学术价值。他不仅有这样的认识,而且也是这样实践的。早在1922年他就参加明清档案的整理工作,后来主持编辑了《明末农民起义史料》《宋景诗起义史料》等档案资料汇编,供给学术界利用。我在先生的教育下,逐渐认识到历史档案不可忽视的学术价值。如研究清代租佃关系,在政书、方志、文集、宗谱诸种类型文献中搜集资料,不甚满足,又向档案寻求,感到它的资料最具体、最生动,因而最应当受到重视。我在实践中体察到,利用档案要比读书费事得多,而且很难做到主动阅览,尽管有这样一些困难,我坚信先生的指示,今后还要继续利用档案资料。

搜集史料的同时,毅生师告诉我们要对史料进行批判,即鉴定。记得1957年他讲授史料学,我第一次听到"史料批判"一词,感到挺新鲜。那时先生在史料学中讲六个内容,"史料的批判"即为其一,主要是讲"批判地研究史料,分析史料的阶级性,推求史料的最初思想意图"②。先生的意思,一是要分析封建时代史书作者的立场和史观,二是对史料真伪进行鉴定,因为史书有曲笔,有误记,不能尽信,需要鉴别,做到去伪取真。他说:对于同一件事情,有不同的记载,这就是差异,差异就是矛盾,就要解决,就是"史料批判"。听了先生的说明,"史料批判"的观点刻在了我的脑海里,此后受益很多。

70年代前期,不断有所谓《红楼梦》作者曹雪芹的文物发现,什么书稿、诗词、笔山、印章、故居,纷至沓来。我因有毅生师史料批判的思想在怀,对它们存有许多疑问,不敢贸然相信,并有一次向先生谈到这些问题。先生告诉我识别文物的一个事例。那是在解放前,一个古董商人给先生送来一颗"为君难"的印章,这是雍正的御宝,对于清史研究工作者自然是很宝贵的。先生让他留下来看看,他走后,先生取出煤油,把阴纹中的印油洗去,发现是新刻的刀痕,这样就把假古董给揭穿了,第二天把它还给了古董商人。先生说伪造文物是常有的事,不要轻信上当。我一边听,一边佩服先生的学识,一面在想,宣传这些文物的学者,如果再下一番文物鉴定的功夫,无论是肯定它们,抑或是否定它们,都会把研究工作推向深入,那将是造福于学术界的。

70年代中期,天津人民出版社的王霈霖先生整理陈寿的《三国志》,在《吴志》中发现几个不好理解的问题,怀疑文字有错误,要我陪他去请教毅生师。

---

① 《清史研究和档案》,《历史档案》1981年第1期。
② 《探微集》,中华书局1980年,第283页。

先生首先在《三国志》的相关部分寻找那些问题的答案,没有结果。我以为也就是这样的方法,这个问题不好解决了。但是先生却说:陈寿是晋朝人,我来查查他同时代人叙述同类事情的用语,看看能不能解决。我听了豁然开朗,不是山重水复疑无路,而是柳暗花明又一村,路就在前头。我顿然想起先生对徐一夔《织工对》的研究,就运用了词汇学的方法。《织工对》中有"日佣为钱二百缗"一句,先生考证出"缗"字是元代人对一千钱的习惯用辞,而明初人则把一千钱称作"一贯",所以从徐一夔用"缗"字不用"贯"字,说明他的《织工对》是在元末写的,而不是在明初。[①]这一首有价值的诗歌写作年代的断定,先生的研究颇具说服力。我还想到,先生在抗日战争时期写作的《发羌之地望与对音》《〈隋书·西域传〉附国之地望与对音》等文,利用音韵学的方法和知识,研究藏族的历史,获知发羌居地与吐蕃旧居相当,亦即康藏之地,附国的附字是发羌的发字的转音,"亦即西藏人自称 Bod 之对音"[②],有力地说明了发羌是藏族的祖先,藏族在隋唐时期就同中央政权发生密切关系,是我国多民族大家庭的一个成员。这种论证不仅有很高的学术价值,也有利于我国各民族的团结。由此可见毅生师利用各种学科的知识和研究方法,才取得历史研究的重大成果。事实表明,先生不仅提倡史料批判,更给我们创造了行之有效的方法。

论文选题与搜集资料

60 年代初,我就写论文的问题常向毅生师请教。经先生多次指点,印象最深的是两条,一是如何选题,二是怎样搜集资料。选择论文题目,首先碰到的是写这样的问题干什么,它与政治经济是什么关系,有没有用。先生说做文章,要把学习中发现的问题加以解决。当然要讲求致用,但一定要把"求真"与"求用"结合起来。他说倘若不讲求应用,即使把握了历史的真相,往往脱离实际,没有用,反之,离开历史真实,往往事与愿违,用不上,并且导致失真,所以求真与求用一定要紧密结合。先生反对片面地求用,他说赶任务,凑集各家观点,不是写文章的正确方法。假如硬写,这样的文章,不是化合物,而是混合物。他又语重心长地说:选题时切勿赶浪潮,赶潮流只能参加点意见,不能很

---

① 《探微集》,第 308—309 页。
② 《探微集》,第 205—221 页。

好地独立研究,对自己、对历史科学、对社会好处都不大。经历"四人帮"时期的影射史学之后,回味先生的这些谈话,感到格外正确和亲切。我体会先生的意思,就是以求真为前提,以致用为归宿。如果割裂求真与求用,就会发生影射史学,或脱离实际的考据学,或其他错误。

先生关于论文选题引出的求真与求用综合的观点,是关系历史科学前途的重大问题,值得我们高度重视和时时温习。这一问题,先生在《漫谈治史》一文中又作了系统的解释:"每讨论一个问题,都要从对你的整个事业有无作用着眼,然后把问题分成若干小的单元,再从三方面加以研究:一、这个选题是否必要,能否取消它?二、能否和别的题目合并?三、能否以别的东西取代它?……如研究明末农民起义时的'荥阳大会',这就要先看如果不搞它行不行?如果行就不必搞了;如果不行,那就要再看能不能和别的题目合并起来搞?如果认为也不行,那么再看能否用其他更宽的题目或更细的题目取代它,从而就可以证明'荥阳大会'对明末农民起义的发展是个关键。应当广泛联系,从各个方面都来比较一下,然后决定是否研究这个问题和怎样研究。"这就把他对如何选题的意见作了理论性的说明。提出的模式,是选题时需要认真考虑的。

然而究竟选什么论文题?上述三原则之外还要考虑什么?先生告诉我论文题目要小,不宜过大,即使大题目,也可以分析成若干问题,一个一个地去做。我想写清代租佃关系方面的文章,先生说清代时间很长,要选择一个特定时期的,清代疆域辽阔,要选择一个地区的。我表示要写清中叶江南地区,先生又说江南苏州、松江是一个经济区,南京又是一个经济区,情况不同,还应当再缩小。我于是选定了苏松地区。70年代中期先生告诉我,有个美国人研究明末农民起义,觉得问题太大,把握不了,决定选择河南一个地区来研究,但还感到题目大,不好驾驭,就又缩小范围,研究这个时期的河南人物,然而又觉着人物众多,于是只研究李岩一个人。先生言谈中表示欣赏他的选题和研究方法,认为只有这样,方能取得较好的成果。先生大处着眼、小处着手的选题方针,体现了他的求真思想。题目大,解决问题大,读者多,影响也大,但是大题目不好做,因为资料很难搜集齐全,把握也非易事,研究得好,固然有益,功力不够,不一定能反映历史真实。而小题目可以做得深、做得好一些,可以一个问题一个问题地解决。从这里,我们不仅看到先生治学方法的严密周到,也体会到先生思想境界之高:他把历史科学的发展放在首位,全心全意地去促成它。

关于选题的观点，是毅生师的经验之谈，他自己就是那样做的。1946年他把出版的清史论文集叫作《清史探微》，1980年又将文集取名《探微集》，他始终欣赏"探微"二字。他说用探微一词，表示"书的内容微不足道"①。这是他的谦虚，不过也表示了他以"探微"的思想进行选题与研究。翻开《探微集》，看它的目录，不难发现，许多论题的研究范围是比较狭窄的，但一读原文，才知道它是联系较大历史问题的，比如《四川乐山〈重修凌云寺记〉拓本跋》译文，先生是甚为重视的，原因是这个碑文反映了清初张献忠大西军及其余部在四川的活动，所以他说"此碑虽微，顾有可补史籍之阙者"②。这篇文章，实同抗清斗争史的大题目关联着。先生的"探微"，是一种方法，是从具体问题着手，一个个地进行研究，以期对历史的某一个方面作出说明，说起来是"微"，其实并不微末。"探微"可以说是先生研究方法的形象表述。选题也是研究法的一个内容。慎重选题，是讲究历史研究法的一种表现。

定了题目，接下来就是全面搜集资料的问题。先生告诉我，搜集材料，以日常积累为宜，切忌为找材料而找材料，那样一定陷于被动，对整个学习和研究没有好处。他还教给我，搜集资料时，以一个问题为主，围绕着它找书读，但读时，不断推广阅读面，扩大研究范围，就像投石入水，落水时是一个点，但波纹却越来越广。我按照先生的指教，读书中，不仅积累当时研究的问题资料，也采集书中其他方面的材料，有时得到意外之获，真是喜之不尽。先生搜集资料的方法，严格讲，是与为找某一材料而读书的方法相对立的。占有资料少、功底尚浅的初学者通过这个方法，积累各种问题的资料，打下坚实基础，以便将来运用。这是从长远着想。这样读书，进度一定较慢，搜集的不是眼前要用的材料，暂时只能闲置一边，因而难以迅速见到功效。为一个题目看一种书，只取有关资料，其他内容不看也不记录，从研究某一问题讲是快的，但从长远看，收效如何，就值得考虑了。若是一个成熟的学者，在已有的广博基础上，为研究某一课题而专看某一种书的相关部分，就不会有初学者顾此失彼的毛病了。究竟采用什么方法，毅生师是视对象说话的。他的方法，对我求学时代以及此后的一段时间里是非常有效的。我想，这也许是有着普遍意义

---

① 《探微集·后记》。
② 《探微集》，第463页。

的吧!

比较研究法

毅生师在《清入关前满族的社会性质续探》文中指出,要把辽金时期东北文物所反映的社会生活情况,与入关前满族社会形态的研究联系起来,"加以比证"①。使用比较研究法,是先生常用的方法。

先生讲的比证法,就是把研究对象与它前后的同类事物进行对比,把同一时期的这一历史事物与其他事物互相联系。他说研究明清史,一定要知道宋元历史,还要懂得近代史;学习中国史的,不能不了解外国史。他要我搜集外文材料时,不仅是论题那个时代的,还要寻找前后时期相关的资料;不仅找一个地区的,还要有其他地区的,以便比较。他说所有的社会现象都互相联系,上一个历史时代的东西保留到下一个时代中来,而下一个时代的事物又是在上一个时代萌芽的、产生的。如1840年鸦片战争把中国社会分为古代与近代两个不同的发展阶段,但近代开始时,中国的封建自然经济仍占统治地位,它并不能斩断历史的连续性。又如俄国十月革命是现代世界史的开端,在十月革命前,列宁就领导革命斗争,缔造苏维埃国家后,继续领导社会主义革命和建设,所以不能因十月革命划了不同的历史阶段,而忽视列宁毕生革命活动的某个阶段。他又形象地说,时代的划分,不能像快刀斩乱麻,那是割不断的。先生认为历史是发展的,变化是有规律的,历史科学就是寻找社会发展的规律和原因。

他说的比证,不是把历史上的事情作简单的类比,而是把某一个阶段的历史、某一个历史事件,放到人类历史的长河中,放到全部社会历史中,考察出它的特点,确定它在历史上的地位,从而找出历史发展变化的规律。如他研究入关前的满族社会性质,通过考索满族与明朝政府的关系,满族受先进民族汉族的影响,满族不同历史阶段的生产发展变化,满族首领努尔哈赤思想意识与封建领主思想的关系等问题,即是进行了"比证",从而对满族社会发展及其对中国历史的影响作出带有规律性的结论:"1616年努尔哈赤所建立的政权是封建制政权,满族已进入封建社会,但还在封建制的初期,它的封建

①《探微集》,第16页。

化是以后逐步深化的,逐步上升的。唯其是在封建社会上升阶段,所以它在入关后,能够不同于明朝的腐朽统治,而在祖国各民族通力合作下,对祖国生产的发展起了很大作用。它在初期,除了封建主义生产关系以外,还有农奴制集体生产,还有奴隶制生产的残余;同时也还有氏族制度的残余。前一历史阶段残余的存在,为后来的历史阶段所承认,它已经不同于原来的性质。同时也说明,处在大国内的少数族,受到周围的影响不同,它的发展阶段也是不平衡的,常常会有几种生产方式同时存在。当然其中有一种是为主的,最后逐渐趋于划一的生产方式,这就是决定社会发展性质的标志。满洲族的社会发展是符合多数民族的一般发展规律的。"①由此可知,先生的比较研究法,实际是对历史进行发展的辩证的研究,是科学的方法。

毅生师教给我们学习和研究方法的同时,更给出许多历史见解、对历史事象的具体观点。他对明清两代的历史地位,这个时期的若干重要事件、人物、制度,作了精辟的论证,至今影响着历史学界。对我个人的教益之大,以致一时很难说清,这里仅仅提及印象最深的几点。

(一)鸦片战争前的明清时期是中国封建社会的晚期,或者说是后期,而不是封建社会的末期

60年代初,毅生师给我们讲《明清史在中国历史上的地位及分期》,特辟一节讲中国封建社会的晚期问题,发表了我在标题中所表现的观点。他对这个问题作了较详细的阐述,为见先生的完整观点,特录他的讲话如下:

1840年以前的明清时期,是中国封建社会的晚期,也可以叫作封建社会的后期。为什么这么说呢?明清时代,中国封建社会内部商品经济的发展,已经出现资本主义萌芽,这种新的社会因素尽管很微弱、散碎、细小,但它向占统治地位的封建经济挑战,一定程度上冲击它、分解它,因而引起封建的经济基础、阶级结构乃至上层建筑的某些变化。这就不同于没有资本主义萌芽的情况了,可以说这是旧制度缓慢地向一个新制度蠕动的历史时期。根据这种社会状态,我们把这一段历史时期称作封建社会晚期。还应看到,在出现资本主义萌芽之后,封建社会的矛盾虽然越来越尖锐,封建制的危机很严重,但还没有到行将瓦解的程度,还不可能使中国发展到资本主义社会,恰在这时外国资本主义横闯进来,影响了日后中国历史的进程,使中国社会没有按照原

---

①《探微集》,第14—15页。

来的路子走下去。在封建社会内部，资本主义仅仅是在孕育之中，还没有到诞生的时候，更说不上取代封建制的时候，这个时期的社会，不能叫作封建社会的末期。中国封建社会也没有一个叫作"末期"的时期，晚期和末期，不是两个词的差异问题。晚期表示该时代的社会制度衰败，即已开始逐步走向崩溃，但在某些方面还有一定发展余地，而末期则揭示那种制度的灭亡和被新制度代替的过程。这就是说一定要按照时代的特征，给予实事求是的说明，才能符合于历史的真实。中国封建社会的晚期，在习惯上也可以称之为后期。盖后期一词，包含封建制从衰败走向灭亡的全过程。中国封建制的后期只有它衰落的一段，而这一段与我们所说的晚期相一致，在这里它们成了同义词，反映同一历史实际。

"中国封建社会没有末期"，有的学者不赞成这个说法。他们甚至说这种观点是封建社会万古长青论。这是一种误解，也是曲解。人类的社会历史有共同的发展规律，但每一个国家、每一个民族，都有它本身的历史特点，不同于其他国家和其他民族。一个国家、一个民族，经历或者没有经历社会发展史上的某一个阶段，要在这个国家和民族的历史实际中寻找答案，而不能按照一般的社会发展史的模子去衡量它、塑造它，以至制造违背历史真实的假说。

世界各国的历史表明，有的国家从原始社会径直进入封建社会，而没有经过奴隶制阶段。有的国家没有经历典型的资本主义阶段而跃进到社会主义社会。还有个别民族(主要指一个多民族国家内的某一个少数民族)，跳跃了两个社会发展阶段。至于某一种社会形态内部的发展阶段，各个国家、各个民族的进程不尽相同，也都各具特色。以封建社会史而言，西欧诸国领主制时间很长，领主制一经破坏，就进入资本主义社会，而中国不然，地主制经济占据统治地位。两者差异甚大。因此，既不能以中国封建制的模式去勾勒西方封建制，同样也不可以西方封建制的进程，要求中国封建制与它有相同的步伐。中国封建社会尚未发展到末期阶段，我们就如实地说没有末期，何必非要按模式去臆造末期！说没有封建社会末期，同封建社会万古长青论毫不相干。万古长青论是说这种社会制度优越，没有内在矛盾，或没有不可自行克服的矛盾，因而赞美这种制度可以万古长存。说没有发展到末期，只是说这个社会的矛盾还没有激化到这个社会行将崩溃的程度，即还没有走到它的最后阶段。这是对历史作科学的分析。与美化和宣扬封建制度，根本不是一回事。

先生主张明清(鸦片战争以前)社会是中国封建社会晚期，力辟末期说，在中国封建社会史分期问题讨论中,立一家之言,是一种创见。先生的观点是建立在科学分析的基础上的,他把明清史放在全部封建社会发展史上来考察,抓住这个时期不同于其他时期的特点,观察到明清时代封建社会内部的某些变化,即看到资本主义的萌芽、封建人身依附关系的削弱,同时清楚地认识到,这些变化是极其微小的,不足以引起社会的巨大变动,更谈不到封建制的解体。这个论点的提出很重要,这是对一个时代的总观点,由此影响到对许多具体历史问题的看法,所以说它是一个基本观点,有较大的学术价值。

1840 年以前的明清时代的特点,在学术界还没有取得一致的认识。鸦片战争以后,中国纯粹的封建制时代就结束了,因此 1840 年以前的清代,很容易被人误解为封建末世,如讲到顾、黄、王,有人就说是封建末世天崩地解时代的思想家,讲到《红楼梦》,就有封建末世的历史画卷之说,如此等等。在这里,"封建末世",如果作为文学的语言,虽然不见得是科学的,用之亦未为不可,若以之论断历史,就值得讨论了。我认为可喜的是,越来越多的学人接受毅生师的观点,晚期说日益深入人心了。我自己坚信先生的论点。我想,直到清代前期,中国封建社会内部封建生产关系还是可以作局部调整的,封建制还没有走到它的尽头,如果不是外国资本主义的侵略,它还会延长一个时期,才会在资本主义因素发展壮大的条件下发生巨大变化,才会进入它的末期,我也以此观点,形成对清代农村阶级关系史的研究论文。

(二)明清时期是统一多民族国家的巩固和发展时期

毅生师在前述《明清史在中国历史上的地位和分期》和《清史简述》中,都把本标题作为这个时代的特点之一加以描述。他认为明成祖为巩固边疆做出了一定的贡献,明朝首次把贵州划为行省,在部分地区实行改土归流,对巩固多民族国家是有成效的。但明朝的成就比起清朝就相差得很多。他高度评价清代在这方面的建树,在《清史简述》中写道:"清代统一的多民族国家的巩固和发展主要有三个方面。第一,是中国固有疆域的奠定;第二,是各民族经济文化联系的加强;第三,是中央和地方关系的密切和巩固,特别是边疆和中央政府的关系以及对中央的向心力比前代有了进一步的加强。"他着力说明我国疆域的明确和巩固是清代的事情,清朝的政策使边疆少数民族向心力加强,因之值得肯定。满族以少数民族入主中原,遭到汉人持续不断的、时隐时现的反对,它的历史地位,长期以来没有被正确地理解,没有得到公正的评价。毅生师就我国统一多民族国家的巩固和发展问题,对清朝的肯定,是符合于历史实际的,是科学的观点。

辛亥革命是以反满为号召的,清朝后期的反动统治也应该被推翻。清朝灭亡后,人们从清朝封建主义思想统治下解放出来,痛斥它,说了一些过头的话也是很自然的。那些迎合小市民口味,专以满族某些民族习俗诋毁清朝的人,甚至不惜捏造历史的人,虽情有可原,但他们的观点是不对的,总不应该让它泛滥。孟森先生早就敏感地意识到这个问题,在个别问题上作了辨析。毅生师在清朝灭亡半个世纪之后,比较客观地评定清朝的历史地位,指出它对我国统一多民族国家的贡献,是把握了清史的基本特点。我听先生的讲课,学习先生的著作,完全接受先生的观点,认为应当高度评价清朝在我国统一多民族国家巩固和发展中的作用,要对与此有关的制度、事件、人物作相应的评价。我甚至想,清代历史的分期,也需要充分考虑到民族关系,尤其要考虑北方、西北、西南少数民族与清朝中央政府的关系,忽视这一点,将很难说清清朝历史。

(三)重视雍正时期政治经济制度的变化和雍正帝的作用

毅生师在《明清史在中国历史上的地位及分期》中,列举 1840 年以前明清史上发生的十四件大事,其中摊丁入亩的实行和军机处的设立,即属于雍正朝的两件事。在《清史简述》中开出清史上八件大事,属于雍正朝的也是两件,一是与前相同的摊丁入亩,再一则为严禁天主教士活动,驱逐他们于澳门。雍正时期在 1368—1840 年的近五百年中只占十三年,却有两三件要事,从而引起毅生师对它的高度关注。先生对摊丁入亩制度的推行给予很高评价,认为它"取消了人口税,也反映了封建依附关系的削弱,从而刺激了农民的劳动积极性,对于生产的发展具有一定的意义"[①]。他还以这一事件,作为划分清朝前期和中期的分界线。先生对雍正本人也给予了应有的肯定,认为雍正和康熙、乾隆"是三个好皇帝",他在十三年中,"每天看的奏折有多少且不说,只是他批的公文就印行了《上谕内阁》一百五十九卷,《朱批谕旨》三百六十卷,都是他亲手批的,没有印行的还很多。他对自己的职务毫不懈怠,做到了'今日事今日毕'。作为一个封建帝王,能作到这点,是很不容易的"[②]。我觉得先生对雍正时代的评论是符合实际的。我从听基础课时就接受了先生的分

---

① 《清史简述》,第 17 页。
② 《清史简述》,第 47 页。

析,此后随着对清史了解的增多,愈益认识到对雍正时代历史深入研究的必要,因而把它作为自己的一个重点研究对象。没有毅生师的启蒙,我大概不会在这方面下功夫。

毅生师的学术思想和成就、教学和科研方法,其丰富的内容,本身就是一些科研的题目。我的回忆是琐碎的,认识是零散的,而且主要是从初学者的感受来写的,尚不能反映先生的卓越成就于万一,心惭而惶恐。不过它能表示我继续学习先生的著作、吸收先生学术遗产的愿望,并以此就教于了解先生的学者、同窗、朋友。

(原载冯尔康、郑克晟编《郑天挺学记》,生活·读书·新知三联书店,1991年;另收入封越健、孙卫国编《郑天挺先生学行录》,中华书局,2007年)

回忆郑毅生天挺师

毅生师讲授明清史基础课,有一次答疑时间我去求教,问题是沙皇俄国强占我国东北大片领土,是怎么回事,应当如何分析。因为我在中学时,听政治课老师讲到这件历史公案,说那里的人民在"老大哥"社会主义制度下生活多年,很幸福,因此我国没有必要收回那片领土,毅生师讲清史时没有涉及到这个问题,所以我才提出请教。他极其简单地讲述关于领土的史实,然而未予置评。我当时政治上很幼稚,模模糊糊地意识到这可能是不便谈论的问题,后来我才懂得,苏联是继承沙俄遗产的,又有强烈的大国沙文主义意识和政策,在中国实行"一边倒"政策、学习苏联时期,使得这种历史成为敏感问题,成为历史研究的禁区,毅生师当然不能讲授这个历史难题了。

在提出"双百"方针的 1957 年上半年,学校举行科学讨论会,毅生师报告《关于徐一夔〈织工对〉》①,我和同学们都去聆听,并作议论。毅生师劈头讲到徐一夔《织工对》的史料是吴晗先生发现的,众人是在他启发下跟着阅读和利用的。这看似平常的事情,却表现出毅生师诚实的学风,尊重他人的学术研究成果,在先行者研究的基础上继续工作,才能很好地推动学术研究的前进。尊重别人的学术劳动,毅生师的作风对我们学生来讲一点也不陌生。他在讲授史料学选修课时说,谁要将他讲课内容记录成文,他将来发表时一定不掠人之美,即要说明记录整理者是谁。他是说到做到的,在 1952 年出版的、他主编的《明末农民起义史料》序言中,他将与编辑此书有关的每一位学人的姓名一一书写出来,绝不淹没他人的劳绩。我在研究生时听毅生师讲课,作有笔记,到 70 年代末我参考学兄彭云鹤教授的记录,整理出五六篇,毅生师让油印发给他所主持的明清史教师进修班学员,随后有的在刊物上发表。他问我如何署名,我明白他的意思,是要将我作为整理者署上名,可能又考虑我这时已不是刚毕业的助教,署名不一定对我有益处,所以才提出来商议,我回答这本是

---

① 次年发表于《历史研究》1958 年第 1 期,收入郑天挺:《探微集》,中华书局,1980 年。

毅生师的学术成果，整理算不得什么，不用署名，毅生师也就不再提了。大学者就是如此博大胸怀，不仅不淹没他人之功，尊重他人的同时，在某种情形下还有提携他人的含义。

话说回来，毅生师在《织工对》的论证中为我们树立了考订史料的楷模。《织工对》记述织工的工钱、织工与作坊主的关系，学者用以说明资本主义萌芽的历史问题，毅生师报告的目标是要将徐一夔写作的时间、地点、工钱计量单位、织工是何工种考证清楚，然后用作说明生产关系才较可靠，他做的是基础研究工作。毅生师利用徐一夔的著作《始丰稿》的资料，证明徐一夔在元末至正中期生活在杭州，《织工对》就是在此写作的，写的是杭州织工。《织工对》云织工"日佣为钱二百缗"，毅生师发现"缗"之一字值得注意，经他考订，元末人俗称钱一千文为"一缗"，而明朝洪武年间人们则称作"一贯"，由"缗""贯"的不同，毅生师得出《织工对》写于元末。至于一天的工钱二百缗是否太多，由此产生资料可信度的问题，毅生师求证的结果，知道元末的货币贬值要比明初严重得多，因可进一步说明《织工对》作于元末，不过工钱数量毕竟太高，应当怀疑，可能文字有误，或"日"字应为"月"，或"百"字系"十"字之误，毅生师因未找到证据，以存疑处之。织工的工种问题，徐一夔没有说，与他同时代到过杭州的学人、官员的著作中均未著录，毅生师只好采用黎澍提出来的织机与织工数目比例的方法来求证，用此法与史料结合获知织工是丝织工，而不是棉织工。他最终的结论是："我是同意这个意见的：徐一夔《织工对》叙述的是元末杭州丝织业织工。"

毅生师的考证法是层层剥笋，一个一个问题地解决，最后就将事物真相揭示出来了。他同时从不同的角度考订史料，比如从不同时期"缗"字的用法，从《始丰稿》各篇文章的排列法，从货币价值等多种角度观察，论定《织工对》写于元末，这样的考证，结论自然来得可靠。他在报告中用了下列一类的话："《织工对》虽然没有标明年月，但收在前稿第一卷内，说明是元末至正年间的作品，也不是没有理由的。"徐一夔"住在相安里和织工谈话是有很多可能机会的"。"说《织工对》叙述的是丝织业织工而不是棉织业织工，不是没有理由的。"他使用的似乎不是很肯定的语句，其实我们看他的结论很肯定，并不含糊，这是他的习惯，即不将话说死了，说绝对了。做学问上，毅生师是实证派，有多少材料说多少话，不把话说满，因为还可能有新材料的发现，而新材料常常令史学家修改已经发表的意见。我们当时听讲演的感受，只是觉得毅生师尊重同行和精于考证,并没有现在写出来的这么多认识。

毅生师讲课,缓缓而谈,不急不躁,时有口语——"那个,那个",但从来没有多余的话。他上课没有讲稿,手上拿着若干张卡片,他使用的比我们通常用的 64 开大小的要稍宽一些。后来听傅同钦教授(毅生师哲嗣、学长克晟教授的夫人)说,毅生师在讲课之前,反复看他的卡片,有时似作默述状,可见他的认真和下功夫,真是精益求精,非将功夫下到家不可,所以讲授的内容非常清晰,我们接受起来很快。

我在本科时,愿意多上选修课,学期开始之际,报的科目多,系里有规定的门数,故而常常要被限制减少一两门课,我只能遵守学则,少选一点,但毅生师开设的"史料学""明史专题"我都选修了。史料学令我开阔了眼界,知道历史学有那么多辅助学科,如年代学、历史地理学、印章学、目录学、钱币学,等等,获知史料学对史学研究的极大的重要性及一些史料的搜集、考订方法。在我后来所走的学术道路上,我以相当大的热忱和精力投注于史料学,写出《清史史料学》《清代人物传记史料研究》两部专著,追本溯源,是受启发于毅生师的史料学。

明史研究的课程,毅生师讲到建文帝下落之谜,通过大量的史料考证,说明其从下水道出亡的一种可能性。毅生师的课,同学们私下谈体会,我说了一些赞扬的话,不过并不多,由于我的木讷,也不会去渲染。1958 年下半年,教育界发动学生批判老师的"资产阶级思想、教学和方法",让同学写大字报,历史系学生写的大字报张贴在第一教学楼二层的一间大屋子里,名曰"西瓜园",意思是揭发和批判要上纲上线,要有阶级分析的高度,不要说鸡毛蒜皮的小事,否则就是捡了芝麻,丢了西瓜。毅生师关于《织工对》的论文遭到了不应有的非难,大字报说文章引用了 101 条史料,是典型的繁琐考证,是资产阶级唯史料论的治学方法。

次年春天举办展览,用实物、图画批判老师们的资产阶级观点,其中有一幅漫画,画面是老师钻狗洞,引导一学生往里钻。意思是老师讲授无意义的历史事件,钻故纸堆、钻象牙塔,把青年学生引向邪路。画面上的老师是毅生师,所谓钻狗洞者是因他讲了建文帝有从下水道出走一说,这种丑化老师,具有人身攻击性质的事,在当时认为很正常。画面上的学生就是我,显然我是被视为学生中的白专典型了。这个展览是让全校师生看的,我当然被组织去看了,不知毅生师是否也被组织去看了,看后作何感想。漫画的作者是我的好同学,是保持至今的好友,图画的命意当然不是他的,而是组织上的。这幅画想不到真把我们师徒联结在一起了。

展览不久,我就毕业了,要求分配我考研究生,系里不同意,留系做助教,没过一两个月,系里通知我做毅生师的研究生,由于是本系教师所以不必考试,毕业后仍在系里工作,并告知这是系里培养青年教师的一种方式。到了1966年"十年内乱"开始之时,有人给毅生师贴大字报,说毅生师留用走白专道路的冯某某,我因而知道我留校和上研究生,多少与作为系主任的毅生师有点关系,然而可能不是决定性的因素,因为人事方面是由组织上决定的。

毅生师生活俭朴,1963年以前只身在南开大学,住在东村教工宿舍,与陈楠老师同住一个单元,毅生师不起火,在职工食堂就餐,陈老师有时帮他烧开水,他的生活可以想象是很简单的。读研究生时有时在他家听课,见书桌上放置着师母遗像的一个小镜框,那时人们不讲私人关系和感情,所以从来没有问过毅生师的家事,但看到师母遗像,知道毅生师怀念师母,终身不渝。其时听王玉哲师讲过,西南联大时期,有某某女讲师(后赴美成名教授)追毅生师,毅生师没有接受。多少年以后看到毅生师写的《自传》,知道他和师母"感情极好,从未吵过嘴",师母仙逝,毅生师"痛苦万分",决意不再结婚。①至于老师有什么饮食嗜好更是一点不知道,只有一次,晚上去看他,见他在敲核桃,似乎陈楠老师说过毅生师爱吃核桃,然而一点也记不真切了。毅生师不吸烟,不沾酒,生活简朴,这是那时多数学者的本色。毅生师喜藏折扇,有一个很小的梯柜,约有六层,每层很薄,专门置放折扇,有的扇面有胡适等人题字,"文革"中被大字报揭发出来,抄家时成为重点搜查物件,后来落实政策时全无下落了。毅生师的书桌上放着几方大印,不知是否他休闲时欣赏的闲章。

毅生师诲人不倦,真是老而弥笃。"文革"结束,人们思想解放,思考各种问题,这时我汇总多年的学术疑问,归纳了大大小小四十个问题,一天去向毅生师汇报请教。没想到过后听学长克晟、同钦夫妇讲,毅生师在闲谈时赞扬我思考那些问题,是学术研究前进的基础,我听了受到很大鼓舞。毅生师晚年更加热衷于教学,分别给本科生、留学生、明清史教师进修班、研究生开课,讲授历史研究法、明史研究、清史研究等课,1980年以81岁的高龄,带领研究生到清西陵和北京作学术考察,据参加者说,他在西陵还给同学讲课。

---

① 《郑天挺学记·郑天挺自传》。

对于教学和社会活动非常繁忙的毅生师，1981年春天历史系向教工作了一条规定，没有要事不要去打扰他。有了这个"纪律"，我自觉地遵守，由于我从来不担任行政工作，自然没有事情要去汇报，有学术请教的事就压下了，请安的事也基本上免了。毅生师身体素质历来受人称赞，众口一词地说他会活过百岁。他每日下午工作之后必定做散步活动，走得比较快，以此健身，因此南开人经常能看到他的身影。有一天，中文系刘毓忱先生(今已作古有年)对我说，怎么看郑先生走路没有以前那样利索，不久师姐孙香兰教授问我注意到没有，郑先生走路脚好像抬不起来。我那时住房少，并且早已养成在图书馆看书的习惯，总是不闭馆时不离开，所以极难见到毅生师散步，自然不会知道毅生师走路状态的某种变形，更严重的是当时不懂得"老年人迈不开脚步是身体状况不佳的反映"的常识，所以没有引起注意，也就没有向克晟兄夫妇提起，后来深自愧悔。

1981年12月，毅生师从北京开会回来，在那里宾馆有暖气，而家里是平房，生煤炉，气温低，加之劳累过度，患了感冒，很快病情加重，送天津市总医院住院治疗。身为南开大学顾问、原副校长、一级教授的毅生师，在医院论级别的规定下，不能住单身病房，只好移住另一家医院，在他住院的三天期间，校系负责人去看望他，我想去探视，又碍于规定，不便前往，只有通过克晟兄夫妇关注毅生师健康的恢复。20日是星期天，我知道不会有负责人去医院，预定在这天去，并事前同克晟兄夫妇联系好，上午九点多钟到了医院，见毅生师处于昏迷状态，大感惊愕，不敢惊动，遂由同钦教授禀告："冯尔康看您来啦"，似无反应。这时克晟兄说刚才值班医生说是酸中毒。"酸中毒"，我的医学知识太少，从没有听说过这种病，克晟说，医生讲这种病严重，可以致命，于是我们二人去值班室询问医生，医生稍微作了讲解。因为是周末，医院又不大，这个科室除一位值班医生外再无大夫，更不可能进行会诊。当时在病房有克晟夫妇及他们的二公子和我四人，见毅生师总是在昏沉中，遂去找医生来看视，医生看后，即招来医护数人进行抢救，毅生师终无反应，医生宣布抢救无效。从我进入病房，到医生宣布毅生师仙逝，这几个小时中，毅生师始终安祥静卧。如果是佛家信徒见此情景，会说毅生师修成正果，到极乐世界去了。

师徒如父子，我能为毅生师送终，尽了孝，这是我们师生的缘分，因为在1981年的后半年我能见毅生师的机会并不多，而这一天让我赶上了，冥冥中有如天意所定。

关于毅生师的道德文章,我还可以写出许多,不过以前已经写了不少,还参与编辑纪念毅生师的文集三部,这里需要特别提出的是,吴廷璆师领导师兄陈生玺、克晟和我编辑《郑天挺纪念文集》一书,他非常认真,召集我们开会,商定邀请写作人的名单,亲自书写该书《前言》,反映出他们之间的真挚友情。约在1963年(或1964年),毅生师住在北村八楼,吴廷璆师是他紧邻,那时毅生师常在北京,指导"二十四史"的标校工作,时或回津,一次我去看望他,正要出门,见时任历史系主任的吴廷璆师进门,他说有事要向郑先生汇报,他们老一代之间的关系我知道的很少,但我的直觉是毅生师与吴廷璆师以及其他老师相处均很亲密。

(本文原为《我的南开老师》文中一部分,收入本卷时单独成文)

我的南开老师

　　1955年秋天我进南开大学历史学系读书，当时给我们授课的老师，在中国古代史方面的有，讲授明清史的郑毅生天挺师，历史文选的谢刚主国桢师，先秦史的王玉哲师，秦汉魏晋南北朝史的杨翼骧师，隋唐宋元的杨佩之志玖师，近代史的来新夏师，现代史的魏宏运师；教我们世界史的有，世界上古史的雷海宗师，世界中古史的辜燮高师，世界近代史的杨生茂师，世界现代史的梁卓生师、陈文林师，亚洲史、印度史的吴廷璆师，还有讲授原始社会史、考古学通论的黎国彬师，等等。对历史学界稍微熟悉的人，看到这个名单，无疑会非常羡慕我们，竟有那么多的史学大师和名家为我们讲授基础课和选修课，是的，我们当时体会得自然不会深刻，不过仍然感到有这些老师是幸运的。

　　但我却未很好地利用这样的机会，由于我是相当木讷的人，一般不敢找老师作个别的请教，在大学四年中只去过两位老师家里，一次是1957年学生论文竞赛之后，我因提交的文章是佩之师评审的，所以就相关历史去向他求教。另一次是因为我做班长，应梁卓生师之招，到他家反映同学学习情况。那时有答疑制度，特别是在我入学的前两年实行得较好，我通常是利用这个时间去向老师请益。还有幸运的事，是我毕业后留校任中国古代史助教，旋即改为研究生，学习方向是中国古代史·明清史，师从毅生师，毕业后仍在中国古代史教研室工作，分配我的教学任务是讲授五代至鸦片战争以前的历史，受佩之师的指导，因而听了他的元史和土地制度史两门选修课。1964年系里成立土地制度史研究室，由佩之师负责，来新夏师、师兄陈振江教授（那时我们都是助教）和我为成员。这种经历使我同教我古代史的老师朝夕相处，同其他老师也是几十年的相知，今日回忆起来，固然有不少的往事素材，但是老师的道德文章更使我敬佩，比上本科时的朴素感受深刻得多，积淀于心，不吐不快，所以出版界张世林先生约我写学者逸事，我非常愉快地接受了，我正要写敬爱的老师啊，何不就此机会抒发出来！

王玉哲师

王玉哲师同杨佩之师一样,做学问实实在在,发现很多,讲课也是平铺直叙,偶尔亦有插曲,据学兄何广中帮助回忆,一次王玉哲师说"死了!死了!",是讲一个人说"有人死了",别人就去围观,越聚人越多。这是老师批评闲人好凑热闹的恶俗。在讲课内容上,我至今记忆深刻的是讲宗法制和封建制,他为说明大小宗关系,画出图表,清晰明了。他是西周封建论的主张者,运用《诗经》上"雨我公田,遂及我私"的一类资料,进行说明。还有他讲到甲骨文研究时,说到"四堂"的贡献,这"四堂"是雪堂罗振玉,观堂王国维,鼎堂郭沫若,彦堂董作宾,"四堂"的概括,便利了我们的记忆。"文革"后不久,在长春开学术会讨论封建制的产生历史,王玉哲师成为健在的西周封建论的代表者。事后,与会的原《历史研究》主编田居俭研究员对我讲,同王先生接触,感到你们南开老师太实在,做学问扎实。王玉哲师在上古史研究中的地位得到了学术界应有的赞扬。

1984年在昆明云南大学,听李埏教授讲,他同王玉哲先生、杨志玖先生等是研究生时同学,他们那时背诵大部头史书,王先生背许慎《说文解字》,可见王玉哲师学术功力之深厚了。王玉哲师偶尔在我们学生们面前说点学林掌故,如说西南联大时北大历史研究所,由傅斯年教授担任所长,郑毅生师任副所长,"傅""郑"谐音是"副""正",故而大家说"傅(副)所长是正所长,郑(正)所长是副所长"。我们听了印象非常深。我们的老师大多不苟言笑,王玉哲师、佩之师和毅生师尤其如此,王玉哲师偶而的掌故之谈,增加了师生的深厚感情。

王玉哲师和我的其他老师一样外表严肃,然而面貌慈祥,和蔼可亲,根本不会让人产生拒人于门外之感。我初上王玉哲师课的时候,抱有一种希望,能够听到关于"钻木取火""盘古开天""神农尝百草"等神话传说的民俗学解释,可是关于这类传说,王玉哲师在课堂上一句未提,我不明白这是为什么,是传说不屑一顾吗?我想中小学历史课不能揭示这类传说,大学需要深入讲一讲吧。不仅王玉哲师不讲,现在的教师也不讲,所以总是存在一个问题。一次我同克晟兄闲话,说到此事,他说50年代初期学习苏联,教师集体备课,严格按照教学大纲讲授,不能超出规定去讲。一席话,将我的疑难解决了。由此理解王玉哲师当时讲课的难处,对他们传授扎扎实实的知识更增加了感激之情。

谢刚主国桢师

谢刚主国桢师为我们讲授历史文选课,开课不久,他说:"太史公,迟之久矣。""迟"有多解,究竟他要说什么意思,没有讲,意在让我们动脑筋,努力求知吧?他在讲课之中不时向同学提出问题,有一次问"田齐",一位同学不知道是指战国田氏代齐的故事,由于出生农村,回答说是整齐田间道路。大约上了四五周的课,一次上课开始,突然让同学标点一段古文,今日回忆似乎是《史记·项羽本纪》上的,也没有说是作业,只是收了卷子。下一次上课,将同学们分为甲乙两班,分别讲授,所讲内容难易不一,原来他是作测验,以便根据同学的古文程度分班。这个方法的实行,程度较高的同学受益更多。到90年代后期读学兄姜纬堂纪念刚主师的文章, 始知是他向刚主师反映同学古文水平参差不齐,问如何满足不同程度同学的要求,刚主师遂决定采用通过测验分班授课的办法。姜纬堂学兄说他当时不知天高地厚,竟向老师提出问题,而刚主师容纳同学建议,因材施教,一心希望同学学业水平的提高,真是费尽苦心。

刚主师的讲授,主要是疏通文意,由于他广博学识,讲解得透彻深刻,我们提高了古文的阅读速度和理解能力。同时他讲的篇目较多,无形中使我们增加了许多历史知识,如学江统的《徙戎论》,"非我族类,其心必异"的文字,牢记在心,虽然后来知道这句话并非首次出现于《徙戎论》,但是我是首先从刚主师课堂上得知的。刚主师讲课,有时讲着讲着自己笑起来,而同学尚无反映,这大约是讲到会心处了,同学一时还没有理解。他有时边讲课,边整理裤腰带。这些动作,使同学感到他平易近人,和蔼可亲。确实是这样,许多同学爱到他的家里求教,有时在课间休息时同学围着他交谈,亦表现出来。

辜燮高师

辜燮高师给我们讲授世界近代史,讲课时,不时地画出地图,地理方位一目了然,课堂上便于接受,其他老师很少画地图,就是历史地理的挂图也几乎没有,因此我对辜燮高师画地图的印象特别深刻。那时我也多少懂得画图是技术,但并不真知,及至自己讲课,需要画图时,而自身没有这个本事,更感到辜燮高师教学特点的可敬。辜燮高师 40 年代末留学英国归来,是英国史专家,1957 年"反右"中有不幸的遭遇,"文革"中自不必说再次被批斗了,所以他的才能总受着压抑,系里的人也不尽了解,于是从上到下多不以为意。

1982 秋天,学术界在北戴河开英国史研讨会,这个会议的结束,是清史会的召开,会场在同一个地点,我是出席清史会的,因为要参与会务所以早到两天,正是英国史研讨会的尾声,不时见到青年学者向辜燮高师求教,甚为尊重,我的同事李宪庆也看到这一现象,就向别的同事道及,表示惋惜。"自家人不识自家人",诚堪叹息!如今辜燮高师健在,是历史学院教工年龄最长者,尤宜特别敬重。

黎国彬师

在给我们讲课的有教授、副教授学衔的老师中,黎国彬师年轻,不过三十五六岁,是我们的一位"崇拜偶像"。他衣着合体,衣料不一定怎么好,然而给人高雅的感觉;走路时,夹着讲义夹,速度略微缓慢,显得沉稳和有风度;精通英语、法语、俄语和日语,能笔译德语、西班牙语、越语、马来语和拉丁语等语种著述,所学的专业是西南联大的清华大学地质地理气象学,在云南作过社会经济、地理环境、语音和民俗的调查,为我们开设的是原始社会史、考古学通论,我们还知道他开过人类学通论、中国地理总论等课,也就是说学的是理科,教的是文科,而课程又多是自然科学与人文学科交叉的课程,知识面非常广,自然引起同学的仰慕。

1956 年"向科学进军"热潮掀起之后,学生向往成为专家学者,更敬爱知识渊博的老师。1957 年春天我们年级的一些同学自发地去拜访他,如同本文开篇所说,我因性格木讷并没有去,但同学们写的访问记刊载在《人民南开》上,我是认真阅读的。文章的标题记不清了,似乎有"杂家"二字,以此盛赞黎国彬师的学问渊博。同学们讲老师是"杂家"完全是仰慕的意思,可是"杂家"是什么样的词汇,是褒是贬,可能理解不一,黎国彬师不欣赏它,认为是"江湖派"的同义语,因此常说,"我虽是'江湖',但不卖假药"。就我们学生来说,对黎国彬师是敬爱有加,想不到"江湖"那里!系主任毅生师对青年教师说:"黎先生这个'杂家'是个真正的杂家,你们有什么困难的问题,自己解决不了,就找黎先生。"很可能他是以有这样的同事而高兴和自豪。

黎国彬师为人清高自爱,有难事总是自身克服,校系和同事、学生知道了,伸出援手,他是绝对的谢绝。今年他八十大寿,大家发自内心地想给他做寿,出版纪念学术论文集,在他无论如何不接受的情况下,未能实现。不了解黎国彬师的人以为他"孤独",他也说欣赏"孤独",但是他对人绝不冷漠,而是相当热情,从他对教学的执着和对学生的关怀充分地表现出来。近二十年来黎国彬师主要给研究生讲授英语精读课程,每周两次,特别认真地给学生批改作业,受教者莫不有较大的提高。耄耋老者,仍在讲坛上耕耘,在今日的高等学校中已是屈指可数的了,我们怎么能不佩服他!

黎国彬师做学问极其认真,英文笔译是那么好,所以南开大学学报、历史系出版物的英文目录,都是请他翻译或审订,这就涉及到各种知识和专有名词,黎国彬师在译作上力求准确无误,常常向论文作者了解文章内容和专门名词的确切含义,我就不只一次被他问过,有时还问及他人的文章,如此精益求精的审慎态度,译作怎么能不是高质量的呢!

我们怕打搅黎国彬师,不去他家请安,但是因为他课程多,常能在教学楼见到,遂顺便问候。2000 年 6 月一个下午的课后,陈振江兄、张伟伟博士和我看他走出楼门,趋前问好,闲谈中,见老师满头秀发,不禁想起 1960 年时老师头发脱落,因问怎么复生的,他说当时去医院诊治,医生把他作为特殊病例向人讲解,他认为有辱人格,决心不求医生,自己设法治疗,就大量地翻阅医书,知道脱发的原因有三种,即神经衰弱、内分泌失调和病变。他分析个人的状况,应当是神经衰弱所致,于是就此自我改善,注意休息,洗冷水浴,常梳头,结果就好了,头发再生了。接着他主动讲了自我治疗牛皮癣的方法和经过,并得出结论:自己应当学会如何对自身进行保健,不可轻信医生。这真是至理名言! 黎国彬师在做学问以及生活上,处处独立思考,我们学之不尽。

有关其他给我们上课老师的道德文章,我还想一一写来,但是篇幅已然太长,只好待诸异日弥补了。在煞笔之前,我想就我的老师们的共同之处再写几笔。

一、独立思考,追求真理。刘知几讲史家"三长"——"才学识",我以为"识"是灵魂,最重要。"识"的取得就在于"独立思考,追求真理",我的老师们之所以成为史学大师、史学名家,莫不是因为他们具有这种精神,无不是在这种精神主导下,长期坐冷板凳取得的。我认为这种追求体现在:(1)勇于探索,不断地提出新问题,解决新问题,提出新见解,像雷海宗师那样对中国历史作出自己有体系的说明。(2)不趋时,不媚俗,不人云亦云追潮流,而是作出自己的探讨,并且敢于提出来讨论,不怕他人的非难和打击。如佩之师所做的,一再向时尚之论发出质疑,正是这种精神才有马可·波罗研究和其他史学领域研究的巨大成就;像杨翼骧师,甘于寂寞,爬梳史学史史料,造福学术界。(3)不迷信权威,对权威应当给予应有的尊重,但是不能由此而走向盲目崇拜,去揣摩套搬权威的结论甚至于词句。(4)历史学的独立见解的提出,基础在于大量掌握历史材料,从材料中得出固有的结论,这就是毅生师、雷海宗师和所有的老师总是强调占有史料的原因,这就是傅斯年赞扬毅生师所说的:"郑天挺不为文则已,为文则为他人所不能及。"

二、求真的学风。在史学研究的学派分野中,我以为我的老师大多属于实证史学派,或者至少可以说多出身于这种学派。由于重视材料的搜求,我的老师大多有资料卡片柜,搜集不到相应的资料是不会为文的,如同来新夏师所说,写文章,不积累五百张卡片,不能动笔,这大约就是实证史学的一种表现吧。这个学派的特点是:(1)重视史料的搜集和分析,企求从中获知历史的真相,就是所说的"求真"。(2)为此重视新材料的搜求,向档案文献、向考古发现资料,作田野调查,等等。(3)写作态度严肃,不轻易下笔,因之作品不一定很多,不可能写得非常快,然而所作皆篇篇为言之有物之作。(4)不作哗众取宠之论,不以新奇可喜之说误人。(5)努力处理好求真与求用的关系,将学术研究与政治理念分开,反对以学术研究来图解时令政策。

三、君子风范。做学问谦谨,虚怀若谷,前进不辍;为人谦和,待人以诚,未尝见疾言厉色;自重自爱,以高标准的道德文章自律;学生咸尊为师表,永志于怀。

我在本文写作中与一些学友讨论过,特别感谢他们提供的素材。然而写出来的,容或有不准确的地方,热诚欢迎师友教正。

(此文写于 2000 年 10 月 30 日。原文中还写到郑毅生师、雷海宗师、吴廷璆师、杨志玖师、杨翼骧师、杨生茂师的教学与为人,后因以单独成文的形式,收入诸位先生的纪念文集之中,亦收入本卷之中,故本文不再保留这些内容。因约稿方面出变故,原文未刊出,后在《天津社联通讯》披露。2019 年 1 月 25 日记)

重温与新习伯伦师的学术宏论

4 年前的 2000 年,一位出版界的朋友拟编辑一部学术界逸事的学术史资料集,邀我撰稿,遂写出《我的南开老师》一文。该书迄今尚未问世,拙文遂储存在电脑中。2002 年雷海宗(伯伦)师百年诞辰纪念,我正在外讲学,不能与会,愧憾交集。今日纪念会主持人王敦书教授告知,会议论文集将出版,要我作文,我很高兴地接受了,这下稍可弥补未能出席纪念会的缺憾。我在《我的南开老师》文中写到伯伦师,今将那部分文字加以扩充,成为现在文章的第一部分,第二部分则是近日拜读伯伦师宏文的体会。以此文略表我对伯伦师追念敬仰之情,亦知在名师面前,学生永远是学生,总可以从老师那里得到新的知识和启迪。

一、回顾 50 年代的伯伦师

1955 年秋天我进南开大学历史系读书,当时给我们授课的老师,在中国古代史方面的有,讲授明清史的郑毅生天挺师,历史文选的谢刚主国桢师,先秦史的王玉哲师,秦汉魏晋南北朝史的杨翼骧师,隋唐宋元的杨佩之志玖师,近代史的来新夏师,现代史的魏宏运师;教我们世界史的有,世界上古史的雷伯伦海宗师,世界中古史的辜燮高师,世界近代史的杨生茂师,世界现代史的梁卓生师、陈文林师、亚洲史、印度史的吴廷璆师,还有讲授原始社会史、考古学通论的黎国彬师,等等。对历史学界稍微熟悉的人,看到这个名单,无疑会非常羡慕我们,竟有那么多的史学大师和名家,为我们讲授基础课和选修课。是的,我们当时体会自然不会深刻,不过仍然感到有这些老师是幸运的。今日回忆起来固然有不少的往事素材,但是老师的道德文章更使我敬佩,比上学时的朴素感受深刻得多。

我进校就听伯伦师讲世界上古史,他发给我们一份油印本的教学大纲,纲目之外,另有许多专有名词,即古代国名、人名、地名、书名,同时注出英文,如同我们今天在他的《西洋文化史纲要》所看到的那样,举例而言:第三章"黑暗时代之宗教与教会"里的"(甲)希腊教与罗马教之分裂"中,"初次重要分裂(482)——Zeno 皇帝之教义纲要 Henoticon";"(乙)教皇之地位"内,"(1)东罗马皇帝之牵制——Justinian(527—565)又征服意大利大部,(2)侵入意大利Lombards(6 世纪后期)"。①他在讲课时,遇到这些专有名词,有时只板书中文或英文,甚至不写,而我们对照讲义,做个符号,不用书写,可以专心听讲,不必为抄写板书而分心,提高了听课质量。只可惜我们绝大多数同学学的是俄文,不通英文,辜负伯伦师的一片苦心。伯伦师讲课、演讲,明快、有条理,从不作停顿的思索,没有口语,更不会出现多余的话,学生无不佩服他善于讲课、演说。他上课携带黑色皮包,穿着整洁,给人以鲜明的学者形象。冬天(1956年1月)的一个星期,他没有来上课,听说是去上海开会,审定世界上古史教学大纲,那个时候学术研讨会极少,作为学生难得听到老师出席学术会议的事,所以对伯伦师的外出开会更是产生敬慕之情。

在讲课内容方面给我感受最深的,至今记忆犹新的有下述两点:一是破除欧洲中心论。伯伦师指出"地理大发现"之说体现侵略者蔑视被侵略者的宗主观念,这个词汇不宜再用。②这令我明白什么哥伦布发现新大陆,美洲早就有她的文明史,何待 15 世纪以后殖民者发现?伯伦师是通观全世界的历史,毫无偏见地、不带意识形态色彩地提出他的学术见解。反帝爱国,是我老师那一代人坚定不移的信念,非常强烈。我们随时随地都能感受得到。二是塞其提人的生活史和服装史。伯伦师讲上古中晚期亚欧大草原的游牧世界与土著世界的历史,说到中亚至黑海北岸的塞其提人生活,他们因为游牧,吃马肉,饮马乳,由于征战,服装与军事生活密切相关,适应马上作战要求,穿着绔、长靴、马褂、尖帽或风帽。伯伦师特别讲到裤子的形成过程:开始是绔,就是我们中国所说的套裤,适合骑马,但御寒不足;加上腰,成为开裆裤;然后又制成合裆裤,就是我国古人所说的裈、穷裤。塞其提人的这种发明传播到游牧民族世界。③我当时听了特别感兴趣。我致力于中国社会史研究,有着多方面的原因,以求学时期来说,读邓之诚的《中华二千年史》有关生活、娱乐的内容,听

---

① 雷海宗:《西洋文化史纲要》,王敦书整理,上海古籍出版社,2001 年,第 17 页。
② 雷海宗:《伯伦史学集》,中华书局,2002 年,第 329 页。
③ 参阅《伯伦史学集》第 350 页。

伯伦师这方面内容的讲课,都有影响。这里还要附带说的,是听杨生茂师的世界近代史课,他讲战争方式的变化,原来西欧军队对垒时,击鼓列队直身前进,所以伤亡很大,后来才懂得分散队形,躬身前进,或卧倒隐蔽,减少伤亡。这不是生活史,然而生活方式与战争方式是可以互通的,我也得到启发。学生受益于老师,真是潜移默化的,认真想来,始知无处不在。

伯伦师在 20 世纪 50 年代的不幸遭遇,作为学生,我们耳闻目睹,知道一些,后来又陆陆续续听说一些,最重要的是他未能摆脱"右派分子"之冤。1957年 4 月《人民日报》派人到天津,召开关于"百家争鸣"的教授座谈会,伯伦师、毅生师以及天津的一些知名学者应邀出席,都发了言,发言稿刊登于 21 日和22 日的该报上。伯伦师在会上说马克思主义在革命理论和实践方面发展了,而在社会发展的基本理论研究方面,基本上停留在恩格斯逝世的 1895 年。毅生师在他前面讲的话,说到要开展好百家争鸣,要有充分的资料,但现在不足,故而争鸣受到影响。伯伦师同意这一意见,他说:"对年龄大一点的人来说,他们有他们几十年的习惯,在研究一个问题时得掌握全面或比较全面的材料才能讲话。今天有许多问题是值得谈的,可是不掌握材料就没法谈。"他由此讲到研究方法问题,特别是如何研究马克思主义的问题:"我们要体会马克思恩格斯研究问题的方法,而不是光揣摩他们的结论。马克思恩格斯是掌握 62 年前的材料做出的结论,如果他们掌握了今天的材料,就会另做结论。"伯伦师的发言可以归纳为三点,即马克思主义的社会发展理论基本上停留在恩格斯逝世的 1895 年,少有发展;马克思、恩格斯本人若看到后来发现的材料,会修改、发展他们的观点;对待马恩著作的正确态度是准确理解,而不应当去揣摩附会。《人民日报》刊登伯伦师的言论时,特作"编者注",谓雷先生认为马克思主义"'基本上停留在 1895 年',这却是违反了事实"。因为列宁和中国共产党在诸多方面发展了马克思主义,即使古代史研究中有新发现,也只是补充和修正个别论断,并不影响马克思主义的基本理论,因此希望大家加以讨论。由于《人民日报》是党中央机关报,这一按语给世人的印象是代表党批评雷先生的。

不久北京大学物理学系学生、后来成为学生中极右派的谭天荣到南开大学演讲,许多同学去听了,就我的印象,他主要讲要恢复恩格斯的否定之否定理论,并同黑格尔哲学联系起来。谭天荣在南开访问了几位教授,其中有伯伦师,关于他的访问,有文章刊登在《人民南开》上,我们从中知道他访问伯伦师的事情。谭天荣离开后，大约在五月下旬，伯伦师和其他被访问的教授，在大礼堂向全校师生说明会见谭天荣的情况，伯伦师说他问及谭天荣学习哲学和阅读黑格尔著作的情况，劝他在谈论黑格尔思想时，要多读一点黑格尔的著作。其时礼堂主席台两侧有面向前方的两条毛泽东语录，伯伦师脱口背出："指导我们思想的理论基础是马克思列宁主义"，"领导我们事业的核心力量是中国共产党"，用以说明中国需要马列主义和共产党领导。那时还没有像1962年以后那样加强学习毛泽东著作的状况，更没有"文革"中每天不知道要背诵多少语录的热潮，而伯伦师这时说出来，令我们惊讶，他竟如此注重理论学习！如此尊重马克思主义和中国共产党的领导！我们班上的一位同学听后，立即上台发言，说伯伦师讲的与实际情况有出入。这位同学资助过谭天荣在南开大学活动期间的饭费，又是陪同他活动的，随后被打成右派分子。学兄陈振江教授回忆，他当时就批评那位同学，怎么对老师说不恭敬的话。

今日我们反观伯伦师当时的处境，对伯伦师的心理状态或许能有所了解。他因同国民党的关系，1949年之后，系"管制"（因系高级知识分子，不公开宣布，实际是"内控"）人员，1952年从清华大学历史系主任任上，调到南开大学执教，或多或少有"发配"的味道，这种身份、处境，一般人不知道，自家能不清楚吗？1957年4月的发言，《人民日报》加了按语披露，他能不紧张？所以立即写长信给《人民日报》，说明他的观点，以免引起误解。"反右"运动即将来临，他敏感地意识到了，希望不要被陷进去，于是为保护自己，说出给有关人士听的话。当然，伯伦师是在劫难逃，还是被中央大人物康生指定为右派分子。写到这里，我想到佩之师为伯伦师的仗义执言。

佩之师令人异常佩服的特点，是一贯讲真话，无论是在学术上、政治上、生活上，莫不如此。伯伦师关于马克思主义的谈话在《人民日报》刊登后，佩之师不同意《人民日报》所加的按语，认为是对雷先生观点的误解，因而写信给《人民日报》，报纸于5月7日登载出来。信中说"贵报对雷先生的批评和雷先生的原意并不相同"，明确表示不同意编者注。他所持的理由，是雷先生讲的是两种问题，一是革命实践理论的发展；另一是从马克思主义历史科学方面说没有什么前进。这两方面需要区别开来。佩之师特别指出，雷先生讲的有人揣摩马克思主义词句来解释历史，是希望用丰富的材料补充、发展马克思主义的观点。佩之师还说，有人硬把马、恩、列、斯个别原理和结论套在中国历史研究上，可见雷先生的发言是诤友之言，更为有益。伯伦师和佩之师所反对的史学研究中的教条主义观点,后来发展到相当于传统的注疏儒家经典的严重状况,他们实有先见之明。"反右"斗争一开展,佩之师万幸,没有成为右派,定为"中右",中国古代史教研室主任一职被撤消。佩之师为人笃诚,追求真理,虽遇艰难波折,绝不退却。90年代末,我特意问过他,为什么那样坚持发表包括支持雷先生的那些观点,他引用别人的话说,"毕竟是书生"。我体会佩之师的意思是书生不懂世事,又好讲个真理,乃至无所畏惧。另外,承毅生师哲嗣、克晟教授见告,在伯伦师被宣布为右派分子之后,毅生师特地去看望他,伯伦师向他说,大家对他的批判中,将他同章伯钧、罗隆基联系在一起,他想不通,表明他并没有理解政治运动是怎么回事。伯伦师和佩之师如此坚持学术观点,毅生师等那样笃重友情,是我们晚辈的楷模,他们留给南开史学同仁引以自豪的资源,坚持真理、独立思考的资源。南开史学能有今日之学界地位,岂偶然哉!岂偶然哉!这就是我们为什么一再举行纪念毅生师、伯伦师、佩之师学术会议的原因所在吧!

二、21世纪初学习伯伦师五十多年前的宏论

我是从事中国古代史教学与研究的,对于伯伦师关于中国历史的学问,在读大学时并无所知,根本不知道他是战国策派的代表人物,是文化形态史观论者。他在学术上受到学界尊重的情形,从80年代以来有升温的趋势。我读英人李约瑟的《中国科技史》(中译本)的序言,见李氏讲他的研究情况,说得到许多中国学者的帮助,开列了一长串的名单,赫然列在第一位的就是伯伦师的大名,这就足以表明他崇高的学术地位。90年代见有学者研究《观察》杂志撰稿人的历史,推崇伯伦师;又读到江沛著《战国策派思潮研究》(2001年)一书,重新解读林同济和伯伦师的学术著作和观点。我早就想读伯伦师的著述,可是书不好找。现在好了,《中国文化与中国的兵》(商务印书馆2001年版)、《西洋文化史纲要》《伯伦史学集》相继印行,捧读甚为方便,现就学习《中国的家族制度》《古今华北的气候与农事》等文谈一点体会,集中在生态环境史和家族史两方面。

对于生态环境史,可以说我这一代人,以及现在的中青年,是刚从陌生状态中走出来,而在五十年前,伯伦师就做出研究贡献。伯伦师在《古今华北的

气候与农事》①文中,关注生态环境与生产、生活。他从历史上生态环境的变化,看到人为的破坏作用,主张有节制地利用自然资源,重建沟洫,植树造林,期望并认为"用科学方法大事建设与改造自然之后,整个环境应当远优于殷周之际听其自然的局面"。

具体地说,伯伦师从野生象的有无观察生态环境的变化。他从甲骨文中获知,殷商时期中原地区有大象,西周初年因战争的缘故,将中原的象驱赶到江南,到汉代,在浙江、福建、两广有象的生存,而江南象已经绝迹。他指出象的生存自然条件是:一需较多的林木,二需较大的雨量,三需较暖的气候。象在北方的绝迹,是失去了这样的生存条件。

伯伦师从古代农事季节早于后世来看生态环境的恶化。他研究《吕氏春秋·十二纪》和《礼记·月令篇》,发现先秦时代,夏历三月谷子出穗,四月收麦子,比现在早一个月收获,由此而认为这是气候微有不同造成的。伯伦师从商鞅变法的"开阡陌""填沟洫"了解生态环境的恶化。气候之所以变,是用田间堤防的土把沟洫填满,耕地面积增加不少,当时这么做,也是因为战国时期林木被摧毁,雨量不足,可以不用沟洫。他认为战国时代的林木减少是农事变化的一大关键,致使麦子的收获季节推迟一个月,而且从此以往,林木摧毁日益严重,旱象成为"正常"的事。

对于森林的减少、气候的变迁,伯伦师敏锐地看到是人为的破坏作用,他说:"人力对于自然的摧毁,实在可怕。"抗战时期他生活在近乎亚热带的昆明,听到"前山炭,后山炭"的说法,即昆明的燃料为木炭,五十年前所烧的是前山木材制成的炭,如今前山已成童山,只有烧后山的炭了。这种破坏性的掠夺,只会造成半沙漠的后果,所以他又分析西北生态环境恶化的状况与原因:"关中之地,直到唐代仍称沃土,但自中唐以下逐渐枯干,演成后日西北的近乎半沙漠状态。今日的西北,山上不只无树,少数的山连草也不能生。因为树已烧光之后,只有烧草。草也不济,冬天就到山上挖土中的草根,作为燃料。至此山坡的浮土全无保障,转年雨降,把浮土冲刷净光,剩下的岂仅是童山,简直是百分之百的石山,除青苔外,任何植物也不再生长。"他看得是多么透彻,如同亲历一般。我在河北农村两次参加"社教",眼见农民到地里挖草根,做饭取暖,当时深深感到燃料缺乏的严重性,农民不这样做,别无他途,他们没有

---

① 该文写于1950年8月,收入《伯伦史学集》《中国文化与中国的兵》。

像伯伦师那样的思考——这是破坏生态环境,会造成恶性循环。

伯伦师不只是揭露生态环境的破坏,更重要的,也是他的着眼点,是在设法改善生态环境,使它恢复到比上古时代还要好的状况。他的办法有两个,一是造林,二是开沟渠。他痛心地讲到昆明"前山炭,后山炭"的破坏山林现状之后,指出"只知伐林而不知造林"会有不堪设想的恶果。他认为中央政府应"计划在中国的北边种植防沙林带,在内地也计划大规模植林,两种计划实现后,华北应当不难恢复三千年前的温湿环境。我们纵然不能希望再在此地猎象,其他的三千年前景物可能都再出现,华北的外观很可能要接近于今日的江南"。伦师抱着热切的希望,通过植树造林,改善华北地区的生态环境。地开沟洫,是针对商鞅变法"开阡陌""填沟洫"的,伯伦师看到沟洫填平,雨水无处宣泄,造成"立潦"的灾害,因而提出开挖沟洫,"为平坦的田,尤其是低洼的田,解除立潦的威胁"。

对于伯伦师的生态环境史研究,我体会到两点:一是需要大力开展生态环境史的研究。这种研究一度为学术界所忽视,90年代以来已经重新开展,因为有所中断,今日研究者容易忽略先行者的研究成果,这是我们极应注意避免的。伯伦师的研究业已相当深入,看他由大象的有无认识到气候的变化、农作物收获季节的推迟,不能不佩服他洞察历史的敏锐性和深邃性。至于生态环境史研究的有所中断,当与其时学习斯大林理论,批判地理环境决定论有关,今日得以重新开展研究,是我们的幸运。另一个是感到伯伦师史学研究中的时代关怀和社会关怀,他绝对不是为史学而史学,他是为改善人们的生存环境而治学,是真正的知识分子。

《中国的家族制度》一文(收入《中国文化与中国的兵》《伯伦史学集》),发表于1937年,只有一万多字,而却概括出中国家族演变的线索和变化的原因。他从家庭人口的众寡增减,推论家族与国家的关系以及家族的现在状况,而造成家庭人口变化的因素,是人们的人格观念——是家族的人,还是作为公民的人观念的变异。他的观点鲜明,有的见解在六七十年后仍很新鲜,他的学术贡献,我想在于:

家族在中国历史上的发展进程。伯伦师认为:"春秋以上是大家族最盛的时期,战国时代渐渐衰微。汉代把已衰的古制又重新恢复,此后一直维持了二千年。"这个发展脉络虽然简略,但在今日依然是学术界的共识。

家族的属性。春秋以前的家族,"不只是社会的细胞与经济的集团,并且也是政治的机体,各国虽都具有统一国家的形态,但每一个大族可说是国家内的小国家",而战国以来,政治机体的功能完全丧失,"专制君主所代表的国家可随意支配家族的命运了"。用后人研究的成果来说,战国以前是家国一体时代,家族和国家是不分的,所以是政治机体,而后,家族成为国家(即专制君主)的附庸。

家族意识与国家意识的更新。伯伦师认为商鞅变法削弱人们的家族意识,而提高国家意识。因为商鞅变法中,实行什五连坐法,使个人向国家负责,告奸成为公民训练,使大家族不再成为个人与国家之间的障碍。

丧服制和子孙繁衍观念是家族制度的两根台柱。伯伦师指出三年丧是丧制的中心,春秋末开始动摇,人们自动缩短守丧时间,而汉代以后重建家族制,再次强调孝道和三年丧,所以汉朝皇帝的谥号都带"孝"字,实行举孝廉、孝悌力田的政策,而这种唯孝主义在往后的二千年间成为人们的中心信仰。

伯伦师认为,战国时期各国都有人口过少的现象,原因是多方面的,如战争,然而重要的因素是人们生育观念的变化。其时大家族破裂,子孙繁衍观念随之微弱,特别是公民观念代替家族观念,小家庭感到多子女的累赘,为图个人方便,不愿多生子女,讲求节育方法,因此他说:"今日西洋各国所时尚的节制生育方法并非新事,战国时代的中国已有此风。"伯伦师特意介绍《汉书》所著录的八种房中术著作,得出下述结论:"房中术的主旨是既得性欲之乐,又免儿女之苦,对(战国)人口稀少要负一部分的责任,是没有问题的。"今日李中清、王非著作《人类的四分之一:马尔萨斯的神话与中国的现实》,向马尔萨斯人口论挑战,他们如若见到伯伦师的宏论,相信一定会如获至宝。仅在这里建议他们吸收伯伦师的意见,以增强论著的说服力。

对于家族未来,伯伦师提出问题,不作预测,希望从人们的实践中去加以认识,故而说:"家族制度,或大或小,是人类生活的必需条件。所以未来的中国到底采用如何形态的大家族或小家族制度,颇堪玩味。大小两制,各有利弊。两者我们都曾实行过,两者的苦头都曾尝过。我们在新的建国运动中,是否能尽量接受历史上的教训,去弊趋利;这种万全的路径,是否可能;大小两制是否可以调和——这些问题都是我们今日的人所极愿追究的,但恐怕只有未来的人才能解答。"对待大家族与小家庭的态度,需要认真研究,不可轻易作出判断,最重要的是看未来的实践。这种对待历史问题的客观态度,无疑是比较科学的,这才有益于社会的前进。

伯伦师关于家族史研究的学术遗产,在于对家族属性的确认,发展变化历程的探知,人们的社会观念(个人主义的、集体主义的、国家主义的)对生育和人口再生产的影响,对家族历史和现状的评价。这些至今仍然不乏参考价值。

在煞笔之前,我想就文中说到的伯伦师、毅生师、佩之师等老师的共同之处再写几笔,主要是向他们学习"独立思考,追求真理"的精神问题。刘知几讲史家"三长",我以为"才学识"中的"识"是灵魂,最重要,"识"的取得就在于"独立思考,追求真理",我的老师之所以成为史学大师、史学名家,是因为他们莫不具有这种精神,无不在这种精神主导下甘于长期坐冷板凳。这种追求我想体现在:(1)勇于探索,不断地提出新问题,解决新问题,提出新见解,像伯伦师那样对中国历史作出自己有体系的说明;(2)不趋时,不媚俗,不人云亦云、追潮流,而是作出自己的探讨,并且敢于提出来讨论,不怕他人的非难和打击,如同佩之师所做的,一再向时尚之论发出质疑,正是这种精神,他才有马可·波罗研究和其他史学领域研究的巨大成就;(3)不迷信权威,对权威应当给予应有的尊重,但是不能由此而走向盲目崇拜,去揣摩、套搬权威的结论,甚至于词句;(4)历史学独立见解的提出,基础在于大量掌握历史材料,从材料中得出固有的结论,这就是毅生师、伯伦师和所有的老师总是强调占有史料的原因。

(2004 年 3 月 25 日于顾真斋,载南开大学历史学院编《雷海宗与二十世纪中国史学》,中华书局,2005 年)

缅怀吴廷璆师

我在 1999 年写出《我的南开老师》,记述教过我课程的副教授以上的所有老师,其中有吴廷璆师,今略有增写,过录于次。

本科时听过吴廷璆师两门课,即亚洲史和印度史。印度的种姓制度在中学时就知道一点,而真正有所了解,是在吴廷璆师课堂上得到的。那时他兼任南开大学总务长,又是天津市民主党派负责人,事务多,有时不能上课。吴廷璆师留学日本,是日本史专家,20 世纪 80 年代成立中国日本史研究会,他是第一任会长,可知他在日本史研究领域的崇高地位,可是他没有给我们开设日本史选修课,其原因可能是当时中日两国处于敌对状态,而印度是与我们相当友好的国家之一,所以开设什么课程,显然不是主讲人个人学术修养和意愿的事情。

吴廷璆师相貌端庄,穿着合体的中山服,冬天外套呢子大衣,风度翩翩。吴廷璆师讲课,语音抑扬顿挫,富有感情。吴师对同事、学生人情味非常浓厚,作为学生我的感受非常强烈。1973 年冬天,我住在北京中华书局,修改一个小册子的书稿,当时武汉大学唐长孺教授也住在中华书局标校《唐书》,吴廷璆师为了使我增长学识,让我以他的名义去拜访唐先生,可见他是多么关心学生的成长。70 年代中后期,他在北京商务印书馆主编《日本通史》,我们年级在北京工作和出差进京的几个同学约好去看望他,他就请我们到鸿宾楼吃烤鸭,那天去的同学有吴廷璆师的研究生刘万镇师兄,陈振江、范曾、丁朝弼诸位师兄和我,还有吴廷璆师一位留日同学黄先生,黄先生说吴先生年轻时有美男子之誉,验证了我们的印象。我们这些同学能聚在一起并不容易,在"十年内乱"造成的人与人之间的紧张关系开始解冻之际,这种师生、同学间的聚会,其乐融融,人间温情回到了我们身边,而这要感谢吴廷璆师赐饭所创造的条件。

1979 年学术界有批判封建主义的思潮,据说中国史学会计划在天津召开一定规模的研讨会,可是到了冬天,社会气候的变化,到会的基本上是天津的学者,北京学者只到了几位,会间常见到吴廷璆师,我有点奇怪,这次到会的多是中国历史研究者,老师作世界史研究,怎么来了?我少见多怪,在楼道遇到他时,说了一句"吴先生您也来了",我这个"也"字用错了,吴廷璆师非常敏锐,知道我有不理解的地方,立即向我说,这个会开不开有不同的意见,没有人来主持,我来把这个会开下去,会后写总结,好作汇报。会议的筹备及变化我本毫无所知,只以为是学术会就来了,哪知吴廷璆师举足轻重的地位,令我顿生对老师高度敬佩的感情。

约在 80 年代中期,一天去问安,谈话中他说"你们年轻人"如何如何,其实我们这一代都是 50 岁左右的人了,在他的印象里我们还是年轻人,将我们视作当年的大学生和年轻的助教。我听到这话,虽然不合年龄实际,但是感到亲切,表现老师与学生交谈的融洽气氛,是感情的任意交流。80 年代末,中华书局主动提出为郑毅生天挺师出版纪念论文集,同郑克晟兄和我联系,我们认为吴廷璆师是毅生师的老朋友、老同事,请他主持编务,吴师百忙之中慨然应允,指示我们应该邀请一些名家写作,我们一一遵办。于是编成《郑天挺纪念论文集》,中华书局于 1990 年出版。就此一事,足见吴师重友情,表现出大家的风范,令我们敬仰不已。

老师身为民盟中央委员、天津民盟主委、全国政协常委,社会工作繁忙,学术研究的时间和精力受到太多的影响,我们常为他惋惜,但是经过这一次简短的交谈,体会到他为学术研究的发展做了很多个人的牺牲和贡献,令我比以前更理解他,更敬佩他。

(原载南开日本研究院编《吴廷璆先生百年诞辰纪念文集》,南开大学出版社,2010 年。2019 年 1 月 23 日补记)

缅怀勇于追求学术真理的杨志玖师

杨佩之志玖师开设的"隋唐宋元史"基础课和"元史专题""中国土地制度史"选修课,我是学生,在中国古代史教研室受佩之师指导准备五代宋元史课程,在土地制度史研究室受佩之师指导进行史学研究。我读研究班课程的导师是郑毅生天挺师,他是我的第一恩师,佩之师则是我的第二位恩师。我是不断地回忆诸位恩师的教诲,2000年写出《我的南开老师》一文,叙述毅生师、佩之师等等老师的为人、教学与研究,现在将该文中关于佩之师的内容移植过来,再度缅怀,添加新内容,对佩之师勇敢地坚持追求学术真理的精神有了进一步认识,深知这在那个时期是极其罕见的,是他留给我们的最为宝贵的精神遗产,是学人必须具备的品格,由此我更加敬佩这位恩师。

极其可敬的坚持追求学术真理的学风

佩之师的为人行事,一贯实事求是,讲真话,无论是在学术上、政治上、生活上,莫不如此。他连续发表多篇文章,批评《人民日报》"编者注",否定农民战争史研究中农民提出"平等"口号说,指出马克思关于东方理论不包括中国等,追求历史真实性。

1957年4月《人民日报》派人到天津,召开关于"百家争鸣"的教授座谈会,天津的一些知名学者应邀出席,雷海宗师即席发言,说马克思主义在实践方面发展了,而在社会发展的基本理论研究方面基本上停留在恩格斯逝世的1895年。他强调指出,人文学科的研究,要重视掌握证据,要有新资料,由此讲到研究方法问题,特别是如何研究马克思主义的问题:"我们要体会马克思恩格斯研究问题的方法,而不是光揣摩他们的结论。马克思恩格斯是掌握62年前的材料做出的结论,如果他们掌握了今天的材料,就会另做结论。"《人民日报》将诸位学者的发言稿刊登于21日和22日的该报上,特作"编者注",谓雷先生认为马克思主义"'基本上停留在1895年',这却是违反了事实"。因为列宁和中国共产党在诸多方面发展了马克思主义,即使古代史研究中有新发现,也只是补充和修正个别论断,并不影响马克思主义的基本理论,因此希望大家加以讨论。由于《人民日报》是党中央机关报,这一按语给人的印象是代表党批评雷先生的。

佩之师不同意《人民日报》所加的按语,认为是对雷先生观点的误解,因而写信给《人民日报》,报纸于 5 月 7 日登载出来。信中说"贵报对雷先生的批评和雷先生的原意并不相同",明确表示不同意编者注。他所持的理由是,雷先生讲的是两种问题,一是革命实践理论的发展,另一是从马克思主义历史科学方面说没有什么前进,两个问题不要混淆,雷先生并没有讲整个马克思主义停滞,再说雷先生讲有人揣摩马克思主义词句解释历史,佩之师表示赞同雷先生用丰富的材料补充、发展马克思主义的观点,并直截了当地说,有人硬把马恩列斯个别原理和结论套在中国历史研究上,可见雷先生的发言是诤友之言,更为有益。"反右"斗争一开展,雷海宗师在劫难逃,被打成右派,佩之师大约因为出身中农家庭,万幸没有成为右派,被定为"中右",中国古代史教研室主任一职被撤消,校工会的兼职也被取消。

佩之师与雷海宗师讲的都是马克思主义发展史上的问题,是进行学术探讨,根本不是否定"指导我们思想的是马克思主义"的政治问题,但被按照政治问题处理了。按常理,佩之师以后在理论问题上就不应当再发表不同于主流意识的见解了,可是他仍然为探求真理,勇于提出独到见解。50 年代以来,农民战争史的研究是史学研究的大热点,是所谓"五朵金花"之一,对农民战争的评价日益增高,如果稍有一点批评,就有诬蔑劳动人民、敌视农民战争之嫌。对方腊起义的研究,有论文根据佛家《金刚经》中的话,认为起义军提出了"平等"口号,予以表彰,佩之师经过对史料的考证和分析,得出并无其事的结论,因而著文《方腊起义提出过"平等"口号吗?》,发表在 1960 年 9 月 29 日的《光明日报》上。文章说:"主张方腊起义曾用过平等的口号,是证据薄弱,立论牵强,实在说不过去。"佩之师指出"平等"一词,佛教徒的理解与平均财富说及今人的认识并不一样,不应误会。他进一步指出曲解史料,"未必是严肃的治学方法"。可知他关心的是治学方法的科学性和观点的正确,是为提高科学研究的水平,因此不怕他人为此而批评他立场有问题。

前述 1957 年雷海宗师反对乱套马列原理搞学术研究,而学界生搬硬套之风愈刮愈烈,研究中国古代社会和土地制度史,搬用马克思关于古代东方社会的论点,硬作解释。于是佩之师作文《如何体会经典作家关于东方土地制度的理论》,刊登在《光明日报》1961 年 5 月 10 日的"史学"版。文章首先认为马恩所说的"东方""亚细亚"不包括中国,不过对了解中国上古土地制度有理论指导的意义。结尾则云"把马克思关于'亚细亚'土地所有制的特点的指示来说明中国封建社会的土地制度,也是不妥当的。"众云马克思主义是放之四海而皆准的理论,以简单逻辑的道理来看,佩之师的马恩"东方"不包括中国的命题本身就是犯忌的,更勿论"亚细亚"土地所有制的指示不能说明中国土地制度的"悖逆"之论了。须知在当时人们的观念里,马克思概念中的东方即使没有将中国包含在内,也不能明言,说不包括中国,是割裂马克思主义,真是胆大包天。

60 年代前期,佩之师、来新夏师、陈振江师兄和我四人同在"土地庙"上班。所谓"土地庙"者,指土地制度史研究室办公室,是一间狭长的小屋,此乃一种戏称。每天上班,而且晨读一小时的"毛著",不时有讨论。对佩之师再三发表"顶风"的文章,我不知他是怎么想的,因此心存疑问,我相信振江学兄也有疑问,只是谁也不问,因为气候不适合,无法作诚心的交流。佩之师为人笃诚,追求真理,虽遇艰难波折,绝不退却。前不久,我特意问过他,为什么那样坚持不辍,他引用别人的话说,"毕竟是书生"。我体会佩之师的意思是书生不懂世事,又好讲个直理,乃至无所畏惧。故而才有前面讲的 2000 年提出来的问题,以及"毕竟是书生"的回答。

平实中不乏风趣的授课与演讲

1956 年春天,我开始聆听佩之师隋唐宋元史基础课,暑期,写出《隋末群雄逐鹿中李唐为什么会成功》的习作,次年春天参加历史系学生论文竞赛,我的习作侥幸中选,论文评阅人是佩之师,感谢恩师的赏识与栽培。1959 年本科毕业后,我留在历史系中国古代史教研室做助教,1962 年研究生毕业,仍在古代史教研室,其时中国古代史教学以"二黄"(黄巾、黄巢)起义划分阶段,我的任务是准备讲授古代史后半段历史,即黄巢起义后的五代至明清历史,指导教授就是佩之师,在他指导下,从"两五代史"、《宋史》《续资治通鉴长编》读起,备课,写讲稿。与此同时,听佩之师开设的"元史专题""中国土地制度史"课程。

佩之师给我们上基础课时刚刚是不惑之年, 他原来专攻的领域是元代史,这时根据教学需要,重点研究隋唐史,出版了《隋唐五代史纲要》,就用它做教材,这部书言简意赅,史事含量很大,多年来受到欢迎。文如其人,佩之师讲课也是那样,非常平实,有条不紊,重视史实,重视材料的考证,所以我们从他那里得到的是扎扎实实的知识。虽然他讲话时缺少波澜起伏,但有时又很风趣,如历史系举行1985年春节团拜,主持人请他讲话,他说今年是牛年,牛勤勤恳恳,但是牛年不要吹牛。多年的浮夸风为大家所深恶痛绝,他的话语一出,与会者会心地笑开了。再如90年代前期,系友范曾师兄回系任兼职教授,在欢迎会上,起始是王玉哲师讲话,接着佩之师讲,他说王先生是聋子(尔康按:王玉哲师两耳重听),我是瞎子(尔康按:佩之师双目严重白内障),现在是一个聋子、一个瞎子说话。此话立刻引起哄堂大笑,会场气氛活跃。

佩之师记忆力很强,今年已是86岁高龄,正在整理他的回族史论文集,想起我约请他写的收入《扬州研究》(台湾联经出版事业公司1996年)的一篇回族史论文,一时找不出来,给我打电话,我找到了复印稿给他送去,顺便请安,闲叙起来,说到我们在土地制度史研究室的事,他说我们共同写的土地制度史文章发表在《光明日报》上,我一听楞住了,记不得有这事,他解释说用的是"南文田"的笔名,以此表示南开大学土地制度史研究室的文章,于是我想起来了,说那是您自己写的,他说是经过大家讨论的。是的,那时是有讨论习惯,来新夏师、陈振江学兄的文章及我的习作均在组里讨论,我是接受佩之师的指导,至于佩之师的宏文我只是学习,谈不出有价值的意见,但是佩之师犹将他的文章当作集体创作,这并不合事实,但反映了他虚怀若谷、尊重他人的美德。

"文革"以后,佩之师重新回到元史的研究上,尤其是马可·波罗史的深入研究。马可·波罗究竟有没有到过中国,是国内外学术界争论的问题,早在20世纪40年代前期,佩之师从《永乐大典》发现材料,证明马可·波罗确实到过中国,奠定了他在这个领域研究中的坚实地位,随后就成为肯定马可·波罗到过中国说的主将。虽有持异议者的挑战,然而不断有学者表示对佩之师观点的折服。今年8月南开大学主办马可·波罗国际学术讨论会,佩之师作主题报告,会议开得很成功。消息传出后,引起台北《历史月刊》杂志社的较大兴趣,因该社过往同我有所联系,打电话要我帮助组稿,出一个专栏,其中点名要有佩之师的论文,可知佩之师的观点多么受到学术界的欢迎和重视。

(原载南开大学历史学院纪念文集编辑组编《杨志玖教授百年诞辰纪念文集》,天津古籍出版社,2017年)

缅怀生活多姿多彩的史学史大家杨翼骧师

20世纪50年代和60年代前期,历史系主任郑毅生(天挺)师欣慰地说我们系"三阳开泰",意思是历史系会欣欣向荣。"三阳"是指历史系三位台柱子杨姓教授,就是杨佩之(志玖)师、杨生茂师和杨翼骧师(依他们的年龄为序),前两三年学院同仁分别为前二位老师举办诞辰百周年纪念暨学术研讨会,在这纪念杨翼骧师(后文简称老师)百年诞辰前夕,我再度缅怀老师道德学问。所谓"再度",因为十几年前在《我的南开老师》文中,已经对老师表达出敬仰感恩情怀,可能是时间愈久,认识愈深,愈加怀念。

老师精湛教学及其方法

我先后听过老师的秦汉魏晋南北朝史、史学史各两次课,前一次是读本科时,听老师讲秦汉魏晋南北朝史是上中国通史的基础课,史学史则是主动选听的选修课。后一次是"文革"后期老师给"工农兵学员"讲课,此次复去聆听,与前次目的大不相同,主要是为学习老师的讲授方法。那时我的教学任务也是讲中国古代史基础课,不同的是我讲隋唐至明清的古代史后半段。老师讲授艺术高超,听讲是一种享受。他讲课条理性极强,选择好典型的事例,娓娓叙来,重点突出,便于同学掌握。本来就书法俊美,所写板书工整美观,特别是书写有规则。因为黑板版面有限,随意写来,必然写不了几个字,就要不断地擦黑板,既耽误讲授时间,又会闹得粉笔灰尘满教室飞扬。他写得规规矩矩,排列有序,不必随写随擦,于是所写的课程要点保存时间长,便于同学抄写。对老师的教学法,中国古代史教研室的同仁有口皆碑,那时孙香兰和我同是教研室的助教,她是师姐,向我讲过照着老师书写黑板的技巧,有序地写出讲授要点。老师讲课时有一个习惯,往往站在讲台的一端,用一只手的手指搓另一只手的手心,不停地搓,但是搓得很慢,为什么会有这样的动作,也许是帮助思考吧?学习老师教学法,我在黑板上不敢乱写,因为字劣,尽量少露丑,只书写最必要的几个字。但是娓娓道来的本事没有学到,由于性格内向胆怯,讲课时手按讲桌边缘,眼睛朝向窗户(不敢看同学),于是给学生提供了模仿我丑态的素材。说来惭愧,也是愧对老师了。

老师开设史学史选修课,我选修了,一方面他是史学史专家,另一方面是我认为要从事历史研究的人,不懂史学史怎么能行哩!但是老师讲授的史学史,只讲到梁启超,并且介绍简略,而我却盼望能对近现代史学家多作说明。后来知道,那时对"资产阶级"史家不能"捧",对革命史家不可有所批评,这让他怎么讲?只好回避了。我理解他的苦衷,学者是不能超越时代的。第二次受教,是把史学史当作史学理论课来理解,是想从史学史提炼出史学理论和研究方法,我历来崇敬从事史学史研究的学者,认为他们史学理论水平高,剖析历史深刻,这种认识就是来自老师的课程。

史学史"大师"

80 年代起,老师积数十年史学史研究所得,将先秦至元明的史学史资料汇编成《中国史学史资料编年》(第一、二、三册),由南开大学出版社陆续印制。此书将从各种史籍中搜集的有关史学史的材料,不论是完整保存的,还是辑佚的、片言只语的,都加以考订、排比、整理,按年编排,录入比较重要的史学人物、事迹和图籍,就中不仅有原始文献,还列出后人的评议。成书之难,诚如史学史名家仓修良教授的书评——《读〈中国史学史资料编年〉》所言:"这是一项十分艰巨的工作,是在'披沙拣金'"。该书"帮助我们掌握和了解我国史学发展的梗概,对于研究具体史家或史书也创造了条件,嘉惠后学,其功大矣"。老师的研究辛劳和学术贡献,怎不令我等学生敬佩!弘著出版,老师惦记着老学生们,惠赐及我,九十年代后期台湾淡江大学罗运治教授来南开大学,我知道他是史学史专家,就把老师惠赐的第一册转送给他,他接书到手,脱口而出:"史学史大师的著作。"我内心喜悦,同行如此推崇老师,作为学生与有荣焉。须知那时不像目下,什么人都是"老师",许许多多学人都成了"大师"。识者谓我的老师是史学史大师,诚非虚语,是实至名归。

老师的"编年"止于明代,身体健康缘故未能完成清代卷,然无遗憾,由他从硕士到博士培养的、我辈学弟乔治忠续成《增订中国史学史资料编年·清代卷》,商务印书馆于 2013 年推出。我庆幸老师学术事业后继有人,同时深信

"有其师必有其徒",名师出高徒,有着必然性。

称我为"贤弟"

老师在赐给我 1999 年出版的第三册书上写出"尔康贤弟指正",令我惶恐至极,就把这种心情向郑克晟教授学兄表露了,他反问我:你说他应当怎样写?我顿时语塞。克晟兄作为毅生师哲嗣,学林掌故之丰盈、见识之高明为我佩服,他的反诘令我想到 50 年代末我刚当助教,佩之师叫我"冯先生",60 年代初毅生师给我留便条,称"尔康兄",及至老师称呼"贤弟",促使我进一步思考传统人际关系中的礼仪内涵,深切认识到老师那一代人为人谦逊,彬彬有礼,素养高尚,即使对于晚辈、学生爱护有加的同时,也非常尊重后辈人格。老师惠赐宏著的题词是对我的又一次教诲,我也学着,再给后辈友朋写信、赠书,也写作"贤弟""学友"。

爱好广泛的有情趣的人生

人应当有怎样的生活,作为读书人、教员,仅仅是教书、科研,此外别无情趣,别无其他生活内容?其实包括我在内,许多人是这个样子的。惭愧啊! 老师可不是这种生活态度。他爱好广泛,喜好下围棋、打乒乓球,常和青年教师一起娱乐。记得"十年内乱"前几年,历史系一度在主楼教学区开辟一间教室为乒乓球室,下午四五点钟,经常见到老师和汤纲(与吾辈相同的助教、80 年代初调到复旦大学执教)在对攻,我球技差,不敢上场,时或充当看客。老师同我的多数老师还有不一样的人生,他烟酒都沾。其时我的同窗好友陈振江学兄是他的助教,我们有时一起去请益兼问安,多在晚饭以后,不时见师母蔡老师在整理第二天食用的菜蔬 (她白天要上班),我想是在为老师准备下酒菜吧。像老师那样有个性、多乐趣的生活,在当时为一些人不理解,不认同,以为是贪玩,不钻研业务,其实大谬了,老师杰出学术成就具在,岂是庸俗辈能望其项背!

历史系文献学硕士点因我而遭到周折

1983 年或 1984 年,记不清确切年份了,历史系办公室主任薛蟠安通知我:系里向教育部申报文献学硕士点,指导教师以杨翼骧先生为主,来新夏教授和我是指导小组成员。不久有人告诉我,文献学硕士点被否定了,原因是一位权威评委说:冯尔康,我知道,他是搞清史的,不是做文献学的;当然也还有其他涉及老师的话。既然说知道我是做清史的,想必是同行了。事也凑巧,后来有一个编委会开会,他是主编,我是编委,就带上"清史史料学"讲义(1986年以《清史史料学初稿》为书名出版)与会,会间我拿着讲义向他请教,说我不作文献学,但讲授史料学,话一出口,他的脸立刻红了,证明传言是真实的。这时我的心情是复杂的,一面是不安,是我坏了历史系文献学硕士点,对不起老师,对不起系里;一方面检查自身做事莽撞,为什么要在两年前的一个小范围的公开场合向他声称学术是自由竞争的,不可能垄断,冒犯了权威,自讨苦吃不算,还累及老师和系里! 所幸的是,在上方成立古籍整理领导小组之后,南开大学组建古籍所,由老师出任所长,实在值得庆幸。

前不久在网上看到总括几十年来史学史研究成就的专文,肯定了若干部史学史通论的成就,没有道及老师的《中国史学史资料编年》的学术贡献,心有不怿。不怪作者行文不全面,盖学界中有些人没有真正认识到为史学史研究奠定坚实基础的资料研究工作,没有仓修良教授所指出的它既为"掌握和了解我国史学发展的梗概,对于研究具体史家或史书也创造了条件"。愚以为研治史学史史料所下功力,与创作史学史通论的功力不相上下,应当给为史学史研究创造必要条件的史学史资料研究以应有的学术地位,它本身就是史学史研究的组成部分,理应承认此种研究对史学史的贡献。

学生尔康现在域外,不克出席缅怀老师纪念会,谨书数言,表达怀念老师的真挚情怀,并愿老师在天之灵,像尘世一样的生活态度,多姿多彩。

2018 年 6 月 28 日写于客乡

(原载《杨翼骧先生百年诞辰学术研讨会论文集》,2018 年)

缅怀杨生茂师

下面的文字,是我在 2000 年写的《我的南开老师》一文中有关杨生茂师的记叙,如今略事增补,过录过来,表达我的缅怀深情。

杨生茂师教我们世界近代史,他是 20 世纪 40 年代后期留美回国的,是美国史首屈一指的专家,创建南开大学美国史研究室。杨生茂师为人,视名利如弊履,无所追求,所好者就在"学问"二字上。他讲世界近代史,正是资产阶级革命时期,在资产阶级革命、资产阶级民主革命方面多所比较,以考察民众在革命中的作用。同学交作业,杨生茂师阅后作总评,将同学们的看法按问题分出类型,一一评介,只说题目或涉及的内容方面,不提人名。这样的总括介绍活跃了我们的思路。我写的作业是比较中西资产阶级革命的异同,认为孙中山领导的辛亥革命是民主革命,不过是幼稚的想法而已,老师也评点到了,未作批评,使我忐忑不安的心稳定下来。由此我总结一个经验:更应认真对待作业,不要随便提出看法,需要有所钻研,不要闹出笑话。

杨生茂师总是笑容可掬,给我们上课时还不到 40 岁,大约是早年谢顶,讲课中有时抚摩头顶,俨然一派长者形象。杨生茂师担任过历史系副主任,一点架子也没有,极其平易近人,特别关心人。80 年代中期以后,他所在的历史研究所与历史系完全分开,我们师生间缺少了在一起活动的条件,只是有时在春节时去问安,而且近几年因春节外出,年也不能去拜,但是我们的心是相通的。1997 年的一天,他突然给我打电话,说见到我在台北"中研院"作学术访问的报道,给我复印了,叫我到历史系信箱去取。我取出观看,原来是我在 1996 年去该院短暂访问的信息,我在台北就看到了。但是我对杨生茂师的通知非常感动,因为他才得到这个信息,想让我知道,从这里看到他对学生的关怀,真是无微不至。

杨生茂师创建美国史研究室的同时,历史系还有郑毅生天挺师肇建的明清史研究室和梁卓生师创建的拉丁美洲史研究室,是教育部批准的,在 50 年代和 60 年代前期,教育部确认的研究室真是凤毛麟角,所以历史系同仁很自豪,简称这三个研究室为"三点"(点,研究点)。杨生茂师为我国培养出一批美国史研究的杰出学者,令南开大学成为美国史研究重镇。可是他对自己的生活无所追求,听说晚年家中安装空调,还是学生帮助的,令我这样的老学生不胜唏嘘!幸运的是令侠师妹继承父业,对北美史研究成绩斐然,杨生茂师诚然可以含笑九泉矣!

(原载杨令侠、朱佳寅编《中国世界史学界的拓荒者——杨生茂先生百年诞辰纪念文集》,南开大学出版社,2017 年)

缅怀来新夏师,学习他"不搁笔"的治学精神

2011年6月8日,在北京中华书局举行的来新夏师新书《书目答问汇补》发布会暨学术研讨会上,聆听八十八岁高龄来先生演说:"虽然我现在年事已高,大的工作做不了,但是,写一些小文章没有问题。我决不挂笔。我要像牧惠("史鉴体"杂文作家)一样,死在笔下。""不搁笔",他实践了理想,九十二岁笔耕不辍,安祥地驾鹤西游。我在二十年前的六十初度,思人生之路,企图从"我的生命属于历史学"的意念中走出来,在研治史学同时,另觅生活园地,因而想在完成已有的项目和写作计划之后封笔,并将这一愿望向挚友俞辛焞教授道及,他不相信,笑着说你能做到吗?果然被他说中了。我今年逾八旬,仍在运笔撰文。来先生的"不搁笔"精神,我学定了,走定了。

我是来先生50年代的学生,1957年,来先生给我们讲授中国近代史基础课,我印象最深的是他讲课的条理性强和板书的整洁漂亮,回思讲授秦汉魏晋南北朝史的杨翼骧先生,亦是这个特点,令我们既学到知识,也获得求知乐趣。记得我的考试作业,是写"鸦片战争大事日志",这一选题,反映南开史学崇尚实证的精神和治学方法。我是来先生学生,但是为来先生宏著写的两个书评,均不提学生的事,为的是避免师生互相吹捧之嫌。虽如此,文中亦有所透露。在《读〈清人笔记随录〉的随笔》(《书品》2005年第3期)文中说,如果我的评论文章写得不好,"请来先生教导",就是以学生的口吻求教的。

南开大学中国古代史教研室,在1961年召开过中国土地制度史研讨会,那个时代极少有学术会,历史系举办了,表明那是我们的研究方向。其时,中国古代史教研室师资力量雄厚,教课用不了那么多人,于是在1963年成立"土地制度史研究室",杨志玖师为负责人,学兄陈振江和我两个助教为成员,来先生自1959年开始有"内控"之灾,不能发表文章,也不能讲授主课,遂改教历史文选,亦被指派参加这个组,我们四人共处的一间小屋,被戏称为"土地庙"。每天上班,并且"天天读",上班先学习"毛选",联系思想实际和业务,汇报思想。记得来先生暴露思想,"向党交心",希望党能按照传统的"恕道",

对人不为已甚。反映出他在"内控"中受压抑的心情。其时"千万不要忘记阶级斗争","天天讲,月月讲,年年讲",哪里还能讲"恕道"!作为青年教师的我,从此"恕道"铭刻在心。在"土地庙",我们集体写文章,是杨先生主笔,来先生参与意见,使用"南文田"笔名发表。

"文革"中来先生在劫难逃,被批斗,抄家,下放农村,被侮辱、被迫害自不必说了,作为读书人,所积累的学术资料和文稿被抄没散失。来先生以学者的韧性,在农村,在"十年内乱"之后,坦然面对现实,愈益勤奋治学,1983年、1984年相继梓行《近三百年年谱知见录》和《结网录》。两部书问世之日,令我想起明末史家谈迁。谈迁著《国榷》,稿子为小人窃去,他不灰心,从浙江老家,到北京访书,搜集资料,再次成书,给后人留下研治明史的重要史源。谈迁不怕磨难、艰苦治学精神,鼓舞着来先生。来先生不愧是我国优良史学的传人。《知见录》出版之日,来先生赐书,我即用顾真笔名与夏至(张国刚教授)撰文评介,认为它是"一部有裨清史研究的目录学著作"(《清史研究通讯》1984年第2期)。及至2011年增订本枣梨,对近三百年来的人物年谱几乎搜罗殆尽,并一一详细解说,用"新夏按"告诉读者要点,因而我又说:不可以资料之书、工具书视之,它是学者研治和利用年谱资料的津梁。

2005年,来先生《清人笔记随录》面世,我立即以"读《清人笔记随录》的随笔"为题,写出学习心得。来先生不以文章浅薄,收入他的《邃谷师友》(上海远东出版社2007年)内。如今在此复述该文的内容,缅怀来先生的学术贡献。因为我认为《清人笔记随录》是古代文献学的重要研究成果,是来先生的力作之一,是来先生十多部随笔之作的代表。此书是来先生长期丰厚文化积累的一种"物化",80年代前期,听来先生讲,他外出开研讨会,在火车上,抓紧时间,点校清人顾禄的《清嘉录》,他还点校出版清人叶梦珠的《阅世编》,对清人笔记赋予如此精力,写作《清人笔记随录》,自然是资料信手拈来,皆成上乘之作,令人仰视。

来先生撰著该书,总是利用那些笔记图书的作者自序、后记,或者用其友人的序言,后世整理者、编辑者的题跋、前言、后记的文字,论说该书的内容、特点,以及著者的生平、观念和写作经历。他不是刻意讲解读书方法,可是他重视图籍的作者序跋和整理者的前言、后记,无意中告诉读者,首先阅读这方面内容,对这部书获取初步认识,再去读图书内容,会收到事半功倍的效果。来先生的论述方法,不啻是金针度人,教给了初学者学习方法。《随录》信息量宏富,如述及刘献廷的《广阳杂记》,引用九位学人的著述,说明刘献廷的生卒年和该书学术价值。就此一例,表明《随录》是研究性著作。《随录》出版时,来先生82岁,让人读出他无穷的学术生命力。

学界公认来先生纵横中国历史、方志学和古典文献目录学三学,留下丰厚的学术遗产,无论生前身后,他的学术生命都将长存。

(2014年11月20日于旧金山,载焦静宜编《忆弢盦——来新夏先生纪念文集》,天津古籍出版社,2015年)

感念何炳棣先生

在互联网上读到何炳棣先生仙逝的文章,心情立即沉重下来,隔天,常建华教授转来相关的两篇网上报道文字,立即给他复函,说到我对他的"愧疚",已经无法弥补。为何"愧疚",有两个原因,一是愧对他的托付,二是愧对他奖掖后学。

说他奖掖后学,只是个人的感受。1980年先师郑毅生天挺教授在南开大学主持召开"明清史国际学术讨论会",何炳棣教授应邀与会,并出任大会组织委员会委员。我是大会秘书组成员,为研讨会提交《论清世宗的思想和政治》论文,并在小组会上宣读。在这次会上,我见到包括何炳棣教授在内的众多学术名家,我敬佩他们,但是没有向何教授请益。若干年后,约在80年代末,我收到台湾联经出版事业公司寄来的何教授名著《明清人口论》,除书之外没有任何关于寄书的说明,我纳闷于心。1995年中国社会科学院历史研究所在北戴河召开学术研讨会,两岸学者参加,我亦应邀出席,会间常建华教授告诉我,他听台湾学者说,何炳棣教授说他本想研究雍正皇帝历史,因为冯尔康写了书,他就不写了。由此我想到联经出版公司的寄书,可能是作者给出的寄书名单,由出版社代邮。因此内心十分感激何先生奖掖后学的大爱之心,后来向台湾学友打听到何先生通信地址,想给他写问候信,但终因怕打搅他而未动笔。

21世纪初,何教授撰写《读史阅世六十年》,将部分内容的打印稿寄到南开大学,虚怀若谷地让郑克晟教授、王敦书教授和我提意见,令我再次敬仰不已。2004年,我应台湾纯智文教基金会和中正大学的邀请(承汪荣祖教授面邀),为"萧公权学术讲座"作演讲,这个讲座的第一讲是何炳棣教授主讲的,第二讲是一次学术研讨会,我是第三次演讲,感到特别荣幸:一在于讲座本身,二在于继何教授之后。是以在演讲文集的《叙说》中写道:"这个讲座是由我所景仰的史学大师何炳棣教授开讲的,他考证出《孙子》早于孔子和老子,而'老子'辩证思想源于'孙子',发出'石破惊天'之论。宏论一出,浅学晚辈实在难以为继。"因此特别怕把讲座讲砸了。拉杂写了个人因何教授而感受的几件事,没有一件是个人与何教授直接交往的,仅仅是忖度之间的关联。是否何教授让联经给我寄书,是否说过冯某人写了《雍正传》他就不再进行相关研究的话,对我来讲都不必求证了,自我感觉是他奖掖后学,我把他当作一种动力,坚持不懈地进行史学探讨。

2010年6月1日,中国社科院清史所举行学术报告会,由吴秀良教授报告雍正帝继位史研究,何炳棣教授作评论,常建华教授和我从天津赶去参加。会间休息,在走廊,我和何教授相遇,他向我表示,愿意到南开大学授课,他有退休金,不需要南开大学负担什么。这是需要同南开大学校方协商的事,然而我已退休,说话无力,而常建华教授是中国社会史研究中心主任,联络校方较为方便,在征得何教授同意后,即将常教授请来,一起商谈邀请何教授执教南开的事。其间,何教授惠赠他于5月在清华大学演讲的《国史上的"大事因缘"解谜——从重建秦墨史实入手》,他还说到在南开中学求学的往事。会后聚餐,我挨着何教授坐,聆听他谈论天津一些老字号商店和小吃。间有即兴照片,兹选出二帧,一帧是何先生、吴秀良教授和我,另一帧是何先生、吴教授、常教授和我,藉此作永恒的纪念。会后回校,常教授即向历史学院提出聘请何教授来校执教的建议,学院即向学校提出申请。我将网上下载的有关何先生信息的文章打印出来,在便中交给学院院长陈志强教授,请他促成邀请何教授之事。此事尚未办妥,何先生骤归道山,我对不住老人家,愧疚之至!

李伯重在《中国学术史上一个时代的结束——追忆何炳棣先生》(《中华读书报》2012年6月20日)文中说:"何先生对清华感情极深。他对我说:他很羡慕杨振宁先生晚年回到北京,将终老于清华。何先生自己也很想叶落归根,在清华传道授徒,将自己一生的学问贡献给清华。"何先生在清华、南开叶落归根的愿望未能实现,这两所学校已非他求学时代的面貌,就个人讲或许多少有点遗憾,而对负责教育事业的学校来讲则是更宜研讨的憾事。

何先生是极具个性的史学大师,傅建中的《忆颇有性格的史学大师何炳棣》(《中国时报》2012年6月20日)说,"何老性情刚烈,属于Don't suffer fools easily(不易容忍蠢人)的那一类"。又说"何炳棣是唯一担任过美国亚洲学会会长的华裔学者,自他以后尚无来者,就此而言,他已是不朽了"。何先生做学问,向来是创造性的,是挑战性的,这种求真的史学方法论和追求真理的精神,是他留给我们的宝贵学术遗产,将永远激励我们推动史学研究的前进!

（写于 2012 年 8 月 17 日，载《中国社会历史评论》第 14 卷，天津古籍出版社，2013 年）

敬悼韦庆远先生

首先转达陈捷先教授对韦先生的怀念。他在加拿大给我打电话，要我转达他对韦先生纪念会的支持，因远隔重洋不能到会，但深深怀念老友，若有敬献仪式，让我给他代办。

我对韦先生，抱持亦师亦友态度。师，学习他著述；友，承蒙他不弃，以朋友对待。今天纪念他，深深懂得他的学术遗产丰厚，我感到他才华横溢，治学勤奋执著，终身不渝，留下大量的传世之作；他为人热情友善。现仅就阅读他的著作和与他的交往，谈点感受。

韦先生《明代黄册制度》出版，我立即购买，对第一章反复阅读，作出笔记。对南京后湖黄册档案库的介绍，尤令我佩服，当时想看历史档案而不可能，既向往又颇感神秘。80年代前期，我写《清史史料学初稿》的档案史料一章，阅读韦先生《中国档案史稿》《明清史研究与明清档案》，这时我已读过不少清代档案，与韦先生的档案史总论结合起来，提高分析能力，并将他的著作列入参考文献。韦先生惠赐的《张居正和明代中后期政局》宏著，亦不时拜读，予以利用，徐泓教授序言评论云：该书"可以说自有为张居正立传以来最深入、最公正、最能'美恶不掩，各从其实'的巨著"，给予了高度评价，可见韦先生学术建树，永垂不朽。韦先生关注社会健康发展，撰著散文集，尤让我佩服不已。

与韦先生的过从，始于1980年南开大学召开的国际明清史学术研讨会，而后在多种场合聚会，畅叙。1989年韦先生惠赐《明清史辨析》，签名题曰"敬赠"，我内心深为不安，亦见他谦逊为人。20世纪末大连清史学术研讨会，韦先生、王思治教授我们三人同游大连海滨和俄罗斯风情区，交谈、合影。2002年，我们在桂林开会，在去阳朔游船上一路畅谈。韦先生、陈捷先教授和我得知，香港凤凰卫视记者刘海若在北京安定医院治疗，我们三人联名打电报给乃父、台湾"中研院"近史所、军事史专家刘教授表示慰问，由我去邮局拍发。

1996年，韦先生在台北政治大学讲学，我亦去作一次演讲，与韦先生同住在该校宾馆的一个单元。韦先生将预备的水果让我吃,告知我许多学术信息,共同赴刘教授宴请,我离开时让我带钱给他在中国人民大学的同事,为住房交费。2003年陈捷先教授在台湾主持召开清史研讨会,因韦先生和我不是公派去的,陈教授给我们特别关照,韦先生对友情甚为感动,令我认识到他是性情中人,为人直率、坦诚。1998年柏桦教授主编《王钟翰教授八十五暨韦庆远教授七十华诞学术论文集》,我以小文《简述族谱中清代人物传记史料》,表示祝贺、拜寿。

我想,对学者,最好的纪念是认真研读他的著作,让他在我国的文化建设中继续发挥作用。今日缅怀韦先生,让我们持续更好地学习他的著作。

(2010年5月10日写于羊城,为出席广东社会科学院历史研究所韦庆远纪念会发言。载李庆新主编《师凿精神记忆与传习——韦庆远先生诞辰九十周年纪念文集》,科学出版社,2018年)

怀念承柏兄三事

冯承柏兄走的那一天,说起来真是机缘天定,我因从国外回来,好久没有见他,就在傍晚时候打电话问候,可是电话那端传来的是他走了的噩耗,开始是不相信,继而悲伤起来,当即约同刘健清兄去吊唁,并慰问嫂夫人黄老师。倏忽之间,承柏兄走了九个多月,今天回忆与他交往的三件事,藉以表达缅怀之情。

承柏兄知识面极广,博学强记,美国史、中国史、图书馆学、博物馆学,甚至电子网络,样样精通,我很佩服,故而在主持"彭炳进教授学术讲座"时,邀请他作一次演讲,他即以"二十世纪美国史学理论与中国社会变迁研究"为题,进行了精彩演说,随后讲稿发表在《二十世纪社会科学研究与中国社会》(台北,2000年)上。

我要说的还不是这个事,而是我向他的请教。1985年,我集中精力从事"中国社会史"的研究,同时开设这门课程。其时是中国社会史研究复兴之际,究竟什么是"社会史",学术界并不清晰,我有一些想法,然而把握不准,因为要上课,对"社会史"必须作出学术界定,由于承柏兄学通中西,我遂向他请教,我们商讨了很多内容,给我印象最深的是采用"排除法",即研究社会史,将政治史排除在外。其时历史学主要是研讨政治史,也即阶级斗争史,把丰富多彩的历史剥落得无血无肉,像个小瘪三,讲社会史,就讲把人们的社会生活、生活方式、风俗习惯和社会结构纳入历史研究范畴。我吸收了承柏兄的观点,当年写出《开展中国社会史研究刍议》一文(刊登在《百科知识》1986年第1期),并在文中说明得到承柏兄的指教。如今社会史研究蓬勃发展,政治史以另一种面貌进入社会史殿堂。但承柏兄的排除法,作为研究法仍可以在许多学科运用。

80年代后期,承柏兄继冯文潜先生之后出任南开大学图书馆馆长,父子连任,一时成为南开园佳话。他当馆长,别的建设我不说,仅图书信息电脑查询和联网一事,我最佩服他。一个文科教授,居然"玩"起电脑来,而其时我是电脑盲,就更对他肃然起敬。记得有一次我陪台湾"中研院"近史所陈三井所长去图书馆电脑室参观,他刚刚访问过中国社会科学院某研究所,看了南开的电子网络建设,大为赞颂,说比某研究所强多了。我心想这都是承柏兄的功劳,是他心血的结晶。我因为总写点东西,抄写、修改是最头痛的事,早就想用电脑,不时地向承柏兄请教有关事情。1995年我决心买电脑,买什么型号的呢?我就商于承柏兄。当时人们使用的多系286、386,我想我就为写作输入,其他功能,如电子邮件就不考虑了,至于网上阅读,当时还不知道。承柏兄叫我不要贪便宜,要考虑到以后的升级,于是我就买了486的。后来我体会到,听承柏兄的话,听对了。

我和承柏兄都是游泳爱好者,但我在冬天游泳却是他带动的。在"文革"期间,我们历史系的几位同事就常在水上公园西湖游泳,"文革"后改在水上公园的东湖戏水,一般游到10月中上旬,因水温、气温低就停止了,待到来年春夏之交再去东湖下水。大约在1987年的初冬,我游泳已经停了好些天,有一天承柏兄突然告诉我,他和学校的几位老师去复康路天津市体工大队游泳训练馆(今复康路游泳馆)游泳了,我听了很高兴,遂在他帮助之下,也去馆里了。这样冬季我就去游泳馆,春秋下湖,一年四季都可以游泳了。我能常年不断地与水结缘,四季游泳,实在是受承柏兄之赐,想起来就感谢他。承柏兄喜爱游泳,后来心脏不好,不能游了,心里一直痒痒地想游,我就劝他保养好身体。我自己则坚持下来,有一年在水上公园冬泳,有时游到十二月,或十一月。我和承柏兄是同事,是朋友,还是学友、泳友,我们的友谊常在。他走了,叫我如何不想他!

愿承柏兄在天之灵安详自在!

(2007年10月1日于顾真斋,载《春思秋怀忆故人——冯承柏教授纪念集》,南开大学出版社,2008年)

深情怀念好友泽华

我从"朋友圈"信息中得知泽华驾鹤西游,忍痛接受这不得不接受的现实,悲痛之中,立即想到这是哲人、老友离去,哲人留给我们的学术思想、为人风范涌上心头,立即记录下来,表达我缅怀的心境和对他的敬意,兹先录于此:

悼念故友刘泽华

您,才华横溢,概括出中国君主专制时代历史是皇权主义盛行的学术见解,成一家之言,是真正的思想者;

您,追求社会公正、公理,勇于大声疾呼,为此不惜牺牲个人利益;

您,为人公正,善于同老先生("资产阶级知识分子")相处,此亦为获得学术成就的一种缘由。

泽华千古,一路好走!

冯尔康敬悼,2018 年 5 月 9 日

悼词关注的是泽华哲人学术地位,未及故我双方的情谊。对此,真是说来话长。我痴长泽华几个月,比泽华早两年到南开大学历史系求学,本应为"学长";泽华入学一年,学识、为人受到师长欣赏,提前留系担任教职,一年后我亦留系,同在中国古代史教研室,自此我经常在学术上向泽华请益,泽华真正成为我的学兄了。其时教研室有十位同仁,四位是我们的老师,那时被称为"老先生",我们六人是为"青年教师",孙香兰学姐任务是讲授先秦史,与泽华的教学内容相同,有一次她对我说刘泽华有才,表达出佩服的心情,我有同感,因此在学术上愿意同他交谈。60 年代前期,他不时安排我们写文章,我写出初稿,请他提意见,我总是郑重对待他的建议,进行修改。

70 年代初工农兵学员入学,泽华主持编写《中国古代史》教材,分配我写明清史部分,教材于 1974 年铅印面世,因封面是黄色的,我们称作"黄皮书"。

及至恢复高考，泽华再度主持教材的编写，教研室的杨佩之志玖师、王玉哲师、杨翼骧师加盟，他问我的志向，我表示黄皮书写了明清部分，不想重复，于是改写东汉史。泽华联系好人民出版社，由该社出书。斯时学校政治学习、体力劳动频繁，为了让编写者集中精力写作，泽华又同出版社商妥，编写组成员进京，入住人民出版社腾出的房间，作为我们的办公室兼宿舍，为我们全身心投入写作创造条件。新的《中国古代史》于1978年、1980年分上下册面世，此次封面是蓝色书皮，故为"蓝皮书"。

在编写之前，泽华拟定了几条原则，一项是重视考古发掘和文物的史料价值，尽量将有关资料和观点融入书中，为此要补课，充实自己的知识，于是派遣负责文物配图的傅同钦学姐和我外出学习。我们到开封，获得犹太教知识，在郑州河南考古所听介绍关于"曹雪芹小像"的故事，此像的真伪，郭沫若做过考证，介绍说那是一个犯人献出来的，希图以此立功减刑，令我更加懂得文物鉴定的必要性。到洛阳参观始建于东汉时期的白马寺，佛教是在东汉正式传入中国的；虽没有去邙山观看陵墓群，但对东汉皇帝墓葬于该地的印象加深了。去西安碑林观光，听陕西考古所的学者介绍骊山墓及兵马俑发掘情况，前往临潼兵马俑发掘工地，得知烧制陶器需要一千度以上的温度，可以想象秦始皇殉葬品的劳民伤财。又往西安半坡，感受旧石器时代先民的生活。随后从西往东，为理解河姆渡文化、龙泉窑到浙江杭州，将稻米在我国的栽培史刻录脑海。

泽华另一项编写原则是突出农民战争史，要求书中予以专章的地位，是以我写东汉和黄巾起义两章。讲义由泽华负责创作，出版署名，理所当然地处于第一位置。讲义出版后引起他的老同学议论，认为学生怎么署名在老师前面。话虽不无道理，然而是不察实际情形之论。写作开始，"文革"尚未结束，即使粉碎"四人帮"之后，"文革"思维和作风犹存，我们的老师，是所谓"资产阶级知识分子"，称之为"老先生"，虽有些许尊重之意，更重要的是将他们视为革命同路人，不是同志，而是统战对象，以他们的学问指导编写进行当然好，但政治形势不允许他们出面，泽华勇于挑起重担，是有胆有识，他不那样做，这部书根本不可能写作和问世。泽华之功不可没，我至今对他怀有敬意。

泽华在《八十自述——走在思考的路上》未梓刻前的修改阶段，将改革开放初期他参与史学界领导层解放思想的研讨活动的回忆内容，以及涉及到我的内容用电子邮件发送给我，让我看看有无记忆失误的地方，我本来知道他在京中的一些活动,读了之后,更加获知他对于史学界思想解放的作用。他的幕后功绩知道的人不会很多,我在此建议史学界朋友,不妨读一读他的《八十自述》。

泽华原来重视农民战争史,改革开放后他在反思,希望对历史上作为农民对立面的地主有个历史性的全面了解,于是同《历史研究》杂志社、云南大学历史系商妥,三家联合举办"中国古代地主阶级历史"学术研讨会,为此1982年在昆明开筹备会,泽华让我代表南开大学去参与筹备,次年在昆明举行了规模甚大的研讨会,会后他编辑会议论文成《中国古代地主阶级论集》,我亦参与部分编务。1984年该书由南开大学出版社印行,署名中国古代史教研室编。

在思想史方面,我遇到问题就查阅泽华著作,看他怎么说的,我就多少有点谱了,再或者直接找他交谈,比如研究史学史离不开史学思想史,我在思考实证史学与胡适、傅斯年关系史,有了想法,拿不准,就去听他的意见,是以我在《杂谈二十世纪中国史学研究的观念与方法》文中说:"归结胡适、傅斯年的史学,也许可以用实证史学来概括。实证主义是十九世纪上半叶法国学者'从把自然科学方法运用于人和社会研究这一更为普遍的倾向中产生出来',到二十世纪最初几十年,'实证主义已经渗透在历史写作中'。①胡适等人是将杜威实验主义与法国实证史学介绍到中国学术界,特别是历史学界(包括哲学史、文学史、经济史等历史学专门史),形成他们的中国的实证史学,其特征是:'大胆假设,小心求证',试图运用自然科学的方法于历史研究,探讨现代历史研究法,相信并运用归纳法,说明历史真相;重史料(包括重视考古发掘的实物材料),要将所研究课题的所有史料都搜集齐备,用史料反映历史;与此相联系,重考据,不仅在搜求材料,同时要考订其真伪;相信历史的渐进性,一定程度地忽视历史大课题的研究,不同意历史规律说,但认为历史是进化的。"文章接着写道:"笔者关于实证史学的说法,曾同友人刘泽华教授、崔清田教授讨论过,得到他们的首肯,志此以表谢忱。"在这篇文章中述及曹佐熙的史学思想与贡献,说他于1910年出版《史学通论》,"将历史及记录它的书籍视为'史';研究历史的学问为'史学';虽然没有完全把历史客体与历史研究区分清楚,但多少是以近代观念看待史学;曹氏讲到史学与其他学科的关

---

① [美]哈多克著:《历史思想导论》,王加丰译,华夏出版社1989年,第171、186页。

系,关注到自然科学和西来之学。所以曹氏的史学已有近代气息"。我有这个认识,是"参阅了刘泽华主编的《近九十年史学理论要籍提要》,北京书目文献出版社 1991 年版第 5 页"。(此文是我和常建华教授编辑的《二十世纪社会科学研究与中国社会》代序言,该书于 2000 年在台北印行)

开篇悼词谓泽华:"追求社会公正、公理,勇于大声疾呼,为此不惜牺牲个人利益。"这是依据印象深刻的两件事情得出的。第一件事是因我而起。1978年国家给教工增加工资,按照惯例,受惠者要向校领导表示感谢,如同其时为右派分子改正那样,不是向右派分子赔礼道歉,而是接受右派们为摘掉帽子而感恩戴德。根据校领导布置,要求各单位成员开会表态。作为教研室主任的泽华主持开会,校人事处处长亲临听会,泽华让大家发言,可是众人面面相觑,毫不热情,泽华为打破冷场局面指名要我说话,我就说:十几年不长工资,现在长这么点,还要(向领导)表示感谢?接着大家也说几句牢骚话。事后,人事处处长说历史系中国古代史教研室(政治)风气不正,校领导找泽华,要求加强教育,泽华与同仁是一样的情绪,当然不理会校方的指令。

第二件事是他的遗作问世。他仙逝之后,《今晚报》在 5 月 10—13 日连续刊登他的遗作《非圣无法》《腹诽罪》《圣人从众与从善》《说"天地君亲师"崇拜》四篇杂文。有历史知识的人都知道何谓《腹诽罪》,一看这些文章的标题,便可知其内容。他的随笔写了这样的一些文字:

对"圣制"和帝王认定的观念提出异议,就是"非圣无法""非圣诬法",必遭惩治。在人们曾经的生活经历中有很多"非圣无法"的问题,这类的事情实在应该进入历史博物馆,作为历史的陈迹,让人去反思。

……

治腹诽罪要达到绝对"一统""一尊",不允许人们心中存有异议,私议当然更不允许。我们这些七老八十的人,曾经历过那段特殊时期,诱导人们"交心""掏心""汇报思想",而后进行"秋后算账";无端地查抄可疑人的日记,隐私的日记都可能变为罪证,进行严厉的惩治。这些就是现代版的腹诽罪。这种历史教训,无论如何都不应该忘记。

……

鲁三桓长期专政,季氏掌权期间,赶跑了鲁昭公。昭公不得返国。前515 年,诸侯会盟,讨论鲁昭公回鲁问题。晋范献子不赞成,他说:"季氏甚得其民,淮夷与之,有十年之备,有齐楚之援,有天之赞,有民之助,有坚守之心……"与会者听了范献子的议论,只好作罢。前510年鲁昭公死于晋,赵简子对史墨说,季氏逐君,不准复国,死于异乡,这样做是否有点过分?史墨回答道:"鲁君世从其失,季氏世修其勤,民忘君矣。虽死于外,其谁矜之?"得民便取得放逐君主的理由,在政治思想上是一大飞跃,君主的神圣性被破除了。

说到"天地君亲师"崇拜,泽华指出:

> 天至高无上,毕竟是虚拟的,因此,这张绝对权威大网的核心和真正支配者是政治之君。人们称君主为"天子""帝王""君父""君师",将各种权威属性献给他。君主居于社会政治体系之巅,其他各种权威崇拜的最终导向是君权崇拜。因此,君主才是名副其实的至上权威。泛化的君崇拜为一切等级的上下关系都注入了支配与被支配的属性,使人与人之间的关系大多类似于主子与奴仆的关系。

如此等等。字里行间,浸透着个人的时代感悟,什么权威崇拜,造成奴性的愚民;什么交心不打棍子,随之而来的是狠狠的鞭挞;腹诽罪,早就应当扔进历史博物馆……

这些文字令人感到作者是和着泪水写出来的,呈现出一颗赤子之心,这是关心民族命运、国家前途的真正爱国者的表现。

这里我想补充往事,以见遗作精神的一贯性、一致性。前面说到泽华对往事进行反思,一个成果是写出《我在"文革"中的思想历程》(《炎黄春秋》2011年9月号),回忆1971年与另外二人奉命检索陈伯达假马克思主义言论,他们无意中发现《矛盾论》有抄袭成分,泽华因而从个人崇拜中走出来,并将感受写进文章。泽华这一披露,令从事实证研究的我更加认识到史料考证的极端重要性。2013年10月12日,在南开大学历史学院研究班作了题为"养成史学研究独立思考意识——以17、18世纪中西文化交流史研究为例"的演讲,借用17、18世纪中西文化交流史(与天主教史有关)中一些文献误读、误解的事例,说明独立思考从事史学研究的应有态度,特别说到:"史学工作者独立思考、独立研究不易法门——详细占有史料,审视史料的真实性,做到论从史出。对史料必须鉴别、考证,如刘泽华教授揭示《矛盾论》中的抄袭成分。"

另外,在遗作刊布的前几年,即 2010 年 2 月 11 日,泽华领衔在《中国社会科学报》发表《把国学列为一级学科不妥》的文章,认为:"独立学科一般要有特色鲜明的历史积淀、知识系统、理论构架、研究方法和课程配置等。同时,还要充分考虑选择本学科的学生在毕业后能有相对稳定的出路。凡此种种,都需要认真研究和深入论证。……如果有关行政部门一定要建立国学一级学科,我们建议先行公布国学理论框架和学科体系方案,供咨询与研讨。这是科学决策、民主办事不可逾越的前提。"这篇文章我是署名人之一。文章拟议过程中,泽华找我谈论此事,表示要发表"十教授宣言",我建议不要叫十教授宣言,因为民国时期陶希圣等"十教授宣言"主张本位文化,反对全盘西化,学界立即展开讨论,如今时代不同,不要引起人联想。

泽华担任历史系主任,仅仅是一个基层"处座",却有与众不同的特点。首先这个"官"是真正民选出来的,那大约是在 1984 年,没有校领导的提名,历史系教师开会自动选举他做系主任,而后由校方任命。我在南开大学已六十多年,这是我参加过、听说过的唯一一次选举。泽华上任不按潜规则行事,让中国近代史的教师开设"文革史"课程。这样的行为,即便没有后来的那次演讲,他也不会久留在主任的位置上。教师职称晋升,如同工资一样十几年不动,到 1979 年才开始给教师评定职称,没几年,1983 年又行冻结。泽华任主任时做晋升工作,粥少僧多,怎样才能做到公正、公平,他想出量化科研成果的方法,凡申请晋升的教师须上报发表论文、著作情况,以此作为衡量晋升的条件,免得讲人情、走后门和"好哭的孩子有奶吃"(吵闹竞争)。这种办法很快在南开大学推广了,后来教育部实行了。教育部推行此法,跟泽华的创行大约没有关系,我这里只是说泽华的办法施行早,有其独创性。量化法在实行初期是好方法,不过法久弊生,今日理所当然遭到诟病,当然这已与泽华无关了。从课程设置和量化考核方法的提出,显现了泽华的行政才能,只可惜未尽其才。

泽华虽是撒手人寰,但他的学术著作,他批判王权主义的创识,由此形成的学派,必将一如既往为在思想上清除尘世的污垢起到积极作用。泽华,你走了,不!没有走:你的学术思想永留人间,永存于我的心田,你我的友谊将伴我终身!

(2018 年 12 月 12 日)

缅怀好友陈公捷先

捷公走了,陈龙贵先生用电子邮件从台北传来噩耗,我的心情沉重下来。几年前,期待与捷公在津门相见,2011 年 8 月 22 日,我在冯明珠教授主编的《盛清社会与扬州研究》(台湾远流出版社 2011 年)的《序言》中写道:"捷公,记得吧,前年(2009 年),您的天津朋友诚挚邀请您们伉俪光临,您们何时成行呢?我们期待着!"与捷公永别了,往日交游的情景一一涌上心头,单是文字的交往,我奉捷公之命写作的及与他有关的文章就有十多篇,他亦为拙作赐序……不能多想,立即与捷公好友阎崇年教授、常建华教授联系,以便商议缅怀纪念事宜。同时,开始写作这篇怀念文字。

一、从钦佩到成为好友

我们的相识已有三十四年,在两岸学者之间,是难得有这么多年头的。

(一)始识于香港

第一次相会是 1985 年在香江,那是香港大学赵令扬教授举办明清史国际学术研讨会,大陆及港台学者各有近二十人出席,台湾方面有捷公、徐泓、庄吉法、冯明珠、赖泽涵、刘石吉等教授,大陆方面有王钟翰、韦庆远、学兄郑克晟等教授和我。会间,只见台湾一些学者对捷公特别尊敬,称他为老师。当时两岸学术信息缺乏交流,我对捷公学术与为人无多了解,但人们对他的尊重我看在眼里,克晟兄亦有同样感觉,互相道及,然而不明究竟。其时,我们的经济状况甚差,出席那个研讨会,港台的学者,路费、住宿费自理,旅馆有价钱不等的两种,自行选择。台湾学者的交通、宾馆费用由公家提供,之外另发七百美元的零用钱。而我们缺少外币,自广州起,港大来人购买好去香港的火车票,领我们入住香港大学公寓(不付费)。开会期间,我一般不主动与台湾学者私下交流,除了性格内向的原因,更主要的是有传统知识分子的自爱因素,因为我们穷,就容易让人看不起,主动联系人,就有巴结人的嫌疑,所以我与捷公没有什么交往。

第二次也是在香港，是 1989 年春天，港大林天蔚教授主持的地方文献研讨会，大陆方面出席四人，台湾方面不少于七八人，我同捷公再次相遇。一天会间的休息时间，有几位台湾学者在闲聊，我从他们身边走过，听到他们窃窃私语议论我："这是学者。"会后，林天蔚教授又请与会者往澳门观光，台湾学者去的多，记忆中大陆学者似乎只有我一人。会议期间，台湾政治大学胡春蕙教授约我为他主持的《韩国学报》供稿，后来我撰写了《朝鲜大报坛述论——中朝关系和中国文化传播的一个侧面研究》，刊于《韩国学报》1991 年第 10 期。

我想，捷公也是将我视为学人，主动说他将主持第五届亚洲族谱学术研讨会，约我给会议提供论文。后因客观原因，我未能出席研讨会，但提交的文章《古代宗族乱以名贤为祖先的通病——以明人〈萧江宗谱〉为例》，收入捷公主编的《第五届亚洲族谱学术研讨会会议记录》(联合报文化基金会国学文献馆 1991 年)。由于文中说到捷公任馆长的联合报国学文献馆藏有《萧江宗谱》，捷公在出版说明中，特别指出我关注到台湾的文献收藏，可见他审阅拙文的细致。随后捷公又约我为第六届亚洲族谱学术研讨会写文章，我即递交《朱次琦的为人与谱牒学研究》应命，1993 年刊登于《第六届亚洲族谱学术研讨会会议纪录》(联合报文化基金会国学文献馆 1993 年)。

(二)赴台湾参加学术研讨会，领略捷公的大家风度

1992 年，捷公主办第 35 届国际阿尔泰学研讨会。阿尔泰学基本上是关于东方的学问，但由于历史的原因，会议历来在西方举行。这一届的会议，欧洲某国要求主办，捷公与其竞争主办权，因学术各方面的实力，终如愿以偿，会议在台北圆山饭店举行。此次会议，承蒙捷公盛情邀约，九位大陆学者出席，我遂得首次来到宝岛台湾。在此之前，捷公有北京之行，离开之前他举行答谢宴会，并通过柏桦教授约我赴宴，我遂从天津赶去，席开两桌，可见捷公的好客和践履中华传统礼仪。说到此次赴台，办理申请手续颇为烦难，在九人之中，北京学者八人，我是唯一的外地人，办手续要提交各种证件，统一办理。办成出发前要开行前会，诸如此类的事情，有我这外地人就更麻烦了，负责人想把手续顺利办妥，意欲将我这个累赘排除在外，但捷公坚持，成员中一定要有我。从约我写文章、北京赴宴到赴台开会，都是捷公主动的，我敬重他，但不主动接近他，仍然是避免巴结人之嫌。

我们一行九人赴台,在香港中转,捷公早联系好我们入住的宾馆,正赶上中秋节,捷公又特为关照过节的事。到了台北,研讨会举行隆重开幕式,到了会场附近,我们领队宣布台湾无权举办国际学术会议,我们不能出席。大约领队早就向捷公表达了意向,捷公便安排一间会议室让我们休息,但是同与会的各国、各地区学者在一起用餐。期间,又为两岸学者举行了小型的"清代档案学术研讨会"。我们同与会学者共同前往台北附近的"红毛城"等地参观。会间举行晚宴,一二百人的宴会,捷公挨桌敬酒,到大陆学者的坐席,只见他白酒、红酒、啤酒样样来得。年轻时颇能豪饮的王钟翰教授宅心仁厚,见此情状,劝他多吃菜,意在解酒勿醉,捷公表示领会他的好意,真是同胞深情啊! 我亦担心他醉酒,也想劝他多吃菜,但自知身份不够,没有说出口。捷公夙有"酒仙"之名,台湾"中研院"张存武教授说他喝酒不误事,是以酒会友。实在是挚友真知。捷公不仅是以文会友,更是以酒会友。这是中国文人的一种传统!

会后,捷公又为我们一行安排在台北及台中、台南观光,并在文化教育机构演讲,交流学术研究成果。我为这次研讨会提交的论文是《清初吉林满族社会与移民》,后来发表在中国社科院清史所主办的《清史论丛 1995》(辽宁古籍出版社 1995 年),同时写作《有关清初吉林满族的汉文史料文献》,刊发在阎崇年教授主编的《满学研究》第二辑(民族出版社 1994 年)。自此之后,我在台湾《历史月刊》上不时发表文章,都是捷公约稿。

(三)1996 年的频繁交往,成为好友

1996 年我同捷公交往频繁,他在台北接待我,我们在扬州相聚,我又在天津迎接他。见此情景的同事张国刚教授,说我和捷公是挚友。我这时也主动了,互相视对方为朋友了。这期间有许多事情,仅就记忆所及回忆几件。

1996 年我应台湾"中研院"史语所之约,去访问一周,住在该院学术活动中心;接着近史所约我访问一周,仍住中心;此后应约赴政治大学访问一周,与在那里讲学的韦庆远教授同住该校的客舍;接着赖泽涵教授约我赴"中央"大学演讲,仍住"中研院"活动中心;此后郑梁生教授、罗运治教授约我去淡江大学访问一周。

我住在"中研院"活动中心期间,与捷公多次会面,其中他的三次盛情令我铭记五内。一次是由他介绍,他的朋友、台湾联经出版事业公司总经理姚为民先生在日餐厅宴请捷公和我,席间叙谈,海阔天空,无意间说到奖助学生的事。我说道我的老师杨志玖教授是山东人,当年家境贫寒,因得到家乡一笔高额奖学金,才能够坚持学业。我是日籍华裔、天津人王克昌先生设在南开大学的奖学金评委会委员,该会颁发奖学金,学生人数多,每人金额甚少,对贫穷学子帮助不大。不想我的闲话,触动了豪爽好义、原籍山东平度县的姚先生的乡情,他当即表示在南开大学历史系设立奖学金,在资助的学生中应有一名平度县人。事情当场敲定,由我来主持其事。我回到学校后,即同系里同仁操办起来,每年评审发放一次,一直到2002年我退休,才结束了此项奖助。

另一次是捷公主动惠赠墨宝。他派人送来函件,用的是《历史月刊》社信封,书写"专呈 顾真兄",原来是惠赠一幅对联,上联曰"帘外淡烟无墨画",下联是"檐前疏雨有声诗"。题款"顾真教授雅正",落款"丙子三月陈捷先书时同在台湾"(韩玉霞编审帮助识读落款文字并释意,特致谢)。娟秀清新的草书,对仗工整的联句,淡泊明志的寓意,令我感动不已,予以精心珍藏。我没有将它装裱,因为听裱画师傅讲,以原件保存,比装裱更好。如今天津人民出版社为老年学人作口述传记,需要有实物之作的图片,我特意找出捷公墨宝,由该社拍摄,一方面作长期纪念,另一方面可以流传社会,供受众欣赏,藉以传播捷公墨宝和高尚的学术人品。

还有一次是捷公派陈龙贵先生送我一笔钱。我忖度其意,多个学术机构请我演讲,招待我食宿,他则刚从台湾大学荣退,不便示意昔日的同事请我去演讲、访问,给我送钱,也等于演讲与酬劳的意思。无功受禄,我无论如何也不接受;同时我也有自尊心,不要让人小看了我。但是推让到最后,我还是接受了,我委屈点也罢,因为不能拂了捷公一片心意。

大约在1995年,捷公请1992年共同赴台的王戎生、刘耿生、林岷三位教授和我,邀约大陆学者围绕扬州史写论文、出集子,我遂邀请杨佩之志玖师、卞孝萱教授、王振忠教授等学者撰写文章,自己也写出《清代仪征人才的兴起及原因》。捷公要我为文集《扬州研究》写序言。捷公作为出版者,意在纪念尊翁陈轶群先生百年冥诞。陈轶群先生曾任江都商会会长,喜好读《资治通鉴》等史籍,为人深明大义,抗战中支持国共双方,后有不幸遭遇,是值得纪念的有识之士。捷公缅怀先人,用出版家乡历史的文集以表达尊重先人、爱护家乡的深情厚谊。因此我在《扬州研究》的《序言》中写道:"捷先教授多次主持亚洲谱牒学、域外汉籍、中琉关系史学术会议,无疑推动了汉学研究,扩大了中国文化的影响,功在中华民族。如今他追念先人、怀念故土,献出《扬州研究》。尔康以为有斯人,实乃乡邦之幸也。"《扬州研究——江都陈轶群先生百龄冥诞纪念论文集》，由台湾联经出版事业公司出版于 1996 年。捷公不弃，将我署名"主编"，我只有愧领了。

1996 年，捷公和我主持的海峡两岸族谱学研讨会在扬州召开，期间情形，容在捷公主持的多种学术研讨会部分说明。

上述扬州研讨会后，捷公和彭炳进教授应约联袂来南开大学讲学，应聘为客座教授，当然我做了具体的接待事务，如同外事处联系，安排他们在专家楼食宿，请系主任联系校方举行受聘仪式，并安排捷公和彭教授在历史系演讲。这期间，在捷公倡议下，彭炳进教授在南开大学历史系设立学术讲座基金，约请名家演讲，然后将演讲稿结集，寄往台湾出版。事情议定，成立基金会，彭教授任名誉会长，捷公为顾问，我遂同常建华教授操办起来。除了聘请南开大学人文学科知名教授魏宏运、刘泽华、陈振江、冯承柏、朱凤瀚、张国刚、宁宗一、崔清田等先生，又从北京邀请名家蔡美彪、宋德金、王俊义、陈祖武、庞朴等教授来校演讲。1996—1997 年度的演讲集《中国历史上的农民》（彭炳进教授学术讲座第一辑）于 1998 问世，此后连续出版三辑。我在第一辑《后记》中说："呈现在读者面前的这部学术专著，端赖于台北彭炳进教授的慷慨解囊，而肇基于陈捷先教授的倡导。陈、彭两位是南开大学客座教授，甚望南开大学教学与研究水平的提高。彭教授决定自 1996 年起在南开大学历史系设立学术讲座基金，聘请著名学者作学术讲演，并将讲稿集结出版；陈教授为此作出精心的设计，使之付诸实行。二位教授身在中国大陆之外，而心系中华教育和文化的发展，其博大胸怀，令人敬佩不已。于此谨表衷心的敬意和谢意。"特别感谢捷公的促成劳绩，深情雅意，为史坛留一佳话。

（四）2001 年在桂林为捷公庆寿

2002 年，捷公和我的天津朋友编辑出版了《明清人口婚姻家族史论》一书（天津古籍出版社），其副题为"陈捷先教授、冯尔康教授古稀纪念论文集"。开篇是捷公和我的一幅彩色合影，说明云："陈捷先教授、冯尔康教授二〇〇一年春于南开园。"为何出版这个文集，起因是这样的：因捷公常到南开大学作客，我的学生参与接待，听他演讲，在一起用餐，豪爽的捷公很善于识人，如将行政能力很强的宫宝利教授戏呼为"大内高手""宫保大人"，更重要的是捷公有恩于众人，他通过我或在津面约大家为《历史月刊》供稿，为他主编的《清史事典》撰稿，杜家骥、常建华、阎爱民、宫宝利、余新忠等学友都应承撰文、撰著。爱民的一篇文章，发在《历史月刊》上，那时他还是刚留校不久的青年教师,但稿酬却按高级别付给,杂志社同时又将其在北美《世界日报》刊出,后又被收入一位华人教授的《老人社会学》书中,又得了两次转载稿费。对于捷公不论资排辈唯文是举和提携后学的做法,爱民念念于怀,近日还向我道及。学友们都视捷公为老师,敬执弟子礼,这就是该书《后记》里写的:捷公和我的密切交往,"使其弟子们共沐两位先生之教泽,广结了师生之缘"。众学子怀着敬仰、感恩的心情,决定为捷公庆祝七十大寿(我是作为陪衬,因为即使为我,也不能提前两年进行),召开学术研讨会和出版纪念论文集。事情由家骥张罗起来,他于2001年联系在广西师范大学执教的校友,联合在桂林举办学术研讨会,两岸学者出席,韦庆远教授与会,为会议增色。会间各位学友携手游览漓江、阳朔、溶洞,学友们纷纷在船头与捷公合影留念,度过了美好时光。如今听到捷公驾鹤西游的噩耗,李庆新、周正庆等晒出了那些值得回味的照片。

(五)2009年扬州欢聚

2008年,阎崇年教授和我同在台北参加学术研讨会,常同捷公欢聚。一天捷公提议,我们附议,商定明年在扬州召开学术研讨会,捷公提出会议议题,名曰"盛清扬州与社会"高端论坛。这里需要说明两点,一是"盛清"一词,是台湾学者通行语汇,而大陆学人则习惯于使用"康乾盛世"。研讨扬州史,是捷公继出版《扬州研究》之后,再次关注家乡的历史,表明他对故土的深厚的眷念之情,令人钦佩。我是仪征人,当然有志于故乡历史的研究。阎崇年教授以博大心怀热情赞成。议定之后,我们三人分头约请与会人员,阎教授并写信给扬州市负责人,请予支持,乃于2009年金秋时节在扬州举行学术研讨会,两岸学者数十人欢聚一堂,畅谈康雍乾时期中国和扬州的社会历史。研讨会期间,扬州市政府特用难得烹制的扬菜"三头宴"招待与会者,我的家乡仪征市政府也在扬州设宴款待所有学者。

扬州会之前,捷公早就同江都政府商妥,召开地方史志学术会,所以扬州会一结束,与会部分人员,阎崇年、常建华教授和我一干人等,在捷公引领下前往江都开会。

扬州会后,征得与会学者同意,论文汇编成庆祝捷公八秩大寿纪念集,这就是冯明珠主编的《盛清社会与扬州研究——恭贺陈捷先教授八秩华诞》(台湾远流出版社2011年繁体字版),我的论文《清代乾隆时期扬州人的引领时尚——建设文化教育休憩城的历史启示》在收入庆寿集之外,先期在《安徽史学》2011年第1期以简体字刊出,并作出注释:"庆祝台湾大学荣退教授陈捷先先生八秩华诞，兹以简体文本披露，为挚友之庆。"说明是为庆祝捷公八十华诞而作。我还为该文集写了《序言》，概述捷公的为人与学术贡献。我写道："捷公举办这一系列的学术会议，有着强烈的传播中华文化的使命感，他是要让东方人、西方人了解历史上中国与东北亚、东南亚的密切关系及中华文化的远播，让世界学人了解中国和日本、韩国、越南学者的研究状况和学术观点。事实表明捷公功在中华文化向世界传播，功在中华文化的继承发扬，功在促进两岸学术交流。他是文化交流使者、推动者，正是在这个意义上，我说他有叱咤风云的学术气概，令人佩服。"在江都的研讨会，我报告的是《乾嘉以来的江都乡镇志和专志》，后来刊发在《东北史地》2011年第1期。

(六)继续交往中的琐事

前面说的与捷公交往，可谓是写"大事"，还有一些事情，颇能反映我们友情的深度。

(1)在台湾有事请教。到台湾，尤其是初次去，人生地疏，行动不便造次，如初次赴台，有某报社要访问我，我因台湾政情复杂，不知应否接受，于是请教捷公，以决定行止。1992年之后，我多次赴台，得到诸多学友的关照，有一年行将返回天津，我为答谢朋友，想学捷公在北京的做法，请友人餐聚，当然首先考虑的是捷公，我说出约请的心愿，他立即表示异议，说你在天津都请过他们，现在就不用了，我只好打消这个念头。不过，到2002年冬季，捷公不再拒绝，我还是实现了初衷。

(2)参加捷公朋友圈活动。捷公在台北的朋友圈，有定期的聚会，藉餐饮交流友情和信息，其乐融融。我在台北时，若有聚会，捷公总是叫上我，就是我在南投埔里，捷公也会约我，我因是文人雅聚，乐于赴宴，即使在埔里，也要坐四个小时的公共汽车赶去。众人不弃于我，有可能是碍于捷公情面，然否，我总领捷公情意。

(3)赴台北迎接捷公和常建华教授赴埔里暨南大学演讲。2002年下半年我在暨南大学讲课，12月常教授适在台北学术访问，我向历史系所主任王鸿泰教授道及，他乃约请捷公和常教授来讲学，请郭忠豪同学开车前往台北迎接，我乃随车同往，提前道乏。他们在晚间演讲，非常生动精彩，学生纷纷提问请教，我也向捷公请益，捷公说，我就知道冯教授会向我发难。他说得风趣。

(4)让我推荐任课教授。捷公荣退后创办宜兰佛光学院历史学系所，时常在那里开课，指导研究生。2002年，承他和系主任李纪祥教授的盛情，邀我去讲学访问,期间说到,本想未来邀我讲学一学期,但年龄关系(我已 68 岁,开年就 69 岁),碍于制度难以做到,要我举荐一位学者,我就推荐了杜家骥教授,后来,杜教授就应邀赴宜兰佛光学院讲学了。

(5)参与议论编写"清代与台湾"丛书之事。2003 年的一天,捷公、阎崇年教授和我在台北会面,捷公提出编写"清代与台湾"丛书动议,真是友人所见略同,一致认为很有必要,应当立即行动。鉴于此项图书需要颇多出版经费,捷公乃于 2004 年 10 月 20 日写信给国家主席胡锦涛,说明丛书写作的社会意义,希望得到出版资助,署名人,捷公之外,列有阎教授、王思治教授和我。后来捷公同阎教授投入写作,我因其他写作计划安排不过来,未能参与。这项写作本是大事,我因未实际写作,以"小事"记述于此。

(6)通过陈龙贵先生联络捷公。捷公不用电子邮件,晚年常驻加拿大,我亦在澳大利亚时日为多,双方利用电话互问起居,然而使用电话卡,要拨四十来个数码,老年人视力又不好,拨错一个数码就要重来,颇为不便,因此我若向捷公请安,常常通过电子邮件烦请陈龙贵先生转达,并了解他的信息。好在龙贵先生是捷公的好学生、好朋友,为人笃诚,信守中华传统交往礼仪,他就成了我们中间的传话人。附带说一句,2009 年我们在扬州开会,天津朋友邀请捷公夫妇得便津门聚会,同时邀请龙贵夫妇,后来客观原因未能实现,我总有愧对龙贵先生的心情。

开篇说到我同捷公的文字交流,多达十余篇,其中捷公命题较多。他大约看出我为人的拘谨,又拙于言辞,自谦自爱,又知我心诚,多加爱护和关照;我则因遇到知己,抛弃矜持,视捷公为朋友,亲密起来。

二、我和捷公的学术交流

我同捷公文字交流,有六种方式,一是我们之间互为学术著作写序言,二是我向读者推介捷公宏著,三是我为捷公写作祝寿文,四是向《历史月刊》供稿,五是替《历史月刊》组稿,还有一项是我参加捷公主编的丛书的写作,此事,放在第三目叙述,本节不予涉及。

(一)捷公与我互相为对方著作撰写序言

捷公视我为同道,不嫌我学识鄙陋,将其宏著《东亚古方志学探论》(台湾联经出版事业公司 1998 年)令我作序,我因十分敬佩他的鸿博学识和热诚治学精神，也为他的学术建树感到由衷的喜悦，于是本着恭敬不如从命的态度，敬撰《代序》。捷公宏著采用的方法是将东亚古方志学与中国古方志学进行比较研究，发现中国宋元学者所制定的方志义例，成为明清时期朝鲜编修方志的蓝本，即在指导思想、体例规范、具体行文、主旨目的诸方面，都与中国相同，是以中国儒家思想为指导，以中国方志为圭臬进行志书的编纂，可见是受中国文化的巨大影响。捷公的结论，由朝鲜志书实物来验证，绝非主观想象出来的，而是对客观事物的准确说明。中国方志与东方诸国志书的关系，似乎尚无人作系统深入的研治，捷公的著作无疑具有开创性，他拓展了中国方志学研究领域，同时也向人们展示了独辟蹊径的研究方法，将中国方志学史的研究与外国方志学史紧密地结合起来。因此可以说，捷公的新著作是对我国方志学史研究的重大贡献。1997年，捷公惠赐他的《清代台湾方志研究》，我将它与《东亚古方志学探论》放在一起，认为是捷公方志学研究成果的姊妹篇，是中国方志学研究领域扩展的标志，也许可以说是方志研究史的一个里程碑，因为它们的问世，填补了台湾方志史和域外方志史两个领域的研究空白。

捷公较为晚近的著作之一，是2008年中华书局梓刻的《蒋良骐及其〈东华录〉研究》。蒋良骐的《东华录》，研究清史的人都知道这是一部重要史籍，它同《清历朝实录》、王先谦《东华录》并为清代编年体史书，也是研习清史者必读书。我们都知道"蒋录"中多有官修史书不载的内容，非常宝贵，但蒋良骐为什么要著录那些内容，他个人的生平与史观，包括我在内的清史研究者并不很清楚，现在好了，捷公在其专著中给了我们较为清晰的说明。我再次奉命写序，以"学术之路常青——陈捷先著蒋良骐及其《东华录》研究"为题，书写读后感，也获知捷公的书正是要回答读者疑难的问题。

捷公此书的学术贡献，我想在于：(1)详细挖掘资料，论述了蒋良骐的家世和生平，指出他出生在文化世家，父亲为官清廉正直。在良好的家庭教育熏陶之下，蒋良骐做官忠于职守，善于结交文友，声誉甚佳，成为捷公所说的"盛清名人，在政坛与学界是有相当地位的"人，因而令读者能够理解蒋良骐何以能撰著这部史书。(2)指明"蒋录"是一部难得的史料集子，尤其是在乾隆间文网严密可怕的时代，他敢"偷"抄出许多国家与皇室机密文件，实在勇气可嘉，难能可贵。今日读者能够看到清代档案，而"蒋录"传世之初一段时间内，人们是见不到的，所以捷公特别强调它在档案未公开以前的作用："乃是唯一传布大内秘档的书籍,确实给研究者提供过不少资料,为清史研究建立过新里程碑,蒋书的历史地位也因此是应该受到肯定的。"(3)指出蒋良骐史学素养不足,有杂糅编年体与纪事本末体的不当。他如纪年不统一,对清史研究深度不足。因此"蒋录"并非"名著","不能列入史书佳作之林",蒋良骐不能视为第一流学者。但是他敢于偷抄档案史料供给后人,勇气可嘉。(4)详细考证《东华录》的各种抄本、刻本(包括日本印本),其间的诸多差异及出现的原因。(5)探讨了蒋氏撰述的目的,指出他搜集的史料,涉及清朝屠杀汉人、剃发令、文字狱和满汉矛盾,明朝诸王活动和反清复明运动,之所以对这种历史有兴趣,是"别有用心",表明蒋良骐具有汉人意识及消极反清的思想与动机。正因此他的书在生前及以后的一段时间内不能出版,人们记叙他的历史也不提《东华录》一书。捷公为我们析疑解惑。我在2013年故宫出版社梓行的《清史史料学》中,讲到蒋氏《东华录》,就吸收了捷公研究成果,所以在书中写到:"可喜的是陈捷先撰著《蒋良骐及其〈东华录〉研究》,对此书及其作者作出全面的、客观的评论,可供读者参考。"

我著述《清代人物传记史料研究》(商务印书馆2000年)小书,祈请捷公赐序,捷公于1998年春在加拿大卑诗省西温哥华山边屋慨然挥毫,首先论述清代在中国历史上重要而特殊的地位,接着讲述人是人类社会的主体,人创造历史,因此人物传记史料研究就有无比的重要性,进而鼓励我,说拙作"可以作为我们研读与利用清人传记资料的指南"。因为是朋友的善意言论,我只好愧领了。

(二)推介捷公宏著

(1)拜读《康熙写真》的感受

捷公撰著清朝皇帝的写真,《康熙写真》是最早的一部,台湾远流出版社于2000年12月印行。我应约写出《话说〈康熙写真〉》,作为"推荐人的话"刊登在《康熙写真》和《历史月刊》(2000年12月号)上。我在介绍此书内容之外,特别强调捷公作为学术大家书写通俗读物的社会意义,以及作为朋友,我们志向的契合。

捷公向读者推荐了什么样的康熙皇帝呢?他写了关于康熙历史的五十个方面,向读者展示了活生生的康熙:是自然体的人、生活中的人、家庭中的人,同时是理政的君王。捷公谈到善于养生的康熙,久病成医,成了"医生天子";他懂得补药,对人们宝贵的人参能不能用,在什么情况下吃有独到的看法,他还有治病的妙方——做汤、食补、偏方。家庭生活中的康熙，如按照皇室家法，满人和汉人是不能通婚的，可是康熙有汉人的妃嫔，而且为他生育子女；他崇奉汉文化，爱好学习，为人又谦虚，读书很多，颇有心得，具有多种艺能，写得一手好字。他组织学者修书，中国第一部大类书《古今图书集成》，基本上是他倡导编纂成功的。康熙生活俭朴，然而有其乐趣，喜好戏曲；嗜好打猎捕鱼，怕热，在热河建立避暑山庄，每年要有几个月居住在那里，得到了狩猎的方便。因为健康的关系，有一段时间好饮西洋葡萄酒。

康熙处理朝政，捷公叙述了五个方面：一是皇位问题，讲他的继位，那时他年方幼稚，自己不能做主，至于皇太子允礽的立与废，就是他办的事情了。二是乾清门临朝御政，鼓励亲信臣工书写秘密奏折，亲自在上面写批语，主张并实行君主乾纲独断，大权不假手于人。三是稳定边陲，粉碎蒙古噶尔丹的进攻，加强对西藏的经营。四是经营和开发台湾，使台湾内附并决策建设台湾，重视台湾原住民的才艺，在内地试种台湾芒果，并选优良品种在台试种西瓜。五是对外关系，击败沙皇俄国的东侵，遣使欧洲，派图理琛出使俄国，学习西方科学文化技术，任用西洋人测绘地图，同时中国古籍也经过传教士传播到西方。捷公所写的康熙，聪明好学，以汉学为主，兼收西洋文化，多才多艺，爱好运动，勤于理政，所向成功，生活朴素，晚年家难，伤透脑筋。他把康熙个人的禀赋、性格、理政、生活几乎全面描述出来，并且透过他的活动，将康熙一朝的政治经济文化政策，特别是重大政治事件表现出来。人们说一部好的人物传记，能够反映出他那个时代，捷公的书，岂不是康熙时代的缩影！

捷公是有名的史学家，却书写通俗的历史读物。他在本书动笔之前，对康熙历史作过多方面的探讨，这里仅举一个事例，读者便自可知晓。1999年捷公在南开大学举办的"明清以来中国社会国际学术讨论会"上，作了题为"康熙与医学——兼论清初医学现代化"的报告，全面论述了康熙对中西医的认识和政策：他患疟疾，是服用西药金鸡纳霜治好的，从而对西医产生好感，征集西洋医药专家到北京，炼制西药，使用西医西药为人治病，打破传统观念，下令推广种牛痘。他自己钻研西洋医学知识，指令最好的画家专画人体解剖图像。他对中西医学从不迷信，有用、有益的成分就拿过来使用，否则不予考虑，对西药是先接受其实物，而不是西医制度。康熙开启了中国医学的现代化，但没有走多远。捷公把这样专深研究的成果，转化到《康熙写真》中，难怪"医生天子"等篇内容丰富，文字流畅，令读者易于接受。这就是深入浅出，不是捷公这样的大家很难做得到。

《康熙写真》，给我们的不仅是一部真实的康熙的历史，也是历史学家以通俗的著作与读者交流，是热忱地希望能给予读者以知识的启迪和阅读的享受，捷公说："一个人多读历史书可以增长应付未来生活的能力，多读伟人传记可以提升人的高尚情操，完美心灵智慧。"我想，他以这部高品位的著作，必能与读者合作，达到这种理想的境界。读者诸君，倘若要想从古人那里获得知识的启示，《康熙写真》就是一部可供选择的佳作！

捷公使用通俗的语言，写真实而有趣的历史故事，我们好友的心是相通的，我们作为读书人，学术品味竟是这样的相同：捷公用这部著作，实践他撰写通俗读物贡献给读者的主张，而我在1996年出版《清人生活漫步》小书，在前言中说到写作用意时也写到，想写"知识量丰富的、贴近人们生活的、富有情趣的东西"，"让读者在轻松的气氛下阅读，看了是一种精神上的享受，既增长了知识，又愉快地度过闲暇时光，岂非一举两得"。可见我们的趣味是多么地相投啊！

（2）捷公康雍乾三帝《写真》读后感

继《康熙写真》之后，捷公又给读者贡献出《雍正写真》《乾隆写真》，我遂写出《评介陈捷先著康雍乾三帝〈写真〉》（《历史月刊》2003年2月号），绍述三部著作的四个特点："讲故事""解疑惑""正视听""新体例"。

捷公讲的康雍乾三帝历史故事，重要的内容是他们的生命史。对康熙的生命史关注较多，我在《话说〈康熙写真〉》文中已有绍述，这里从略。对于雍正的个性，捷公的着墨要比康熙多得多，指出他自幼形成"喜怒不定"的毛病，虽然以"戒急用忍"为座右铭，但是并没有改掉旧习，故而对年羹尧加以杀戮；而且为人精明刻薄，在臣工的密折上批写骂人、侮辱人家人格的话："胡说""混账""孽障""恶种""无耻小人""不是东西""朽木粪土""庸愚下流""不学无术""良心丧尽""看你有些疯癫"，等等，可见其为人狠毒凶残。雍正还特别迷信祥瑞，用它来骗人，巩固统治地位。他还热衷于批八字、打卦算命，连行军打仗的日期、路线、方位都要根据占卜的结果来决定，不能不说他是"迷信的君主"。

雍正皇帝手谕密令督抚推荐通晓医术的道士，由此可知雍正皇帝颇信服道家丹药。雍正善于书写，见于"朱批谕旨"的就有二三万件，他为军机处写的"一堂和气"的匾额，"不但俊美精妙，匾文的用意也是极嘉的"，捷公作出如是之评价。讲故事，是历史学者最基本的职能。讲故事首先要把事情弄清楚，其次要说明白,这可不是简单的事。读者固不可将文学艺术的故事与此混同起来。历史学家也不必总端着讲解历史规律的高明架子。捷公之作,当然故事讲得好。

清朝历史上的疑案相当多,有些是关于皇家的。康熙为什么能继位?是否被害中毒死亡?雍正是依据康熙遗诏还是篡改遗诏继位的?他是被仇家刺杀的抑或是病故、丹药中毒死的?乾隆是汉人的儿子吗?出生在北京还是承德?英国使臣马戛尔尼是否向乾隆帝行了跪拜礼?这些历史疑案,有的是历史上政治斗争的产物,也是辛亥革命时期问难清朝的资料,有的至今在民间传播,学术界也仍在争论。捷公将他对历史材料的解读,条分缕析与读者作出交流。如康熙有兄长、弟弟,顺治何以选择他继承皇位?官书上说是赞赏他愿学父皇的志向与特别聪明,捷公认为不足为据,因为他并不为乃父所喜爱,那么继位原因究竟何在?原来满洲人最怕天花,许多满人、蒙古人、西藏人到北京后因出痘而死亡,康熙幼年出过天花,不会再有因出天花而夭亡的危险,故而皇太后及皇家主要成员提出这样的建议,并为顺治接受,可是这种原因若见于官书,说康熙帝脸上有斑痕,这有损于康熙的圣明形象,故而加以隐匿,幸亏传教士汤若望的记载说明了真相,捷公予以引用,原来谜底就在这里。

许多汉人津津乐道,乾隆是浙江海宁陈阁老的儿子,是雍正用女儿偷换来的。若是这样,他就应当出生在北京,可是又有说他是生在承德雍正的别墅狮子园,说他是雍正与丑陋的宫女野合而生,他的诞生地与京都雍和宫无关,真是故事外有故事,谜中有谜,令人难辨。要解决这种难题,捷公提出的研究方法是,先摒弃乾隆生母是陈氏汉人和宫中丑女的成见,跳出野史与小说家所制造的传闻框架,产生新思维,从而获知在嘉庆、道光承递之际,朝臣利用乾隆出生地的问题掀起一场政治斗争,捷公掌握如此丰富的史实,从而否认乾隆为汉人之子及生于承德的说法。至于英使马戛尔尼觐见乾隆,清朝官书说他行了跪拜礼,英国使团主要成员说只行单膝下跪礼。捷公利用一个小官的七律诗"一到殿廷齐膝地,天心能使万心降",证明马戛尔尼双膝跪地了。有的历史之谜不能破解,是历史造成的,解谜是学术界整体的事情,不能苛求哪一位学者必须做到。正是因为这种客观现实,我在这里运用"解疑惑"的话语,而没有说是"去疑惑","去"是使"疑惑"径行消释,这是不好随便使用的。

正视听。捷公的写作,对诸多历史疑案的解析不遗余力,就是希望将真实的历史知识交给读者,使其从文学艺术家制造的迷惘中走出来。

新体例。捷公的《写真》,被史学史专家仓修良教授归结为开创了历史人物纪事本末体。他说:"捷公的《乾隆写真》,实际上是用中国传统史学中纪事本末体撰写而成,也许这是捷公没有想到的。但是经过捷公的努力,使这种古老的史体'返老还童',富有了新的生命力,为史学走向通俗化、走向人民大众开辟了一条通道,开创了历史人物采用纪事本末体的先河,这是可喜而成功的一举,可以肯定《乾隆写真》不仅会受到人们的欢迎而广为流传,而且所使用的体裁与形式也会很快得到推广和使用。在史学通俗化方面将会产生深远的影响。"(《乾隆写真·推荐人的话》)笔者作这样的长篇引述,实在是因为仓教授说得太精彩了,是我想说而没有能力说出来的话。史学必须走通俗化之路,走出史学家自我禁锢的小圈子,摆脱孤芳自赏的困境。史学家来写通俗著作,让史学读物走向民间,为民众所接受,此乃当今史学界的任务,岂可小觑!

(三)为捷公撰写祝嘏文章

冯明珠教授为庆祝捷公七十大寿,邀约海内外学人写作文章,我高兴地写出《清人谱法中求实际与慕虚荣的矛盾观念》,被收入《文献与史学——恭贺陈捷先教授七十嵩寿论文集》,2002 年台湾远流出版社梓刻。

前述 2009 年,"盛清扬州与社会"高端论坛,我的论文《清代乾隆时期扬州人的引领时尚——建设文化教育休憩城的历史启示》,收入《盛清社会与扬州研究——恭贺陈捷先教授八秩华诞》,毋庸复述。

说到扬州研讨会和《扬州研究》之作,我已指出捷公的浓郁乡情,我还知道一件事情,在这里附带道出。捷公藏书极富,又是书法家,夫人侯友兰女士,在美国斯坦福大学中心执教有年,是著名的敦煌佛画名家。捷公夫妇将珍藏的图书和书画赠送故乡江都,部分赠予扬州人、当代高僧大德、佛光山创始人星云法师在扬州设立的鉴真图书馆。

(四)向捷公主编的《历史月刊》供稿

《历史月刊》先后披露我的文章(有的署名顾真),前述评介捷公两篇《写真》之外,尚有:

《古代著名沦落女子为何受到褒扬》,1996 年 11 月号;

《清代的粥厂》,1997 年 5 月号;

《清代官绅的晚年生活》,1997 年 6 月号;

《人物传记的别体——年谱》,1997 年 8 月号;细心的读者会明了,1996年我在台北,捷公来南开大学,我们直接交流较多,故当年及次年应命向他主编的刊物供稿较多,当然,以后仍有随笔在月刊上发表。

《清代节烈女子的精神世界》,1999 年 4 月号;北美《世界日报》1999 年 4 月 30 日—5 月 3 日转载;

《鸦片战争与中国近代化》,1999 年 11 月号;

《学者教育家郑天挺先生》,2000 年 11 月号。

(五)为《历史月刊》组织专栏及组稿

直接由捷公或《历史月刊》杂志社让我协助专栏组稿,我记得有两次,阎爱民教授是撰稿人,他帮助我回忆有三四次。第一次是组织"纪念壬辰战争三百年"稿件;第二次是 1996 年刊发的"妓的历史考察"几篇文章;第三次是 1997 年的专栏"中国古代的灾荒血泪与危机处理",第四次也是 1997 年发表的关于古代老年社会专题。作者中有友人杜家骥、常建华、阎爱民和我。

此外,2000 年 8 月南开大学主办马可·波罗国际学术讨论会,杨佩之志玖师作主题报告。会议开得很成功,《历史月刊》社富有学术敏感性,打电话要我帮助组稿,出一个专栏,其中点名要有杨志玖教授的论文,我遂协助杂志社组稿,请求佩之师写文章,得到允诺。

三、捷公的勤奋治学精神和杰出成就令我钦佩不已

捷公是极其勤奋的著作等身的学者,其学术及其贡献主要是:颇具世界眼光的中国史研究法;致力于将中华文化、中国历史研究推广于东方和世界;为两岸史学研究建立交流平台;以史为鉴,对现实的高度关怀。

(一)将中国历史研究放在世界历史中考察的意向

前面叙说捷公《东亚古方志学》学术贡献,意犹未尽,从该书我看到捷公研究历史的世界眼光,将中国史放在世界史中研究的意向。他特别论述对于中国学和中国史的研究意义,指出朝鲜方志"对于探讨中韩历史关系与中国文化东传等重要问题,也具有相当的参考价值"。他勤于披阅朝鲜、日本、琉球、越南汉文志书,在关于越南志书的一篇论文的结束语中说,东方诸国的志书,"不能仅仅视它们为各该国的汉文珍藏,应当把它们看作是整体中国汉文化产业的一部分。我们如果要了解博大精深、历史悠久的中国文化,东亚各国的汉文古方志就应该一起加以研究, 否则我们可能得不到全面完整的答案,终将是一项缺陷"。要想全面地、深入地研究中国文化,仅仅着眼于我国内部

情况,仅仅依靠国内文献,显然是不够的,必须放宽视野,考察中国与世界的联系;扩大研究资料的范围,向世界各国、各种文字搜求有关中国文化的材料,域外汉籍应是重要的一项。捷公以他成功的研究,为人们做出表率,并且证明这是中国文化史研究迅速发展的必不可少的一种方法,那就是将中国历史放在世界历史中考察。对此捷公虽然没有明确论说,但意思是那样的。

(二)致力于将中华文化、中国历史研究推广于东方和世界

这也是史学研究具有世界眼光的体现,不过这里是想说明捷公将中华文化推向世界,是设法让异国人知道中华文化、中华文明,以利于中国立足世界。前述1992年捷公主持召开"第35届世界阿尔泰学会议",捷公向我说及为什么要主办这种学术会议:我们东方人不能不参与东方学的研究,过去没有条件,如今就要努力去做。他又说,他之所以用英文写作 The Manchu Palace Memorials 一书,就是要向世界学术界表示中国人有能力研究中国学问。在台北圆山饭店,我目睹东西方学者云集,出入会议室,深深感到捷公此举为中国人增了光。

阿尔泰学研讨会,仅仅是捷公主持的国际学术会议的一例,由他创设和主持召开的学术会议有:"亚洲族谱学术研讨会""中韩历史关系国际学术会议""中国域外汉籍国际学术会议""中琉历史关系国际学术会议",等等。这些学术会议都是一而再再而三地多次进行,比如族谱学研讨会举行九次,第八届是捷公与香港大学赵令扬教授联合举办的,我亦应邀出席;第九届族谱研讨会,题为"海峡两岸族谱学术研讨会",是我所服务的南开大学、扬州大学等单位和捷公合办,1996年在扬州举行。因为两岸关系,那时不得与台湾方面联合举办会议,不能接受经费资助,可是经费又难以筹集;台湾方面又需要有第九届亚洲族谱研讨会的会标,真是难煞捷公和我这主持人。事在人为,研讨会还是成功举办了。

中琉关系史研讨会持续进行,台北、冲绳、北京轮流坐庄。第七届中琉历史关系国际学术研讨会,1998年在台北召开,我出席并提交《清代出使琉球官员的情趣》论文,收入《第七届中琉历史关系国际学术研讨会中琉历史关系论文集》,台北中琉文化经济协会出版于1999年。捷公开创的这些研究活动,促进了谱牒学、方志学、韩国学、琉球学、汉学诸多领域的研究蓬勃发展,培养了一批中外青年学者,是以人们说捷公"既开风气且为师"。

因为这一系列中国学学术研讨会的举办,我认为,作为清史学家、文献学

家、满学家的捷公，是推动世界汉学研究的文化使者，扩大了中国文化的影响，功在中华民族，是颇有"叱咤风云"味道的权威学者，令我由衷地感佩。

（三）为两岸史学研究建立交流平台

1992年，捷公邀请我们九人赴台参加学术研讨会，不仅是两岸学者较具规模的学术活动，也为两岸学者建立学术交流平台打下良好基础。其时两岸学者在台湾相聚机会极少，人文学科方面更是无有此规模者。在此之前，台湾学者时或出现在大陆举办的学术研讨会，但人数是个别的、零星的，大陆学者能到台湾，更是微乎其微，而这一次竟然有九人之多，是首创，而其意义更在于开展了较为广泛的学术交流。

且看捷公为我们安排的学术交流活动。作为《历史月刊》主编的捷公，组织台湾学者、史学爱好者和大陆学者座谈"清史疑案大家谈"，与会者发言记录则发表在《历史月刊》上，内有我发表的浅见。捷公又特地为我们安排在台北和台中、台南的观光及学术交流。在"中研院"，我们九人都作了演讲，我讲述个人、大陆同人的中国社会史研究及阅读台湾学者著述的情况。捷公还安排我们到台北故宫，与秦孝仪馆长座谈，阎崇年教授获赠一套《满文老档》；往"总"图书馆参观，看来该馆事先作了精心准备，将馆藏我们每人的著述目录都打印出来了。在政治大学，包括我在内的几位同人发表了学术演说。

在台中，东海大学校长与我们共进早餐，有几位同行者在中兴大学、台南成功大学演讲。台南永康乡，是刘石吉教授的家乡，在他的筹备下，当地农会宴请我们并赠礼品。在台北以及南下的观光、演讲，都是捷公个人魅力所致，不是他的威望，我们哪里能够受到那样热情的接待。当然，我们一行是两岸学者在台湾进行的较具规模的学术交流，各方面的学者都表现出热情。

我虽然演讲不多，但结识许多学友，如在"中研院"演讲结束之时，梁其姿教授就向我赠送关于年鉴学派的著作，自此之后我们成为学友，我到台北几乎都承她关照，在她所在的中山人文研究所演讲。特别是2004年，我在嘉义中正大学，她约我去演讲，但在预定的日子遇上台风，交通中断，她又让我次日改乘飞机赴台北，如此热情，令我感动不已。我约请她到南开大学演讲，期间余新忠教授向她求教，结下友情，时至今日，余教授请她到南开发表演说、出席研讨会，她都拨冗赴约。

捷公安排的大陆学者集体活动结束之后，我在1989年林天蔚教授主办的研讨会上结识的文化大学李德超教授，约我在台北附近作一日游。1998年，他参与的善同文教基金会假文化大学主办"章太炎与近代中国"研讨会,约我出席,我遂以《章太炎清史研究平议》论文与会。我离开台北,胡春惠教授送我到机场,其时我们受赠很多图书,胡教授见我的书肯定超重,为免交托运费,他找一位不相识的同机乘客,帮忙携带一些。

不说大陆同人在台湾的学术活动,就我个人这些经历,可知捷公邀请我们此次台湾之行的学术意义:两岸学者进行了一定规模的学术交流,互相了解学术研究状况,大陆学者认识到台湾文化、学者的实力和能量,台湾学者获知大陆学者的研究动态,为进一步开展学术交流打下坚实的基础,而能够获得如此丰硕果实,非捷公之力莫能办。

此后,在1992年学术交流的基础上,捷公又在以下两个方面促进学术交流:

(1)组织两岸学者的合作研究,撰写著作。捷公主编《清史事典》,自撰《清太祖努尔哈赤事典》《清逊帝宣统事典》,台北故宫庄吉法教授、中国人民大学刘耿生教授各著两朝事典,其他是我的好友杜家骥著《清太宗皇太极事典》,宫宝利著《清世祖顺治事典》,常建华著《清高宗乾隆事典》,杜家骥、李然撰《清仁宗嘉庆事典》,余新忠著《清宣宗道光事典》。我奉捷公之命写作《清圣祖康熙事典》,后因承担新编清史"宗族志"的编写颇费功力,遂请求友人王思治教授合作成编。这一套丛书十二册,大陆学人完成八部,捷公的天津朋友鼎力相助,皆因敬仰捷公为人,因而致力写作。捷公还与阎崇年教授合著《清代台湾》,前已交代,毋庸赘述。捷公对"清代与台湾"丛书作出规范,因规模较大,难以实现。捷公在主持两岸学者合作研究之外,参与国家清史编纂工程的工作,组织台湾学者参加写作。清史办在北京开讨论会,捷公、冯明珠教授、政治大学张哲郎教授等多位学者出席,台湾学者独立承担《乐志》的写作,"台湾志"的编纂更非台湾学者莫属了。

(2)两岸学术研讨会。2002年国家清史编纂工程正式启动,2003年,捷公就在台北主办第一届国际清史研讨会,除了外国学者,两岸清史研究专家聚会一堂,共同研讨清代历史问题。会后,捷公与清史办学者共同编辑出版了《清史论集》(人民出版社2006年),拙文《从召见臣工看道光、咸丰的理政与性格》,原载2005年第4期《江汉论坛》,入了捷公法眼,被他编入《论集》,再次与读者见面。

总而言之,捷公于两岸的学术交流,三致力焉。他搭建的学术交流平台,在他仙逝之后,期望在热心者继续努力下开展学术活动,继续以丰硕的学术成果贡献给海峡两岸。

(四)以史为鉴,对现实的高度关怀

关注现实社会,撰著"以古鉴今,痛下针砭"的学术杂文集《不剃头与两国论》。与阎崇年教授合著《清代台湾》,共同主编"清代与台湾"丛书,目的是针对李登辉的"两国论"和"台独"思潮。"台独"论调泛滥,甚至在教科书中将清代台湾史列入世界史范畴,对这类违背历史事实的"台独"作法,捷公义愤填膺,认为"我们有责任,也有义务向台湾民众、向海峡两岸人民、向世界人民说明台湾隶属于清朝中央政府的历史真相"。所以在自撰《不剃头与两国论》杂文之外,他更想用学术性强的史学著作予以驳斥,是以有"清代与台湾"丛书的设想和某种实施。

写到这里,归结我对好友捷公的认识:

著作等身的清史、满洲史、方志学、谱牒学、台湾史以及东亚各国关系史富有创见的学者;

致力于向东亚以及世界人民推介中华文化的民间使者;

热爱家乡、致力于两岸史学家学术交流的卓有成绩的促进者。

安息吧,好友捷公。您的学术贡献,您面向世界推动中外文化交流的业绩,民众会永远记住的!

(2019年5月9日写于悉尼)

深切怀念张继红女士

我开始知道张女士，是因为她编辑《中国历代名君》《中国历代名臣》和《中国历代名将》。这"三名"的出版，在80年代后半期引起不小的反响，成为畅销书，一再重印，我就听过一位做军事史的研究者说"名将传"供不应求的盛况。当时我还听说出版界有三位青年女强人，其中一位就是张女士，可见她以卓著的业绩，誉于出版界、学术界和广大读者。

我是肖黎先生主编的《中国历代名君》一书中一篇传记的编写人，其时约稿、交稿都是肖先生负责的，所以我并没有同作为责任编辑的张女士有任何联系，只是后来该书出了台湾版，收到由张女士寄的稿酬，才开始与她联络。1990年在长春开清史学术研讨会，我和张女士见面并作了交谈。她进而询问我正在从事什么课题研究，希望给她稿子。此举鼓舞了我，于是向她叙述了当时的研究计划，就是正在撰写和主编的《中国社会结构的演变》一书，她立刻表现出兴趣。由于我知道出书风气，即出版社往往要求作者提供出版费，或认购大量图书，所以我当即表示，这是国家"七五"规划项目，有一些研究经费，可是我要用在学术调查和图书文献搜集上，而这部学术书要出版，出版社必然会赔钱，但我没有条件给赞助，也不能大量购书。不想张女士却是那样地痛快，不提任何物质要求，只要我写出该书创作设想和详细大纲寄给她，以便出版社研究。后来此书得到河南人民出版社的认可和支持，纳入了出版计划，并于1994年顺利问世。

在这部书的约稿、审稿及出版的三四年交往过程中，我深深感到，张女士是以学术事业为重，她看中社会结构史的选题，就是因为我国还没有这方面详细、系统的专著，应当弥补这样的学术空白，赔钱也在所不惜。到了1993年，我知道，许多出版社已将成本核算落实到人，每一位编辑要完成若干万元的创收指标，才有可能获得自身的工作经费和奖金，否则就是个人的损失。可这已经不是1990年约稿时的情况了，我想，她一定因为出版此书，少用了办公费，少拿了奖金，我于是忐忑不安，像欠着她什么，总希望有个弥补办法和机会,以减少不安的心情。如今她遽归道山,更令我难受。

在同张女士的合作中,我特别感到愉快的是,她尊重作者的学术见解和观点,从来没有要求写什么、不写什么,但是要求作品要有独到见解,要有深度,要有较高学术价值。

一本书的愉快合作令我终身难忘,对优秀中年编辑张女士的悼念,最好的办法,我想是令她的事业追求在更大程度上实现,以告慰仙逝者的在天之灵。

(原载《河南新闻出版报》1996 年 2 月 12 日)

独立治学能力的培养
——我和学生的真挚友情

回味我和我的研究生三十余载、一二十年的相处，欣慰之情、温馨之情油然而生，我为他们教学、科研、行政工作的业绩高兴，为我们间的友情喜悦。他们不忘我这老朽，我则关切他们的健康和家庭生活。亲密如此，无他，他们在学期间，我致力于培养他们的独立治学能力，真诚地对待他们，自信别无私心。他们不弃我，友情长存。

一、纯正求学目标与纯正教学职责让我们师生走到一起

大约在1984年的秋天，有人告诉我南开大学主楼北面路边的公示牌上有一张集体照片，是利用暑期前往青海社会调查的研究生合影，并说我指导的常建华在上面，不过站在最边上，历史系一位老师（未来的系主任）的学生比常建华略微靠里，在正中的是时任校长的学生。言下之意，学生的地位就是老师地位的写照。事前，常建华向我说过将要外出调查的事，我认为学生活跃一些好，能跟人组团出去就很好。及至听到这个照片信息，我觉得跟我学的人受委屈了，谁让我不行哩！过后不久，有一位学生对我说，某专业的某某是某教授的学生，他所以投到某教授门下，因为某教授将来能够帮他找工作。这两个信息促使我想到，报考我名下的人，是真正想求学的。与此同时，阎爱民连续五年考研究生，前四次因外语不达标未能入学，但他坚持不懈，在这期间业余到南开大学历史系旁听我的清史、社会史课程，终于在1987年成为我的社会史方向的研究生。刘毅双学位本科毕业后留校工作，他要报考我的硕士生，单位以某种原因不让他报考我的招生专业，后来他读博，我们师生终于聚在一起了。常建华、阎爱民、刘毅他们师兄弟有着纯正的求学目标，他们在校专心学业，心无旁骛，至少是心少旁骛，这正是我希望的学生。

我招收博士生，考生往往在事前给我写信，说明自己的情况和愿望，我回

信要求他把写过的文章,不论有无发表寄一两篇给我阅读,然后我再作答复。周正庆就经过这个过程,我看了他寄来的评论清朝协办大学士陈宏谋的文章,认为他有深造的基础,同意他报考,而后考试合格入学。李庆新没有硕士研究生学历,但我看了他的论文,知晓他的学术水平,同意报考入学。韩国的金成修带着硕士论文找到我家,表示读博的愿望,我了解了她的学业基本情况后,但是对她中国文化知识心中无数,不知她古汉语程度如何,能不能读懂原始资料,如果这种基础知识都不具备,怎么能学下去,于是要检验一下,就随手在置放二十四史的书架上抽取不同朝代的两本书,又随意各翻出一处,让她念读和解释,发现她能读能解,知道她阅读中国古籍没有困难,于是同意她报考,她真考中了。东方艺术系宁宗一教授向我推荐中文系吴存存副教授,我知道她富有才华,但是我考虑她毕竟是文学专业出身,历史学基础需要进一步提高。若入学了,既有中文系教学任务,又要做博士论文,同时补充必要的历史知识,可能在某个方面有所耽误,不如迟一年报考,利用这个时间补历史知识的课,期冀她成为大才,她接受建议,第二年就考试入学。有的在职者,要求报考,我考虑他的学业情况,建议暂缓报考,当然,对方可能会因失去考试机会而不高兴,我理解,我有歉意。有的有意愿者,给我寄来论文,我阅后同意报考,结果没有参加考试。我不知道是什么原因,可能是嫌我太不通人情吧。对有意报考者我竟然不识抬举还要有学业条件,是不是离谱了?其实我是为考生着想的:试想在职的人报考,若不被录取,在单位还能不能待下去,若因此丢掉工作怎么办?再说了,若参加考试,要到南开大学两次,第一次是补习外文,第二次是入学考试,两次的来往路费、住宿费,对于年轻人是一笔不小的开支。我考虑到这些因素,才有是否同意报考的决定。为此"得罪"人,影响生源,均不在我考虑范围之内。我是既为考生着想,又一心一意为培养堪于造就的人才。招生没有个人目的,纯粹是为人才的培养。同时我有"只有来学,没有往教"的传统观念,不会主动让人考我的研究生,这是教师应有的尊严。

学生的纯正,与我自许的纯正,两个纯正交合,令我与我的学生聚合了。

二、培养有独立治学能力的人才

对于硕士生的学习,我认为重在打好专业基础与独立完成像样的硕士论文,博士生则在讲求提高论文质量。至于说教书育人的"育人",有组织管,不过我也稍微顾及。我采取的措施是:对硕士生加强专业基础教育和指导写作论文,对博士生注重后一方面。

(一)掌握专业知识的本领

硕士生的专业知识培训,我注重的是:强调精读一部基本史料书,掌握史料学知识,熟练掌握专业语文工具,参加专业实习,处理好精专与博览的关系。

精读一本书,即精读一部能够完整记载一个朝代历史的资料书。对于清史方向的研究生,入学后我让他们精读王先谦《东华录》。这是我学自己的老师郑毅生天挺先生的方法,他让我们精读《明史》。《明史》在二十四史中是一部比较好的书,但是《清史稿》极不理想,我就选择了也不甚理想的《东华录》,以便掌握清代历史的基本史料,能够明了清代政治、经济、文化、社会基本状况,在这个基础上才会写出较好的清史论文。其他方向的研究生,我就要求精读一部"正史",如阎爱民以《明史》为精读读物,兼读《明实录》。

为了同学们了解专业史书与搜集史料,我开设"清史史料学"课程,并写出讲稿(随后出版了),供同学使用。这个课程,我除了讲解历史研究必须详尽地占有史料及具备史料学知识的原因,重点是按照清代文献体裁比较详细介绍各种史籍,它的作者、内容、收藏、出版与学界利用情况,特别讲解史料鉴别的必要性。

专业基础,不仅是阅读专业书籍的事,与专业密切相关的语言文字需要有起码的知识,具体到清史,古文不必说了,清朝官方语文之一的满文应当有所掌握,于是我请明清史研究室王文郁先生为杜家骥、常建华讲授满文,他们就在这时打下了进一步学习的基础。金成修的研究方向是明清时期蒙古族与藏传佛教关系史,她原来已经会一些蒙文,鉴于她是撰写博士论文,她的研究方向要求无障碍地搜集、阅读蒙文史料,应能通达蒙文,因此要求她将学习蒙文放在重要地位。由于南开大学没有蒙文教师,我写信给中国社科院民族所研究员、系友白翠琴女士,请她帮助金成修介绍蒙文老师,金成修即赴京求教,并去内蒙古大学师从乔吉、齐木德道尔吉等教授学习蒙文,为此她整学期在那里学习,结果不但完全掌握蒙文,连满文也学会了。

清代档案,仅中国第一历史档案馆就收藏一百多万件、册,是清史研究者的宝贵史料,不懂满文,不利用档案史料,对研究者来说,就等于缺胳膊少腿。然而档案学是一门独立学科,档案目录与图书馆目录完全是两回事,因此清史研究生需要学会查阅历史档案,会利用档案史料。在1982—1986 的 5 年间,南开大学历史系本科生毕业班有实习课,我每年带领十来位同学去北京中国第一历史档案馆实习,阅览与抄录"内阁全宗·刑科题本·土地债务类·嘉庆朝"档案资料,我也让研究生一同前往,杜家骥、常建华、张国骥、吴建华、黄十庆、王跃生、张仁善、李春燕等人都有了查阅历史档案的训练,黄十庆因此写出论文《清代的引见制度》,杜家骥在二十多年后主编出版了《清嘉庆朝刑科题本社会史料辑刊》。90年代,我对当代宗族、宗亲会史有兴趣,到江西农村进行田野调查,研究生汪兵、马斗成及常建华指导的研究生韩凝春和我一同进行,以取得田野调查经验。

强化专业基础知识学习中,我还要求同学处理好专深与博览关系。对硕士生,我强调专深,兼顾博览。

博士生的课程采取研讨会的形式,博士后自由参加,每次一个主题,由我作引言,主讲同学报告研究见解,众人讨论,最后我作小结。这是学习港台海外的方法,效果很好。

(二)独立撰写学位论文的要求与实践

标志学业成绩的学位论文,是独立学术研究的体现,我对此极为上心。怎样才是培养硕士生独立研究能力呢?我的想法与要求是:自行选择论文题目,慎重考虑选题必要性,要明了相关的研究状况,占有足够的材料,论文一定要有新见解、新史料,写作前拟好写作细纲。

自行选择论文题目。一位硕士生对我说,有一位导师主编一本书,让同学参加写作,书很快出版了。我说各人有各自的指导方法。老师拟订了图书写作框架,章节目分明,学生去做某个节目,进行写作,是一种训练,而且成绩很快显现出来,也是一种学习兴趣的鼓舞,这是一种培养方法。我不会那样做,我觉得训练硕士生写作能力,需从自己选题开始。所以我从不给研究生出题目,总是让他们自行选取论题。在指导研究生早期,有时我会提出选题方向,后来也不这么做了,完全放手,让他们选取自己有兴趣、有把握做的题目。如常建华作论文前,我让他考虑在阶级关系与宗族史两方面,他的兴趣在后者,1985年5月写出约四万五千字的论文《论清朝以孝治天下的政策与其归宿》。我希望阎爱民硕士论文与中国社会结构史有关,他遂写出《汉魏两晋南北朝时期的家庭结构与人际关系》。杜家骥的硕士论文《清代宗室的政治特征》,与我的建议没有关联。由于我的研究方向在中国社会史、清史方面,所以同学们常常做社会史、清史的题目,如吴建华的硕士论文以族谱资料研究清代人口统计,台湾学者刘翠溶首先从事这一研究,吴建华是大陆学者跟进者,很有建树。张国骥硕士论文研究清代嘉道时期的吏治,后来不断有相关论文披露。余新忠硕士论文《清前期浙西北基层社会精英研究(1644—1850)》,等等,皆系自选。其实,论文自家写,题目当然要自己选定,这是必然的事,何劳教师越俎代庖。至于博士生作论文,有了选题找我商议,我是尽力提出建议,促成他(她)写好。

慎重选好论文题目。什么问题值得讨论,能够研讨,会有结果,这是确定题目首先要明确的,其次是明了这个题目我能不能做好。我向同学说明,选题要有学术价值和社会价值,这样的题目做了才有意义。这就涉及到史学功能问题,具体到做一篇文章,也不要忽视这方面的思考。早期我对论文的社会价值理解较为狭窄,对政治功能关注多,后来注重社会功能,而学术价值始终放在第一位。

作文的主客观条件。题目可能很好,但是能否做好,需要主客观条件的具备,比如有没有足够的史料可以做研究素材,这些史书收藏在什么地方,南开大学图书馆有没有,天津图书馆有没有,如若没有,究竟收藏在何处,你有条件去阅读吗,如果不能,再好的选题也不能做。还有,倘若选题需要多学科知识,需要掌握多种语文,衡量自身学识条件,可作就作,否则只有舍弃这个好题目。要之,确定选题必须慎重,选题不合适,做不下去了,再换题,耽误了时间,很难从容做好新题目。

新见解、新史料的具备与掌握前人研究成果。我要求同学的论文,一定要充分搜集资料,搜集别人没有用过的新史料,而后才可能有新见解。新见解、新史料两者兼备很难,但起码要有一项。为此,需要阅览前贤论著,明了这个课题的学界研究状况。对这种信息的掌握,我认为很重要,读人家的文章,会有观点、材料的借鉴,会有思考的启发,这是尊重前人的学术成果,也避免去写与别人雷同的文章。把握学术研究信息,是学习态度与学习方法的问题,常建华对此处理得非常好,他把掌握学术信息与掌握史料放在同等地位,而且反复分析信息资料,以加深对信息的理解,我就请他给研究生做专题演说。要之,文章设若没有见识和新史料,对学术毫无价值,这种文章不合格,就没有写作的必要了,一定要避免这种情形的出现。

拟写详细论文提纲。有无学术建树,自己就可以衡量,关键是我向同学讲,写作之前,一定要拟写提纲,反复推敲,有了提纲,大体就知道自己文章有无价值,好在哪里,弱点在什么地方。

这些书写论文的想法,我系统地讲解,还会针对同学的具体情况,突出解说某一方面。如此这般,表明我着力对硕士生独立研究能力的训练,让他自己选题,自己写提纲,然后写出全文,是自始至终的自我完成过程,经历一篇文章的写作,就知道怎样作论文了,这就是独立研究能力。我的目标在这里。如果你不能独自研究,尽管早有成果面世,后来还要学会独自写文章的方法。我也希望研究生不必忙着发表文章,基础打扎实了,必会有文章的陆续刊出,会有事半功倍的效果。

(三)学生的史学研究成果令我十分喜悦

经过独立研究能力的培养,许多同学有了自行研究能力,有的硕士又在其博士导师指导下进一步提升业务水平,他们在经历一段时间磨砺后,史学著述相继问世,硕果丰盈,我很高兴在这里作出表述,祝贺他们学术上的成长与成就。

1.在硕士学位论文基础上跨越一步,以高品位著作贡献学林

杜家骥攻读博士学位,受我的老师杨志玖教授指导,我是副导师,他扩展硕士论文研究范围,写出博士论文《清皇族与国政关系研究》,已经行世的著作有:《八旗与清朝政治论稿》《清代八旗官制与行政》《清皇族与国政关系研究》《清朝满蒙联姻研究》《清朝简史》《杜家骥讲清代制度》《中国古代人际交往礼俗》《皇太极事典》,主编《新编中国历朝纪事本末》的明清分册、《清嘉庆朝刑科题本社会史料辑刊》,尚有待刊的《清代社会基层关系研究》。《八旗与清朝政治论稿》,对八旗制度发展变化及其与政治制度、事件关系作出系统研究,论点中肯:八旗合而为一、分而为八的体制,是八旗制的基本特征;决策体制,从入关前的八分体制下八旗旗主及所领八旗的联旗会议,演变为更能反映皇帝意志的王大臣参与的议政王大臣会议,完成中央集权化;八旗分封制保留主奴性的领属关系,影响及于汉官,令君臣关系呈较强烈的主奴性,造成清代皇权极端专制。《清朝满蒙联姻研究》,我的推荐出版信指出:(这是)"一部关于清朝皇室与蒙古贵族联姻史的系统、翔实而极具原创性的学术专著,是掷地有声的厚重之作。内容和史料占有,寻觅出 595 桩满蒙联姻的个案,是将满蒙联姻史实可以说全部清理清楚,而发现如此规模的民族上层通婚,不仅在中国古代绝无仅有,而且在世界范围的民族上层关系史中也是罕见的,因而是应该着重研究的重大史事。总之,该书学术成就提高了学术界对满蒙联姻史研究重要性的认识,大大拓宽了它的研究领域,而且所揭示的方方面

面的史事，及得出的新认识，对清代政治史、满族史、蒙古史、边疆史及民族史的研究，无论是具体的微观考察，还是宏观的理论认识，都有参考价值。"杜家骥是学界公认的清史、满洲史、满蒙关系史专家。

常建华自读硕士开始有志于宗族史研究，长期坚持下来，博士论文《明代宗族研究》（完善后梓行）。他在宗族史方面还著有《宗族志》《明代宗族组织化研究》《宋以后宗族的形成及地域比较》，还涉猎韩国宗族史和族谱学，著有《朝鲜族谱研究》一书，是中国宗族史专家，目前正在主编国家社科重大项目多卷本《中国宗族通史》。他不只是研究宗族史，也在社会史广阔领域驰骋，如在风俗史方面著述有《岁时节日里的中国》《婚姻内外的古代女性》，还有《清代的国家与社会研究》《社会生活的历史学》《观念、史料与视野》《清史十讲》《乾隆事典》等书。关于《清代的国家与社会研究》一书，我的《序》云：（该书）"讨论了清朝的基本国策——敬天法祖、勤政爱民和以孝治天下，民生问题和社会问题的对策，对待民间群体、民间风俗习惯的政策及其归宿等。所研治的对象，是清代历史的基本内容，是清代史应当研究的基础性问题，研究得成功，清代历史的轮廓就显现了，所以建华弟用'国家与社会'来概括他的此项研究，我想是甚为精当的。而学术界从国家与社会互动关系的角度进行研究的尚不多见，应当说这是建华弟的一种学术贡献。"他是教育部、南开大学中国社会史研究中心主任、中国社会史学会会长，在我国社会史研究领域发挥了重要作用。

张仁善的硕士论文论述清代礼制、法制与社会，十几年后扩充成《礼·法·社会——清代法律转型与社会变迁》一书（2001年，2013年修订再版）。阎爱民在撰写前述学位论文的同时，写出《汉代人的生活交往与舞》《西汉家庭成员的内部关系及其特点》，正是有了这样的基础，后来撰著并出版《汉晋家族研究》一书，从家与族关系、家族发展状态、婚姻形态等方面进行了汉晋家族史的整体研究，因此我在《序》中说：（该书）"寻觅到汉晋社会婚姻形态、家族结构和家族制度的特色，认为是一个新旧交替的变化时代，是清除原始婚姻习俗、取代家族的'后氏族'特性使得家族制度完成重新构建，进入一个新时代。他继承了前贤关于商周是中国古代血缘组织演变一个重要阶段的学术成果，提出汉晋是又一个重要转变阶段的见解。"

马斗成书写宋代眉山苏氏（"三苏"家族）家族史硕士论文，他在研究上不停地围绕这个主题展开，十年后形成《宋代眉山苏氏家族研究》一书（2005年版),无论是内容的丰富与分析认识的水平、文字的驾驭能力,都是大大地提高了。他进行的是宋代家族史个案研究,很少见,我比较中古个案家族史研究之多,在《序》中指出:中古是士族时代,到了宋代,世道大变,士族已然消失,科举制的进一步发展,官僚士大夫步入政治舞台的中央,宗族正在由士族宗族制转向官僚士大夫宗族制。研究这种历史背景的家族个案,不消说,有其独特的意义,那就是家族转型与定型的考察,是中国家族通史研究不可缺少的重要环节。该书的学术价值由此显现。

汪兵硕士论文题目是"明清血缘群体私有经济形态及其性质",后来撰有《"共":中国人的公私观——兼论血缘群体私有制》《皇权·绅权·族权——兼论划清中西文化传统的界限》《论血缘与拟血缘群体共有制》《谱牒——最具中国特色的历史档案》等文,在天津师范大学首创开设《家庭学》课程。上述诸位学友日后的著述,都是硕士生阶段打下的良好基础的再创造。

2.博士生的学术造诣与成就

对于下述诸位学友学术造诣、博士论文我都以欣赏的态度给予好评。韩国吴一焕于1992年春天到南开大学,成为由我指导的访问学者,一年后成为博士生,众所周知,1992年中韩刚刚交建,他有很强的学术敏感性,那时就研讨"明末清初明、朝鲜海上交往与移民研究——以辽东海上交通与在朝鲜的明遗民宗族活动为中心"课题,而后写成专著(2006年印行),因此我的《序》说他的书是"深入学理分析和强烈现实关怀的中朝关系史专著",读者将见到四百年前(明清之际,16、17世纪之交)中朝(中韩)关系史的一个令人饶有兴趣的侧面:海上交通的开展与明朝人的移民朝鲜。

刘毅治学方向是考古学和博物馆学,博士论文《明代帝王陵墓制度研究》,我的《序》说该书是"执着与严谨的追求之作"。李庆新对我说,您给师兄弟著作写序,对刘毅师兄评价最高。评价高,我还不是纯粹从著作的学术水准讲的,我着眼于他的学术环境。南开大学博物馆专业(学系)是改革开放后才设立的,没有基础,没有这方面的学术权威,该系教师必须凭自身业务走向学术界,刘毅就是这样,不到十年,就为文博考古界学者认可,成为陶瓷学会理事。而我自己不同,南开古代史师资力量一流,郑毅生师带领我们进入学术圈,而刘毅是个人独创,令人佩服和感叹。

百家讲坛名家孙立群,我们是老同事,从我读博时已经研究有素,1992年以第一作者合著《士人与社会·秦汉魏晋南北朝卷》,1998年合著《中华文化通志·社会阶层制度志》,2003年出版《中国古代的士人生活》,2007年,将在百家讲坛的演讲稿整理成书——《解读大秦政坛双星吕不韦与李斯》,他是看准故事,提炼故事,揭示故事警世内涵,予人有益启示;他演说故事,层层剥笋,娓娓道来,打动人心;他很好地将人物的性格、人品、命运联系在一起,成为"开人心智的高品位之作"。

余新忠硕士论文就借用源于西方的公共领域概念和理论,对清前期浙西北地区的基层社会精英的构成、活动、晋升途径,及其在地方社会中的影响和作用等问题进行了探讨。他的学术研究问题意识强,故能成为我国大陆首先进行医疗社会史研究的重要学者,他的博士论文《清代江南的瘟疫与社会——一项医疗社会史的研究》,被评为教育部"2002年全国优秀博士学位论文",另外著有《清以来的疾病、医疗和卫生——以社会文化史为视角的探索》《瘟疫下的社会拯救:中国近世重大疫情及社会应对研究》《道光事典》,译著《瘟疫与人》,新作《清代卫生防疫机制及其近代演变》。极其可贵的是,他不以西方模式为近代化的唯一标准,而是通过在中国近世社会自身变迁的脉络中考察近代医疗卫生机制的转型,来揭示中国社会变迁中自有的"现代性"。他是青年长江学者,中国社会史研究中心副主任、中国社会史学会副会长兼秘书长。他与常建华及其他成员支撑着社会史研究重镇——南开大学社会史研究中心。

金成修攻读博士五年,大多数人是三年,我也知道国外读博士好几年、十几年是常见的,但是我还是催促她早毕业,她就是精益求精地延长学习时间。其实她的学术基础非常好,通达文字较多,除母语韩文之外,还有汉文、英文、日文、藏文、蒙文、满文。她勤于钻研,理解力很强,学术眼光敏锐,博士论文《明清之际藏传佛教在蒙古地区的传播》,富有学术见解,由中国社会科学文献出版社出版(2006年)。2009年夏季我去首尔参加学术研讨会,她的父母宴请我,席间我说金成修已成为学者,她的母亲很高兴,说当教授容易,成学者难,很为女儿的学术成就而自豪。

周正庆的《中国糖业的发展与社会生活研究》(2006年)博士论文,内容之一是从食糖的使用研究糖与社会生活关系,我认为是"糖业研究新方向之作"。周正庆在最近几年连续到福建东部福安等地进行田野调查,发现、搜集民间文书一万多件,为从事区域社会经济史、社会史、宗教史研究准备充足素材,可喜可贺。

宫宝利的博士论文《术数活动与明清社会》在 2009 年与读者见面。这是人文学科与科技学科的跨学科研究,难度之大非同寻常,需要有学术勇气方能进行。术数活动,长期被世人、学界视为迷信行为。20 世纪 90 年代后,随着研究的逐渐开展与观念的不断更新,对术数的认识开始从简单的批判,转向以学术研究的角度进行思考,试图得出符合科学意义上的解释。宫宝利对术数的定义和研究范畴作出界定。他说"数"包含数理、定数、气数的意思,"术"指方法、技能。术数"是一种方法、技术、手段、技能,是古人依据传统文化体系中的某一学说、理论,进行推测、预言人事吉凶和社会变化的技术手段"和活动。基于这种认知确定研究范畴为:命理、风水、相术、占梦、测字、择吉、占星、望气、扶乩、易卜、龟卜、求签、六壬、奇门遁甲、马前课等各种各类的术数形式及其在明清社会的踪迹。他探讨了术数活动在明清社会生活中的种种表现,人们参与的程度、情形与原因。他认为从事术数活动的人群可以区分为三类:职业术士群体;掌握术数技能的士人官绅;一些道士、僧人以术数为谋生手段,成为兼职术士。他强调术数史研究的学术与现实意义,即从术数社会史研究,拓展到社会文化史领域,有利于我们通过术数活动,了解历史上社会生活方式、社会价值观念、社会心态和人们的精神风貌。不能说宫宝利的研究完善地说明了明清术数史,但成就诚为难能可贵。

吴存存,读博期间,被派往澳大利亚教书,后来留在澳洲的大学教书,游学美国、英国,现在执教于香港大学文学院。她是性别史专家,先后著有《明清社会性爱风气》(Homoerotic Sensibilities in Late Imperial China)《戏外之戏:清中晚期京城的戏园文化与梨园私寓制》(Homoeroticism in Imperial China: A Sourcebook)。杨杭军从事清代中期政治史、社会问题史研讨,写作《清代中期的社会问题及其影响》《清代中期社会问题的根源探析》《清代中期基层社会问题探析》,在清中叶政治史的研究上颇有成就。赵全鹏,博士论文论述清代老年社会问题,后来作有《清代老人的家庭赡养》专题文章。他工作于海南大学,在海南商品大潮下不为所动,坚持学术研究,对黎族传统社会基本状态、早期文明史综理清晰。赵全鹏和杨杭军合写《明清时期芦洲的开垦与芦政》。

2006 年是我的博士学友专著问世之年,共有五部书,除前述常建华、吴一焕、金成修、周正庆之作,还有李庆新的《明代海外贸易制度研究》。李庆新研究领域较为广泛,尤精于海洋贸易史、经济史、中外关系史,著述《濒海国度——南海贸易与中外关系史研究》(2010 年),使我们获知中国对外贸易史的某种特征:对外贸易、海洋贸易中,由唐代至清代,均发生所谓"礼仪之争",开放的王朝对兼负商业性使命的外洋使臣之跪拜礼要求时或持通融政策,封闭王朝则是僵硬态度,对外关系以行否"国礼"为转移,是为古代中国王朝的传统政策,带有规律性;王朝主导的朝贡贸易,历来实行"厚往薄来"政策,以赏赐夸耀中华的富庶与强大,此种"不等价的朝贡贸易关系",纳入王朝政治体系,"朝贡国"各自与中国王朝形成疏密不一的关系,显示王朝的御"外夷"之道;海洋贸易的物品,以奇珍异宝为主,供皇室与社会上层享用,故而通常由宦官执掌其事,而涉及民用的物品甚微,于民生未见有益。透过海洋贸易的这三个方面,加深了我们对古代中国中央集权实质的认识:君主专制政体,国家是王朝也即皇帝的国家,这就是古代中国历史的一个重要特点。他还著有《明代海外贸易制度研究》《海上丝绸之路》等书。他的著作对历史经验的总结,颇能予人以启示。李庆新在广东社科院组建海洋史研究中心,成绩显著,所创办的杂志于今已经出版十辑,将出纪念刊,让我题词,我在 2016 年 11 月 19 日写道:"研究海洋史,推进海洋资源利用和维护。"祝愿他有新成就贡献于社会。

3.硕士生继续关注社会史研究

我的硕士学友工作后,有的继续社会史、清史的研究,写出作品。吴建华、王跃生在我主编的《中国社会结构的演变》一书中撰写第十一章"科举制下士的社会结构和组织",吴建华作文《"一千五百年间事,只有滩声依旧时"——明清彭氏的寻根活动与根性认同意识》《科举制下进士的社会结构与社会流动》《状元的命运》《清代庶吉士群体简析》,撰著《明清江南人口社会史研究》《中华姓氏谱·彭姓卷》《姓氏文化与家族社会探微》,主编《中国社会史教程》。王跃生从事中国人口史、近现代家庭史研究,著有:《十八世纪中国婚姻家庭研究》《清代中期婚姻冲突透析》《社会变革与婚姻家庭变动》《中国当代家庭结构变动分析》《制度与人口——以中国历史和现实为基础的分析》等书,《从档案资料看十八世纪中国人口的迁移流动》等文。他一心钻研学问,怕教学影响研究,谢却清华大学的聘请意向。王学华作《清代满人民族心理探析》。张仁善作《清代宫廷乐舞及其政治、社会和文化意义》,他在中国法制史、法律社会史、中国法律文化领域耕耘,撰著多种:《法律社会史的视野》《司法腐败与社会失控:1928—1949》《近代中国的主权、法权与社会》《1949 中国社会》等。李春燕著《试探影响清代家庭自然结构的社会因素》。杨丽英作《中国古代社教育探析》。此外,郭玉峰、胡中生二人均为我取中的博士生,入学后转由常建华指导,他们都为我主编的《清代宗族史料选辑》提供了大量资料。郭玉峰博士论文《明清以来湖南家族人口研究(1368—1949)——以婚姻行为、生育行为为中心》,是人口行为史研究中的探索、创新之作。胡中生著《明清徽州人口与社会研究》,对徽州人口史进行"人口与社会"整体性讨论,这很符合于历史学界"整体史"研究的愿景,他在这一领域从事整体史研治,对历史学而言是非常有意义的探索。

三、师生互相尊重的真诚友情

我们师生友情,我想先说说 2015 年 5 月的三件事。近年我在国外居住时间较多,师生见面机会就少了,然有学友不时询问我何时回国。去年 5 月我回津,17 日接到李庆新从广州打来的电话,告诉我他将有北方的学术活动,定于20 日先来看我,我很高兴,就邀约在津的杜家骥、孙立群、阎爱民、宫宝利、刘毅于那天晚上在一家餐厅聚会,然而飞机晚点六小时,并没有影响我们欢聚的情绪——尽欢始散。庆新定于次日下午离津,中午,昨晚因有讲座未出席的孙立群做东和我为庆新送行。在这期间我与庆新电话不断,关心他旅途的平安、愉快。与此同时,宫宝利邀请我和杜家骥、常建华、阎爱民往秦皇岛抚宁"野长城"学术旅游,他以前不止一次让我们去蓟县,那里有独乐寺、乾隆行宫和黄崖关长城,我因怕影响他教学和行政工作,谢却了。这次主要是利用周末时间,我们遂于 23 日出发,由宝利驾车,几小时后到达抚宁驻操营,此地为明代九边驻军营房与操练场所,我们参观城堡遗址,有城墙、城门、眺望长城、敌楼、烽火台。第二天去界岭口参观,当地一位老人主动介绍长城走势、城堡、村落文化状态,这里长城蜿蜒起伏,有东、西二敌楼,村前有小河,街道整洁。驻操营,嘉靖间戚继光驻军于此,军中多浙江义乌人,今日居民多有他们的遗胤。我们见到一位张姓人士,往义乌寻根,找到族人,但是抚宁族人没有族谱,无法验证。此次游览,无意中获得当前民间的宗亲活动情况,获知界岭口可以开发成旅游景点("野长城",未修缮开放的长城),而长城、营房的建造,开支浩大,深知战争真是人类灾难。这是一次名副其实的学术考察。从抚宁返回,适有张仁善从南京来南开大学法学院主持博士生学位论文答辩会,我们偕同四位准博士晚间欢叙畅饮。回忆九年前,我在澳洲悉尼,在新英格兰大学执教的吴存存给我夫妇买好往返机票,让我们去她那里游憩,我们虽对她的破费感到不安,但对她的美意和诚意,我们领受了,游历了景区,吃她制作的浙江美食醉鸡,回味无穷。今日写了这些,师生温情犹荡漾心头。

我们的友情,是长期相互关怀建立起来的。2013 年 5 月我们师徒聚会中,黄十庆说他 1987 年毕业时,《人民日报》李炳清编审代表报社为录用他来南开大学调查,其间我请他吃饭,并请历史系主任刘泽华教授作陪,事后,李氏对十庆说,他从未见导师为学生的事这样破费。这件事细节我已记不清楚,其时我的心情是为十庆高兴,为此请客是愉快的事。他后来结婚,夫妇二人特地来津,我和他的师兄弟与他们欢聚,其乐融融。还是 80 年代,一位硕士生,寒假期间,女友从千里外来到南开大学,他们要结婚,似乎女方父母不太满意,使得他们处于喜忧参半的心理状态,为此我举办家宴,邀请他们,并请杜家骥、常建华、阎爱民等多人出席,为他们祝福,赋有婚礼的意思。外地来考研者、学生毕业,我都会请他们便餐,因为从远处来考试,不容易,也是一种缘分,不论能不能来南开大学上学,我这地主之谊一定要表达出来;至于毕业后离开,不再可能朝夕相处,更是依依惜别,期待后会有期。我虽木讷内向,对青年学子内心充满关爱情谊。余新忠学业成绩优秀,不时获奖,有一次他拿一篇论文,要我写推荐信去申请一项奖励,我因他得奖多,对他讲你不如让一让,这次不去竞争,要知道你总得奖,可能会有人嫉妒,可能会制造什么障碍,影响你专心治学,反倒不好。他遂同意不申请了。20 世纪末,我和新忠同行赴大连出席研讨会,新忠要帮我拿旅行箱,我说你是出席学术研讨会,不是随从,应给与会者学者形象,所以我自己拿,及至到达会议报到处,头一天到的杜家骥在门口等候我们,我心里热乎乎的。李春燕、王学华为与我关系密切的会议、出书等事,破费颇多,感谢之情存于心田。师生的友情,建立在彼此信任上。一位研究生要出国,有人有条件地提出帮助办手续,他拒绝了,告诉我此事,我谢谢他的信任,支持他的选择。总之,我希望学友做学问精益求精,做人谦虚谨慎,与人为善,具有学者风范。

行文即将结束,我想讲讲教学相长的感受,我从学友得到的学术启示和帮助。我承担国家清史编纂工程的"宗族志"项目,交稿后,编纂处按规则要找人审改,让我推荐审改人,我考虑到王跃生是家族史专家,就提名请他,他遂应聘,在审改中我们默契有加,合作得非常愉快。前面说到杜家骥的满族研究成果,我借用了:我写《雍正帝》时,见到雍正极其放肆地辱骂满洲臣子。为什么会这样？我想到家骥说的"领主"意识，遂用以解释。近年我研究明清时期的徽州名族史，不止一处引用常建华《明代宗族研究》的研究成果。阎爱民撰有"一本观"的文章，又给我写信解释："两汉时代以后的士族宗族时代，是宗法在贵族阶层的扩大化，不像以前的'五世而斩'。两宋时期的民众化，主要是扩大到庶民阶层，所以一本观念的提倡，具体的实践大多由此而来。"这启发我深入思考，并用到写作中。发表文章要有英文提要，我不会英文，常常请余新忠、阎爱民将中文摘要译成英文。我研讨民国时期宗族史，张仁善从南京大学图书馆复印国民政府礼制文件，邮寄供我使用。80 年代后期，常建华告诉我国家档案局有意调查族谱编修、收藏情况，我就请他去档案局联系共同调查、编辑族谱目录，他进京交谈，取得合作意向，我就同中国社科院历史研究所图书馆馆长曹贵林研究员联系，取得共识，于是三家合作，乃共同编写出《中国家谱联合目录》(1997 年)。上海人民出版社有意组织出版"中国家庭·宗族·宗族研究系列"图书，找到常建华约稿，并由他转告我，于是他的《明代宗族研究》，阎爱民的《汉晋家族研究》，我的《十八世纪以来中国家族的现代转向》，都纳入该系列，于 2005 年梓行。

教学相长，切身体会，确实如此！

(写于 2016 年 12 月 5 日，载《历史教学》2017 年第 2 期下)

论扬州历史特点

——《扬州研究——江都陈轶群先生百龄冥诞纪念论文集》序

  呈现在读者面前的这部论文集,顾名思义是论扬州史的专著。扬州是历史文化名城,值得学者用点精力研究与称述,而完成此举的则是扬州江都乡贤陈轶群先生次公子陈捷先教授。尔康为扬州仪征人,与捷先教授相交有年,承蒙垂目,令参与结集之役及撰序言,尔康不敏,然乡情友情皆不可违,故勉力应命,强书数语,为故乡之颂。

  "淮海雄三楚,维扬冠九州。"《禹贡》九州,扬州为其一。九州内涵,其说不一,而扬俱在,扬之地位,于此可见。九州之扬,广袤东南,盖今之华东,示中国之一隅也。然而九州之扬盛名,着落在今日扬州市域,则今扬州之光亦巨矣。

  狭义之扬州,为历史名城。春秋时代吴王过长江出邗沟,争霸中原;项羽称霸于东方,据清代仪征人刘文淇考证,其定都实为扬州;隋代凿通大运河,炀帝三下江都,兵变发生,命丧广陵;周世宗欲混一九垓,先征淮南,扬州得而复失,此乃后周、南唐必争之地也;宋元交兵,李庭芝坚守扬州,乃至误会文天祥投敌劝降,然二人之忠贞不屈,皆彪炳史册;元季混战,百姓涂炭,扬州仅存18家,实扬人之一大劫;元明清沟通京杭运河,扬州因成南北水路交通枢纽,乃有康熙帝、乾隆帝六次南巡途经扬州之盛典;这中间史可法抗清,"扬州十日"的悲剧名著青史;……扬州的兴衰,反映中国历史的风云变幻,换句话说,一部中国历史不乏扬州的烙印,终使之成为历史名城,声震华宇,诚可称述。

  扬州似乎常和"时髦"联系在一起,被作为繁华和奢靡的代名词。扬州"国有鱼盐利,人无水旱忧"。在唐代,人们就说"扬一益二",表明扬州得天下富庶之先。"故人西辞黄鹤楼,烟花三月下扬州。"广陵为人们向往之地。意大利商人世家出身的马可·波罗作宦扬州,似属可信;阿拉伯商人往还流连于扬州,至今犹有其寺庙、坟墓遗迹,扬州是中国历史上当之无愧的国际商港。淮扬产盐,早在汉代就名闻于世,唐以降,扬州更是淮盐集散地,学界盛称明清十大商帮,其中秦、晋、徽三帮多因在扬州业盐而致富,商人趋江都若鹜。扬州是漕运咽喉,而通漕是建都北方王朝的生命线。商业和繁华令人在扬州享受生活,故有俗谚:"早上皮包水(饮茶),晚上水包皮(沐浴)。"或谓澡堂始见于扬,盖不奇也。繁盛与萧索,统一于扬州,令扬成为人们在这方面意象中的典型。君不见诸种《扬州梦》,或传奇,或元曲,或杂剧,对"十年一觉扬州梦"的津津乐道,寄托人们情思之深;再观《扬州慢》,反映人世沧桑、悲凉意境。这种统一,岂是偶然!故事云,妄人贪而无厌,既愿做扬州刺史,又要有百万之富,还想升天成仙:"腰缠十万贯,骑鹤上扬州。"扬州吸引人,其官位不过刺史、太守,意恐不仅在此,容或是商业发展、经济富庶、市面繁盛,名位、财富、享受可兼而得之。愚意扬州之发达,固然得益于鱼盐之利,而更重要的似在其得长江与运河交汇处的地利。它上承巴蜀荆楚滔滔大江之势,内控两淮,下联吴越,凭借本身的物产富足,成为商业重镇、内外贸易的口岸。商业、商人是社会的活泼因素,扬州有素称发达的商业,这就是它历史上繁荣的基本原因。商品经济刺激人追求"时髦",扬州的兴衰史似可证明这一点,这或许也是给人们的历史启示吧。

扬州还是文化名城,为人文荟萃之乡。扬州沃壤育人才,繁华又召聚四方之客,真是物华天宝,人杰地灵,英才辈出,思想家、文学家、艺术家、史学家、地学家、医学家、历算家、藏书家、佛学家,无不有之,遂有"泰州学派""扬州学派""太谷学派""黄崖教""扬州八怪"等等学术群体和流派的出现,还有扬剧、扬州平话等表演艺术形式的产生,以及扬州菜系的饮食文化,民间信仰中的"扬州五司徒"(茅、许、祝、蒋、吴五姓)等。与此相对应,扬州历史名人难以细数,仅就清代扬州府属江都、甘泉、仪征、兴化、宝应、东台、泰州、高邮州六县二州而言,就有朱士彦、史致俨、王安国、王念孙、王引之、江昱、江德量、张集馨、晏端书、吴文镕、卞宝第、汪楫、汪中、焦循、阮元、罗士琳、刘台拱、刘台斗、张宗泰、江藩、刘文淇、刘毓崧、周太谷、张积中、李光忻、郑板桥、马曰琯、李单、李斗、李钟泗、黄承吉、陈炎、凌曙、程晋芳、刘宝楠、朱泽云、任大椿、冯道立、乔莱、戴清、秦恩复、黄承吉、陈木礼等名家。流寓的名人,诸如蒋士铨、金农、吴锡麒、吴敬梓、凌廷堪、金兆燕、朱骏声等,不胜枚举。扬州因为文化发达,藏书家多,刻书业也因而兴旺。清朝政府的七大藏书楼,其一文汇阁即在扬州,私人的有马氏小玲珑山馆、秦氏石研斋、陈氏瓠室等处,藏书宏富,并出版目录学专著。江宁织造、两淮盐政曹寅在扬州刊刻《全唐诗》,已表明扬州刻印业的不凡,至今仍有广陵古籍刻印社传其余绪。发达的扬州文化有个显著的特点,就是它的创新性和民众性。明代泰州学派创始人王艮,灶籍出身,做过商贩,认为"百姓日用"就是圣人之道,注意民间生活,启发他的门人对理学禁欲主义提出质难,主张欲望的合理性。他的徒子徒孙中有许多人出身于社会下层,研究学问,少带书卷气,不搞寻章摘句,而是用时代的语言反映他们的认识,因此易于向民众转播。如韩贞与农工商贾交往不下千人,到农村讲学,有问有答,气氛非常活跃。清代太谷学派寻求解决民间疾苦的良方,试图创造适合民众要求的理论。出于太谷学派的黄崖教,更在民间进行有无相助的试验。"扬州八怪"之所以被称为"怪",就是因为这些文学艺术家的创作不同于流俗,富有创新精神,成为画坛的新流派,开创后世画风。不仅艺术风格特殊,为人作风也不同于众,如郑板桥公开标出绘画价格,并申明不讲情、不还价,士绅中的这种商品意识真是惊世骇俗。这样的事情,那时怕只有在商品经济甚为发达的城市,如扬州之类才能出现。其实,扬州文化的繁荣发展,即肇基于商业的兴盛,盐商和盐政衙门招揽饱学之士,开书院,兴文教,培育汇集了人才,从而创造了扬州文化。

一部扬州史,愚以为最主要的是该地商品生产、商业贸易与交通的历史,以及由此形成的独特的文化史。

现今结集的《扬州文集》,就是试图从各个角度阐述扬州的历史,说明它的历史演变和兴衰,它在历史上经济、文化的贡献,它的历史人物,当地的社风民俗及其传承,意在发扬其优良传统,祈望其再度兴盛。为文集写作的是海峡两岸的人文学科的专家,有享誉中外的杨志玖、卞孝萱等教授。感谢他们的赐文,为文集增色。

文集编辑与出版者陈捷先教授,具有我国传统的孝道美德,缅怀其先人,并承先德,因有是举。轶群先生,讳超,轶群为先生字,江都县邵伯镇人,生于清光绪二十三年(1897年)五月初十日,卒年不详,约在1963年秋季。轶群先生幼聪睿,喜读书,尤好阅览《资治通鉴》《天下郡国利病书》等史籍,在乡里颇有文名。先生青年时代出游大江南北,九一八事变前夕返里,服务乡梓,出任地方商会会长等职。日本侵略军占据邵伯,先生拒不与敌合作,家产被焚,而先生犹暗中支持国共抗日队伍,不时给予援助。先生事亲至孝,居乡侍养九旬老母以终,而一生壮志未得伸展。轶群先生有子二,长劲秋先生,现居台湾高雄;次即捷先教授,次媳侯友兰女士,在美国斯坦福大学中心任教有年,是著名敦煌佛画名家。先生有子若此,可以含笑九泉矣。

捷先教授毕业于台湾大学历史系及历史所，曾赴美国哈佛大学访问研究，先后出任台南成功大学历史系主任，台湾大学历史系主任、历史所所长，联合报国学文献馆馆长、《历史月刊》杂志主编等职，并讲学于美国麻省大学。捷先教授热心学术事业，多次组织学术研讨会，而尤致力于亚洲谱牒学、域外汉籍、中琉关系史研究的推进。他于两岸学术的交流三致力焉，1992年于台北举办海峡两岸清代档案学术研讨会，大陆学者出席九人，尔康亦在其内，其时两岸学者在台湾相聚机会极少，人文学科方面无有此规模者，非捷先教授莫办也；即将举行的扬州两岸学者谱牒学研讨会，捷先教授倾注之心力亦甚也。捷先教授勤于研究，著述宏富，有《满洲丛考》《满文清实录研究》《清史杂笔》(八辑)、《千湖国杂记》《明清史》等书。捷先教授为明清史学、古文献学、中外关系史权威，为学界所共识，这里不作缕叙，而尔康认为捷先教授的著述和学术活动中，充满着热爱中国历史和文明的精神，需有所说明。1992年捷先教授主持召开"第35届世界阿尔泰学会议"，斯时东西方学者云集台北，此乃中国人之光也。盖此种关于东方之学术历来在西方举行，而第35届，有欧洲某国争办，捷先教授凭借雄厚学术实力，始取得主办权，显示了中国人的志气。就在那年，捷先教授对尔康叙说他主办斯会的原因，又云，他用英文写作 *The Manchu Palace Memorials* 一书，就是要向世界学术界表示中国人有能力研究中国学问。即此二事，令尔康由衷地感佩。捷先教授多次主持亚洲谱牒学、域外汉籍、中琉关系史学术会议，无疑推动了汉学研究，扩大了中国文化的影响，功在中华民族。如今他追念先人、怀念故土，献出《扬州研究》。尔康以为有斯人，实乃乡邦之幸也。

尔康少小离乡，于今五十余载，然于乡土时刻萦怀，故作文常署名"顾真""顾真斋"，以示予本真州人也，值此文集出版之际，应捷先教授之命，敬述故土之简史，是为序。

冯尔康 敬书

1996年6月27日于天津南开大学

（原载冯尔康主编《扬州研究——江都陈轶群先生百龄冥诞纪念论文集》，台湾联经出版事业公司，1996年）

开启书写一日历史文体之先河
——吴十洲著《乾隆一日》序

　　吴十洲先生的新著《乾隆一日》即将同读者见面,我知道他花了很多的心血,有了令人欣喜的成果,首先向他表示诚挚的祝贺。

　　当日十洲携来《乾隆一日》的稿子,要我写篇序言。"一日"的历史书如何写法,我闻所未闻,颇有新鲜之感。迨及粗粗阅读一过,多少明白吴先生的用心之所在。原来:乾隆一日,系指乾隆三十年正月初八日(1765年1月28日)。这一天,既不是冬至、元旦、万寿节这三大国家节日,也不是皇帝有大事要举行祭祀太庙的告庙盛典,亦没有什么班师献俘的大典礼,以至大吏的任免、亡故、赐祭,重大灾情的报告和政府的蠲免,民众的运动,藩属的来朝,等等,一切重要的特殊的事情都没有发生,这是个极平常的日子。所以《清史稿·高宗本纪》的纂修者对它未予理会,做了空白的处理,而十洲选择了它。这是使用了如同社会学的随机抽样调查方法,并无特别的深意,就是要在平常之中发现一些有价值的事情,或许能从某一个侧面了解乾隆帝和他所处时代的历史。

　　这一天乾隆帝自然有他的理政活动和生活内容,据十洲在书中所列的乾隆帝《起居一览表》,乾隆帝于清晨六时至乾清宫西暖阁阅览《圣训》,八时至九时与大臣、学士在重华宫对诗联句,十时至十二时于养心殿批阅臣工的秘密奏折,下午一时至二时于养心殿接见被大臣引见的官员,三时批览臣工的题本,四时与军机处领班傅恒面议政事,五时至六时在养心殿三希堂鉴赏书画器物。大致说来,乾隆帝像往常一样批奏折、题本,会见并训饬将有新任命的低级文武官员,为即将启程的南巡做进一步准备,这些是处理政事。与臣下对诗联句,表示君主雅兴和六艺俱精,也是文治的一种表现。联句结束,特赐与会者《石渠宝笈》一部。这部书画鉴赏专著,是乾隆帝不满意过往的这类著作,特命专家和他共同研治的。《四库全书总目》介绍该书云:"我皇上几余游艺,妙契天工,又睿鉴所临,物无匿状,是以品评甲乙,既博且精,特命儒臣录为斯帙,以贮藏殿阁。"作书是乾隆十九年(1754)的事,此后乾隆帝对书画的兴趣丝毫未减,看他这天用两个小时在三希堂观摩书画古董,可知他入迷了。拜读先祖的圣训,从父祖那里获取治国的观念和经验,是实现清朝"敬天法祖"国策的一个基本要求,是皇帝的必修课,亦是皇家的家法。在这一天中,乾隆帝还有其家庭生活和私生活。

在一天之内,任何人所做的事情都是有限的,皇帝也不例外。那么点事,能写成书?原来吴先生采取了投石于水,随波浪扩展的层层推进的写作方法,即以乾隆帝所做的事情为中心,将与其有关联的史实一并写出来,以此做到上下的纵联,左右的横联,这样由点及面,就能把乾隆帝在正月初八日所做的事情前后贯穿起来,做出有头有尾的交待。比如批阅奏折一事,就将奏折的产生过程及其功能,奏折的处理与录副奏折,汉文之外的满文奏折,都涉及到了。如此一来,就可能把事情说得丰满些,原委叙述得清楚些。

写作专著,有些内容必须在正文里表达,而有些内容应当写,又不能全写,否则就会造成枝蔓繁生的弊病,因此作者们常常用附录来辅助正文书写的不足。看来十洲深谙此道,作了多个附录,都很必要,尤其是《乾隆帝后妃一览表》《乾隆帝皇子皇女一览表》《乾隆年间北京皇宫全景图》等,以便读者将正文与附录对照阅览,接受得方便一些、快捷一些,可见作者为读者想得很周到。

以上是我对《乾隆一日》的写作方法和某些内容的理解,由此我来进一步认识该书的特点和价值,大致体会到以下几点:

第一,此书的写作是创造一种前所未有的史书体裁的尝试。古往今来的史书体裁甚多,不讲那些资料图籍,就以近人史著而言,有通史、断代史、某个特定时期史、专史、事件史,以及人物传记,此外近期出现以某一年份为限的史书,如颇有盛誉的《万历十五年》。最近听说有史家在组织编写一套丛书,将为中华人民共和国建立以来的每一年写一部书,这同《万历十五年》一样,是以年为史。这一信息,可能预示以年为史的著作将会多起来,或许会成为常见的史书体裁。然而以日为史者,尚未听说过,有之,可能自吴先生的《乾隆一日》开始(当然,我这里是就中国史书讲的,是仅仅就此范围而言,其他则不在此限)。因此,我认为这是一种史书体裁的创新,实系大胆的尝试。写一日的历史,剖析极其短暂的历史时间,是从一个新的视角观察历史,也是使用人们运用过但不甚强调的点面融为一体的研究方法,用吴先生的话说是:"《乾隆一日》的写作或许是认识乾隆时代的一种思维模式"(《乾隆一日·后记》),他是就具体事情说的,然而我想他的这种研究,具有方法论的意义。写一天的历史,是完全可能的事情,十洲君创新的尝试,理应得到肯定,这是开启书写一日历史之先河啊!

第二,内容的选择,别有情趣。《乾隆一日》的内容,诚如作者所说,不是要把政治史放在优先地位,而是要表现那个特定时间的文化与社会(《乾隆一日·前言》)。作者着墨较多的是坤宁宫的朝祭,由此而推展到满人的萨满教信仰、敬神仪式、灶祭、赏吃"神肉";清晨读《圣训》,如前所述,是遵循家法,温故而知新;在茶宴间,君臣对诗联句,进行的是高雅的诗歌创作活动,亦是君臣联谊、联欢生活,是庆祝元旦的继续;三希堂鉴赏大内秘藏,非书画文物专家都能得到的欣赏机会,只有"古稀天子""十全老人"的乾隆帝所能独享,但不容否认这是他的文化生活的一项内容;乾隆帝自诩为"十全老人",可是家庭生活远不是民间想象的那样美满:心爱的皇后死了,另一个皇后却"疯"了;儿子生了十七个,然而殇逝的早走了,不成器的徒然让老子烦恼,害得继承人都不好找,亏得他心硬,强颜生活。

十洲君还写到京城正月初八日的祭星风俗。这样,把宗教信仰、诗词创作、文物鉴赏、读书求知等内容的文化生活,君臣交往(人际关系的一种)、家庭生活等社会生活,都容纳到书中。此书确实具有文化史和社会史的品味。十洲先生在开卷写乾隆二十九年(1764)冬天的降雪和乾隆帝的喜悦,农业社会的人们盼望"瑞雪兆丰年",以便安居乐业,皇帝则因"大有年"而国库充盈,社会稳定,所以疆吏奏报冬雪和乾隆帝相应的关注,虽不是正月初八日这一天的事情,但是国家的大事,叙述出来的必要性是显而易见的。皇帝是政治人物,如果从此着眼,则应写他的政治活动及其后果。有的著作可以这么写,但不能对每一本书都提这样的要求,否则就会出现"千人一面,千部一腔"的公式化作品。十洲对乾隆帝历史内容的选择,体现了他对历史人物及其时代的理解,应当说是有个性的,同时也能反映所研究的对象——乾隆帝及其时代的某些特色。

第三,利用档案史料的贡献。如果从正史讲,《清高宗实录》《乾隆朝起居注》所能提供的乾隆三十年正月初八日的史料就是那几条,自然不能据以写什么专著,《清高宗御制诗文集》同样所涉无多。"巧妇难为无米之炊",吴先生乃向清史研究的资料宝库——清代档案索取原料。看《乾隆一日》的附录《主要参考资料），首先开列的是：《御茶膳房档案》《节次照常膳底档》《江南节次照常膳底档》《传账档》《来文簿档》《宫中穿戴档》《内务府来文簿》《军机处录副奏折档》《军机处满文录副奏折》《杂录档》《日记档簿》《宫中档》《进等样南果底簿》《进等样干果底簿》《总管内务府杂录档案》《銮仪卫正堂范》《王公文武大臣等职名黄册》等，以及尚未印行的乾隆朝《内阁汉文起居注》，业已梓刻的有《宫中档乾隆朝奏折》《乾隆朝上谕档》。可以说依据档案史料写作，是《乾隆一日》的一大特色；换句话说，没有档案材料，写不出这部作品。

说说利用档案，是很轻巧的事情，然而档案素材的搜求，可就不那么简单了。凡到过档案馆查阅档案的学人，就能体会到困难之多，是从图书中搜集资料难以比拟的。作者的不辞辛劳，对档案的索取，实乃为写成此书打下坚实的基础。正是这些档案资料，能给读者以有用的学术成分。如果仅仅看到该书的档案史料价值，似乎也还不够，它的作者还具有较多的文博知识，因而能够对乾隆帝鉴赏书画、古董的经历作出较成功的说明。

开创写一日之史新方法的《乾隆一日》，无疑有其需要改进的地方，比如材料用得多而必要的深入分析比较缺乏；有的内容写得生动有趣，有的部分写得乏味，二者不相谐调，如联句部分的单调写作方法，令不熟悉联句诗的读者难以卒读；文字运用的功夫，尚待锤炼。相信假以时日，吴先生将会在再版时作出必要的修饰。

我很赞成吴先生治学的求实态度，他明确申明：写书的目标，不是告诉读者历史的发展规律，而是以具体的史实供读者去理解。看看宣布给读者以历史规律的著作，有哪些可以令读者满意的哩！那不过是其作者良好的主观愿望，或者是人云亦云，或者是说大话，何尝能给读者以规律性的教益。我国的史学传统，历来讲求"史鉴"，即为人君求治提供历史经验；也注意于"教化"，即根据官方哲学的需要选取史事教育民众。这些都是政治性的功能，所以也使史学取得高贵的学术地位。

星移斗转，岁月更新，时代发展到今天，史学的那些政治功能色彩必然黯淡了，而社会功能需要加强。历史读物要能给人以历史知识，用历史的真实启迪读者，增加人们的智慧，从而发挥人的创造力，增强人们的生活情趣和提高人们的生活质量。"知识就是力量"，能给人以历史知识，历史学的使命就完成得不错了；向往于提供历史规律，愿望固然很好，只是难以做到，恐怕一般读者也不买这个账。故而我赞成史书提供历史知识之说，照这个方向去做点实实在在的学问,因此,我乐于为《乾隆一日》写几句话。

假如要我用一句话说出对《乾隆一日》的认识,那就是:这是尝试用新体裁编撰历史的著作,有兴趣的读者不妨一阅。如果要我为我的这篇小文拟个题目的话,就用"新体裁史书的尝试之作——《乾隆一日》"吧。

(1998年9月20日于顾真斋,载吴十洲著《乾隆一日》,南开大学出版社,1998年)

山东画报出版社2006年版《补白》

六年前我写序,首先祝贺《乾隆一日》(以下简称《一日》,南开大学出版社梓刻)的问世;岁越三载,有台北远流出版公司的本子与读者见面;又是三年,山东画报出版社的版本就要呈现在读者面前了。六年之间三个版本,表明读者的认可。就此我想说一个故事,远流版的样书是公司直接寄给我的,其时我手中有三部书,我要送给一位青年朋友,我说这三部书赠送一部,请自己选取,他就挑中了《一日》,可见这部书为人喜爱了。因此我要再次向吴先生道贺,写了好书,为您高兴,为读者喜悦。

现在作者和出版社要我就新版再说几句话,我想原来的《序》不必改动了,因为那是"历史",何必"篡改",不如保留它,再依据新版的特点和近日的理解,说点新话和补充的话,故曰《补白》。

吴先生在"前言"中说:"在所有的社会科学中,社会学在揭示'文化'特质的观点上与历史学最为接近。研究文化的转移,不同文化、不同民族、不同社会之间的接触所引起的变化,是历史学和社会学共同关注的课题",并表示:"这本书中政治史不再放在优先的地位,而努力去揭示一种文化发展的动力,才是这本书写作目的。"他试图将历史学、社会学结合起来写出文化史,或者说得贴切些是写出社会文化史的作品。他是如愿以偿了。在乾隆史的研讨中,无疑属于政治史的比较多,比如五六部乾隆帝的传记多系如此,而着重在社会文化史的尚不多见。如同在历史编纂体裁方面创新一样,《一日》以社会文化为研讨对象,也是别开生面的,可以说改写了乾隆史研究的面貌。近年乾隆文化史研究也在前进,上个月在北京开新书发布会的汪荣祖教授《追寻失落的圆明园》,即为一例。不仅在乾隆史探讨方面,社会文化史的研究是世界范围内当代新史学的潮流,20世纪90年代以来我国史学家开始关注社会史和文化史研究的结合,倡导社会文化史的研究,以至有的史学家将传统史学以外的范畴均视作文化史,由此可见《一日》是走在史学研究前沿的,充分表明作者学术目光的敏锐性、学术意识的前瞻性。

南开版仅有一幅乾隆时期北京全图的插图,新版绝然不同了,它将配图骤增至二百余帧,使得《一日》大大改观,成为图文配合的新读物。所配之图,大多与文字内容相吻合,除了乾隆帝与其皇祖康熙帝、皇父雍正帝、母后、后妃的画像、皇太后祝寿图之外,就是紫禁城雪景、乾隆赏雪图、行乐图、君臣书法图、乾隆帝御书"福"字、礼器图、圆明园图、堂子图、郎世宁画作《聚瑞图》、坤宁宫朝祭场所、重华宫内景外景、孔庙大成殿、内廷漱芳斋戏台、抚琴图、三希堂内景、鉴赏古人书画图(王羲之《快雪时晴帖》、王献之《中秋帖》)、三希堂精鉴玺、佛家故事的洗象图、清宫藏各种如意、宫中门神像、法驾卤簿图、文渊阁遗址图、养心殿外景、养心殿西暖阁、养心殿皇帝寝宫、奏折匣、乾隆朝满文廷寄、军机处外景、军机处值房内景,以及御膳档、《四库全书》等书影,等等,不再一一罗列,以省篇幅。有了这些图片,对图书本身都是形象的改变,令人耳目一新。

一部文字书而拥有这么多的图片,自然是作者和编者共同努力的成果,这就不由得令我想到十洲在历史文物和图片积累上的深厚功力。早在十年前,他参加了日本 NHK 电视台在中国拍摄大型电视历史文献片《故宫至宝——话中华五千年》,不但查阅了与《一日》有关的文献资料,还获得大量的文物图片,如今再广肆搜求,自然图片丰富了。写到这里,我想扩展开去,说几句与此有关的话,这就是图片的图文配合的学术问题。

当代的图书出版业出现两种潮流,换句话说是传统的图书图文配合遇到两种挑战:电子本的问世及其向纸质本的问难;图文配合书籍向纯文字书籍的发难。我认为时至今日,撰著、制作、出版图文配合的书籍已经开始形成风气,在向纯文字书籍挑战,至少可以说图文并重的图书时代已露端倪。在这种情形下,配制了大量图片的《一日》是顺潮流而动,是以率先之举,为新兴的图文配合图书事业推波助澜,有此贡献,我想作者、编者乐如何哉!就我本人讲,拙作《雍正传》的四种版本,每种插图不及十幅,年初我对文字作出较多的增加,同时配图一百数十帧,人民出版社乔还田编审当即说这是该社传记丛书中第一部大型图文配合之作,要出好,我亦颇为高兴(近日信息,该社要同时推出数种同类读物,拙作之梓行日期后推了)。既然图文并重时代到来,史学工作者似宜对此种现实有明确认识,并能主动应对,付出应有的努力。吴先生是主动的态度,他的学识令人感佩。

我在这里说"图文配合",而不说"插图",意在提高"图"在"书"中的地位,书不能光有文,还得有图,文、图配合,图不是可有可无的插图。图本身可以当作史料用,是历史之佐证,至于通常所理解的图的作用是视觉形象,加深读者的印象,只是其功能之一而已。图文配合是图书表达方式的重大变革,对作者亦是一种挑战,意味着变革传统研究方法和写作方法,从而需要相应地提升自身的学术研究水平。这种认识,我于十天前在清华大学历史系王国维学术讲座,作题为"史学著作的图文配合与建设视觉史料学刍议"的演讲谈到了,今天我愿借吴先生和陈晓东责编给我写补白的机会,将建设视觉史料学的倡议要旨附述于此,与有兴趣的同仁共商之。

何谓"视觉史料"的学术命题,我想可以这样地规范和约束:凡依据一切历史的、现实的实物、事象所拍摄的照片、记录片及文艺表演影像,均是视觉史料,是理解、阐释历史的史源之一。所谓"一切历史的、现实的实物、事象",系指自然景观、人文景观、社会事象、生产工具及生产物、城池道路、生活用品及其使用方法、文化产品(如艺术造型、图书、字画、文房四宝、手稿、手迹等等)、信仰意识的物质载体(如寺庙道观及神佛造像)、人物及其活动。所谓"历史的",包括历史遗存物、历史遗迹、历史遗址、历史传承的社会风俗和人们具有历史传承性的生活方式。记录片,指新闻片、人类学的社会调查记录片(也是一种"故事片")。文艺表演影像则指电影、电视剧、戏剧片、VCD 与 DVD 磁带所录制的表演图像。简单地说,视觉史实是照片、影视图像所提供的视觉材料,经过史学家的史料学处理,被用作解释历史的资料。视觉史料学的定义如此,对于去哪里寻觅视觉史料,视觉史料如何分类,视觉史料学的学术规范等相关问题的想法,就不在这儿说了。我的目的就在于呼吁图文配合红火起来,并有相应的学术规范,以利其健康发展,造福于读者和学术界、出版界。谢谢十洲和山东画报出版社给我这个篇幅发表意见,谨以此补序。

(2005 年 11 月 17 日于顾真斋,载吴十洲著《乾隆一日》,山东画报出版社,2006 年)

历史剧创作新阶段的标志之作
——刘和平著《大明王朝 1566》代序

　　我撰写过几篇史学著作的序言,给文学作品写序,这是第一遭,不知道怎么下笔。我想现在所写出来的这种带有学术味的文字,与友人刘和平先生精心创作的文学作品太不协调,因此敬祈读者,开卷不要阅览这不像样的序,请径直去看正文,读罢,如果有兴趣,再看我这具有某种概括性的叙说。我作为此书稿本的读者,写出的是读后感,与您读竟梓刻本,或许有共鸣,可以共同谈点感受。如此,也减少我心中的不安——累您翻阅,耽误宝贵的时间和精力。

缘分:源于共同的文艺理念

　　我写过《雍正传》(人民出版社 1985 年)、《曹雪芹和红楼梦》(中华书局 1986 年)及《雍正继位之谜》(中国人民大学出版社 1990 年、台湾云龙出版社 1991 年),对有关雍正帝传、曹雪芹的文艺作品有所留意。在电视剧《雍正王朝》之前,就雍正帝的继位、为人,无论是小说,还是电影、电视剧以及京剧,都是一片责骂声,令我有如《红楼梦》所批评的"千人一面,千部一腔"之感。因而想到历史小说、历史剧的创作问题,觉得写作这种历史题材的艺术家历史知识不足,创作手法也欠高明。比如以雍正帝为主人公的电视剧,演到抚远大将军允禵被征召回京,对允禵深赋同情,让他驻足京郊,说点苍白无力的话,而不能使用古典词曲表达愤懑的情怀。

　　基于这种想法,我在云龙版《雍正继位之谜》的序言中给文艺界提出两点建议,一是增加历史知识,争取达到历史真实与艺术真实的统一:"当前一些创作历史题材作品的文艺家需要交点史学界的朋友,多阅读些历史文献,增加历史知识,丰富了学识,再去动笔,庶几,侯宝林先生相声中的关公战秦琼历史常识笑话才能避免。没有必要的历史知识,哪里还谈得到历史真实与艺术真实统一的问题。"二是换个角度去演雍正帝:"文艺方面有一个共同点,受关于雍正的传说和史学中的篡位说影响较大,未能跟上史学研究的发展,不去考虑合法继位说,未免给人陈旧、老套之感。当然,篡位说富有刺激性、趣味性,易于吸引观众,艺术家们难以舍弃,也是人之常情,但是富有创造性的艺术家,不妨试一试合法说,也许能让人有耳目一新之感。"

我的呼吁,既然是在台湾出版物发出的,内地文艺家不会见得到,和平自然也不知道,然而他在行动上实践了,他撰写的《雍正王朝》剧本,别开生面,当首播之际,我正在国外,上海《新民晚报》记者电话采访,我虽然尚未目睹,不过依据其故事梗概,当即给予肯定的回答,并告知十年前就有这个愿望,现在感到某种满足——艺术的享受。

两年前,读到《大明王朝1566》的部分稿子,和平亦辱临寒室,我即赞扬书稿的高素质品味,所蕴含的大量传统文化内容,会有益于读者智慧的启迪,遂谈到上述台湾版的那些意见,并将《序言》复印给他。不想他是那样的认真,不以为谬妄,在随后的写作中越发留心于对相关传统文化知识的运用与阐发。我还知道和平同刘刚、李冬君等史学博士、教授是密友。和平能有这样的创作,哪里是偶然的呢!

要而言之,历史剧的历史真实与艺术真实相统一的理想,是我们共同的追求,它将我们联系在一起,成为好朋友,如今他要我写序,我也不以自身缺乏文艺素养而辞谢,欣然命笔。然有自知之明:文章写不好,没有文采,让人难以卒读,不过是权且为文而已,故云"代序"。

我的印象:成功的历史正剧之作

我阅读《大明王朝1566》电视剧小说,逐渐形成这样的印象:使用文学手法解读明代嘉靖皇帝晚年的朝政和人物,重点描写嘉靖修道的弊政,宠臣严嵩的乱政,引起海瑞上疏,力谏皇帝革旧图新而毫无结果的故事;创作基本上依据嘉靖朝史事,运用中华传统文化的有关知识,经过适当的艺术虚构,塑造各具个性的众多人物的艺术形象,并使之富有丰富的文化内涵,成为鲜活的人,而不是随意编造的不伦不类的人;作为文学家阐释历史之作,达到了历史真实与艺术真实的统一,具有浓郁的文化品质,令我国历史题材电视剧的创作跨上一个新的台阶,对那些"戏说"的历史影视剧,无疑是一种挑战和冲击。

下面将上述的理解，分几个方面略事申述。

跌宕起伏的故事情节

小说的主角是嘉靖皇帝和海瑞，故事是围绕他们的活动展开的。讲的是嘉靖为修道而大肆营造宫殿、陵园，虚糜国帑，造成财政紧张，派太监到外地搜括民财，造成民不聊生；在中央，严嵩、严世蕃父子，迎合皇帝，歌功颂德之外，肆无忌惮地敛财；裕王朱载垕、王妃李氏及师傅高拱、张居正等关心民瘼，与严嵩明争暗斗，谋求裕王的嗣位；在地方官方面，反映中央的党争，有廉吏、贪吏之别，特别是海瑞，笃信忠君思想，以清廉自励，无论在朝内外，一概疾恶如仇，敢于以死疏谏皇帝；太监与朝臣争权夺利，内部同样勾心斗角，李芳、黄锦与陈洪斗法，争当第一号奴才，非要将对方置于死地而后快。而这一切，都在从不上朝的嘉靖掌控之中，他利用皇帝的绝对权威，玩弄权术，制造各类官员、家奴的矛盾，去制驭他们。

和平的故事创作，情节起伏跌宕，颇具匠心。所写嘉靖的修道与施政，海瑞在淳安的爱民与反对贪官害民，罢严党，海瑞上疏，均是大故事，就中又套了许多小故事。海瑞上疏的大故事，是全部故事的高潮，情节丰满、变化多端，如两次写嘉靖移宫未成，为海瑞上疏作出厚重的铺垫，又插进嘉靖疯魔般的故事，让他用"雨夜""明月""叉"来猜度、测试臣工的忠诚度。又如开卷写报瑞雪故事，穿插太监争竞，为充当第一报喜人而战。再如浙江推行改稻田为桑田政策，郑泌昌与何茂才为行私，诬陷民人通倭，引出胡宗宪攻打倭寇的故事。海瑞在审案中，警惕郑泌昌、何茂才的杀人灭口。

故事构思新颖，不落俗套，如太监杨金水、丝绸商人沈茂昌使用芸娘的美人计，看似惯常之笔，实际是新故事，刻画了杨金水、沈茂昌、芸娘、新官高翰文四个人物，又为高翰文、芸娘的日后结合与经商、献张三丰书等一连串故事埋下伏笔。而沈茂昌不是一般的奸商类型，颇有儒雅、义气的一面，像是今日学者所说的徽州"儒贾"，钱财上贪婪而狠辣，政治上欠缺老练，终致死亡，这个人物故事及形象塑造，走出了奸商套路。

和平为展开故事，多种场景往复地切换。故事发生的地方，时或在大内，在精舍，在裕王府，在严府，在宦官衙门，在浙江省城抚院，在淳安县衙与监狱,在船上,在河岸,在沿海前线,在商人宅院。如此往复变换,便于故事的层层展开与深入。

凡此,皆表现出和平的大器局,胸有丘壑,故而能创作扣人心弦、引人入胜的作品。

塑造个性鲜明的各类人物

人物塑造个性鲜明,予人印象深刻。全剧的众多人物,如嘉靖、海瑞、胡宗宪、李芳、徐阶、高拱、李妃、沈茂昌、芸娘、海母、赵贞吉、黄锦、杨金水、冯保、严嵩、严世蕃、郑泌昌、何茂才、王用汲等等,均成为不同个性的人物。

嘉靖帝,为何长期不坐朝而能行施权威?原来他御下有方。他表面上尊重朝臣,给首辅(大学士)严嵩、徐阶赐座,而实际上依靠内臣;让李芳、陈洪斗法,贬斥李芳,明知黄锦是李芳的人,一度重用他,以调节李芳、陈洪双方的权力,达到控制内臣的目的;冯保被罚,而令其回归裕王府,知其可为皇帝、裕王共同使唤,又用陈洪警告裕王及朝臣,不容裕王有分外之想;启用徐璠,明为代徐阶,实为代皇帝受过。通过这些事情,和平将嘉靖的为人、性格、手腕逐渐展现出来,其政治上越来越老练,而其淫威与可恶也暴露无遗,是以在他的龙廷,有宠臣,并无权臣。

海瑞,在他身上达到"孝"与"忠"的完整统一,骂皇帝是为忠于皇帝;性格刚毅不屈,无私无畏,因而明澈事理;政治主张持之以恒,一以贯之;以正统观念作为行为准则的人,生活肯定清苦、不幸,被人攻击,乃至有铁窗之灾,家人亦跟着受累。他真是具有阳刚之气,处世不惊,临危不乱,是心地坦荡之人。不过不懂处世之道,缺乏从政艺术,唯知一死以报君恩,诚有《红楼梦》所批评的"文死谏、武死战"这类不计后果的毛病。

李芳,为人练达,矜持,通机变;城府很深;手段狠毒;威严而不张扬,虽是刑余之人的内臣,却很有大臣风度,不愧为太监的"老祖宗"。

胡宗宪,视事明澈,性格坚毅;内心矛盾而"忍辱负重";顾大局,实心任事;事业、私利相结合,为此不择手段;御下有方;成为不辱君命的大臣。

李妃,虽是"女流之辈",聪明有识,明达事机,善于决断,还能使用女性的耍娇手段,成功地制驭男性。

徐阶,通机变,城府深,既像懦弱又似奸猾;处事当断不断,缺少担当的勇气;政治方向清晰,不做奸佞之臣,基本上有守有为。

冯保,有着强烈的权势欲,为追逐目标,能够忍辱负重,善用心机,具有坚忍不拔的性格。

黄锦,憨厚,有主见,一心一意为主子效劳,是君主专制政体下典型的"愚忠"臣子形象。

此外,和平采用对照的方法,令有家人关系、命运关系的人物各显现其个性,给读者产生更为深刻的印象,这就是对严嵩与严世蕃、郑泌昌与何茂才、海瑞与王用汲的为人行事的描写。严嵩与严世蕃父子对照:两个权奸,儿子浮躁嚣张,老子沉稳内敛;儿子浮浅,老子工于心计;儿子狠毒,甚至不顾老子,老子仍有舐犊之情。在这儿我要说和平关于严嵩的一个细节描写:作为耄耋之人的严嵩,有的话听得清楚,有的就听不清。所说听不清的,不是严嵩故意装蒜,而是高龄之人,对特别关注的事,就听得明白,否则,精力不济,再给他讲,他也听不入耳。写出如此生动的细节,是和平善于观察人生才能得来的知识。浙江大吏郑泌昌与何茂才的对照:都是毒辣、无赖、贪利之辈,一个浮躁一个沉稳;一个工心计一个着意于行动。王用汲,胆小怕事,然而正直,极富同情心,为朋友不怕丢乌纱帽,与海瑞肝胆相照,但与海瑞不计身家性命的为人不同。

和平所塑造的人物性格,有着发展变化,令人有动态感、真实感。高官赵贞吉,作为儒家,有信仰,好名(爱好清誉),圆滑自保,遇事不决断,以便日后推诿,可是面对嘉靖疯魔般的严谴,却能镇定,应对自如,似乎性格突变了,然而很自然,盖因其是儒学笃信者,有信仰根底。在类似的情势下,嘉靖怀疑裕王谋位夺权,原本懦弱小心的裕王突然振奋起来,是临大义而不惧,在一个突发事件中,是可能发生的,也符合情理,并且预示裕王性格中有坚毅的成分,并非废物。杨金水,这个狡猾的太监,要弄手腕,陷害高翰文,致死沈茂昌,及至大祸临身,装疯装得逼真,瞒过多少官员,也令读者有悬念,而最终,和平给读者揭示的答案:他是装疯,既是保自己,也是保护他的老祖宗李芳。

高素质的文化品位

我发现和平极力运用传统文化观念去理解、阐释、塑造人物形象和故事,因而在故事的展开、人物的活动中蕴含传统文化的诸多内容,阐发了古代的政治观念、伦理观念和生活哲理,真是故事中有哲理。同时他还利用古典文学艺术知识塑造人物,既便利了人物形象的创作,又传布了传统文化知识。

政治哲学的运用。天人感应之说,自从汉儒董仲舒强调以来,历代统治者都把它同"天象示警"联系起来,用以修省政事,剔除弊政,改善治理。小说开卷写太监报瑞雪,在当时的统治者认为,这是老天爷赐福,预示来年是大丰年,所以太监争着报喜,好让龙心大悦,赢得皇帝的欢心。这就表现出古代的政治哲学观念。

思想观念。宋代以降,儒学之中,分化出理学与心学,明朝人继承之,开始理学占上风,而后心学大发展。和平剧本中人物的信仰,就与明代社会思想界的实际状况相一致,他写高拱讲"良知",其时"致良知"是王阳明心学的主要内容;高拱还说成仁取义,是孟子讲的为臣之道;赵贞吉也讲阳明心学;高翰文崇信理学。和平让他笔下的人物富有书卷气,成为一群儒家思想的信仰者。

忠君伦理的运用。和平塑造的李芳、海瑞、胡宗宪、黄锦、周云逸,对皇帝鞠躬尽瘁死而后已,流放、入狱、死亡而无怨无悔,主导他们行为的精神力量是忠君观念。嘉靖淫威得以实现,亦是这种伦理在起作用。和平写海瑞母子对《论语》中所说的儿子对父亲劝净的议论,即讨论儿子应该不应该劝谏父亲,要不要指出父亲的过失、力劝其改正。这种讨论,是表明海瑞上疏有充分的思想基础:以对父亲的劝谏转向皇帝进谏,像做孝子一样去做谏净之臣。他也知道皇帝之心难测,但是仍然以天心为准则,以死上疏,不屑于官员的明哲保身之道。皇帝、内臣、朝臣三者关系的实质是皇权的实现。朝臣与宦官的矛盾,实际是皇帝与臣工的权力分配问题,皇帝利用内臣制驭朝臣,所以宦官总是得势,明代有作为的成功官员也要同宦官结合(大臣和宦官有三种关系:一合作,二若即若离,三对立),张居正与冯保联手也是势所必然。嘉靖不上朝,而权威无改,充分展示忠君观念的力量。

生活哲理的运用。胡宗宪深知"事缓则圆"的道理,主张处事不可急躁,应能等待事机、时机,也不可一条路走下去,不知转圜。他又能"知不可为而为之",发挥主观能动性,勉力按照自己的信念去做。徐阶转述民谚,"大风吹倒梧桐树,自有旁人论短长",事情自会有公理,怎么想的就怎么做。这类日常生活哲理,和平用来塑造人物个性,令人知道胡宗宪不是一介武夫,而是文武双全的人。徐阶虽有"圆滑"之嫌,然而是有主见的人。春秋鲍管生死之交的典故,被和平运用于海瑞与王用汲的交往及友情方面,写他们从浙江审案时开始结识,到海瑞被囚、王用汲照料海瑞家属的全过程,这是觅知音的过程,也是生死相交的过程。和平让胡宗宪引述唐诗"沧浪之水",来比喻海瑞与自身;又运用《诗经》的描写比喻海瑞夫妇生活。每当读到此种情节,不仅增加了古典文学知识,更能理解故事的进展和人物性格的形成。

社会问题的处理与平均意识。剧本对社会上的贫富不均与对立,用农田的占有状况来表现。政府施行农田改桑地的政策,剥夺农民财产;海瑞试图以限田的办法解决贫富问题,王用汲有着"损有余,补不足"的理想,均于事无补。和平写出社会问题的贫富对立及有良知的臣工试图有所解决而难以奏效的后果,确是反映了明代社会的实况。和平与一些学术界人士不同,对于社会问题的解决,不在好皇帝与坏皇帝、清官与贪官等传统议题上做文章,进行一般性说教,或寄托在清官和好皇帝身上,而另有文化取向。他关注于古人的志节、气节、诚信、伦理道德、吃苦耐劳精神诸方面,赞扬人间正气和真诚——"正气是个真字"。运用古典文学艺术、史学、哲学知识于写作,同时也就传播、弘扬了传统文化的精粹成分,用文化的熏陶,给予读者以教益和精神享受,并且能令人开心智,长智慧。这种文化价值观念的考虑,是一种价值取向。和平为此作出的努力,似乎应当引起学术界、文艺界、读书人及社会各界人士的认真思考,予以接受和发扬。

历史真实与艺术真实

和平的文学创作,具有强烈的历史意识,有其历史认识论和对历史的解读,并能从传统文化角度认识历史人物及政治斗争,因而使他的小说具有厚重的历史感。表现在:

故事的描述符合历史的真实。主要人物及其事迹在历史上实有其人其事,故事情节大体上同于历史文献的记载。嘉靖、严嵩、徐阶、高拱、张居正、胡宗宪、赵贞吉、裕王、李妃、海瑞、王用汲、李时珍、李芳、陈洪、黄锦,等等,历史上实有其人,不仅如此,关键是他们的所作所为,基本上是按照历史文献记载描绘的,而且所拣选出来的都是嘉靖晚期朝政主要人物,重点叙述的更是朝中大事——嘉靖修道、严党乱政、严徐之争、海瑞上疏。我知道,和平对历史的考核是非常认真的,即如黄锦的人名,起始写作"黄锦云",后来发现不对,作出改正。在他修正之后,我查核《明史》,"黄锦"多次出现,均作此名,在《海瑞传》中亦然,这不就反映了他的求真态度吗!他是以史实为基础进行艺术加工,应该说是达到了历史真实的要求。这是我说的历史真实性的一个方面。

另一个方面,和平的史学观点与史学界多相吻合。对嘉靖、海瑞、严嵩、严世蕃、徐阶、高拱、张居正、裕王(隆庆)、李妃(李太后)的历史评价,对嘉靖修道、海瑞上疏等历史事件的认识,大体上同于 20 世纪 80 年代以来历史学界的评论。不仅如此,对历史人物还多了一份宽容与理解,如作为被批判的人物陈洪,写其在裕王府与裕王的对话,也表露出他人性的良知和不得已的苦衷。又如没有把严嵩写得那么不堪,写他晒书、爱书,有儒雅的一面;写他在精舍跪在嘉靖面前,老态龙钟的艰难情景,不能够休致卸肩,令人怜悯。

在明朝历史上,嘉靖、隆庆及万历前期,是明代中期走向后期的转变期,政治上从内阁阁老制转到内阁责任制(内阁专权),而到后期是太监专擅;经济发展,农工商业均有表现;传统的意识,儒家文化与其他时期一样起着支配作用,但对意识形态的控制相对宽松,心学得到发展,随后又向关注民生方向演进——泰州学派兴起;生活方式多样化,奢靡之风大开,反映社会职业结构的变化;官民关系相对紧张,民变不断发生。社会状况要求改革,还允许进行改革;社会要求有作为的人物出现,同时培育了精英人才;终于在万历初年产生张居正的赋役制度改革。如果认可这种说法,那么就可以认为和平的小说在历史背景和历史事实的描述上,是达到了历史的真实。

文艺作品允许虚构。写小说,历史背景和历史事实不能编造,然而细节的描写,为增强故事性、趣味性,虚构是必要的,也是允许的。这样说,还是对虚构的必要性欠缺足够的认识。其实,虚构乃艺术创作之必然。合理的虚构,将历史事件、人物活动的表象,用虚构的细节串连起来,令人明了事情全过程和完整性,由此而加深对历史事象认识,达到认识的深刻性。当然,虚构不可背离历史大背景、历史实际及重大的制度,要合于情理。在这方面,和平甚为考究,不违背历史,不作离奇的杜撰。在大关节处特别警惕出错,对于典章制度、名物、历史专有名词(如人名、地名、称谓、官制等专有名词)及特定的历史事实不宜有误或大误,绝对避免电视剧《康熙王朝》出现的太皇太后生前自即称死后才有的"孝庄"皇后的谥号那样的大笑话。同时警惕将历史人物现代化,不让他们说现代语言,行现代之事。

至此,我们可以认为,和平的小说达到了历史的真实与艺术的真实相统一,相当程度地再现了嘉靖晚年的历史。

敬业精神是创作的成功之源

　　和平是严肃的作家,电视剧本《雍正王朝》业已展示出才华和非凡的成就,然而他决不满足,仍是坚持创作的严谨态度与敬业精神。对此,读者可能从前面的叙说中体察一二,这里我只想再说两件事。去年11月,我在他的创作室,见墙上专设一个龛位,供海瑞画像,像下茶几放置香炉,每日上供。若干年前,人们会认为这是迷信行为,不足为训。然而我从中看到和平的敬业精神、执着追求的精神。试想要写海瑞,就得认识海瑞,而且不是一般的了解,而是深刻的认知,礼拜他,正是加深认知的过程。正因此,我对和平肃然起敬,并同他及李冬君教授在海瑞神龛前合影。另一件事是前面已经提到的,就是他同刘刚、李冬君二位是挚友。他们二位是颇有成就的历史学者,冬君著有《孔子圣化与儒者革命》(中国人民大学出版社2004年),《中国私学百年祭——严修新私学与中国近代政治文化系年》(南开大学出版社2004年),《儒脉斜阳——曾国藩的官场与战场》(浙江人民出版社2006年),《孽海自由花——赛金花"出走"以后》(湖南文艺出版社2006年);刘刚著有《中国史诗》(香港文化中国出版社2005年)。和平在创作中不时与他们磋商,他们提供许多历史素材,帮助和平撰写有关历史背景、思想史、社会生活史的内容。文学家与史学家合作,在文坛上实属罕见,和平主动致力于此,难能可贵不必说,其有益于创作及提高著作水准,则是不言而喻的。

　　和平有为历史剧正名的愿望,并向着目标稳步前进。和平身处浮躁世风之中,而居心甚伟,不愿与粗制滥造的作家为伍。在"戏说"剧流行之时,执意创作历史正剧,将高质量的作品贡献给大众欣赏,也利于民族文化素质的提高。他的愿望已经有所实现。我因偶然的机会,听一位电视剧业内人士讲,和平创作的《雍正王朝》电视剧脚本,为电影界所接受,使得电视剧上了一个新台阶。我不懂电影史、电视剧史,不敢就此发表意见,但是有此一说,足见对和平电视剧本创作的充分肯定。有同行的赞扬,我觉得和平会感到欣慰和鼓舞。就此,我祝愿和平继续撰写新的电视剧本,让电视剧更上一层楼。

　　(2006年12月29日于顾真斋匆草,载刘和平著《大明王朝1566》,人民文学出版社,2007年)

跨学科研究的可喜成果

——小田著《在神圣与凡俗之间——江南庙会论考》序

1998 年夏天,在苏州大学举办的中国社会史年会期间,承小田先生之情,惠赠他的学术专著《江南乡镇社会的近代转型》,我们虽是初次接触,但他对学术的执着追求,令我产生深刻的印象。两年下来,他的新著《在神圣与凡俗之间——江南庙会论考》撰就,要我写个序言。我对这个领域缺乏研究,本能地不敢接受;继而一想,他是用多学科的方法研究基本上是历史人类学的论题,这方面的知识既然是我所欠缺的,何不就此机会,逼着自己,以此书为读本,作点补课,于是就答应下来。及至我将书稿读毕,十分的喜悦,因为这让我对江南庙会有了较全面的、准确的了解,对庙会史,以至民俗史、社会史、中国史的研究法也有了进一步的思考。下面就将我的一些体会写出来,权充序言,以报小田先生的盛情。

成功地运用跨学科研究法。庙会史,是社会学、人类学、民俗学和历史学等多种学科的研究领域,不仅如此,就史学而言,它还同各种专史的研究范围相关联,如从庙会的商贸交易活动讲,它是经济史的研究对象;从庙会期间人们的文艺娱乐看,它是文化史的研究客体;从民众的组织和日常生活的角度来说,它属于社会史的研究范畴;就庙会中的民间信仰活动来考察,则与哲学史有某种相关了。对于多学科的研究领域,运用某一个学科的方法来讨论,显然只能研究它的某个侧面,而且很可能做得深度不够。跨学科研究法的运用,看来势在必行,现在的问题是究竟如何使用跨学科方法。

小田先生对此作出了深入的思考和相应的实践。书稿的第一部分着力论述研究范式、宗教与世俗两个世界的理论和研究法的特色。研究庙会史,要将社会学、人类学、民俗学和历史学诸学科的方法交叉使用,这一点是人们容易想到的,小田没有停留在这种浅层次思维上,他深入一步,思考"联系这些学科的纽带是什么?换言之,这些学科交叉之后富有特色的'重叠部分'是什么"。交叉学科之间的联系纽带,他认为是人类学的"民族志"研究法和"解释主义"。对于解释主义,他的理解是:"研究者将源自自身世界观的所有成分抽离出来,保留被观察者或受访者的世界观,以期获得这些主体的经验,以及这些主体如何从中获得意义。"民族志和解释主义研究法之外,他实际上还强调了历史研究法,即归纳分析的陈述方法。下面的一段引文,反映了小田跨学科研究法的要点:"既然是社会研究的通则,'民族志'和'解释主义'也可以应用到历史研究中来,事实上,历史法就是社会学研究方法之一,即对某一实物既往过程的调查和分析。"

在研究法中他还注意到几个原则问题,一是创造学科范式,表示要准确解读前人发明的范式,并创造某种新的范式;二是借鉴西方学者的有关理论的同时,留心于本土化,立志不作西方人类学家那样的对异文化的转述,而是以"本土学者对原生态田野图像的系统历史再现";三是中观区域研究。在清华大学 90 周年校庆之际,香港凤凰卫视的"世纪大讲坛"邀请诺贝尔奖得主、物理学家杨振宁作"美与物理学"的讲演,说到交叉学科,用两个树叶作比喻,只在根部重叠,其余部分并不相同,重叠不多,可能只占 5%、10%,但是很重要。自然科学如此,人文学科中的交叉学科,重叠部分可能也不多,然而也只有抓住这一部分,才能对交叉学科有个基本的认识。小田提出重叠部分的问题,可见把握了研究范式的要点。

"在神圣与凡俗之间",这是小田对江南庙会提出的新颖、系统、可信的见解。他吸收恩格斯、涂尔干、马林诺夫斯基等人理论的有益成分,对文明时代的庙会提出自己的观点:庙会具有神圣与凡俗的混合性,而不是神圣的,或经济的、娱乐的单纯性。他认为人们在庙会活动中的崇拜神灵,并非超然物外的神圣,而是凡俗中的神圣;人们在庙会中的娱乐、商贸等凡俗活动,也是凡俗中的神圣。要而言之,人们的庙会活动,是神圣中有凡俗性,凡俗中有神圣性,神圣与凡俗浑然为一体。这是总体性观点,全书的主体部分,即第三、第四、第五部分,就此开展叙述,给读者生动的故事和相应的议论。文明时代的庙会,具有神圣与凡俗的双重性,小田先生的这种创新之论,成一家之言,无疑将庙会史的研究推向一个新的层次。

值得倡导的"主位观"。小田就传统社会统治者和某些社会上层分子对庙会中的治安和风化问题的疑虑,说他们"不是以主位观看庙会,当然无法理解其中的乐趣所在"。他没有阐述"主位观"的理论,而是利用它去说明庙会中的凡俗活动给人们带来的欢乐。如人们在会场拥挤,"轧神仙",出现某种越轨行为,人们快活起来了,并不计较那些行为。人们找到了欢乐,这是最主要的,所以小田先生说"究竟有没有人轧过神仙,没有人顶真;人们追求的是一种休闲的心境"。特别是女子,因为庙会,可以正正当当地到人烟稠密的公共场所寻求自己的快乐,真可以在一定意义上把庙会视作女性的特殊节日。小田还就社会大传统与小传统的冲突,指出民间庙会所形成的小传统,允许妇女参与,这样的事实被过往的史学家所忽视,从而"造成了对传统中国社会女性形象的极大误解,以为她们的生活就如在大传统话语中描述的那样简单而刻板"。小田先生以主位观,赞扬庙会给民众带来的欢愉。"主位观"是学者对待历史主体——人的社会行为的一种态度及观察历史的方法,同小田先生所主张的解释主义相一致。历史上,人们的行为,不论是理性的或非理性的,都有它的根据、它的需要、它的原因;后人去认识它,首先要弄清事实,其次要了解人们为什么会那样行事。即要理解它、说明它,而不是忙着替它定性,去指责它、批判它。要不要定性呢?当然要,但必须抱着理解的态度,去作说明,而不能简简单单地指斥一通。小田如果不是利用主位观,恐怕难以对庙会活动的休闲性有如此深刻的理解。

由庙会看农村近代化之路。小田关注近世社会的转型,以江南庙会为例证,探讨传统文化与现代文化之间的互动过程和互动方式。他从生产方面,看到过去的迷信纸钱、锡箔的制造在 20 世纪(尤其是下半叶),如何转向社会生活用纸及为电机制造业提供配料的生产;从庙市方面看,现实市场行为所受到的社会历史文化因素的约束,远比"理想"的市场行为费解,庙市为今人理解这种市场行为提供了一个参照空间;他注意到 20 世纪前期庙会中出现反帝爱国的新内容,指出这是"国家和民族意识的引入,是江南庙会富有重要历史意义的变异";他还注意到,强制捣毁神像庙宇,不能解决农民的神灵信仰问题,惟有近代科学教育才可能从思想上破除迷信;他从近代苏州所出现的"善人桥农村改进会"在庙会活动中所起的积极的社会中介作用,体察到农民社群生活改进的一种方法。小田这些关于近代转型的思索,就从与庙会活动有关方面来看,也还不是系统的,但是他作出若干方面的探讨,是值得重视和赞扬的。

着力于材料的搜集和考订。小田留意于理论思考的同时,肯于下功夫搜求材料,涉猎地方史志、报章杂志、历史档案、历史著作、文集笔记、民歌俚语、民间传说、祠庙碑刻,以及田野调查的资料,参考的文献之多、类型之多,真是难能可贵。不仅如此,他还对这些材料作出了潜心的研究,寻觅历史的真相,如对刘猛将军会所祭祀的神灵的考察,反映出作者功力的深厚。正是在大量占有资料的基础上,并具有许多前期研究成果,如出版《江南乡镇社会的近代转型》专著,发表在《近代史研究》《中国经济史研究》《史学月刊》等刊物的多篇论文,因此才能写出富有成就的这部新专著。

前面提到,小田先生强调作本土化的研究,我愿借此书的篇幅,就此谈一点想法。"本土化"的提出,是学术研究的一种前进,也是前进的一种标志。近代世界以西方为中心,学术上也是如此,讲到历史、学术问题,以西方模式为准则,去生搬硬套,削足适履,愈来愈令人生厌。随着殖民主义解体,西方中心论被质疑,多元文化观念日益深入人心,本土化理论被提出来,于是将西方理论放在参照系统上,努力寻求本土文化的特点,这是破除西方中心论的有力步骤。但是本土化仅能将外来理论与本土实际情况相结合,西方理论仍然被摆在某种"指导"位置上,不得不运用它,所以并没有彻底甩掉西方中心论的阴影。现实需要我们比本土化前进一步,我们要产生本土理论,从本土的历史、现状中找出本土文化的特质,从文化学术方面为世界多元文化做出贡献。本土文化理论的产生,当然也要参考、吸收外国的有益理论,但既不是以它为准绳,也不是必须拿它作参照系,更多的是作出比较性的研究。我的认识很肤浅,感性认识而已,尚请小田先生和方家指正。

顺便说一句,小田先生的书里外来理论术语较多,引文也不少,令人在阅读中有某种距离之感,倘能将那些话语用自己的话道出来,会使观点更深刻,行文臻于流畅。不知小田先生以为如何?

我的体会就写到这里,勉强交卷,权充序言,惶恐之至。

(2001 年 5 月 31 日于顾真斋,载小田著《在神圣与凡俗之间——江南庙会论考》,人民出版社,2002 年)

祝陈捷先教授八十大寿

——冯明珠主编《盛清社会与扬州研究》序

人云韶华只为少年留,吾曰韶华岂独在少年!八秩寿翁陈捷公,活跃两岸枫叶国,辉煌学术再创造,展现人生新境域。韶华为捷公永驻,观念为捷公更新;友朋给捷公拜寿,预祝未来更灿烂。

1995 年捷公在台湾大学荣退,没有隐居于枫叶之国加拿大,而是穿梭于海峡两岸,继续学术研究事业,进行三方面的活动:一为潜心写作;二是推动学术交流;三是办学。荣退后捷公问世新著之多,令人惊讶不已!有面向大众读者的《努尔哈齐写真》《皇太极写真》《顺治写真》《康熙写真》《雍正写真》《乾隆写真》《慈禧写真》及《宣统写真》八部,由远流出版社、商务印书馆、紫禁城出版社、浙江文艺出版社多家书社印行,风行于两岸广大读者中。学术专著《清代台湾方志研究》《东亚古方志学》和《蒋良骐及其〈东华录〉研究》多部联袂问世。关注现实社会,撰著"以古鉴今,痛下针砭"的学术杂文集《不剃头与两国论》。主编《清史事典》一套,计十二册;与阎崇年教授共同主编《清代台湾研究丛书》,合著《清代台湾》;合作主编《清史论集》。创办宜兰佛光学院历史学系所,授业解惑。2003 年在台北主办第一届国际清史研讨会,2009 年与阎崇年教授、尔康共同发起召开"盛清扬州社会高端论坛"研讨会。古稀之年,贡献给社会几十部著述,青壮年学者亦难以做到。人们说老年人做点事是发挥余热,是"老有所为",在捷公这里就不准确了,不是余辉余热、有所为,而是老当益壮,大有作为,发出学术光芒,惠及读者大众和社会。

捷公学术青春常在,韶华永驻,颇为符合人文学科的研究特点。明末清初三大家顾炎武、黄宗羲、王夫之都在古稀耄耋之年,笔耕不辍,如果他们中年谢世,或者停止钻研,他们就很难成为"三大家"了。人到老年,有知识积累、人生阅历的治学优势,有除却杂务干扰的有利条件,便于学术总结,令研究更上一层楼,这大约是人文学科研究的规律,捷公学术上永葆韶华,是为生动有力的证明。

往前说的话，我认识的捷公，是清史大家，是文献学家，是推动世界汉学研究的文化使者，是颇有"叱咤风云"味道的权威学者。我不想在这里罗列捷公著述的书单，评论他在清史、方志学、谱牒学研究方面的学术贡献，倒想绍述他推动学术研究的业绩。捷公的好友张存武教授在《云霞秋色忆华年》文中，说捷公"活动力强，交际人缘广""深谋远虑，做参谋总长最适合"。可知捷公虽不做官，但组织能力很强。这正是他的优势，他用来组织学术活动，举办国际间的学术会议。由捷公创设和主持召开的学术会议有："亚洲族谱学术研讨会""中韩历史关系国际学术会议""中国域外汉籍国际学术会议""中琉历史关系国际学术会议"，等等，这些学术会议都是一而再再而三地举行，比如族谱学研讨会举行九次，第八届是捷公与香港大学赵令扬教授联合举办的，第九届是和我所服务的南开大学等单位合作的。中琉关系史研讨会持续进行，台北、冲绳、北京轮流坐庄。捷公开创的这些研究活动，促进谱牒学、方志学、韩国学、琉球学、汉学诸多领域的研究蓬勃发展，培养了一批中外青年学者，是以人们说捷公"既开风气且为师"。

写到这里，我想起捷公于1992年召开的第39届国际阿尔泰学研讨会，阿尔泰学基本上是关于东方的学问，由于历史的原因，会议从来是在西方举行的，这一届的会议欧洲某国要求主办，捷公与其竞争主办权，终因学术各方面的实力，如愿以偿，会议在台北圆山饭店举行。此次会议，承蒙捷公盛情，邀约九位大陆学者出席，我遂得首次观光台湾。捷公举办这一系列的学术会议，有着强烈的传播中华文化的使命感，他是要让东方人、西方人了解历史上中国与东北亚、东南亚的密切关系及中华文化的远播，让世界学人了解中国和日本、韩国、越南学者的研究状况和学术观点。事实表明，捷公功在中华文化向世界传播，功在中华文化的继承发扬，功在两岸的学术交流。他是文化交流使者、推动者，正是在这个意义上，我说他有叱咤风云的学术气概，令人佩服。

说到两岸史学界的交往，阿尔泰研讨会有大陆学者九人赴台，人数之多是前所未有的，此乃捷公开风气之先的举措。两岸史学工作者切磋交流，只有在改革开放之后才有可能，第一次提供大规模交流平台的是前述香港大学赵令扬教授，他于1985年举办国际明清史研讨会，港澳台和大陆各有近二十名学者出席，我就是在这次会上认识了捷公和其他台湾学友。所以我以为大陆与港台的史学家交往，是赵令扬教授在香港、捷公在台北先后创造了平台，功在史学界。

捷公性情豪爽,这在他饮酒中尽情地展现出来。我第一次感受深切的是在阿尔泰学会议的晚宴上,一二百人的宴会,捷公挨桌敬酒,到大陆同行的坐席,只见他白酒、红酒、啤酒样样来得,年轻时颇能豪饮的王钟翰教授宅心仁厚,见此情状,劝他多吃菜,意在解酒勿醉,捷公表示领会他的好意,真是同胞之深情啊!捷公夙有酒仙之名,张存武教授说他喝酒不误事,是以酒会友。实在是挚友真知。捷公不仅是以文会友,更是以酒会友。这是中国文人的一种传统!

捷公是南开大学客座教授,对南开贡献良多。1996 年我在台北,因捷公的关系,联经出版公司总经理姚为民先生宴请我们,无意中说到奖学金,豪侠好义的姚先生当即表示在南开设立奖学金,返津后我就和我的同事操办起来,每年给南开历史系学生评定发放姚为民奖学金,因姚先生是山东平度人,遵他嘱咐每年另给平度籍学生一人发奖,此事持续到我退休。1997 年,捷公与彭炳进教授应邀访问南开,由捷公倡议,彭教授在南开历史系设立讲座基金,由我来主持,我遂同常建华教授操办,邀请京津学者讲学,出版演讲论文集,连续进行了三年。我和捷公是扬州同乡、史界同行,又都是少小离乡而乡情浓厚,这些因素将我们联结在一起,不过更主要的是我仰慕捷公的为人。上面说的那些话都是我的心里话呀!

2009 年的扬州学术会议,两岸学者发表学术高见,提交宏文。经征得作者的同意,汇辑为庆祝捷公八秩华诞论文集,以文章祝贺学人,是最好的、最有价值的方式。这个集子采用中文繁体字,拙文则以简体字先期在大陆《安徽史学》2011 年第一期刊出,特在后记中表达对捷公祝贺:"……庆祝台湾大学荣退教授陈捷先先生八秩华诞,兹以简体文本披露,为挚友之庆。"参与文集编辑的大陆学者是阎崇年教授、常建华教授,台湾学者冯明珠教授、陈龙贵先生总其成。这是两岸学者为捷公祝寿,舍捷公难有他人!

捷公,记得吧,前年(2009 年),您的天津朋友诚挚邀请您们伉俪光临,您们何时成行呢?我们期待着!

谨祝捷公同夫人侯女士健康,愉悦!预祝捷公伉俪一如既往给大陆、台湾、加拿大航空业做"贡献",令我们友朋时常相聚。

(2011 年 8 月 22 日写于悉尼,载冯明珠主编《盛清社会与扬州研究》,台湾远流出版社,2011 年)

开人心智的高品位之作

——孙立群著《解读大秦政坛双星吕不韦与李斯》序

"百家讲坛"与其演讲者配合,造就了央视一个收视率很高的品牌和一批文化名人,受益的是中华传统文化和历史的爱好者,就历史学而言,使得研究成果为大众分享,令其自身产生巨大活力。孙立群教授的吕不韦、李斯两讲,我想属于高品味之列,他将演讲稿整理成书——《解读大秦政坛双星吕不韦与李斯》(以下简称"政坛双星"),邀约我写弁言,情谊所在,遂借此版面,讲两个问题:一是关于历史知识的传播途径问题,二是我理解的"政坛双星"成功所在。

一、历史知识的传播途径及其可喜的拓宽

今天百家讲坛历史课题的讲座,对史学知识的传播和普及,是前所未有的新形式、新方法,为什么这样说,不妨回顾古往今来历史知识的传播史。

在古代,历史知识的传播对象是社会上层,而将民众放在非常次要的地位。我们知道北宋司马光著《资治通鉴》、明代张居正撰《帝鉴图说》,都是特为帝王写作的;三国吴主孙权说他努力学习"三史"——《史记》《汉书》和《东观汉纪》,并教导臣下阅读史书和兵书;清朝皇帝以恭读前朝《实录》《圣训》为日课,习史成为必修课。史馆修史、编纂《一统志》,将人物传记草稿晋呈,乾隆帝亲自审定,可见帝王重视史书的编写和学习。在科举制度下,士子钻研的就是经、史二科,科举考试也以此为内容,所以士子把相当大的精力放在史书的学习方面。事实表明古代历史知识传播是在上层社会人士的书斋、学校进行的,这是主流传播方式。

古代历史知识在民间的非主流传播体系,主要出现在四种场合:大众娱乐场所,如宋代的"瓦子",民间艺人说史,"说三分""说五代史"之类,并形成演义类的史书——《三国演义》,类演义的《平妖传》等;佛寺"俗讲"的说佛史、

僧侣史、孝僧史;村落、家庭的讲史,诸如家族史,家族世系歌,各种历史传说,历史记忆;政府倡导举行的村社、乡约聚会,宣讲"二十四孝"之类。可见,古代民众所得到的历史知识,掺杂许多演义的成分,所以自古以来,民间常常把传说、演义当成真实的历史。

现代主流传播系统,手段多样化,因而受众骤增,动辄上亿,火爆情形为古代社会所无法比拟,也无法想象。传播体系:大学历史学系,是专业性的,培养史学人才,此外高等学校尚有历史公共课,中学亦设有历史课程。大众化的历史读物:深入浅出的"历史小丛书",图文配合的"图说历史",普及本历史读物层出不穷,如20世纪90年代商务印书馆推出的"中国古代文化丛书""中国古代生活丛书"。讲座类型最引人注目,其中有历史内容的,我知道的有三类:学术讲座,如香港凤凰卫视的"世纪大讲堂";通俗讲座,有央视的百家讲坛,北京卫视的中华文明大讲堂,陕西卫视的"开坛",河北卫视的"文化大讲堂"等;中共中央政治局常委集体学习中的历史、国情讲座。

现代影视、图书传播系统:正说历史剧,秦、汉、唐、明、清等朝代的帝王戏充斥影视剧舞台;戏说历史剧不胫而走;历史小说很多,如二月河的康熙、雍正、乾隆三帝的长篇之作,历史小说与历史影视剧的创作关系密切,小说《雍正皇帝》成为电视连续剧《雍正王朝》的创作蓝本。

历史知识的传播,从书斋、课堂、戏院、剧场,进入到广播电台,特别是电视台,从以绢帛、竹板、纸张为载体,进到以影视片、光碟为载体,主流与非主流传播系统有合流的趋势,读者、观众、受众大量增加,历史知识向普及方向快速发展。这种转化,亘古未有,意义非同小可。由此我想到:

(1)史学工作者应为史学知识大众化而努力。史学研究者需要走出专业的小圈子,要把研究成果让大众来分享。治史是为大众提供历史知识,令史学知识成为大众文化的应有内容,史学书籍应兼备知识性、故事性、通俗性、可读性,以适合大众要求。史学家应当走进通俗性讲堂,撰写通俗读物,以满足大众对历史知识的需求。

(2)给历史知识传播者以应有的尊重地位。百家讲坛的演讲者,被某些人戏称作"说书人",也有学者不屑于上这种讲台,认为层次不高,有失身份,或被人议论为不务正业。因为在古代瓦子里说书的,是学问不多的人,没有功名,社会地位低下,让人看不起,可是今日的演讲者,是专家学者,是大学教授,他们乐于做历史知识的普及工作,是大好事,应当欢迎,应当尊重,应当感谢。任何蔑视,均是不达事体的。

(3)准确认识文艺作品、影视历史剧传播历史知识的作用,是值得思考的事情。古代说书人、话本、历史演义、现代历史小说、历史剧、历史题材的影视剧,都起到传播历史知识的作用,并以其知识、艺术形式娱乐受众,虽然有编造历史、歪曲历史的一些问题,但从另一角度观察,史学家和社会应该感谢文艺家对某些历史知识的传播。

民众以各种方式接受历史知识,是中华民族喜好历史这一传统与特色的表现。中国人之重视、喜好历史是有传统的,为中国特点,与任何国家不同。自孔子作《春秋》,司马迁著《史记》,以后历代形成的“二十四史”“二十五史”,史书代代相承,不绝如缕。有史籍记录我们的历史,传承我中华文化,史学发达,中华民族值得为此而自豪。我国邻邦南亚诸国的中古历史,要到中国人的记载中寻求历史资料(如玄奘的《大唐西域记》),难道我们不为此而庆幸吗?我们充分认识到历史的重要性,用为立国的资源、爱国的情怀、智慧的源泉、生活的乐趣。国人需要历史知识,大众传媒与此相配合,相得益彰。企盼以后传媒与学者结合得更好,把多姿多彩的历史呈献给受众。

二、时代、人物特征的把握以及历史对后人的启示

“政坛双星”说的是吕不韦和李斯,他们是历史名人,但远远不是家喻户晓的人物,不像秦始皇、汉武帝、唐太宗、康熙帝、乾隆帝那样为大众所知,立群讲解这两个人,能否为受众迅速接受,实是难题。然而他一开讲,我就感到非常成功,及至讲毕,回味整理,印象深刻:看准故事,提炼故事,揭示故事的警世内涵,予人有益启示;演说故事,层层剥笋,娓娓道来,打动人心。

时代背景的把握。历史人物生活在特定的社会环境之中,是“时势造英雄”,还是“英雄造时势”,不必管他,反正人的活动离不开社会环境。吕不韦、李斯生活在战国时代,时代的特点就是社会动荡,社会制度、社会观念、社会生活处在大变革之中,用今天的话说是“社会转型”时期。立群开宗明义,指出吕、李所处的时代特征:“战国时期,社会发生了很大变化,经过各国的变法与改革,传统的贵族宗法制度和等级制度松动,下层人获得较多的改变自己身份地位的机会,由于社会活化,人们追求金钱、利益的机会增多,出现了空前的拜金求利之风。”立群向读者、受众说明,社会的变动,给予人们以活动的空

间,允许人们创造力的发挥,才能够使得社会下层的吕不韦、李斯,登上政治舞台的中心,创造有声有色、惊心动魄的历史。

领悟司马迁史识之精髓,抓住吕不韦、李斯人物的特质。吕不韦弃商从政,一跃而成政治家;李斯奉行"老鼠哲学",由小吏而位极人臣。吕不韦原本是一个成功的商人,但是他不以获取金钱之利为满足,他想从政,谋取极大利益。如何迈进政治门槛,他以商人独有的投资观念和不怕风险的勇气,以锐利的眼光选中了子楚(异人、秦庄襄王)——秦国派到赵国做人质的王孙,表示要把他扶持到王位,致使子楚愿意以秦国半壁江山奉送给他。这是他走向政坛的第一步。第二步是提高子楚王家地位,以便有可能异日称王。第三步教导子楚应对技术,取得父亲、嫡母的好感和爱护。也是天从人愿,孝文王在位不多天死去,子楚继承王位。第四步,子楚实现诺言,用吕不韦为丞相,封为文信侯,食邑十万户,三年后嬴政继位,更尊吕不韦为"仲父"。吕不韦政治投资的获利真正是超乎寻常的。小吏出身的李斯观察厕所之鼠与仓廪之鼠,处境、享受截然不同,关键在立足于何方,由此想到人生,要善于自处,遂决意谋求上进,以摆脱卑贱穷苦状况。入秦为丞相,辅佐秦始皇,卒成帝业,他的儿子尚公主,女儿嫁秦公子,李斯如愿以偿。司马迁为吕不韦作传,就从他与子楚关系入手,写李斯传,是从"老鼠哲学"的感悟开始。立群熟读《史记》和其他典籍,与司马迁一样找出吕不韦、李斯的历史特点,让人明了他们是什么样的人。

善于解剖典型故事。立群将"老鼠哲学"贯穿于李斯一生的行为,不必细说了。他讲吕不韦筹划投资子楚之初,未下决心之前问计于其父,提出三种不同职业的获利问题,乃父简洁地回答"十倍""百倍""无数"六个字,讲出要害,令吕不韦决计投资到子楚身上。立群剖析六字诀,故事既典型,又生动,焉能不引人入胜。这就是深入浅出。把六字抓出来,就是找到故事的核心与主干,细节还要演绎、丰富。立群认为讲历史时,适当的演绎是必要的,以免枯燥,也便于让历史与大众对话。善哉,立群! 历史与受众的知心人。

历史启示,警示后人。立群笔下的吕不韦、李斯,他们精明,善于捕捉时机,能够当机立断,都是成功者,皆达到初衷,然而也都是失败者,下场均很悲惨。立群将人物的性格、人品、命运联系在一起,看李斯的人生历程,可以用这样的公式来表达:

追求(动力)——奋斗——保位固宠——深入骨髓的自私自利

对其悲惨的下场，人们指责秦二世的昏庸、赵高的凶暴，但是不同情他，在于他的行为不足为训。这正是立群所要告诉读者、受众的。他认为这就是历史经验，人们会从中汲取人生的经验教训。

立群所给我们的，是他三十多年历史研究和教学的结晶，他所开设的"中国古代史"课是南开大学示范精品课、天津市精品课。他的成功，哪里是偶然的呢！我还有一种感觉，在百家讲坛上，立群的讲座不仅有故事性强的特点，逻辑分析与认识高度也令人击掌，应当说学术性很强，可以说高出于他的某些同侪。

出书时间的匆促，使立群来不及润色文字，和对个别论点进行斟酌，只好留待再版之时了。我知道立群有这个心愿。

我就说到这，还是请读者去品赏作品吧。

（2007 年 3 月 29 日匆草于顾真斋，载孙立群著《解读大秦政坛双星吕不韦与李斯》，中华书局，2007 年）

深入学理分析和强烈现实关怀的中朝关系史专著
——吴一焕著《海路·移民·遗民社会——以明清之际中朝交往为中心》序

　　韩国学者吴一焕教授的专著正在印制中,读者将见到四百年前(明清之际,16、17世纪之交)中朝(中韩)关系史上一个令人饶有兴趣的侧面:海上交通的开展与明朝人的移民朝鲜。

　　要读吴教授的书,不妨从他来中国游学、留学说起。他于1992年春天到南开大学做访问学者,一年后转为博士生,这部专著,就是他的博士学位论文的增订润色本。中韩建交是在1992年9月,记得这年冬天我去韩国出席学术研讨会,到北京办理赴韩签证,其时签证处是在一个不起眼的写字楼里,似乎韩国大使馆处于草创时期。一焕博士在这种背景下,率先来到中国求学,是中韩关系新时期的留学生先行者,而后韩国留学生不断增多,就以在南开大学而言,人数在各国留学生中名列前茅。一焕不仅是新时期韩国来华求学的先行者,这部专著,对明清之际中朝关系史的研究,亦为开创性之作。值此出版之际,我来说该书的一些特点和出自师生友情道贺的话,也是为与读者共同欣赏这部作品。

　　明清之际的中朝关系,处于极其复杂的政治局面,其时中国方面是后金(清朝前身)的兴起与不断壮大,占据辽东,掐断朝鲜与明朝的陆路往来通道;明朝在与后金的斗争中节节败退,乃至被清朝取代;朝鲜屡遭清朝的侵犯,沦落为清朝的附属国, 可是因为感戴明朝援助抗倭和儒家文化信仰的共识,一心向往明朝,争取保持原先的宗藩关系,而鄙视新的宗主国清朝,因此其处境极为尴尬。在这两国三方势力的纷争中,朝鲜重新开启在明代前期、中期被明朝封闭的海上交通线,保持与明朝的联系;对于辽东战场难民的流入,朝鲜虽非所愿,亦未拒绝,而对反对清朝、忠于明朝的明人遗民的入境,则取同情的态度,予以优待。一焕在把握这种历史大背景前提下,重点论述海上交通的重开,明人移民的流入及其群体(宗族)活动与朝鲜王朝的态度、政策。

该书结构清晰明了,全书由三章及绪论、结语构成,三章标题分别是:明末清初辽东的形势与海路的重启;明末清初辽东移民与明遗民的东渡朝鲜;明末清初在朝鲜的明移民与遗民宗族社会。其结构逻辑是中朝海上通道的启动——明人移民的流入朝鲜——移民社会的形成与朝鲜政府的对策,这样层层揭示,一步步深入,就能将研讨对象的真实状态呈现在读者面前。

关于海上交通重开及其路线问题。本来两国交往以陆路为主,明清之际由于陆上通道的阻塞,汉城(首尔)与北京的联络,只好依靠海路。吴氏考察中朝历史上四条海上通道:辽东沿海航线、黄海横断航线、东海斜断航线和中国沿海航线。一般而言,前三条航线在唐以前就已开通,而第四条航线则在元明时被较多地利用。明清之际的海上之路,从朝鲜黄海道海岸经中国辽东沿海、山东长山列岛,到登州上岸。由于明将毛文龙在皮岛的势力,成为朝鲜王国政府与明朝帝国政府联系的居间人,明朝辽东督师袁崇焕为削弱毛文龙势力,不许朝鲜使节到登州,而要到锦州登陆。一焕以其对中朝两国三种政治势力错综复杂关系的认知和深厚的海上交通知识,阐明明清之际海上交通线的变化与路线。世人云,21世纪世界的格局,是大国争夺海洋和太空霸权,因此人们应该有海洋意识。一焕写此书,自然与"海洋霸权"不沾边,但是海洋意识则是鲜明的,因此我佩服他研究相关问题的学识。

"政局的巨变不仅使两国间交往的路线发生了改变,也导致原来单纯的贡道转变成移民通道","辽东的战乱与海上交往的开展等,导致明末清初出现新一轮的赴朝移民高潮"。贡道变成移民之路,成为移民潮的见证。一焕一针见血地指出交通变动带来的社会人世变化。在明朝与后金的斗争中,生活在辽东的汉人平民和军士,因战争局势的变化,有些人从海道流落朝鲜。这种移民,一焕依据他们对待明朝、后金的态度,区分为四种类型:一是1592年壬辰倭乱时,为抗倭而进驻朝鲜的大规模明军中残留的一部分将士及其后裔,或称"留民"。二是后金渐盛,1620年到1629年间毛文龙在辽东沿海和皮岛开展海上活动,大量辽民从海上涌到皮岛,并转徙朝鲜所形成的辽东流民。三是被清军掳到沈阳后,作为人质的朝鲜世子凤林大君及其官员回国时带走的明朝人。四是明朝灭亡后,为反抗满洲族统治而移居朝鲜的明遗民等。对第一、三、四类移民,一焕认为他们和他们的父祖多是有身份地位之人,反满信念较强,可以将他们通称为"遗民"。这样,明移民主要由流民和遗民两大类构成。一焕的归纳分析,对移民的分类,无疑是符合历史实际的,应当说是准确无误的。不过要指明的是,"留民"与后金没有直接的关系,那是明朝援助朝鲜抗倭战争的产物。

移民在朝鲜定居以后,形成了一个移民社会。一焕就遗民的尊祖与祭祖活动,理清了遗民祭祖的几种形式:私家祭祀、官助本家祭祀、非家族报恩祠堂祭祀等;遗民家族的修纂族谱及其口碑谱、笔谱、刊谱的类型;家族训教的制定,家族教育的特色;遗民纪念明朝的活动。一焕论证遗民群体活动出现的原因与特点,特别指出遗民的宗族观念与在中国本土人士有所不同,没有严格的血缘观念,主要是对中国先人的怀念,异姓共同建设报恩祠堂,缅怀祖先,保持中华文化的认同。而朝鲜政府对明遗民采取优容政策,称他们为"皇朝人",大部分流民则成了"向化人""归化人"。一焕就此作出总体评价:"朝鲜国王对中国移民采取了积极的宽容态度,中国移民也对朝鲜的思想文化发展做出了相当大的贡献。"

附录地图的特色。此书有十二份图表,其中有四幅地图,即"古代中韩主要海上交通图""明清之际海道演变图""明遗民东来居住地域图""崇明报恩纪念祠宇与明遗民祠宇分布图"。一焕十几年前研究郑和航海史和南洋史,关注航海图,现在兼任庆熙大学惠静古地图博物馆学艺研究室室长,对古地图多所研究,难怪他能提供海道演变图及如数家珍地演绎明清之际中韩航海路线的变迁。用地图给读者形象的历史知识,加深读者的印象与理解,作为读者我们实在是很幸运的,为此我要感谢该书的作者。

强烈的现实关怀。一焕说:"东北亚曾经以中国为中心的观念格局已为世界化所取代,在处于这种变化当中的今天,辽东地区的状况,却与明末清初颇为相像。由于朝鲜的存在,中韩之间的陆上通路被阻绝,中韩建交前后,两国利用辽东大连、山东威海等明末清初业已利用的海路进行交往。民间的来往越来越普遍。因此,考察明清之际明鲜两国间的交通与明移民问题,除了它的学术意义外,或许能引起人们对现实问题进行思考。"诚然,四百年前后的中朝(中韩)关系史,在两国政治格局方面出现类似的情形,似乎历史在重演,不过近期的两国三方,是朝鲜半岛上存在大韩民国和朝鲜民主主义人民共和国两个政权,形成两方,与四百年前不同。新近的中韩建交由于半岛北部的阻隔,两国的交往,又不得不重新启动海上交通,令轮船成为经贸交流的主要交通工具。与此同时,是中国人再次移居韩国,产生新的"移民潮"。我于2004年夏天赴韩国参加学术研讨会,行前在韩国使馆签证处办签证,目睹中国投亲、婚配的民众在专门的窗口办理签证,人数比办理公务者多得多,拒签的情形亦不少。

我说一焕学术研究的现实关怀,是指这样的两个方面:一是与新时期中韩交往的大趋势合拍。试想中韩建交之际,急需开通海上通道,以适应经济、文化交流的需要,一焕值此之际,写作四百年前后的海上交通史,是自觉或不自觉地为今人提供借鉴资料,说明海上交通的历史意义和现代社会的重要价值。二是对在韩国华人移民的关切。一焕不仅考察明人在朝鲜的处境,并进而研究明代以来华人移民朝鲜与移民南洋的历史,有意思的是他对朝鲜、南洋华人的处境作出比较,发现两国(两地区)有着显著的差别,形成鲜明的对照。认为往朝鲜的遗民是政治型的,未致力于经济力的发展;而去南洋的移民是为谋生,是经济型的,故而日后具有强大的经济力。至于现实中的韩国华侨势力微弱,一焕就韩国政府的华侨政策作出探讨,并指明进一步思考的方向。

一焕对自己的研究仍有新的追求,他在结论部分写道:"如果更进一步,我们还必须设问,单一民族国家与移民社会关系究竟如何呢?韩国移民与南洋移民的不同后果是否与移民自身的特点以及移出地区不同的区域文化差异相关呢?还有,为什么大多数明遗民点都分布于韩半岛南部?明遗民对当地社会、文化和历史又产生了怎样的影响?壬辰之乱后明留军中的遗民与甲申之变东渡朝鲜的遗民的关系又怎样?由于不同原因前往朝鲜的移民对当地社会影响又有什么差别?遗民们在朝鲜处理与清朝的关系中又发挥了怎样的作用?如此等等都需要我们作进一步的探讨。这也更进一步表明,本书的研究只是一个开端,有待笔者继续致力于这一课题的研究,同时也切盼有更多的学界同人关注并加入到这一课题的研究中来。"对已经取得的成就不满足,表现出学者虚怀若谷的学风和态度,这就是前进的动力。因此有理由相信,一焕会有新的研究成果贡献于中韩学术界,贡献于有兴趣的读者。

我说一焕博士的书具有"深入学理分析"和"强烈现实关怀"的两大特点,令这部著作成为高品味的学术专著。究竟如何,个人浅见不算数,还是请读者去品评吧。

(2006 年 11 月 30 日于顾真斋,载吴一焕著《海路·移民·遗民社会——以明清之际中朝交往为中心》,天津古籍出版社,2007 年)

从宗族与婚姻形态理解汉代皇权
——阎爱民著《汉晋家族研究》序

对于西汉太后专权和两汉外戚擅权的历史现象,在十五年前同爱民弟谈过我的意见,认为是中央集权制建立与发展过程中皇权远未膨胀到后世那样程度,皇家需要外戚的支持,故而母后和外戚得以干政。我这样的想法,有一些事实的根据,如皇子、皇孙养在民间时从母姓(或者说被人如此称谓),但是更多的是推理成分让我作出此种判断。我隐约地感到是皇族组织和力量的不够强大,然而并没有去深入思考这个问题,而且我的学养不足,也不可能去进行研究。现在好了,爱民弟的《汉晋家族研究》,从家与族关系、家族发展状态、婚姻形态等方面进行了汉晋家族史的整体研究, 从而令我的疑问基本消释了,这是我阅读这部专著的一个感受,是一种学术性的享受,故而首先把它讲出来。感受是多方面的,我愿意再说一些。

爱民经过深入细致的研究,寻觅到汉晋社会婚姻形态、家族结构和家族制度的特色,认为这是一个新旧交替的变化时代,是清除原始婚姻习俗、取代家族的"后氏族"特性而使得家族制度完成重新构建,进入一个新时代。他是继承前贤关于商周是中国古代血缘组织演变的一个重要阶段的学术成果,提出汉晋是又一个重要转变阶段的见解。研究汉晋时期婚姻、家庭、家族的转型问题,是大题目,他立论宏博,诚堪学术界的重视。

他的这个宏论,建立在两个具体论点的基础上,一个是汉代婚姻家族颇有上古社会的遗风,用爱民的话说是:"汉代去古未远,在婚姻形态和家族制度上带有很多'旧'的特色。"他认为汉代婚姻方式上带有不少原始习俗,皇家贵族阶层普遍存在世亲婚及媵娣婚现象,民间个体小家庭的出妻离异相当随意,有"走婚"的遗习;在亲属世系方面男女双系出现不平衡的并重性,虽然以父系为主,但是母系也占重要地位,又以"属"论亲等,时或包括外亲,有二元特征;家长权轻,父家长权力尤其不充分,而母亲权力占有相当重要的成分;家族的父系为主、母系为辅的双重性,表明远古时代的许多氏族因素保留在汉代家族组织之内,因而称之为"后氏族时代"的家族。爱民的第二个具体论点是，魏晋是家族制度重新构架的时期，新的人际关系的社会规范开始确立，对后世家族的影响至巨至深，这时严格婚姻之礼和对门第婚的重视，从根本上克服了汉代婚姻方式上的原始因素，因服制论亲属，确立了重宗亲、轻外亲的亲属结构的基本格局，特别是"礼入于法"、以服制论亲等，成为魏晋时期家庭、家族、婚姻制度变化中最重要的内容。

爱民的观点是通过微观研究得出的，做了一些细小题目，综合产生比较大的认识，比如李世民在玄武门之变过程中，去见唐高祖，跪着吸吮父乳，包括我在内，很多人知道这个故事，我就有疑问——李世民为什么这样做？但是没有求其解。爱民则作出专题研究，写出《〈资治通鉴〉"世民跪而吮上乳"的解说》一节内容，认为这是中国古代"乳翁"遗俗的表现，李世民在杀兄屠弟之后，去吸食父乳，表示不忘父恩，不会虐待老人家。这就作出我们可以接受的合理说明。正是有了这类细致研讨，爱民才能得出他的宏观结论。

为人笃诚，是了解爱民的人的共识吧？至少我是这样看待他的。比如说在学术职称的晋升方面，哪个人能不重视哩！我想爱民也不例外，但是他确实看得淡一些。好几年前的一次晋升副教授工作，学校开始申报后，爱民并不知有此事，还是系办公室负责人通知他才知道的。换上别人，这种事消息灵通得很，早就申报了，早就从事各种疏通活动了。在这种情形下，爱民能不吃亏吗？天晓得！我在这里写这种事，不是赞美人的"傻气"，以为那是人生可贵的价值取向，而是要说爱民的诚实为人，体现在他的学术研究上，没有浮躁之风，因而他的学术见解似乎是可信的。当然任何学术观点都不会是定论。学术研究本来就是探讨性的，见仁见智而已。我只是想说，诚恳的人在学术上也不会欺人，故而表示对爱民学术研究成果的信任。

（2004 年 10 月 19 日晨于顾真斋，载阎爱民著《汉晋家族研究》，上海人民出版社，2005 年）

执着追求与严谨治学之作

——刘毅著《明代帝王陵墓制度研究》代序

刘毅贤弟将《明代帝王陵墓制度研究》书稿拿来，要我写序，我理解、尊重他的情谊，但是当时没有答应。人贵自知之明，我不懂考古学，从未研治过帝王陵墓史，哪里有资格为这部运用考古学、历史学结合研究的成果——《明代帝王陵墓制度研究》作序！鉴于友情，我将书稿留下，表示思考一下再说。

现在我写序了，不过不是真正意义上的"序"，名曰"代序"，仅是想说两句心里话：一句是推荐该书出版的话，一句是表示我对刘毅弟佩服的心情，而且主要是为说后一句话而不得不说前一句话，因为既然就该书说其作者的追求，怎么能不说这部书呢！

第一句话很简单，我将推荐信原文照录于次：

> 刘毅教授的书稿《明代帝王陵墓制度研究》，是第一部关于明代帝王陵墓系统研究的学术专著，论述了明代皇陵、王陵的陵园制度、玄宫制度及其特征与演变，并通过纵通(帝王陵墓的明代与古代、清代的比较)、横通(明代皇帝陵与亲王陵的比对)的比较研究，首创性地提出明代皇陵制度与前代相比是创新多而继承少的见解，具体指出明代山陵建于山阳慢坡处，注意穴点和周围环境的选择；皇陵陵宫确立全新的平面布局，其结构为"前朝后寝"；陵祭比前代发生根本性变革，取消寝祭，突出殿祭，甚至陵墓之祭重于太庙之祭；天子玄宫用石材建造，亲王用砖石混合材料，体现社会等级差异。鉴于该书稿是一部历史学、考古学研究结合的颇具学术建树的陵墓史专著，特予推荐，建议出版，以飨学术界和读者。

第二句话，句子长一点，然而也有限。

1999年6月，这部书稿的初稿，作为刘毅的博士学位论文被答辩委员会通过了，至今算来，已经整整五年又一个季度，一般的情形，书稿早就会变为著作问世了，可是刘毅才将它交给出版社，最快明年始可见书。见他不着急的样子，我倒有时间问加工修饰的情形。他当然不是不想早出书，但是有个原则，就是对书稿修改提高，精益求精。他在补充资料，丰富已有的见解。而这种充实，不只是图书文献的，更多的是田野考察、文物调查，这自然要大费时日和精力了，且不说经费的筹措。举例来说，2002年10月我们一起去桂林出席学术研讨会，会间去明代靖江王陵园考察，我的"考察"不过比一般性参观多用点心，他则不然，对所要获得的信息，先作详细的调研提纲，进行目的性极强的实地调查和访问，我们只在那里停留了几小时，他不满足，又专程去继续察看。今日我们看到书中第三章第一节第一目之第七子目《靖江诸王陵园》，他奔波的辛劳情景立即显现于我的脑际。同章的《明代亲王陵墓资料表》《明代亲王妃墓葬资料表》等四个表，莫不是这种艰苦劳作的产物。时下社会的浮躁之风愈演愈烈，谁都知道，博士论文的出版，就意味着职称、津贴，甚而至于住房，当然越早推出越好，刘毅不慌不忙，他不是嫌钱烫手，而是要保证著作的学术质量，他在追求学术的高品位、高质量。

刘毅在本科学的专业是政治学，他同时在南开大学历史学系学习历史学，获取双学位，所用的时间亦是四年，与只学一个学科的同学一样，可知他的勤奋于学了。两个学科，改善了他的知识结构。他毕业后进入历史学系博物馆学专业工作，这是又一个专业领域。博物馆学知识结构庞杂，涉及到自然科学与人文学结合的考古学，他又投入进去，进行相关知识的补充和从事新领域的课题研究。不时听他讲，到浙江什么什么地方去了，到河南、陕西、山东哪个地方去了，到考古发掘工地去，带领学生去哪个博物馆实习去，到什么遗址研究课题去，总之在校外的时间很不少。他的专业，要求他将文献资料与考古发掘结合起来，他克服种种困难实践着这种要求。跑田野——辛苦，费神，出活难，他从来不计较这些。这样，他的知识结构不断完善，从而能够胜任他的工作，提高学术研究的品质。他现在是天津市文物鉴定专家组成员，学政治学、历史学出身的年轻人，取得这样的成就实在令人为他高兴，当然更佩服他了。他在书上讲研究方法是王国维提倡的"二重证据法"，即文献资料与考古发掘材料的结合，不过他更是以考古调查和发掘资料为基本依据，结合明代以来的文献记载，进行实物与文字材料互勘、互证，写出他的书。他的这种多学科结合研究，令我们可以信赖他的研究结论。刘毅被文物界接受，特别是被陶瓷史学界认可，是完全凭着他的学术实力打出来的，是挣出来的。

我常想，我所在的南开大学中国古代史研究群体享有的声誉，是我的老师郑天挺、杨志玖、王玉哲、杨翼骧等教授开创的，郑天挺师在1980年举办改革开放以来首次大规模的国际明清史学术讨论会，令学术前辈、同龄人知道我们，给了我们展示的机会，我们就容易冲出去。老师早走了，但留给我们恩泽，让我们享受余荫。可是刘毅和我们绝然不同，他缺少群体的资源，在他身边没有人能够拉扯他，他必须自己闯，用他的学术见解、学术成果感动同行，去接纳他。他三十岁出头，成为陶瓷学会理事，这是奋斗出来的，是学术实力的体现，当然也体现出陶瓷学会作为真正学术团体的品格。我在这里写这些，既表示对刘毅治学的认识，也是对陶瓷学会的敬佩，虽然我对这个学会了解得极其有限，极其无知。

最后，我愿意说：刘毅能写出这样的好书，在于他的勤奋，他的知识结构较为完善，他对学问的执着追求和严谨的学风，这样的治学态度和精神，可以预期，他还会有新成果贡献给学术界。

（2004年10月7日写于顾真斋，载刘毅著《明代帝王陵墓制度研究》，人民出版社，2006年）

163

糖史研究新方向之作

——周正庆著《中国糖业的发展与社会生活研究——16 世纪中叶至 20 世纪 30 年代》序

从文化方面(确切地说是从观念文化方面)研究糖史,季羡林先生的名著《文化交流的轨迹——中华蔗糖史》开了先河,他将糖作为文化载体讨论中外文化交流;如今周正庆弟在糖的文化史探讨中别开生面,进入糖与民众社会生活关系的领域,令人知晓糖与民间日常生活、与风俗习惯、与人们社交诸多方面的关系,以及人们在糖的使用中如何认识糖,使得糖的文化史研究大大地丰富起来,步入新境界。他的专著《中国糖业的发展与社会生活研究》付梓之际,要我写序,我亦因了解他研究的艰苦过程,乐于讲点助兴的话。其实要说的话只有两句,一是从耳闻目睹所体验的糖同 20 世纪民众生活的密切关系,来验证正庆的学术观点;二是从学理上说明我所理解的此书的学术价值之所在。

20 世纪 30、40 年代之际,童年的我生活在江苏农村,其时目睹农家婚嫁,给贺客派送用洋糖、面粉、瓜仁、核桃仁做成的云片糕;及至 50 至 60 年代,我辈同龄人在城市结婚,婚礼的主要食品是糖果,甚至要剥开包装的纸衣,送到来宾的手中,送亲友的礼品也是糖果为多,名曰"喜糖";70 年代糖果在婚礼中仍然具有这样重要的地位,80 年代,尤其是 90 年代以来婚礼中依然派送糖果,不过变成象征性的喜庆物品了,食用价值大为降低。婚礼如此,人们交往中也离不开糖果,60、70 年代副食品稀缺,糖果成为探亲访友的送礼佳品,上海"大白兔"可能因含有奶油而走俏,亲朋同事从上海来,得到一两粒,颇能增加喜悦气氛,80 年代有人子女出国求学,是大喜事,赠送同事巧克力,是颇有面子的事。60 年代我同过继母亲一起生活,每年正月初一早晨冲一壶糖开水,全家一块喝,表示甜甜蜜蜜,希望生活美满,这是家乡的习俗带进了异地城市。

50、60 年代之交食物匮乏,1960 年冬、1961 年春,我在河北农村参加"整风整社运动"(反"五风"),每天食粮四两(农村语汇"四大两"),春天听说大城市开放奶糖,让工资高的人购买增加营养,我身在农村,买不到也买不起那种糖果,"望洋兴叹""望梅止渴"的感觉均未产生。我讲这个故事,表明糖在人们心目中的营养价值。90年代的某一天我在游泳馆更衣室,见一位泳者在洗澡后晕倒了,众人忙向馆方找白糖给他冲水喝,他喝后清醒过来。我的同窗好友魏绩文兄在50年代和他的友人合写《一杯糖开水》(湖南人民出版社1957年版),说的是一位乡村教师带病上课,学生很受感动,并认为"害病的人最爱喝糖水",因而在课间跑到供销社买来白糖给老师泡糖水喝。糖能治病之说,令我想到《儒林外史》第六回《乡绅发病闹船家》的故事,严贡生在船上忽然头晕、恶心,吃了几片云片糕,放了两个屁,登时好了;剩下的云片糕叫船家偷吃了,他遂以其是人参、黄连合制的药讹赖船家。这两个故事反映18世纪以来人们就懂得糖对治病有些许的作用。

上面这些体验和阅读文学作品而获得的知识是:糖与人的关系密切,涉及到生活的方方面面;同时还得知,糖对人的作用,也即糖的社会功用并非是一成不变的,今人不就怕多吃糖了吗!因此糖与人的关系在演变,这种历史,就值得认真研讨。糖与人的关系,我仅仅是体验,作为引子,过渡到正庆的学术研究上来,且看他是怎样说的。

为了讨论糖与民众生活关系的历史演变,《中国糖业的发展与社会生活研究》的结构,由具有逻辑递进关系的六章组成,前三章论述16世纪中叶至20世纪30年代的糖业生产、销售发展情况及社会功用,第四章叙述糖在饮食、医疗中的应用,后两章主要探讨了由于糖业的发展,从清中期(18世纪中叶)以前糖作为奢侈品到清中期以后作为民众生活普遍用品的变化过程、对社会风俗的影响,以及糖的文化性论证。就本书的内容讲,前三章是基础,是铺垫,后三章是引申,是论点、论据的呈现,是精华所在,可以说本书通过对16世纪中叶至20世纪30年代糖在生产与物流方面,民众在时令民俗、饮食习惯、医疗等方面的用糖,以及糖对精神文化方面所产生影响的研究基础上,总结出糖的精神文化内涵,即糖在全国被赋予的文化意义,以及在全国形成的特有的文化观念,从而多层次地反映这个时期的民众生活。本书的篇章结构和内容大体如此,下面想谈谈我所理解的正庆的学术贡献,与有兴趣的朋友交换意见。

正庆的主要学术贡献,我以为是糖文化理念及其三个层面观点的提出。他认为"糖文化"就是在16世纪中叶至20世纪30年代,民众在普遍用糖的基础上,经过长期的演变形成的一套具有共性行为的用糖习俗,以糖寓意,表达精神寄托,反映文化理念的社会大众文化。他的三个层面说,一指糖的物质性。二指共性的民众习惯用糖行为,即民众在长期用糖过程中所形成的具有共性的习惯用糖行为,也即是民俗给糖赋予文化符号的过程。历经16世纪中叶至20世纪30年代,将近五百年用糖史的演变,民众通过饮食、节令糖制品、民俗馈赠制品,赋予了糖一种精神含义,并且形成了一套广为民众接受的用糖消费礼俗,使人们知道在不同的时间、地点、条件下应该使用糖的品种,用糖的行为方式及其不同的含义,这就是民众为糖及其制品赋予文化符号的过程。三指糖的精神文化理念,就是糖的精神形态性,是糖的精神理念的总结和升华,包括糖在使用中所体现的价值观念、思维方式、审美趣味、语言文字、民族性格等。他言之凿凿,有论有据,自成一家之言,特别是将16世纪中叶至20世纪30年代全国各地的用糖节令民俗、礼仪民俗归结为以喜庆为主,糖成为全国表达喜庆的共同符号的观点,应当能够为学术界所接受,能够被读者理解。

正庆的另一个贡献是对16世纪中叶至20世纪30年代的糖业商品生产作出较为全面的考察,首次将糖业商品生产的发展,划分为三个不同的发展时段:17世纪初,为糖业商品经济初步形成时期;17世纪中叶至19世纪中叶,为糖业商品生产进一步发展时期;第三个时期,19世纪中叶至20世纪30年代,为传统糖业衰落期。他对这三个不同时期的糖业商品生产特点作了总结,基本理清了这个时期糖业发展的概况。

正庆的另一个难能可贵之处,在于对16世纪中叶至20世纪30年代的糖业物流情况作了初步系统的清理,指出全国的糖业营销网络,主要由广东的糖业、江南的糖业、华北的糖业和西南的糖业销售网络组成,并且形成了各自的糖业营销特点。糖,进入民间,到达民众之手,为民众所用,才能形成糖文化。然而糖的物流史,似乎没有多少学者关注过,正庆就此弥补研究空白,功不可没。

《中国糖业的发展与社会生活研究》解说的对象是糖史,不过透过糖的应用和人们的糖文化观念,有助于我们认识那个时代,正如正庆说的:"揭示糖的文化现象和文化的传承,为人们比较全面地了解16世纪中叶至20世纪30年代的社会生活全貌提供了一些帮助。"所以正庆的糖史与糖文化的论著,是16世纪中叶至20世纪30年代文化史研究的一个成功例证。

正庆的书在史料的搜集与运用、观点的提炼和文字表达方面,仍有一些工作可做,而且应该去做,不过这要留待日后了。我在搁笔之前仍要提出来,是希望正庆不忘学术研究水准的再提升。

(2005 年 12 月 7 日写于顾真斋,载周正庆著《中国糖业的发展与社会生活研究——16 世纪中叶至 20 世纪 30 年代》,上海古籍出版社,2006 年)

明代海外贸易史研究的基础性专著
——李庆新著《明代海外贸易制度》序

　　庆新弟的这部书,我读过初稿、二稿,也作过一点笔录,如今他要我写序,我遂整理笔记,写几句话,表示对他的祝贺和对他的专著的学术理解。

　　庆新专著的研讨对象和观点,以及史料的运用、行文的结构,我将之概述为:以翔实的资料、严密的结构,比较完整地论述了明代海外贸易体制及其从传统制度向现代制度转型的某种趋势,对明代海外贸易史提出诸多原创性见解,成为富有学术价值的基础性专著。所说的创见,系指下列几个方面:

　　(1)明代海外贸易从传统的市舶司贸易向近代的海关贸易转化,实质是从朝贡贸易到商舶贸易的"变态"。这就是庆新在书中所说的:"明中叶国内外形势皆出现重大变化,朝贡贸易萎缩,'弘治新例'出现,显示朝贡贸易体系正在走向崩溃,商舶贸易逐渐主导海外贸易。"

　　(2)明代中后期海外贸易管理制度,在广东方面产生"广中事例",由广州一元中心变为澳门、广州"二元中心",再变为广州国际间的定期集市贸易(就此庆新名其为"交易会",我以它近似于"广交会"之称,有现代化之嫌,建议他斟酌更改,然未有妥善之概括,附说于此)。

　　(3)宦官掌管的提督市舶衙门的出现,与政府的市舶司呈对峙的局面。市舶司的历史受到学者关注,而发现提督市舶衙门的存在与影响,并且论证两者权力的消长和兴衰嬗变,庆新有其功矣。

　　(4)明代海外贸易附属于政治的性质特别鲜明,或者说政治色彩非常强烈。用庆新的话说是:"明前期统治集团把朝贡贸易纳入重建以大明帝国为中心、以海外诸国为藩属的国际外交体系之中,成为明朝'怀柔远人','固番人心,且以强中国'的政治手段,传统的官方海外贸易被赋予政治功能而发挥到极致。"这也实现了他的写作初衷:"把明代海外贸易制度变化置于明朝政治外交与经济发展以及现代世界体系的宏观视野中进行全面而系统的审视","挖掘制度变迁蕴藏的政治文化意义"。

（5）闽、粤海外贸易各自特色的发现。两省在贸易管理上存在重大差别，广东方面允许外国商人上省交易，中国商人出洋往来；福建方面有"月港税制"，只准中国商人出海贸易，而不准外国商人前来通商。广东体制较为灵活，多为后来的清朝所继承，是海关制度的主要渊源。

（6）明代海外贸易出现转型趋势，有利于闽粤地区经济发展，为沿海平民提供了就业机会和谋生途径，刺激并带动了相关经济部门的发展进程，如珠江三角洲等地农业商品化生产与海外市场联系日趋密切，部分手工业生产部门出现出口导向倾向。而朝贡贸易区域民众受差役困扰。

庆新既然讨论明代海外贸易制度的变化，而且发现它从传统向现代转型的某种趋势，逻辑的思维，必然引出中国现代化的道路问题。是的，庆新特设专门章节进行研讨。他不同意"要不是西方列强的侵略，中国可以自主走出一条有别于欧洲的现代化之路"的说法。他认为"现代化"是一个系统范畴，需要一个综合的评估体系来考察，除了经济结构之外，还应该考虑政治结构、社会结构乃至文化结构，而政治结构最为关键。明中叶以降中国社会经济确实出现某些与传统不同的新经济因素，但社会的深层结构并没有什么大的变动，政治领域更是铁板一块。所有制度调适与社会变迁，基本上属于费正清所说的"传统内的变革"。从世界范围看，16世纪以后正是"现代世界体系"的启动之时，东西方对待海洋活动与商业贸易的态度和投入呈现出巨大差异。欧洲挟其社会变革先机，在全球范围内推动资本主义；明朝仍然故步自封，拒绝完整意义上的对外开放与自由贸易，社会结构封闭，政治结构僵化，如何能够实现现代化！

中国现代化是个绝大的课题，是学术界多年讨论不完的议题，庆新研究的是局部范围的专门史，原本可以不关照它，可是他要参加进去，发表自己的意见。这种学术参与的勇气和精神，令我佩服。学术观点，仁者见仁，智者见智，在争鸣中求其接近于历史实际，或者说接近于真理。不参与，怎么去"接近"，人们常说"贵在参与"，我以为用到这里是贴切的。庆新，相信你一定会以史学的求真求实精神，以勤奋和智慧，继续参加学术问题的讨论。

庆新的书，令我不能满足的是关于明代海外贸易主客体的客体那一方历史的交待。讲明代海外贸易，明朝中国是一方，或者说主体一方，与明朝贸易的海外诸国、诸地区为另一方，或者说客体一方，贸易是双方的，贸易史研究，需要对双方都有了解，才能臻于完善，以此要求庆新的书，就不无遗憾了，因为对明代海外贸易的东西洋"受众"缺乏相对充实的说明,对后来的大西洋贸易"伙伴"的解说也有限。我这样说,无异于苛求庆新。确实是苛求!因为不能要求一部著作,把什么事情都讲清楚,尤其是学术界还没有研究的事情,还缺少涉猎的领域,一个人哪里能够做得到,一个人哪里能在短期内做得到!是苛求,为什么还要讲?因为我们在涉外关系的史学研究中有两个弱点,一是中外历史不能同时研究,主要是缺乏世界史的知识,因而很难达到全面性和深入性;二是以我为中心的观念(传统的,然而也是现实的),有时就不得不犯概念化与违背实际的毛病。我有此想法,借庆新给我的篇幅,把它写出来,无非是共勉的意思,以求提高我们的研究水准。事实上,我知道庆新在进行新的追求,他参加海上丝绸之路的课题研究,又为作"华人与东南亚社会研究",去年春节前夕去越南,不是旅游观光,而是踏踏实实地学术考察,就是走中外历史同时研究的路子,这样做下去,怎能不会有长足的进展,怎能不会有新的学术建树贡献给学术界。

庆新做的是制度史的学问,就是要把制度原原本本剖析清楚,尽可能地复原出来,所以他在书中详细讲了明代海外贸易的主管机构——市舶司和提督市舶衙门及其主管官员和太监(难能可贵地列出人员名单),详细讲了那些具体制度,如弘治新例、广中事例、澳票制、月港体制等,所以我才说此书史料翔实,令人明了制度的产生、变化及其实践情形。制度史是史学的基础性研究,与其相关的历史研究都离不开它,都要以它为基础,在它的上面去作深入的探讨。因此我以为,庆新的书,不仅是对明代海外贸易史研究作出成就,同时是明代中外关系史、经济史、区域史、宦官史研究不可或缺的参考文献。

(以上所言系 2005 年 8 月 22 日写于旅次,载李庆新著《明代海外贸易制度》,社会科学文献出版社,2006 年。今日获知,黄山书社表示要再版该书,庆新弟认为图书问世十年多了,需要修订。由此我想到两点,第一,加强明代海外贸易制度对清代影响的说明;第二,延续下来,做清代海外贸易史研究,不知庆新意下如何? 2019 年 1 月 29 日补写)

宗族转型期的一种个案研究
——马斗成著《宋代眉山苏氏家族研究》序

借用曹雪芹写《红楼梦》所说的"十年辛苦不寻常"中的十年时间，来形容斗成弟的写作，我想是贴切的。斗成从开始写作苏氏家族研究，屈指算来，已经超过十年了，他在研究上不停地围着这个主题转，从硕士学位论文和今天的书稿来看，无论是内容的丰腴与分析认识的水平、文字的驾驭能力，都是大大地提高，不可同日而语了。我知道他的教学和博士学位论文都与此论题没有什么关系，他就是把业余的精力全部用到了这个有兴趣的课题方面，而且采取一个一个具体问题的解剖方法，而后去作总括性的研究，陆续写出《宋代眉山苏氏家族祭祀生活探析》《眉山苏氏家族教育探析》《眉山苏氏婚姻圈试探》，以及眉山苏氏婚姻与党争、苏氏家庭经济生活等专题论文，并在此基础上进行综合分析。他的考察研究还有一个大多数学者所不走的路，就是不仅参考专业学者的论著（即过去所说经院学者纯学理研讨的学术专著），更同苏氏家族研究的爱好者、大众文化的研究者结交、讨教。那是学术圈之外的另一个天地，斗成走进去了，被接受了，获得了教益，无疑，他的研究之路有过人之处，所取得的进展是情理中的事情。

对于家族史的个案研究，宋代尚属少见，而中古则颇有一些，诸如博陵崔氏、城南杜氏、范阳卢氏、吴郡、清河、范阳、敦煌四地张氏等均有专著，太原王氏、琅琊王氏、陈留谢氏的研究论文尤多。中古家族史研究之多，有其客观理由，因为其时是士族时代，形成"王与马，共天下"的时代，士族与皇族共同主宰着社会的政治、经济与文化，以及人们的生活方式与习俗。而到了宋代，世道大变，士族已然消失，科举制进一步发展，官僚士大夫步入政治舞台的中央，宗族发生转型，由士族宗族制转向官僚士大夫宗族制。研究这种历史背景的家族个案，不消说，有其独特的意义，那就是家族转型与定型的考察，是中国家族通史研究不可缺少的重要环节。

历史大背景是如此，具体到眉山苏氏，又有其特殊价值。盖因这个家族在转型期的家族建设中，对当时、尤其对后世有着不可磨灭的影响，此其一；其二，这个家族给社会贡献出苏洵、苏轼、苏辙父子三人，在唐宋八大家之中拥有三席地位，他们的诗词、古文、书法自问世以来为人们所喜爱、所宝贵，这份珍贵的文化遗产，无疑将会继续发挥其积极作用，而这样的杰出人物是怎样涌现出来的呢？家族教育自然是不可忽视的因素；其三，作为文学家的大苏、小苏，更是北宋变法中的政治人物，从政治史的角度来看，眉山苏氏亦颇堪研讨；其四，"三苏"，尤其是苏东坡，已经成为大众文化的财富，"东坡肘子"乃最好的例证。有此四点，我说斗成题目选得好，是既有学术价值又有大众文化意义的好课题。

好题目做得如何呢？应当在图书与读者见面之后听取"苏史"爱好者和专家学者的意见，我这宋史和"苏史"的门外汉，这里只是说一点读后感。我要说：这是一部颇多见解的比较完整的宋代眉山苏氏家族史，是以个案说明中国家族史从中古向近古转型的局部过程。具体地说，我理解到该书的学术性在于以下几点：

苏氏的家族建设。斗成在书中告诉我们，眉山苏氏的家族建设有四项内容，一是苏洵修家谱，谱成刻于石碑，并建碑亭妥善保护。中古及其以前的谱牒有四种类型，即通国谱、州郡谱、皇家玉牒和家族谱，其时以通国谱和州郡谱为发达，个别家族的谱书虽然不少，但均系简单的世系谱。宋代以后通国谱、州郡谱失去主流地位，取而代之的是家族谱，苏洵之谱和欧阳修的族谱同时出现，给家族谱以新的面貌，令欧苏体成为宋代以降家族修谱的圭臬。家谱明世系以联族人，是凝聚宗族必不可少的手段。二是祭祖，祖先是家族的旗帜，祭祖是树立家族的形象，同样是凝聚族人的手段，是以苏洵修谱后在谱亭举办家族祭祖典礼，要求族人必须出席，并且成为规矩。三是进行族人教育，在祭祖之时，对族人进行伦理教育，教导族人喜则同喜，忧则同忧，感化族人，维护家族。四是祖坟管理，有族人在则由族人保护维修，依时祭祀，同时资助祖坟附近的寺院，捐建佛塔，请寺院协助护坟。后来赵宋朝廷为眉山苏氏祖坟建设旌善广福寺，为苏东坡在河南郏县陵园建立旌善广惠寺司理祭祀。修谱、修坟、祭祖、教化等活动，使得具有血缘关系的族人凝聚而成为宗族，后世家族莫不如此，惟利用寺庙协助宗族管理祖坟是宋代特色，后来的家族亦有用此法者，但更多的是靠族人自行管理。宋代眉山苏氏的家族建设成为一个典范，可供后人模仿。

苏氏的家庭家族教育。斗成总结出苏氏教育的成功之处在于:气节教育。典型的事例是苏洵夫人程氏,以东汉党锢之祸中范滂母子讨论义节的故事教导儿子,使东坡铭刻心中,故而他能追求理想,不从王安石变法,也反对司马光以反新法为目标的施政方针,从而在新旧党争的两方面均不讨好而遭到打击,终能矢志不渝地以忠于北宋王朝为旨归地坚持己见,实在是家教的结果。气节教育是对人生观的培养,在当时实质上也是斗成所强调的忠义教育。前瞻性教育,体现在苏洵反对脱离现实的文风,富有前瞻性地教育二子,令东坡的词达到前人所未有的境地。以经史为根本的学以致用、匡时补世的教育,三苏两代相承研究《易经》,写出《易传》,以经为指导思想,努力于学以致用。勉学与学业技巧,苏辙训子养成坚毅不拔之志去勤奋学习,东坡则教子作诗之法。因材施教,苏序深知苏涣、苏洵两个儿子性格、禀赋有异,对苏洵早期不合于世的行为不仅不担忧,反而认为他必为有用之才,事情果然如其所料。事实表明三苏所以成为杰出人才,在于家教和个人的努力。

苏氏家族婚姻对象的转换。眉山苏氏作为地方上民间大族,联姻也在两三个庶族大族之间,是所谓"江乡婚",苏涣、苏轼、苏辙的科举出仕及苏洵的出仕,使这个家族婚姻圈突破眉山的地域,走出"江乡"婚圈,扩大到全国范围,斗成谓其特质是科宦范围内的"亲上亲""友上亲",这是在士族联姻习尚破坏之后的新时代联姻法则,当然没有脱离古代社会门第婚的原则。这种时尚的联姻,在苏氏家族还有一个特征,就是同政治关系密切,二苏的子女婚配,其亲家大体有着相同的政治观念,对熙宁变法态度较为接近,故而有着"一损俱损,一荣俱荣"的命运。斗成为此确实着墨不少。

宗族与王权互动关系。这是斗成为提升著作品质而挖掘的新题目。他希望寻觅宗族与王权二者互动关系之所在,二者怎样在新时期进行磨合。他理解到士族消逝后皇权的加强,士大夫成为宗族领导者,他们运用儒家思想对族人进行教化以辅助皇权的历史性转变。

对大众文化传播的奉献。斗成写苏氏家族的婚姻圈(第五章),交游圈(第六章),祭祀信仰生活(第七章),子孙后裔的绵延分布(第八章瓜绵椒衍子嗣流布),苏氏的命名、命字、命号(第九章),以及苏氏的家族经济(第四章求田问舍)。用这么多篇章来写苏氏家族生活的方方面面,而这些内容多是大众所乐于知晓的,像第九章的"名、字、号",更具有文化品味。相信,因为书中有这些内容,会让人有兴趣阅览,会吸引人的。

文字表达的特点。当今社科人文学术研究成果的面世趋势,是要让它走出学术圈,为社会大众所接受,为此应将学术研究成果大众化(大众文化化),成为大众容易接受的东西,为此需要大众化的表达方式。为了实现这个目标,在内容、文风、文字表达等方面均应有相应的改变。斗成作了三方面的努力,一曰内容的选择,如前所述,婚姻、交游、字号之类的有趣事情。二曰行文的活泼,而且雅而不俗,比如名字一章的开头是这样写的:"今日社会,凡人都有名字,特殊的知识分子阶层还会有笔名、雅号,作为人之为人的标记符号。芸芸众生,名、字、号直如河汉星斗,似乎不足为奇,然而这些简简单单方块字的排列组合,却蕴含了片片洞天,展示了丰富的文化意蕴,折射着特定的时代之光,可以了解社会的变化、时代的气息。"三曰选进编辑性质的内容,如子嗣流布一章,基本上是将时彦的研究成果改写进来,此外在附录中还编入他人的文章。这样做来,使得一部专著,具有了某种编著的味道。这是得一利而有一失,正如苏东坡所说的"此事古难全"。

需要弥补的不足。斗成的书有两大弱点:一是全书文字的重复和未为贯通,可能有些章节文字是论文移植过来的,原来作为单篇一些情节需要完整地道来,可是汇集成书,就有不少相同内容,甚至近似的文字,于是全书就有相当的重复成分,虽然总的文字分量并不大,但令人产生全书不够简洁之感。其实斗成再通读一遍,作出相应的删削就好了。二为若干具体事情的提法不够准确,比如说老泉"以政治家的敏锐"如何如何,老泉因何可以视之为政治家,令人存疑;又如东坡贬斥黄州,犹谓其"涉世不深",斯何时矣,他哪里是涉世深浅的问题,是其坚持其信仰不是?再如以"求田问舍"作为大标题,讲苏氏对于田宅的追求,其实苏氏产业不多,用求田问舍来形容,予人贪婪之感,在唐朝人有"多田翁"之讥,在明朝人有"求田问舍无所底止"的谴责,求田问舍,苏氏有之,然而不严重,可是此词的使用,就将事态严重化了。这一类的评论之不到位,我想与研究功力未到不无关系。此外,我有一个疑惑,既然写的是宋代眉山苏氏,苏涣一支理应给予必要的笔墨,但是斗成似乎吝惜了一点——未给专门的子目。何以致此,是否缺乏资料?我因不懂,故而说是疑问。对于个别史料的解读我亦有不解之处,如书中两次引用苏洵的话——"少而孤则老者字(爱)之",于"字"字之后加注"爱"字。我想此处"字之"之谓,是说家族尊长在孤儿成年之际给其起雅字,举行冠礼,表示尊重他的成人,同时也拿成年人要求他,这本应由其父祖来做的事,唯因已无乃父乃祖,故由族中长老来代行。在孤儿成长过程中,族尊当然也应该爱护他,然而光是爱护并不够,还有教养的责任,"字之"恰是承担了这种职责。"字"注作"爱",倒显得偏颇。我因在旅行中,手边没有苏洵的书,无法观看全文,无由作出通贯的理解,存疑于此吧。

由上面说到的事情来看,斗成的课题并没有全部做完,仍有深入研究的余地,自然也有这个必要。不过那是以后的事情,现在形成的书已经很有价值。假以时日,精益求精吧,我想会有这一天的。斗成,你说是吧?

斗成让我写序,我以此应命。权且为序吧。

(2005 年 10 月 16 日写于旅次,原篇名为《研究性与通俗性结合的学术专著》,载马斗成著《宋代眉山苏氏家族研究》,中国社会科学出版社,2005 年)

《中国古代社会史通论》序

在社会史的研究中,对于什么是社会史的问题,诸如它的定义、研究对象、领域和范畴、研究方法和研究价值、它是一种史学研究法抑或是史学的一个分支——专门史、社会史的研究史等问题,已有许多论文各抒己见。对于社会史诸领域的研究,论著迭出,仅丛书就有数种,读者已有应接不暇之感。这一派兴旺之势,令人不由得不有所兴奋。但是在社会史研究的专著中,还没有一部书通论社会史的理论及其架构,而这是年轻学子迫切需要的著作。我不时收到大学生、研究生的来信,询问报考硕士生、博士生社会史方向的参考书,但因无概论性的著述可作介绍,我颇感为难,只好推荐两本信息方面的书(一部是关于中国社会史研究状况的,另一部是西方学者关于社会史的论文汇编),我预料学子见到这种书单必不满意,然而实无能为力作遂心如意之答复。

现在好了,李泉、王云、江心力等先生著成《中国古代社会史通论》一书,应能适应初学者的某种要求。作者李先生等要我作一序文,因得先睹全书的目次,获知是书有"总论篇",阐述社会史研究的理论,有"群体结构篇""社会层级篇""社会生活篇""社会调控篇"和"社会问题篇",简述中国古代社会史的具体问题。这样就有理论、有史实地对社会史作出规范和概述,弥补社会史研究中尚无这方面著作的缺陷,给青年学子提供了入门读物,这对于社会史知识的普及、研究队伍的培养和壮大,相信是有益的,因此不揣谫陋,为作弁言,以报作者的盛情。

我还想借此机会,就当前社会史的研究状况,略述愚见。

其一,社会史作为一门专史的研究,需要继续进行。记得在 20 世纪 80 年代后期,听到并偶尔读到文章议论中国文化史的研究,是说刚兴起不几年的文化史研究已经碰到很大困难,似乎难以为继了。我对此说有点迷惑不解,认为言过其实。今日文化史研究方兴未艾之势,证明当日那种议论是过虑了。由此我感到今天关于社会史的一些说法,如研究繁琐无价值,因没有确定研究范畴而成了大通史,社会史只是史学方法而不是专门史等,这些观点对社会史研究来讲,都颇有意义,它或者指出了研究中出现的弊病,或者提出深入研讨的课题,无疑,对社会史研究的健康开展会有积极作用。但是,我也认为,对这些观点只当作一种意见对待,尤其是对社会史不是专史的见解,勿因此影响对社会史具体问题的研究。如果你认为社会史是历史学一门专史的话,无须左顾右盼,就照着自己的信念研究下去好了。我想,下层民众的历史、社会结构史、群体史、婚丧史、生活方式史,无论它算不算社会史,都是历史学要研究的,因此不管它在学术概念上属于什么门类,都应当研究不辍。

其二,加强基本建设,特别是史料的整理。学科的基本建设包括理论的、通论的、史料的,《中国古代社会史通论》就属于这一范畴,对此不拟多讲,我的注意点在史料整理上。历史学不是史料学,但没有史料学便没有历史学。社会史研究自不免以史料为基础,但社会史的素材散见于各种类型的古籍中,研究者利用不便,因而要做整理工作,做摘抄汇编工作。早在 1937 年出版的瞿宣颖辑《中国社会史料丛钞》,近半个世纪后的 1985 年上海书店将它重印,尚有供不应求之势,不能说这是一部编纂很理想的书,但它毕竟把若干社会史的资料汇集在一起,为读者提供了某种方便,它尚受欢迎的事实表明,社会需要这类图书,而社会史学界尚不能满足这种要求。因此我想,我们应有社会史通史之资料汇编,有社会史专题史料汇编,有社会史古典文献专书的整理,以方便读者对社会史研究的深入开展。

其三,端正学风,避免重复劳动,深入社会史各领域的研究。在史学界,当然包括社会史学界,有的研究者只顾自家写作,不看前贤或时人研究成果,或者看到了,有些吸收了,也不说明,观其论著似乎是第一位研究该论题的,其实是把前人成就给抹煞了,而观其著述并不深入,未见有多少前人没有说过的话。在社会史研究中也不乏此种现象,如关于婚姻史,近期出版了好几部,其中确有上乘之作,但多数难以列入专著之列,其中有两部被一位学者讥为:"撰作态度并不严谨",对其出现的谬误"本不足辩"云云。如果不端正学风。这类著作问世再多,对研究的深入提高未必有什么好处。研究课题最好不重复,重复的要尊重前人成果,在其基础上作深入研究。如是,或许减少热门,开拓新课题、新领域,让学术见解达到新的境界。

其四,适当研究社会史理论。一门学科的理论,不可能在学科建立之始就成熟了,这不符合学科建设的规律,因此,不必过多地探讨社会史的理论,否则很浪费精力、笔墨,反倒影响社会史研究的开展。可是如果有人有兴趣作一点研究,也有必要,比如高等学校要给学生开设社会史课程,仅讲具体历史、一点也不作理论分析恐怕不行,因为你为什么讲那些具体史事,而不讲别的,必是根据某些理解进行的,把这些说明了,以便于学生理解。所以从课程建设需要,可以对社会史作一点理论探讨和规范。当然,这仅仅是一家之言而已,不会也不可能强迫他人接受。还要补充说明的是,我的意思不是要开展理论大讨论,只是说可以作一点研究。我曾在社会史年会上说,个人很惭愧,光说研究社会史,却没有专著问世,表明我始终注意于具体历史的钻研,如今虽有几部个人以及和同事们合作的专著问世,但仍感歉疚,因为那些书的质量有待大大提高。我坚信应当作具体研究,唯对理论探讨也不必持排斥态度。

以上浅薄之见,不知当否,欢迎读者批评指教。

(原载李泉等著《中国古代社会史通论》,天津人民出版社,1996 年)

178

高兴、不安与困惑：写作心态

——《18世纪以来中国家族的现代转向》后记

今日书写这本书的"后记"，不由得想起三年多前的1997年12月7日撰写拙著《清代人物传记史料研究》一书"后记"时的心情，那时写道："拙作写竟，颇有轻松感，也多少有一点欣慰之情。越写越感到知识的不足，时间的不够用，别的书稿也在等着去做，压力也就与日俱增。此书写作勉强完卷，长长地舒了口气：暂时解脱了。"现在的心境还是那样，可以用六个字来概括，这就是"高兴"，完成了一部稿子，能不有点兴奋吗？"不安"，书里肯定有纰漏，以至于有较大的误失，一个有良知的作者，"高兴"与"不安"的心情大约总是交织在一起的，予亦如此；"困惑"，总有稿约要还债，似有还不完债的压力，能不能解脱？予年六十有七，回忆六十岁那年的春天正在海外休假，作六十初度的打油诗，自谓我的生命是属于历史学的，继而一想，不对呀，难到我的一生就知道历史教学和历史研究吗？我不能还有其他生活内容吗？应当有，遂想将手头的活计做成之后，即行封笔。我把这一愿望告诉挚友俞辛焞，他不相信我能做到，反问我："你真能放得下来？"果真让他言中了。前不久与友人谈起稿约之累，说约稿人为好友，人应以友情为重不好推却。这位友人已是超然物外，淡泊为怀，对我的说明不以为然，言下之意，我不过是个俗人，当然看不开。罢，罢，本是俗人，应下来的事总得干呀！我什么时候能够解脱呢？咳！我这里讲的是吾辈一代人的事，一辈子只知道工作，不懂得生活，现在要说换一种活法，连"玩"也不会，还得从头学起，可叹，可怜！困惑何时能解？总有这一天吧，期盼它早日到来。

（原载冯尔康著《18世纪以来中国家族的现代转向》，上海人民出版社，2005年。后记写于2001年11月7日。十七八年过去了，是有几本新作和旧作增订面世，而自2014年"清史办"的项目交卷之后，没有任务的压力了，想做有兴趣的、对我而言是新鲜的课题研究，写出《尝新集》(2017年出版)，是自娱

的一种方式,即俗话的自得其乐。这就是我的活法吧。2019 年 2 月 3 日阅原文
后补记)

《中国历史上的农民》后记

　　呈现在读者面前的这部学术专著，端赖于台北彭炳进教授的慷慨解囊，而肇基于陈捷先教授的倡导。陈、彭两位是南开大学客座教授，甚望南开大学教学与研究水平的提高，彭教授决定自 1996 年起在南开大学历史系设立学术讲座基金，聘请著名学者作学术讲演，并将讲稿结集出版。陈教授为此作出精心的设计，使之付诸实行。二位教授身在中国大陆之外，而心系中华教育和文化的发展，其博大胸怀，令人敬佩不已。于此谨表衷心的敬意和谢意。

　　南开大学暨历史系同仁为将学术讲座办好，于 1996 年 10 月设置彭氏讲座组织委员会：彭炳进教授为名誉会长，逄锦聚教授、陈捷先教授为顾问，朱凤瀚、张国刚、陈志强、常建华、王富春及尔康等六位教授为委员，并由尔康任主任委员。当即开展工作，至今年 6 月，已顺利完成 1996—1997 年度的以"中国历史上的农民及其群体"为主题的学术讲演，并将论文结集成功。特请南开大学校长侯自新教授题写书名，书此志谢。在排印上得到阎爱民先生的帮助，特志。

　　现在，1997—1998 年度的学术讲座设计，业已安排妥当，我们将尽力做得理想一点，期望能对南开大学历史学科的教学、研究水平的提高有所裨益，倘能对中国历史学的研究也能有点滴的影响，是为幸甚，以不辜负彭、陈二位教授的厚望。

　　（载冯尔康、常建华编《中国历史上的农民》，彭炳进教授学术讲座第一辑，台北馨园文教基金会，1998 年）

《梁方仲经济史论文集》读后

怅憾未聆梁先生教益

五六十年代生活在羊城的梁方仲(1908—1970)教授,对于我这样在津门求学和任助教的青年,虽甚为景仰,却无缘拜识。1966年初,梁先生到南开大学访晤副校长郑天挺教授,我正同南开历史系的大多数师生去河北农村搞"四清",失去了向梁先生求教的一个好机会。可是我对梁先生的一些论著早就拜读了:《明代粮长制度》是我学习粮长史的启蒙读物,70年代我研究明初"户由"制度(于1978年第10期《历史研究》发表《论朱元璋农民政权的"给民户由"》),认真学习了《明代的户帖》一文,受益良多。作为明清史研究的后学,未能面承梁先生指教,深以为憾。在五六十年代,学术研讨会向所未阅,学术出差少得可怜,不在一个城市的后学青年与前辈名家,很难会面。近十年来,各种学术会议频繁,新老专家会聚一堂,切磋学艺,对于青年实是一种幸事,令我回思往日之封闭与求学之不易。

感谢论文集的编辑和出版者

中华书局于1989年出版的《梁方仲经济史论文集》(以下简称为《论文集》),包含18篇论文,其中有16篇是关于明代经济史的,从而可以把它视作梁先生的明代经济史论集。它由黄殷臣、汤明燧教授结集,并有汤象龙和李文治先生的序言。《论文集》精选汇编梁先生散在各种报刊的文章,为读者提供学习的便利。作为读者,对它的编辑者和出版者怀有由衷的感谢之情。

《论文集》的文章有过去没有阅读的,即使读过的,今日重读,又有新的收获。读讫,觉得它沉甸甸的,分量很重。这倒不是因为它有678页的厚度和近50万字的数量,而是它具有很高的学术价值,已是并将继续是传世之作。

《论文集》表明梁先生是明代经济史拓荒者和卓有成效的研究者之一,对后学的影响甚大,《论文集》证明了梁先生重实证的研究方法的科学性及其在今后史学研究中的实用性;《论文集》反映了梁先生对国家、人民的拳拳赤子之心和尊重同行的优良学风。梁先生的学术和为人,以极其美好的形象刻入我的脑际。

明代经济史的开拓性研究

李文治先生在序言中说,梁先生对一条鞭法、粮长制、鱼鳞图册、黄册、户帖、易知由单及里甲制等的研究,"做了艰巨的开拓之作,而且多有创造性的建树"。(第 4 页)信哉!诚非虚誉。1935 年梁先生发表《近代田赋史中的一种奇异制度及其原因》一文,论述了明代苏松地区的重赋及其原因和影响。苏松田赋之重,明朝人就以切身感受提出来了,希望有所改变,但历明清两代未得解决。作为学术问题,梁先生率先进行研究,使其成为一个引人注目的课题,中国和日本、美国学者均感兴趣,如今研究范围扩大,从苏松重赋到苏松田制,到商品经济和资本主义萌芽,到小区社会,人们希图以此研究,对今日苏南、上海的建设有所裨益。

梁先生是明代户口户籍史的早期考察者之一,1935 年、1943 年、1950 年先后披露《明代户口田地及田赋统计》《明代的户帖》《明代的黄册考》等文。历史上的人口问题,随着现实中的人口增长日益为人重视,成为社会学范畴的一大内容,也几乎成为历史学中的显学,梁先生早在半个世纪以前就注意到历史上的人口问题,其目光之敏锐,岂是只在故纸堆中爬梳的学人所能望其项背。户帖、黄册是户口的管理制度,梁先生的研究开了头,后来者接着做出很多成绩,如 1961 年韦庆远教授的专著《明代黄册制度》,由中华书局枣梨。

《论文集》所收的专论一条鞭法的论文最多,计有五篇。一条鞭法的实行,是中国赋役制度史上的一次巨大变革,也是中国历史上的重大事件。梁先生的求索,说明了一条鞭法的基本内容,它出现的原因和社会影响。他认为一条鞭法的实行,减轻少田、无田的贫民负担,对农业生产力解放有相当好处,力役和实物方式为货币方式所代替,货币势力抬头,这与封建制度的发展阶段相适应,是商业资本发展、封建社会内在矛盾增加的产物,中央集权与官僚政治更加强化;一条鞭法改革的最后目标是维持封建社会秩序,只想造成分配较为平均的小农经营制度,不照顾工商业的发展,然而在客观上对原始资本积累起着一点有利的作用。梁先生见解深刻,分析精到,他的基本观点为相当多的学者所接受。《论文集》展现的梁先生这些开拓性成果,相当一部分产生在半个世纪以前,其时以近代的方法研究中国历史尚属创始阶段,梁先生在这个行列所做的贡献,怎不令我们后学肃然起敬。

求实的学风

阅读《论文集》的目录就会发现,梁先生的经济史研究重在制度方面。制度是对事物的规范,它决定事物现象,反映事物本质。梁先生研究制度,不局限于制度本身,他说"制度自制度,事实还事实"。(第374页)所以他还追踪制度的实践。如在《一条鞭法》中主要写了"一条鞭"的制度,而后又写《明代江西一条鞭法推行之经过》,叙述最早实行这一制度的江西地区的实践情形。梁先生的制度史研究,内容有大有小,大到一条鞭法,小到易知由单,他的《易知由单的研究》洋洋八九万言,真是宏篇巨文。他写的是田赋征收中的一种催科方法,可是它关系着赋役、社会、政治、经济、文化和意识形态各个方面,所以梁先生不怕挨"小题大作"的骂,不惜花精力去完成它。

制度史的研究是实打实的,要靠大量的史料做证据,来不得臆测,想当然是不行的。梁先生极为重视史料的搜集和整理,严肃认真地对待这种研究。他作《明代一条鞭法年表》,是将关于一条鞭法实行的数据按照年代顺序编排起来,近似数据长编的工作,似乎比分析研究来得轻松一些,然而梁先生说:"这种工作的艰巨,比起我平日论述还吃力好几倍。"(第485页)重视材料的搜讨,在梁先生还表现于发掘史料上。他认为制度史的研究,除了"正史"、政书的资料,还应当多从"地方志、笔记及民间文学如小说平话之类去发掘材料",他更认为:"除了书本上的材料以外,还有一类很重要的史料,过去不甚为人所注意的,就是与田赋有关的实物证据,如赋役全书,粮册,黄册,鱼饶图册,奏销册,土地执照,田契,串票,以及各种完粮的收据与凭证。"(第368—368页)这样把小说、档案、民间契据都视作史料范围,大大扩充了史料学领域,对历史的研究会提供更丰富的材料,以便还原历史的本来面貌。梁先生不仅这样认识,而且这样实践,他的《易知由单的研究》即使用实物证据资料,成为他扩大运用史料来源的代表作。如今史家利用方志、笔记、小说、档案史料已成普通的现象,是研究工作的一种进步,这是梁先生那一代学者努力提倡的结果。

制度史研究与扩大史源,令我们认识到梁先生的求实学风。历史是不能重演的,要正确地认识它,得靠科学的世界观和方法论,而其基础则在于占有反映历史的那些材料——历史的纪录,因此,历史数据搜集得愈完全,说明历史真相的可能性就会愈大。梁先生在材料上下功夫,是求实学风的表现。梁先生的史学研究属于微观研究,与史学中的宏观研究是不同的方法。这两种研究法各有优长,并行不悖。但史学界存在着一种现象,进行微观研究,资料占有不足,得出的却是带有规律性的结论。当然这类结论也就似是而非了,或不着边际,令人不得要领。个人也常犯这个毛病。今日研读梁先生的论著,时而因发现这种毛病内心不安,更认识到科学研究法的重要,端正学风的重要。

尊重他人劳动的学风和史德

梁先生多次在论文的正文、附白中感谢他的友人。《明代鱼鳞图册考》附记云:"本篇材料之搜获,与见解之形成,多得助于吾友吴晗兄。"(第9页)《明代一条鞭法年表》后记,表示感谢锤一均先生的"教正"。(第576页)《易知由单的研究》一文,称赞范文澜先生主编的《中国通史简编》对于官僚主义与中央集权的说明,赞扬朱楔先生编辑《田赋附加税调查》一书,盛誉向达、王重民先生关于太平天国、义和团运动史料的提供,推崇李光涛、罗尔纲先生的清代易知由单研究的成演,感谢谭彼岸先生为论文提供的材料,陈国能先生代作统计表的数字计算,何安娜女士的誊录工作。《明代一条鞭法年表》高度评价梁启超《中国奴隶制度》和叶蠖生《初级中学中国历史课本》对一条鞭法、摊丁入亩社会意义的分析。在《释一条鞭法》中对日本学者清水泰次的"一条鞭"又名"单条鞭"的说法提出批评,等等。这些事实,使我们看到梁先生是一位虚怀若谷的学者:诚敬地向前辈领受教益,向史学领域的各方面专家学习,向自己的朋友讨教,尊重学生的劳动,对于不同的学术见解也是认真地把握,加以探讨,而不苟同。

梁先生虚心学习、善于学习的学风,是他史学研究获得成功的一个重要原因。观察他对一条鞭法的研究,从初时说明其制度本身,到后来揭示其社会意义,研究一步步深入,表明梁先生不满足于已取得的成绩,而是再接再厉,不断把研究推向新的深度。梁先生虚心学习的学风,表现了尊重他人学术成果的优秀品德。这是学风,也是史德。相比之下,目前史学界的问题就暴露出来。很多历史问题,已有人撰文发表意见,可是后来的研究者对此只字不言,所作注释,清一色的古人史料,似乎是作者首先探索这一问题。是真没有阅读过别人的著述吗?抑或故意不提呢?又或不屑一顾呢?不管哪一种原因,这种态度,均应为严肃的研究者所不取、所摒弃。前辈优良学风与史德的继承和发扬光大,实乃刻不容缓之事,这是史学发展的需要!

继续梁先生的研究工作

梁先生关于明代经济史的论文,每篇内容有都着内在的联系,黄册、户帖、鱼鳞册、里甲,两税法、一条鞭法、十段锦法,易知由单、田赋解运等问题的研究,是以赋役制度为中心,把土地、人口、赋役制度有机地联系起来。一条鞭法征银,于是同银的生产、国际贸易中银的输入问题有了内在联系。所以梁先生的专题研究有整体性,纷而不繁,多而不乱。但是梁先生毕竟做的是开创性工作,他还没有来得及对他的这些专题研究做系统的总结,即还没有能融会明代土地制度史、赋役制度和人口史于一个整体,作有体系的说明。这个工作可以说是梁先生留给后学的任务,相信会有人来完成它!

(原载《书品》1991 年第 4 期)

20世纪30年代史学研究的硕果
——《傅安华史学论文集》读后感

傅安华先生仙逝三十周年之际,他在20世纪30年代撰著的史学论文结集出版,是对他最好的缅怀。我是他的哲嗣的同窗挚友,庆幸能够方便地读到史学前辈的遗著。挚友让我为文集写序,后辈怎么能轻薄到不知天高地厚,哪里敢应承!然而早有拜读前辈宏著之愿,早想知道"社会史大论战"的某些详情,便就此机会认真阅读,增长知识,记录心得,以此"读后感"应挚友之命,而绝不敢言"序"。

傅先生的史学,我体会有两大特点:一是主张宏观史学,对历史哲学和历史方法论刻意追求,从而留给后学丰富的史学史、学术史研究素材;二是对社会史、对历史细部(具体史事)的深入研究,对今日的研讨仍有学术参考价值,有一些篇章是后人绕不过去的成果。

什么是史学?何谓新史学?傅先生在《新史学的任务与非常时期》文中写道:"史学不仅是整理史料的科学,并且也是解释史事的科学。因为要说明史事以及历史现象间的关联,所以我们需要历史哲学,并且用历史哲学指导史学研究工作的进行。从这种系统的研究上,我们可以把握到中国社会的本质及其历史过程,可以帮助我们认识现实的社会,认识现实社会非常时期的症结。"他认为史学研究不只是明了某些具体史事,而是要揭示历史现象内部的关联,发现中国社会的历史进程和社会本质。他的意思是,史学是社会科学,任务是研讨中国社会发展史,从而寻觅中国社会的本质,这是改造社会的学问。

基于"历史哲学即方法论"和从事中国社会发展史研究的认识,他研治中国社会形态的发展变化史,写出《东汉社会之史的考察》《商业资本主义社会商榷》等文。前文论证"东汉一代是中国社会由奴隶社会过渡到封建社会的一个转型期",是考察由奴隶社会转型为封建社会的社会形态转变的大课题。后文反对商业资本主义社会阶段说,认为历史上只出现过原始社会、奴隶社会、封建社会和资本主义社会,并不存在商业资本主义社会,故云:"一、从历史的发展的观点来看,由原始社会到奴隶社会是历史发展的必然法则。而由长期停滞的农村共同体一跃而为封建社会的,乃是历史法则的例外。二、从奴隶社会生产方法的构成及运动上看,由奴隶社会到封建社会也是历史的必然法则……四、奴隶社会虽然有商业,但它仍然是自然经济。在历史发展的过程中正与封建社会的自然经济相衔接。"傅先生的宏观研究,总想说明史事发展的连续性和变化性,如讨论兵制和士兵的性质,在《三国时代政府的兵——读〈三国志〉札记》中指出中国兵制的演变,"两汉以前的兵,大部是自由民(随着商业资本的发达也有一部分的募兵存在),魏晋南北朝的兵,大都是农奴,唐宋以后的兵,则为雇佣的贫民"。他事事处处试图给历史作出通贯的解释,令人有宏观的把握,不愧是历史哲学派(义理派)的实践家。

傅先生出于主张的不同,对强调考据的实证史学表示强烈的不满,认为它将史学做成一种"纯粹"的、"自由"的科学,令史学"做了资产阶级的学者拿来作为消闲的玩意,为统治阶级作维持本阶级利益的工具——对其他阶级的麻醉剂"。从他的文章,我们看到义理派对实证派的挑战。傅先生的书,反映许多学术领域不同观点的争论,他反对商业资本主义社会说,是针对李立中《奴隶社会研究》的观点;赞成中国有奴隶社会说,是支持陶希圣的见解,而同反对者论争。其时学术争论在在皆有,史学流派很多。各种学派争论的是是非非,各种观点的正确与否,不是这里所关注的问题,我只是想说,从学术史、从史学史角度来看,傅先生的著作提供了大量的素材可供采掘,这乃是今日他的学术价值之所在。其时,各种学派的主张,都是为寻找中国的出路、为国家的独立富强作出依据自家世界观、认识论而进行的努力,这完全是无可厚非的,都值得敬重。

我对傅先生的中国社会史论文,感受尤其深刻。他对社会结构史和生活方式史的具体论述,是在身份史的军户、部曲、客、自耕农、奴隶、佣人、邸店与牙人诸方面。关于军户,傅先生《北朝兵制研究》的结论是:魏晋的军户,亦称士家、兵家、营户,在社会上是一种特殊的户,有特独的户籍,称为士籍,由旧日的部曲籍直接变来。其人须世世为兵,不得随便解免;全家都是同样的身份,全部隶属于皇室;除了服兵役,也要耕种皇家的田地,交纳租税。他们与皇室结有很紧密的身份隶属关系,同私家的部曲极为相同,完全是皇家私有部曲的性质,是社会上一种低下的阶级。回顾我在 20 世纪 90 年代初主编《中国社会结构的演变》(河南人民出版社 1994 年)一书,所写的长篇《绪论》,道及中古社会结构中半贱民范畴内的军户,除了利用各种原始资料,还参考了唐长孺收在《魏晋南北朝史论丛》中的专题文章,可惜,其时没有读到傅先生的著作,否则,必是重要的参考文献。

傅先生的《唐代社会生活一斑》,分阶级、性别、年龄描绘了唐朝人的衣食住各方面的生活状况,他说自耕农生活比农奴、奴隶还苦,与后人的认识大不相同,然而颇有见地。他是这样说的:在被剥削阶级的男子中,以自耕农的生活最苦,其次是农奴与奴隶。农奴、奴隶的生活是稍优于自耕农的。第一,租税的负担较自耕农为少;第二,不服兵役,生产不致中断;第三,灾荒时地主能维持他们的最低生活。所以,农奴与奴隶虽然被剥削去了全部剩余生产,但最低限度的简单再生产尚能继续。对三四十年代的社会史研究,我原先推崇吕思勉、杨树达、高达观、邓之诚等人,如今得读傅先生的论著,亦知自己的孤陋寡识,需要补课。傅先生是史学家,是当之无愧的中国社会史研究开创时期的先驱者之一,对他的这种学术地位,后人应予肯定和尊重,而绝对不应忽视。

傅先生生于 1912 年,在北京大学史学系读书时期,于 1934 年开始发表论文,收集在这部论文集中的篇章,大多披露于 1935 年、1936 年,这时他才二十三四岁,真是才华横溢,风华正茂。可以想见,他在早慧之外,必是刻苦钻研,兢兢业业,而讲求历史研究法及方法论,一定是他成功的重要因素。他的治学精神,随着论文集的问世,会成为激励后学从事史学研究的宝贵精神财富。

(2009 年 12 月 15 日敬撰,载《傅安华史学论文集》,黄山书社,2010 年)

读来新夏师《清人笔记随录》的随笔

　　2005 年刚刚来临,来新夏先生以其宏著《清人笔记随录》(中华书局 2005 年,以下简称《随笔》)贡献给学术界和图书爱好者,我这里向来先生道喜。来先生年年出书,不,确切地说,年年不止梓行一部书,对著作等身的大学者来说,新作面世也许已经是极其平常的事情了,何必郑重道贺哩! 愚意不然,缘故有二:这部书是来先生的力作之一,是古典文献学的重要研究成果,以此进一步奠定了来先生文献学大家的学术地位;此书乃"劫"(十年内乱)后的重生物,不能不佩服来先生锲而不舍、老当益壮的精神,因此也为读书人得览此书而高兴。是以我乐于为来先生的新书说几句话。又由于是书刚到手,匆匆拜读,故而仅就有感想之处写几笔,也是师法清人的写作读书"随笔"之法,奢望也能符合来先生论清人随笔之意,如若写得不好,请来先生教导。

　　信手拈来与长期丰厚积累的物化。来先生学问渊博,涉猎的领域非常广阔,举凡历史学、中国近代史、清代学术文化史、方志学、目录学、文献学,以及图书事业史,无不精通,无不有相应的名著,如享誉学林的《北洋军阀史》《方志学概论》和《中国地方志》《古典目录学研究》《中国古代图书事业史》《林则徐年谱》《近三百年人物年谱知见录》,他的学术随笔之多,大约不下八九种,我所知者即有《冷眼热心》《路与书》《依然集》《枫林晚唱》《一苇争流》《且去填词》《邃谷谈往》。不仅如此,来先生读古书,研究古代典籍,还点校清人笔记两种——叶梦珠的《阅世编》和顾禄的《清嘉录》。我们可以想象,以来先生对清代历史背景知识的掌握和深邃的认知,以来先生的熟读清代各种文献和烂记于心,尤其是对笔记、年谱的熟稔,他写作《清人笔记随录》,真是如数家珍,成书自当不难而且快捷。试思,点校过《阅世编》《清嘉录》等笔记,用过多少力! 部分地移植到新作中,再创造,再加工,新作就产生了。所以我想,来先生的写作,必是信手拈来,走笔如飞,这是他长期积累的必然结果。厚积而薄发,《随笔》是一部厚重的学术著作。

　　重视序跋与解题,金针度人。我们读《随笔》,来先生总是利用那些笔记图籍的作者自撰的序跋，或者用其友人的序言，后世整理者、编辑者的序言、题跋、前言、后记的文字，论说该书的内容、特点，以及著者的生平、观念和写作过程、情景。如述及王崇简的《谈助》，录出王氏在卷首弁言中的话："尝喜夕坐闲谈，或述古语，或及近事新闻，偶录之，已成帙矣，存为谈助。"来先生因之说："则其著书之旨已明"，"是书为撰者闲谈之笔，所记内容，上起汉唐宋元，下及明清"。来先生还引用了吴震方为将《谈助》收入他编辑的《说铃》而写的序，称道王崇简之作，"一字半句，皆足以训今而传后，诚一代文选之宗也"，所以把《谈助》辑进丛书，"以志追述感慕之意"，可知王崇简在《谈助》中讲述故事，寓有"训今传后"之意，非仅作茶余饭后的谈资。来先生因而指出《谈助》的内容，可以"参证"史实，并举出书中的例子：崇祯帝要吃米糖，太监说在御膳房制作需用银子八两，皇帝命令到市上去买，只花三钱银子。这样的实例，可见崇祯帝的为人，故来先生写道："帝王深居内宫，受人蒙蔽，固事之常理，清代亦有类此故事，实不足怪。崇祯好疑误国，此事亦以见其察察为明。"

序跋，出自原书作者之手的，会表达写作的原旨、状况，以及著述时的心情，会读书的人，打开一部书，就是先看序跋，以便了解作者的历史、著述意图、寓意、寄托，他的资料依据，他的立论的出发点，如此就容易把握这部书，获得所能得到的东西。来先生撰写《随笔》，并没有刻意去讲读书方法，但是通过他对清人笔记的介绍，让我们能够领略到他的读书方法和写作方法。阅读一本书之始，先要认真读它的原作者序跋、整理者的前言、后记、题识，有了对该书写作的初步认知，再去阅览图书内容，会收获得多，会收到事半功倍的效果。来先生的论述方法，不啻是金针度人，教给了读者阅读方法。这未必是来先生的初衷，然而达到了这种实效。来先生为使读者深刻体会诸书的内容，对解题、对有关知识特予叙说，如评介《宁古塔志》，因作者方拱乾是流人（流放犯），故而开篇略述流刑的历史，明言"清代受流刑的官民较多，其中以方拱乾家族前后两次赴戍最为著名"，说到《虞初新志》，何谓"虞初"？来先生也是开宗明义，从而使读者明了，《虞初新志》者，是以小说家言撷拾人物轶事，是有关人物的轶闻轶事之作。

信息量宏富，研究性的体现。来先生所绍述的一部部书，有的已被人注意过，甚或研究过，其中受《四库全书》关注的就不在少数，20世纪新刻或重刻的亦颇有一些。现代的著作，自然要回应先前已经产生的研究成果，将它作为自己进一步探讨的资料，进行深层次的讨论，这样的学术研究必然是高层次的，会是学术精品。《随笔》正是这样的专著。来先生相当注意他人的研讨,这儿以《广阳杂记》的评论为例。关于该书作者刘献廷的生卒年,同是刘献廷研究专家的意见就不一致,《刘处士墓表》的作者王源与《刘继庄传》的作者全祖望观点相左,近人王勤堉支持王源说法,来先生从《广阳杂记》找到两条刘献廷自述材料,证明他当生于顺治六年,而王源即持此说,来先生并以王源为刘献廷友人,"志同道合,相处较久",经理其丧事,"所言生卒固不容置疑",肯定王源的意见。关于刘献廷的学术地位,来先生引出"于书无所不读"的万斯同的话——"最心折于继庄"。既而观察到张舜徽对《广阳杂记》的评价,认为张舜徽乃是刘献廷的后学"知己"。来先生同时留意到沈彤、向达、王汉章为刘献廷作的传记或年谱,特别是潘祖荫的《广阳杂记跋》,绍述《广阳杂记》的流传情形。来先生在这里提到九位刘献廷及其著作《广阳杂记》的研究者,可见信息量的广博。他在这个基础上,发表见解,谓刘献廷提倡厚今求实,"鄙弃章句之徒,力主博通古今实用之学",而其人博学,深明医道,能有所创见;史学造诣颇深;于音韵学,尤具别识。来先生在与其他刘献廷及《广阳杂记》的研究者讨论中,在自身的深入钻研下,比较全面客观地评价了刘献廷和他的《广阳杂记》。

以荦荦大者,为读者醒目。这是说来先生特地把笔记诸书的重要内容告诉读者,以便受益。图书内容的要点,我想需要分清作者着意所在,与今日读者的需求两方面,这两点既相同又有所区别,盖因作者所在意的东西,不一定对今人有吸引力:今人有自身的选择也。来先生对清人笔记的说明,我想大约是两条原则,一是对图书基本面貌的交代,诚如来先生在《自序》写的:"略循向、歆遗规,每种一文,记述撰者生平、内容大要、有关序跋、备参资料、版本异同等";另一是认为需要特别提出的,然而哪些是特别的呢?来先生以其史识,以其慧眼,撷拾材料,令读者获益良多。如对王沄的《漫游纪略》捕捉关于"迁界"的资讯,将迁界的动议人、迁界令的执行及影响之故实拈出。"迁界是清初一大虐政,经济生民,均遭损害",来先生正因此才加着墨。关于吴耿尚三藩之乱,《漫游纪略》亦多多记录,来先生注意到了,并指出王沄"屈身僚属,文字可少顾忌",能有如实的笔录,将满洲将帅嬉戏暴露出来。逃人法也是清初一大虐政,《平圃杂记》对条例本身、执行的恶果、产生的原因,以及作者张宸的异议态度都表现出来,来先生频加摘录,不惮其烦,盖在于它是清初历史上的大事,不可忽略。尤其要指出的是,来先生对重要史事的关注,在

《随笔》附录《清人笔记中社会经济史料辑录》充分体现出来。对此请读者自阅,无须我来饶舌。

锲而不舍:无穷的学术生命力。明清之际的大学问家、浙江人谈迁,著作《国榷》一书,手稿竟然被小人窃去,但是他不灰心气馁,重新做起,并且到北方访问,搜集资料,终于完成百卷巨著《国榷》,成为有明一代的信史。这是史坛的佳话,而谈迁尤为人敬重。想不到的是在"十年内乱"之中,书稿、资料被毁的事情层出不穷,70年代末我在天津图书馆就看见漆侠先生重新搜求宋代经济史素材,因为原来积累的,已然被造反派销毁了。来先生也未能逃过那一劫。《随笔·自序》云:"不意'文革'之火骤起,各种积稿尽付一炬,痛心疾首,情难自已!深惟手脑尚健,残笺幸存,遂默祷上苍,誓以有生之年,重整成书。七十年代之初,奉命躬耕津郊,乡居四年,每于农隙,整理残缺,次第恢复旧稿……"来先生说"奉命躬耕",说得非常轻松,也许还使人联想到诸葛亮的躬耕南阳哩!其实,"奉命"者下放也,是到农村,学做农民,是接受贫下中农再教育,特别是带着户口迁移的人,是否能够回城、回单位,那是谁也说不清的,恐怕也是不敢奢想的。但是就是在这种境遇中,来先生不忘旧业,暗自砥砺,"暗箱"作业(不能为人知也),有的书稿在"文革"之后,陆续梓刻问世,80年代之末,乃着手重修笔记提要之作,遂成《随笔》,并以介绍谈迁《北游录》为篇首,以之自况也。

"书无完书":一点小小的补充。"金无足赤""人无完人",此类套话,在这里打住,不必去浪费读者的宝贵时间,就此我要引申说的是"书无完书"。我在拙作《中国社会史概论·后记》中写道"……再次感到学无止境以及'书无完书'的道理。人贵自知之明,个人再努力,亦达不到完善境界"云云。来先生论及屈大均的《广东新语》,谓屈氏"为清廷所嫉"。屈大均恐怕不只是为清廷所嫉,在雍正朝就发现他的文字"多有悖逆之词,隐藏抑郁不平之气",遂成文字狱,将他的后人从广东原籍流放福建,诗文毁禁;至乾隆朝又生出屈大均衣冠冢案,在《清代文字狱档》一书中就收有《屈大均诗文及雨花台衣冠冢案》。说到《永宪录》的可供采择处,来先生揭出书中关于"鄂尔泰奏请除绍兴堕民籍"的载笔。建言除豁绍兴堕民的是巡盐两浙监察御史噶尔泰,不是赫赫有名的鄂尔泰,这是排印本之误。至于《永宪录》的作者萧奭,据李世瑜《有关〈永宪录〉的几个问题》(《中国历史大辞典通讯》1983年第3期)披露,北京大学图书馆藏有原为李盛铎保存的抄本,内容比中华书局印本多出十几万字,作者名为萧奭龄,印本题作"萧爽",有脱字。我未得机会阅览这个抄本,仅转述此信息给来先生。

（2005 年 2 月 23 日草于顾真斋,载《书品》2005 年第 3 期,收入来新夏著《邃谷师友》,上海远东出版社,2007 年）

评介陈捷先著康雍乾三帝《写真》

陈捷先教授在前年、去年相继出版《康熙写真》《雍正写真》之后,今年又将《乾隆写真》送到读者手中。连续三年,写了清代康熙、雍正、乾隆三帝及三朝的历史。这三个帝王都是历史上杰出的君主,他们治下的社会被称作"盛世",被电视影剧用作热门题材,或讴歌他们的丰功伟业,或把其间发生的历史疑案渲染得更加扑朔迷离,趣味横生,于是凡是华语流行的地方,有关康雍乾三帝的影剧大行其道。陈教授是不是也凑这个热闹?助影视界一臂之力,给人们一点历史资料的谈资?如果从书名中"写真"一词的采用上推想,有点像,然而实际并非如此,他是本着史学家的严谨作风,写出康雍乾三帝及他们时代的真实的、有趣的历史。笔者在拜读之后,感到这三部书具有"讲故事""解疑惑""正视听""新体例"的四种特点,是力求向读者介绍历史的真相,让康雍乾三帝以本来的面貌出现在世人面前,纠正了影视剧编造的剧情、虚构的故事给历史制造的混乱。好吧,就来绍述陈教授三部《写真》的四大特点。

一、讲故事

陈教授讲的康雍乾三帝历史故事,重要的内容是他们的生命史。生老病死是人生的经历,管他是帝王圣贤、凡夫俗子,概莫能外。康、雍、乾的生命史既同于一般人,又因身为君王而有自身的特点。陈教授对康熙的生命史关注较多,从他的相貌、血统到治病、用药、健康状况及死亡原因,都有专题介绍。清朝皇室制度,满人的皇帝不得娶汉族女人,可是康熙帝的生母佟佳氏的家族,虽然隶属旗籍,却是地道的汉人,康熙的父皇顺治帝的生母是蒙古人,陈教授因此说明康熙具有满、蒙、汉三种血统,这也是他为什么要特别叙述康熙血统的原因。康熙孩提之时出天花,脸上留有斑痕,固然影响到美观,可是出过天花一事却成为他人生中最大的幸事;因此而获得皇位。陈教授考虑及此,为他特立"相貌"一目。承德避暑山庄今天是旅游圣地,它的兴建与康熙喜好打猎有很大关系,他的后半生每年有几个月在这里度过。为此,陈教授在康熙修筑避暑山庄的子目中告诉读者这种信息。

对于疾病,康熙久病成医,采用温泉浴(所谓"坐汤")、食补、偏方等办法治疗、保养身体,以至采纳西洋人的建议,有一个时期饮用西洋葡萄酒。陈教授告诉读者,作为帝王的康熙有他一套养生疗疾的方法。雍正也有他的"养生术",那就是相信道家的丹药,因他日夜处理政务,虚耗身体,以为丹药可以健身,不料可能因此暴亡丧身。这是陈教授告诉我们雍正之死的一种原因。乾隆的生母是谁,在哪里出生的? 这是"生"的问题,死时高年望九,无疾而终,可是死后一百多年,陵墓让人盗掘了,所以陈教授说:"乾隆这一辈子从出生到继位,到老死,可以说是一位幸福好命的人;但是没有想到在他死后一百二十九年, 即民国十七年即 1928 年却发生一件不幸惊人的大劫难——他的坟墓被人盗掘了。"幸与不幸终难占全,这就是人生。

对于三个皇帝的个性、爱好,陈教授着墨尤多。康熙喜好戏曲,不仅在宫中,即在秋狝、南巡途次也是经常听戏,甚至连续好几个晚上观看演出。他钦点剧目,有时碰上下雨,不能演出大戏,就听清唱,是以陈教授说"康熙帝是个戏迷"。对于雍正的个性,陈教授的着墨要比康熙多得多,指出他自幼形成"喜怒不定"的毛病,虽然以"戒急用忍"为座右铭,但是并没有改掉旧习,故而对年羹尧加以杀戮;而且为人精严刻薄,在臣工的密折上批写骂人、侮辱人家人格的话:"胡说""混账""孽障""恶种""无耻小人""不是东西""朽木粪土""庸愚下流""不学无术""良心丧尽""看你有些疯癫", 等等, 可见其为人狠毒凶残。雍正还特别迷信祥瑞,用它来骗人,巩固统治地位。他还热衷于批八字、打卦算命,连行军打仗的日期、路线、方位都要根据占卜的结果来决定,不能不说他是"迷信的君主"。从雍正皇帝密令督抚推荐通晓医术道士的手谕,可知雍正皇帝颇信服道家丹药。雍正善于书写,见于"朱批谕旨"的就有二三万件,他为军机处写的"一堂和气"的匾额,"不但俊美精妙,匾文的用意也是极嘉的",陈教授作出如是之评价。乾隆为人自负,沾沾自喜于"十全武功""十全老人",亲撰《十全记》,自叙其功业,志得意满,溢于书表。在饮食方面,乾隆帝讲究品味,喜食燕窝、鸭子,不懂得吃海鲜,不吃牛肉而喝牛奶,注重食补。

人生之外,三朝的事功是名垂青史的,陈教授毫无遗漏地一一写了出来,如平定吴三桂等三藩,《四库全书》的修纂,圆明园的兴建,大贪官和珅,等等。陈教授关于这方面的写作,本文随后将有机会论及,这里从略。

三朝与台湾的故事,在郑氏臣服清朝之外,陈教授着意搜寻,把一些重要的有意思的事情呈现给读者。诸如康熙开发台湾,重视台湾原住民才艺,改良台湾西瓜,在内地试种台湾芒果;雍正朝的加强对台湾的管理和经济开发,拣选干才派赴台湾任地方官,设置巡台御史,处置移民与原住民的纷争,用高压手段处理民变,林爽文之役,赤嵌楼边的平台纪事碑等。台湾原住民擅长奔跑和歌咏(今人所说的体育和音乐),明清时代的采风者发现了,康熙帝也从官员的报告中得知,还让善走的七位原住民携带四只猎犬进京,以观看他们的技能,又有会唱曲的、用鼻子吹乐的原住民进京献艺。凡此种种,陈教授挖掘原始材料,写出专题介绍,与读者共享。

讲故事,是历史学者最基本的职能。讲故事首先要把事情弄清楚,其次要说明白,这可不是简单的事。读者固不可将文学艺术的故事与此混同起来。历史学家也不必总端着讲解历史规律的高明架子。陈教授之作,当然故事讲得好。

二、解疑惑

清朝历史上的疑案相当多,有些是关于皇家的。康熙为什么能继位?是否被害中毒死亡? 雍正是依据康熙遗诏还是窜改遗诏继位的? 他是被仇家刺杀的抑或是病故、丹药中毒死的? 乾隆是汉人的儿子吗? 他出生在北京还是承德?英国使臣马戛尔尼是否向乾隆帝行了跪拜礼?这些历史疑案,有的是历史上政治斗争的产物,也是辛亥革命时期问难清朝的资料,有的至今在民间传播,学术界也仍在争论。陈教授将他对历史材料的解读条分缕析,与读者进行交流。如康熙有兄长、弟弟,顺治何以选择他继承皇位? 官书上说是赞赏他愿学父皇的志向与特别聪明,陈教授认为不足为据,因为他并不为乃父所喜爱,那么继位原因究竟何在? 原来满洲人最怕天花,许多满人、蒙古人、西藏人到北京因出痘而死亡,康熙幼年出过天花,不会再有因此夭亡的危险,故而皇太后及皇家主要成员提出这样的建议,并为顺治接受,可是这种原因若见于官书,有碍于康熙的圣明形象,故而加以隐匿,亏得传教士汤若望的记载说明真相,陈教授予以引用,谜底就在这里。

许多汉人津津乐道乾隆是浙江海宁陈阁老的儿子,是雍正用女儿偷换来的,若是这样,他就应当出生在北京,可是又有说他是生在承德雍正的别墅狮子园,说他是雍正与丑陋的宫女野合而生,他的诞生地与京都雍和宫无关,真是故事外有故事,谜中有谜,令人难辨。要解决这种难题,陈教授提出的研究方法是,先摒弃乾隆生母是陈氏汉人和宫中丑女的成见,跳出野史与小说家所制造的传闻框架,产生新思维,从而获知在嘉庆、道光承递之际,朝臣利用乾隆出生地的问题掀起一场政治斗争,陈教授掌握如此丰富的史实,从而否认乾隆为汉人之子及生于承德的说法。至于英使马戛尔尼觐见乾隆,清朝官书说他行了跪拜礼,英国使团主要成员说只行单膝下跪礼。陈教授利用一个小官的七律诗"一到殿廷齐膝地,天心能使万心降",证明马戛尔尼双膝跪地了。

这些清宫疑案,要想通过学术研究形成定论,只能靠一锤定音的资料,比如打开雍正地宫,看有无他的头颅,化验他的尸骨,以明了他是否中毒,否则的话只能是像现在一样对他的死因进行争论不休的学术讨论,难以有个共识,所以多少年来大多数历史之谜仍是疑团莫释。陈教授讲述这些历史疑案,笔者说他是"解疑惑",意思是说他对学术界、文学艺术界和民众都关心的这些疑案发表自己的见解,有的能够消释人们的疑团,如康熙能够继位乃因出过天花,死于疾病,并非人参汤中毒,乾隆实系雍正之子,生于京城雍亲王府(如今的雍和宫),有的疑案则是几乎为不可解之谜。所谓"解"者,"破解"之意之外,还有"解释"的意思,说明那些疑案是怎么回事,能否破解那是另一回事。有的历史之谜不能破解,是历史造成的,是学术界整体的事情,不能苛求哪一位学者必须破解。正是因为这种客观现实,笔者在这里运用"解疑惑"的话语,而没有说是"去疑惑","去"是使"疑惑"径行消释,这是不好随便使用的。

三、正视听

陈教授叙述的那些清宫疑案,之所以那样引人瞩目,有的是当时及后世政治斗争的表现或反映,有的是出于好事者的编造,以引人注目。小说、戏剧等"戏说"的盛行,使得历史疑案的情节越发离奇,令人更加堕入五里雾中,历史真相就无从说起,就为历史学者生出繁重的澄清事实的任务。陈教授秉承史学家的良知,力图做些恢复历史真相的工作,他说:"挂着正史的招牌,做些戏说的勾当,传布错误的历史知识,使读者与观众受害匪浅,这是令治史的人同感不满的,也想急于纠正的。"所说的不满,不是史家有门户之见,思想狭隘,对文学艺术不能理解,缺乏宽容精神,实在是一种责任感、一种职业态度,具有寻求历史真相的精神,才热切期望纠正对历史知识的误传。假如做史学研究的人没有澄清史实的职业道德,那还做什么历史研究！这是要请其他行当的专业人士理解的。陈教授的写作,对诸多历史疑案的解析不遗余力,就是希望将真实的历史知识交给读者,使其从文学艺术家制造的迷惘中走出来。

四、新体例

笔者说陈教授写书是讲故事,故事是一个一个的,而每一个故事都是有头有尾的、完整的。陈教授叙说乾隆的"十全武功",就是一个一个讲的,故而有《大小金川之役》《两征准噶尔》《统一回疆》《四征缅甸》《台湾林爽文之役》《安南和战述略》《廓尔喀之征与西藏的安定》。对于雍正朝几项重要制度的建立, 陈教授也是一一交待:《火耗归公》《丁随地起》《储位密建法》《创设军机处》《空前绝后的密折制度》《改土归流》《青海问题的解决》《准噶尔的再平定》《西藏的经营》《加强台湾管理》《雍正朝的文网笔祸》《雍正禁西洋宗教》,康熙朝的故事亦是同样写法,例如《康熙与三藩之变》《康熙与台湾内附》《康熙击退帝俄东侵》《康熙破灭噶尔丹幻梦》《康熙对西藏的经营》《康熙为何建储又废储》《康熙的开海与禁海政策》《康熙千叟宴》《康熙与避暑山庄》《康熙遣使欧洲》等。读者一看这些子目,就知道是要叙述哪些事件、制度的完整情节。

陈教授《写真》这样的写法,被史学史专家仓修良教授归结为开创了历史人物纪事本末体。他说:"陈教授的《乾隆写真》,实际上是用中国传统史学中纪事本末体撰写而成,也许这是陈教授没有想到的。但是经过陈教授的努力,这种古老的史体'返老还童',富有了新的生命力,为史学走向通俗化、走向人民大众开辟了一条通道,开创了历史人物采用纪事本末体的先河,这是可喜而成功的一举,可以肯定。《乾隆写真》不仅会受到人们的欢迎而广为流传,而且所使用的体裁与形式也会很快得到推广和使用。在史学通俗化方面将会产生深远的影响。"(《乾隆写真·推荐人的话》)笔者作这样的长篇引述,实在是因为仓教授说得太精彩了,是笔者想说而没有能力说出来的话。史学必须走通俗化之路,走出史学家自设的小圈子,摆脱孤芳自赏的困境。史学家来写通俗著作,让史学读物走向民间,为民众所接受,此乃当今史学界的任务,岂可小觑！

(2001年12月8日于埔里,载台湾《历史月刊》2003年2月号,署名顾真)

话说《康熙写真》

　　非常高兴读到挚友陈捷先教授新作《康熙写真》。嘻！不要用"挚友"这样文绉绉的词儿，陈教授使用通俗的语言，写真实而有趣的历史故事，我何不直接地说好朋友哩！好友的心是相通的，我们作为读书人，学术品味竟是这样相同：陈教授用这部著作，实践他撰写通俗读物贡献给读者的主张，而我在去年出版《清人生活漫步》小书，在前言中说到写作用意，是想写"知识量丰富的、贴近人们生活的、富有情趣的东西"，"让读者在轻松的气氛下阅读，看了是一种精神上的享受，既增长了知识，又愉快地度过闲暇时光，岂非一举两得"。可见我们的趣味是多么地相投啊！因此乐于向亲爱的读者倾诉我阅读的感想，也许你读后同我的想法是那样的契合。

　　康熙皇帝是一位了不起的君主，武功文治不必说了，对臣下很有仁慈的美誉，就是晚年废立太子的事够他伤心的，也大得人们的同情。陈教授向读者推荐什么样的康熙呢？他写了关于康熙历史的五十个方面，也就是五十个题目，向读者展示活生生的康熙：是自然体的人，生活中的人，家庭中的人，同时是理政的君王。

　　陈教授描述了康熙的相貌、血统和殡天。讲了他的生和死，这是自然现象，人人都有经历的，相貌、血统与生俱来，不可选择，是人的自然状态。人们阅览现代人的传记，常常会看到许多帧照片，康熙时代中国还没有照相技术，但是有画像，陈教授写自然人的康熙，就是给他照相。人的日常生活是多方面的，陈教授谈到善于养生的康熙，久病成医：成了"医生天子"；他懂得补药，他对人们所宝贵的人参能不能用，在什么情况下吃有独到的看法，他还有治病的妙方——坐汤、食补、偏方。家庭生活中的康熙，按照皇室家法，满人和汉人是不能通婚的，可是康熙有汉人的妃嫔，而且为他生育子女；他重视皇子的教育，依据汉人的习惯给儿孙们起名字。对如同家人的太监也自有他的办法。

　　康熙崇奉汉文化，爱好学习，为人又谦虚，读书很多，颇有心得，具有多种艺能，写得一手好字。他组织学者修书，中国第一部大类书《古今图书集成》，基本上是他倡导编纂成功的。康熙生活俭朴,然而有其乐趣,喜好戏曲;嗜好打猎捕鱼,怕热,在热河建立避暑山庄,每年要有几个月居住在那儿,得到了狩猎的方便。到了老年,与官民同乐,举行千叟宴。因为健康的关系,有一段时间好饮西洋葡萄酒。

关于康熙处理朝政,陈教授叙述了五个方面,一是皇位问题,讲他的继位,那时他年方幼稚,自己不能做主,至于皇太子允礽的立与废,就是他办的事情了。二是乾清门临朝御政,鼓励亲信大臣手写秘密奏折,亲自在上面写批语,主张并实行君主乾纲独断,大权不假手于人。三是稳定边陲,平定吴三桂等三藩叛乱,粉碎蒙古噶尔丹的进攻,加强对西藏的经营。四是经营和开发台湾,令台湾内附与决策建设台湾,重视台湾原住民的才艺,在内地试种台湾芒果,并选优良品种在台试种西瓜。五是对外关系,击败沙皇俄国的东侵,遣使欧洲,图理琛出使俄国,学习西方科学文化技术,用西洋法测绘地图,同时中国古籍也经过传教士传播到西方。

陈教授写真的康熙,聪明好学,以汉学为主,兼收西洋文化,多才多艺,爱好运动,勤于理政,所向成功,生活朴素,晚年家难,伤透脑筋。他把康熙个人的禀赋、性格、理政、生活几乎全面展现出来,并且透过他的活动,将康熙一朝的政治经济文化政策,特别是重大政治事件表现出来。人们说一部好的人物传记,能够反映出他那个时代。陈教授的书,岂不是康熙时代的缩影!

陈教授管他这部著作叫做小品,学术界也把它称作学术散文、札记、随笔,它不像严格意义上的学术著作,讲究科学性、系统性、完整性,要有深入周密的研究才能写得出来。小品与学术专著,似乎有个品级的差别,其实不在名位,而在实际,小品要写好,要做到深入浅出,没有精深的研究是写不成的,写不出好作品的。在一定意义上来说,不是大学者撰写不出精湛的小品,陈教授就是有名的史学家来书写通俗的历史读物。他在本书动笔之前,对康熙历史作过多方面的探讨,这里仅想举一个事例,读者便自可知晓。

1999年陈教授在天津南开大学举办的"明清以来中国社会国际学术讨论会"上,发表了题为"康熙与医学——兼论清初医学现代化"的报告,全面论述了康熙对中西医的认识和政策:他患疟疾,服用西药金鸡纳霜治好的,从而对西医产生好感,征集西洋医药专家到北京,炼制西药,使用西医西药为人治病,打破传统观念,下令推广种牛痘。他自己钻研西洋医学知识,指使最好的画家专画人体解剖图像,他对中西医学从不迷信,有用、有益的成分就拿过来使用,对西药是先接受其实物,而不是西医制度。康熙开启了中国医学现代化,但没有走多远。陈教授把这样专深研究的成果,转化到《康熙写真》中,难怪"医生天子"等篇内容丰富,文字流畅,令读者易于接受。这就是深入浅出,不是陈教授这样的大家很难做得到。小品岂可小视!

那么陈教授为什么要用小品的文体来反映他的学术研究成果呢?他充分看到传统史学著作表达方法的缺陷,因此要用自己的创造加以改变。他说:"学术著作往往是在义理与考证上着眼,内容是冗长、艰深的,加上文献史料的征引,必然显得枯燥,更谈不上供人消遣了",因此阅读的人不多,影响更少。他批评得完全符合实际。陈教授深知此中弊窦,因此"一直想以通俗的表现形式来写清朝真实的历史",同时认为史学小品,"只要作者能向锦心绣口的方向努力,也并非全无品位。相反的,可能会有雅俗共赏的妙用,甚至还能产生极大的社会教育功能。与其曲高和寡,作品被人阅读的不多,不如写出人人可读,人人能读,并可深入人心、龙虫兼雕的读物,不也更好吗?"以章节体的形式撰写学术著作是不可缺少的,若有严肃的写作态度,写史学小品,对于众多的读者群不是更有益嘛!

我还体会到,陈教授小品体裁的选择,有着现实的针对性。关于历史的文艺作品,在早先流行的是历史演义,现在丰富多样了,有历史题材的小说、话剧、电影,尤其是近年的电视剧,创造出"戏说"的形式,而制作之多,虽不能说铺天盖地而来,也有令人应接不暇的感觉,并且产生轰动效应。陈教授说它们造成"洛阳纸贵,极为畅销","收视率之高,常年不衰,一直凌驾于一般时装戏之上",这的确是事实。它们受到如此欢迎,给人以艺术上的享受,还告诉读者、观众历史上有那么一些人的名字,在传播历史知识上也不能说没有一点价值。我是做历史特别是清代历史研究的,当《戏说乾隆》《戏说慈禧》电视片播出时,不断地有友人甚而还有同事,一本正经地问我剧中人和事是不是那么回事,使我哭笑不得,只好说那是文艺作品,需要编造加工,无中生有,情节离奇,才能吸引观众,对它不必认真。

对于做历史研究的人来说,历史题材的影视剧确实造出不少麻烦,需要为它澄清事实。陈教授说:"挂着正史的招牌,做些戏说的勾当,传布错误的历史知识,使读者与观众受害匪浅,这是令治史的人同感不满的,也想急于纠正的。"他所说的不满,不是史学家的门户之见,思想狭隘,对文学艺术不能理解,缺乏宽容,实在是一种责任感,一种职业态度,具有寻求历史真实的精神,才想纠正对历史知识的误导。如果说做历史研究的人没有澄清史实的责任感，那还做什么历史学家，这也是要请其他领域的人理解的。由此可知，陈教授的写作，是要将真实的历史知识交代给读者，这个愿望怎能不令人尊重而又尊敬。

《康熙写真》，给我们的不仅是一部真实的康熙的历史，也是历史学家以通俗的著作与读者交流，是热忱地希望能给予读者以知识的启迪和阅读的享受，陈教授说："一个人多读历史书可以增长应付未来生活的能力，多读伟人传记可以提升人的高尚情操，完美心灵智慧。"我想，他以这部高品位的著作，必能与读者合作，达到这种理想的境界。读者诸君，倘若想从古人那里获得知识的启示，《康熙写真》就是一部可供选择的佳作！

（原载台北《历史月刊》2000 年 12 月号；另见陈捷先著《康熙写真》，台湾远流出版社，2000 年）

融格物求真与大众普及于一炉的《阎崇年集》

　　著名清史学家阎崇年教授《阎崇年集》,由中国友谊出版公司于 2014 年 5 月梓行,全书计 18 种 25 册(正编 24 册,附录 1 册),近八百万字,两千张图片,内含学术性的一史(《清朝开国史》)、二传(《努尔哈赤传》《袁崇焕传》)、五集(《燕步集》《燕史集》《袁崇焕研究论集》《满学论集》和《清史论集》);大众性读物:《正说清朝十二帝》《明亡清兴六十年》《康熙大帝》《大故宫》《中国古都北京》《清朝皇帝列传》《中国都市生活史》等。有意思的是阎崇年将各书按地球公转一周节气为序,将 24 册分别与二十四节气对应,以"立春"起配应他的早期著作《努尔哈赤传》,而以《中国都市生活史》匹配最后一个节气"大寒",分作两阕,左阕侧重于格物求真,9 种 12 卷,即上述一史、二传、五集等书;右阕侧重于大众普及,8 种 12 卷;另有附集一种——《合掌集》,是与星云大师的对话录。以节气配图书,或许是他勖勉自己周而不息地惜时,周而复始地勤奋耕耘吧? 这是阎崇年关于清史、满洲史、都市史研究的集成,是仍然活跃的清史学家出版如此巨著的第一人。因而对该书作出介绍,或许是必要的。

　　笔者阅读阎崇年著作、听他的演讲,认识到他的学术研究的开创性,致力于历史知识的大众化,而导致他取得丰硕成果的是敬畏历史的求真勤学精神,兹就此三点分别言之。

一、学术研究的开创性

　　阎崇年学术研究的开创性,可以从宏观方面开辟方向性研究和微观方面具体研究的独到见解来观察。

　　开创、倡导、推动满学研究。阎崇年在《阎崇年集·总序》中说集子体现了他治史五十年所做的三件事情,"倡议创立满学"为其一。诚然,涉及满学内容研究的文论国内外早已有之,但是把满学作为独立的一门学科,则是从 1992 年阎崇年倡议并主持召开首届满学国际研讨会开始的。他为满学发凡起例,给出定义,在《满学研究》第一辑《满学研究刍言》中指出:"满学即满洲学之简称。是主要研究满洲历史、语言、文化、社会及其同中华各族和域外各国文化双向影响的一门学科。"他认为研究满洲历史、语言、文化、社会,是满学定义的内涵和核心,研究满洲同中华各族和域外各国文化双向影响,是满学定义的外延与展伸。他在《满学论集·满学:正在兴起的国际性学科》中进一步明确,满学研究的一个重要内容,是中国满洲文化同域外各族文化的互动交流;满学是一门综合性学科。任何一个学科的定义都是难以周全的,可能人言言殊。笔者以为阎崇年对满学的规范是较为准确的,可以认同的。阎崇年不只是倡导,更是身体力行,在北京社会科学院设立满学研究所,倡议并主持第一至第五届国际满学研讨会。推出《满学论集》专著,成为新建满学学科的开拓性研究之作,也是中国满学研究发展的见证。他主编《满学研究》《20世纪世界满学著作提要》。满学已成为一个新学科,他以筚路蓝缕之功,名满学界。

提出历史上东北森林文化是中华多元文化类型中一个重要组成部分的观点。说到中华经济区域文化的组成,人们首先想到的是中原农耕文化、西北草原文化,其次会顾及西北高原文化、沿海和岛屿的海洋文化,而阎崇年于2014年初发表《森林文化之千年变局》一文①,唱出中国历史上"东北森林文化"之论,认为经历有文字记载的三个一千年的历史变局,农耕文化、游牧文化、森林文化更迭在中国历史上起着主导作用:第一个一千年的商周时代,中原农耕文化占主导地位,东北地区的森林文化与之有所接触;第二个一千年汉唐时期中原农耕文化与西北草原文化交融;第三个一千年的宋元明清时期,东北森林文化发展,造成小小的少数族群的满洲族入主中原。换句话说,清朝建立全国统一政权,是以厚重的森林文化为根基,由此可见森林文化对中国历史发展不可忽视的作用。阎崇年将森林文化视作中华经济文化五种类型之一观点的提出,从一个角度说明历史上生活在东北地区的满—通古斯语系、蒙古语系民族(特别是满洲族)的历史地位。森林文化论,既是一种观点,也是一种方法论,值得学术界的关注。

研究清朝开国史著述最多的学者。早在20世纪二三十年代,学者孟森就投入清朝开国史的研讨,撰著《满洲开国史讲义》《明元清系通纪》以及《明史讲义》《清史讲义》。随后,学者郑天挺撰写《清代皇室之氏族与血系》《从〈清太

---

① 《辽宁大学学报》(哲学社会科学版)2014年第1期,收入《清史论集》。

祖武皇帝实录〉看满洲族源》以及《清史简述》。他们已经开辟研究满洲族源和兴起的历史课题。不过,阎崇年的《努尔哈赤传》,是国内外第一部研究清朝开创者清太祖努尔哈赤的学术专著;《清朝开国史》是至今在此领域最为系统而详尽的研究成果。后一部书,用116万6千余字,写明朝万历十一年(1583)至崇祯十七年(顺治元年、1644年)六十年间的清朝兴起史。从满洲源流写起,依次叙述努尔哈赤统一女真诸部,统一蒙古诸部,创制满文,八旗制度,建立金国政权及改国号,对明战争,皇太极、顺治帝的皇位继承,建都盛京与迁都北京,明亡清兴的历史经验教训。他认为太祖朝是清朝历史的树之根、水之源,清朝在开国时期埋下大清历史的盛与衰、强与弱、得与失之基因。阎崇年特别分析明亡清兴的原因,提出亡者在"分",兴者在"合"的见解,而"分""合"皆在民族、官民、君臣三个关系方面。明末的社会危机,主要是"民族分""官民分""君臣分"直接造成的,民族分是外层因素,官民分是内层因素,君臣分则是核心因素,明遂在这三种"分"的局势下覆亡。而满洲则是三合而兴起建立清朝。由此得到历史启示:中华民族合则盛,分则衰;合则强,分则弱;合则荣,分则辱;合则治,分则乱。在这里,阎崇年的论证方法,不是一般地着眼于政治经济文化制度,从政治腐败入手分析,而是用一种新视角观察历史,作出新颖的结论。

上述三个方向性研究的开拓、拓宽之外,阎崇年在具体论述史事中,也提出许多独到见解。如提出北京城设计的"君权为主、神权为客"说:分析北京城的五个特征,尤其是建筑上的"主客分明,布局宏大",认为北京城的设计,"君王为主,臣民为客;君权为主,神权为客",宫城、皇城、内城、外城,叠次分为四个方阵,呈封闭式,层层相套,等级森严,界限分明。说臣民为客,读者容易理解,"神权为客",说得到位,更为醒目。又如孝庄太皇太后使用四辅政大臣抵制"宗权"说:康熙初年四辅政的故事为人所熟知,但是选择这四个人有无深意呢? 索尼、苏克萨哈、遏必隆、鳌拜四人是异姓军功贵族,均隶属上三旗,三人是皇亲国戚,资深位高权重,并且都受过多尔衮排挤,选用这四个人,是皇权与旗权的结合,用以抵制宗室贵族的宗权,以便加强皇权。再如,康熙朝之所以被称作盛世,阎崇年强调了康熙帝个人品格的作用。说康熙盛世,不仅是康熙时代的历史功业,同时含有康熙个人品格因素,即他严于律己,好学不倦,性情仁孝,兼具智勇,为政勤慎,敬天恤民,崇儒重道,博学精深,几暇格物,学贯中西,八拒尊号,知行知止,以此创造出盛世。此外,为"张勋复辟"正名——是"张勋兵变,宣统复辟"。如此等等。

二、致力于历史知识的大众化

阎崇年深知:"历史学者的责任,既有学术,又有普及,如鸟之双翼,不可偏废。"是以致力于史学知识的普及。2013年4月,阎崇年在《清朝开国史·自序》中写道:"十年来,我在中央电视台系统讲述并相应出版了《正说清朝十二帝》《明亡清兴六十年》《康熙大帝》《大故宫》等四个系列,共一百八十八讲(集)。这种学者以语音、影像、文字三位一体系统传承历史科学,凭借电视、广播、网络进行全球性的中华历史文化传播,不仅产生了巨大的社会影响,而且被誉为独得'影视史学'的先鞭。"他陈述的是事实,他把历史知识传播到亿万民众之中。他的成功,不妨从正说内容、清晰表达、客观效果三个方面来了解。

社会上流行"戏说"历史影视剧,受众对那些历史人物和故事将信将疑,甚而信以为真,产生对历史的误解,不利于对历史的正确解读,是以史学家有责任去说明历史真相,去"正说"历史。阎崇年就以此为使命,讲述了《正说清朝十二帝》《明亡清兴六十年》《康熙大帝》和《大故宫》。他在《正说清朝十二帝·自序》中,提出"正说""细说""慎说""通说""新说"解史的五条自律。正说,是求历史之真实和公正解说,给读者、受众以准确的历史知识,以汲取历史智慧。欲达到正说的目标,就必须"细说",讲出有血有肉的、丰富多彩的历史,而不是干瘪的、公式化的历史。

阎崇年善于将复杂多变的历史,提炼出几个条条、几句话、几个字,把它概括地说出来、写出来,因此条理清晰,要点明确,让人一听、一读就能心领神会。比如他讲《大故宫》,总结出故宫的特点是:规模大、历史久、珍宝多、涵盖广及子午线的五个特点;讲解中把握六个要点:空间为序,影像为长,文化为魂,合纵连横,史艺联通,中正安和。对于明朝的灭亡,阎崇年形象地说:"明朝为辽东边事,错杀了两个人:一个是努尔哈赤的父亲塔克世,另一个是蓟辽督师袁崇焕。""历史逻辑,值得深思:前因后果,因缘相报——袁崇焕是努尔哈赤的克星,皇太极又是袁崇焕的克星。"

阎崇年的演讲,内容上雅俗共赏,加之条理清晰,深入浅出,获得受众喜爱,以致92岁老妇人去听演讲,并请他签名;孕妇听讲,说让胎儿接受胎教,这都是感人至深的事情。他的演讲效果,据在《阎崇年集》座谈会上的与会者说,阎崇年的演讲和书籍,给民众带来温馨,推动满洲民俗文化研究和复兴、复活。这是笔者没有想到的。要之,阎崇年将陈旧的知识变为活的知识,而当历史知识为大众掌握之后,促进了人们生活的丰满。

三、敬畏历史的态度与敬业求真勤学的精神,使阎崇年取得丰硕业绩

近代中国的落后,使人咒骂历史,怪罪老祖宗,长期批判传统文化,唯有钱穆倡言敬重历史,不要把自己做不到的事情归罪于祖先。20世纪90年代弘扬传统文化,尊重历史的观念为学人所接受。阎崇年具有敬畏历史的意识,并与敬业精神相结合,乃入业绩显著境地。

1.敬畏历史与求真的态度。他认为对历史遗产的态度,应当是敬畏,赞颂,欣赏,守护,关爱,弘扬。对历史的传承与表述,也应当采取敬畏态度。他说的敬畏历史,是从历史获得人生智慧,得到修齐励志的经验、赏心悦目的欢愉,避免重蹈前人错误,遭受历史惩罚。

学习历史,要想得到真知灼见,对历史必须有求真的态度,阎崇年笃信史学工作者应有的观念——论从史出,以此求真。他明确表示:真实是历史科学的生命,玄幻则是历史科学的肿瘤。史书,精深的,普及的,共同点是它的真实性和科学性。

2.勉力搜求历史资料。如何才能做到论从史出,这就需要认真搜寻史料,并加以研讨。《努尔哈赤传》利用资料相当丰富,有满文老档、武皇帝实录、明朝皇帝实录、李朝大王实录,官私记载,档案榜文,金石谱乘,文集图录,尤其是朝鲜文献。这是他不惮其详查索资料之所得。康熙二十年代,顺天府尹张吉午编纂《顺天府志》,誊录正本送呈朝廷,未刊,藏于宫中,不为人知,更无人利用。后来为北京图书馆(国家图书馆)收藏,后世学者以为这是抄本图籍。阎崇年发现这部书,为搞清它的版本和是否为孤本,在世界各国各地搜访。在国内,他从《中国地方志联合目录》得知各地没有此书,遂将目光投向海外,1987年赴日本,得知东洋文库亦无藏;1989—1990年在美国,到了国会图书馆,哈佛、耶鲁、哥伦比亚、印第安纳、夏威夷、加州等大学图书馆,均无该书信息;1992年在台湾,往台北故宫博物院、"中研院"史语所、"中央"图书馆,均无发现;在香港大学、香港中文大学、澳门大学搜索,渺无踪影;在欧洲,托人查找,

令人失望——无有此书。真是费了九牛二虎之力,阎崇年才能准确地认识到该书是"呈写正本",国家图书馆所藏为世间孤本,纠正抄本之说,也不是罕见本,实为孤本。下得如此这般的苦功夫,阎崇年才能以详实的史料,撰写学术专著。

3.孜孜不倦地实地考察。在阅览史籍之外,阎崇年特别注重实地考察,北部中国,他走遍了白山黑水和内蒙古草原,不止一次地造访黑龙江流域的一些地方;在南方,他跨海考察南海诸岛,东到台湾讲学,西南游历青藏高原,足迹遍全国。他阅历丰富,将书本知识与实地考察的亲身感受完满地结合起来,提炼出他的学术见解。他为弄清事实,从来一丝不苟,如对养心殿前殿后宫的距离尺度,一定到清楚无误为止。自雍正皇帝开始,清朝皇帝在此办公、寝息,这样生活方便吗?需要将前殿与后宫之间距离查看清楚。养心殿与寝殿之间有一穿堂,两点之间距离,有人丈量为近5米,阎崇年乃请人再次丈量,告知为3.1米,他亲自去看丈量,前殿后墙与后殿前墙4.8米,穿堂两门3.1米,又一次丈量,两殿门距离1.8米。真是近在咫尺,上下班太方便了。

对于实地考察,阎崇年是传承了史家鼻祖司马迁的研究法,是秉承中国史学的优良传统,创造优异研究成果,实乃渊源有自。

4.悟性来源于勤学苦思。阎崇年认为治学要注意八个方面,如定向、执着等,特别提出"贵悟"一条,意思是研究者不仅要勤奋刻苦,坚韧不拔地钻研,更要有悟性。阎崇年注意及此,其实他本人就悟性高,才写出那么多专著。悟性,作为史学工作者,笔者以为它的产生,首先在于勤学,掌握了大量的史料,才有思索的素材,这是基础;其次是苦思苦索,"学而不思则罔,思而不学则殆",学与思是辩证关系,"思"就会使学问深入,学、思结合,灵感突然来了,新的观点就产生了;再次是聪明。学、思加上天分,悟出道理,学术成就就高了。

归结起来,阎崇年很好地将敬畏历史的态度与治史求真的精神结合起来,以勤于搜集和实地考察获得的丰富史料,加上苦思研索、悟性又高,乃得丰硕的学术果实。

阅读《阎崇年集》的这些感受,真是获益良多,也有些不满足,不妨提出来向阎崇年请教,向方家请教。

在史学研究中有实证派与义理派之别,实证派强调论从史出,多进行微观研究,虽然也注意"以小见大",希望在微观研究中得出宏观结论,但是往往宏观功力不足，很难提出哲理性史学观点。阎崇年似乎是实证派史家，不免也多少有这个缺憾。如在西方开始出现资本主义社会、明清易代巨变之时，清朝兴起对中国历史的影响问题，需要作出规律性的探讨和说明，然而《阎崇年集》尚有缺略，不能满足读者的求知欲。就是对一些比较大的历史议题，如认为康熙至光绪的八个皇帝，有八次图强维新的机遇，但都没有抓住，他表示非常惋惜。可是阎崇年的说理多系就事论事，令读者不能了然于心。又如他提出森林文化与历史变迁关系之说，但在森林文化对女真、满洲特质起了怎样的决定作用，森林文化、草原文化、高原文化究竟在造就满洲、蒙古、突厥相互区别的特质的作用，都有待深入探讨。但凡创立新说，必然会有论证不充分、不到位之处，不可能一篇文章就做得非常完满，笔者在此提出，只是说后续的研究任务仍然很重，很艰巨。

行笔至此，归纳阅览《阎崇年集》的总体观感，认识到这个文集记录阎崇年学术研究、学术活动的四大特点。第一，阎崇年研究领域广泛，是著名清史学家，同时是满族史、晚明史、宫廷史、北京史、都市史专家。第二，他的学术研究具有开创性的特点，表现在倡导与推动满学研究、提出东北森林文化是中华多元文化类型中一个重要组成部分这一方向性议题，以及许多独到的学术见解。第三是致力于历史知识的大众化。中国素以历史编纂学的完善著称于世，但是历史学在古代是庙堂之学，历史知识为统治者和上层社会所享用，基本上与百姓无缘，近世以来史学家注意到将历史知识还给大众，令它成为大众文化，因此负有了历史知识大众化的使命。阎崇年适逢其会，成为历史知识大众化的有力推动者。第四是敬畏历史的态度与敬业求真勤学的精神使阎崇年取得丰硕业绩。一句话，阎崇年是清史研究第三代重要学者，也是史学知识大众化的重要推进者。

如今《阎崇年集》的面世，为读者提供阅读的方便，功在学林，功在对史学有兴趣的读者，功在读书界。

从阎崇年学术历程来看，人们有理由期待他还会有新的学术建树。

（2014 年 6 月 28 日初稿，载《北京社会科学》2014 年第 4 期）

读《清代人物传稿》上编第三卷

继《清代人物传稿》上编第一卷之后,何龄修先生和张捷夫先生主编的第二卷、王思治先生主编的第三卷,也由中华书局 1986 年出版,同读者见面了。笔者欣喜之际,祝愿后续诸卷早日问世。

笔者打开第三卷,对有兴趣的人物传首先进行了阅读,看了《豪格》《尼堪》《孟乔芳》《李渔》《瞿式耜》《郝摇旗》《金声桓》等篇。这些人物传的作者大多是研究有素的专家,传记写得很好,我愿把心得写出来,祝以后写得更好,也把认为需要商讨的地方提出来,向作者请教。

上述传记表现出这样一些特点:

其一,作者洞悉传主,写出其人的基本面貌。作者要把传主写好,首先得把它"吃透",然后"吐"出来的,就是传主了。这种吃透主要在两方面,一是对传主一生的了解,而不是片段的、局部的认识;二是对传主的生活时代和具体生活环境的真正把握,而不是皮相的大而无当的浅见。《豪格》诸传的作者,认真研究了他们的写作对象,对传主有了真知灼见,才形成文字,告诉读者,所以使我们看到一个完整的传记,既有其人一生的历史,又有周围环境,还使我们了解他是怎样的一个人。如《豪格》传,作者叙述了豪格参加 1627 年的宁锦之战及后金军的残败,指出这次失利"对豪格以后如何与明作战产生了深刻的影响"。(该书第 36 页,以下只注页码)迨到 1633 年豪格应皇太极之诏,奏言进攻明朝的方略,作者写道:"他从后金军毁边墙深入内地所取得的战绩,以及此前在宁锦坚城屡遭挫败的教训中,说明对明境应实行残毁的方针,并提出联络农民起义军从东西夹击明廷。"(第 37 页)作者认识到 1627 年宁锦之役对豪格的影响,分析他的成长和后来的作为,这样从前到后地看一个人,把握了他的全部历史,写出来就是一个完整的人,做到在观点上前后一致,在行文上前后呼应。

《孟乔芳》传,作者开头写传主少年时代私离家乡,到京中游玩,性格放荡不羁,后面写他任陕西总督,领兵征战,待将士豁达有度,培养出河西四将张勇等人。掌握了孟乔芳不拘小节、识人爱才的性格,以此见解,写出这个人物。《郝摇旗》传的作者开篇写道:顺治二年(1645 年)正月李自成死后,大顺军群龙无首,郝摇旗乘机掌握了一部分军队,由不知名的偏将成为一部的主将。当时,跟随李自成东撤的大顺军在连遭失利、地方政权全部瓦解的情况下,意气十分消沉,郝摇旗和其他大顺军将领率部转入了湖南平江、浏阳一带,陷于彷徨失所之中,先投靠南明督师何腾蛟,不久又在八月间向清政府递上了降表,后来终于在全国抗清斗争的推动下,坚定地执行联明抗清的政策,成为清初农民军中著名人物之一。(第 410 页)这就把李自成死后大顺军余部的形势,郝摇旗投靠南明,降清与抗清的变化原因,交待得清清楚楚,这正是作者对郝摇旗的活动舞台——1645 年全国政治形势了如指掌的反映。

其二,内容翔实。作者们按照"记事为主,寓论于史,少发议论"的原则,在有限的篇幅里,尽量叙述传主的事迹,不发表空泛的议论。笔者读的几个传,觉得写出了传主的主要经历和事迹,有大端,有细节,清代人物传记向以《清史列传》为翔实,但《传稿》的豪格、尼堪两传,内容都超过了它,可见本书容量较大。作者们多方搜集传主的有关史料,融会到传记中,而且对待史料比较严肃认真。笔者对《豪格》传中所引用的《清太宗实录》《清世祖实录》《朝鲜李朝实录中的中国史料》的三十余条资料,一一与原书进行了核对,发现作者使用的资料符合于原著的意思,引文大多数无误,少量的个别文字有出入,也无害于原意。

其三,寓论于史。前面提到作者们的这个原则,从实践结果来看,是实行得比较好的,几个传中都没有长篇的议论,基本上没有脱离事实的空论,而在必要的评议中,笔者认为大多是得体的,是简单明了的。如《瞿式耜》传,作者写明传主四代科甲之后,紧接着说明家世"对瞿式耜一生的成长和政治生涯,无疑都有非常深刻的影响"。(第 296 页)这是自然得出的结论,令人首肯。又如《金声桓》传写了传主起兵反清而奸诡暴虐无谋无信的事实后,指出:"政治上的腐朽必然导致军事上的失败,反复无常的金声桓已经走上了绝路。"(第426—427 页)此外,还有一点值得称道的,就是有的传记文字写得很好,如《李渔》传,行文流畅,引人入胜。《孟乔芳》传也写得很生动,读来有趣。本书第二卷主编何龄修先生《卷首语》中讲:"历史人物传记有史学和文学两方面的属性。我们要求作者注意传记这个特点,努力使传记的科学内容和优美形式结合起来。"这个高标准的追求令人赞佩,在作者们的努力下,无疑是向着这个目标前进了。

这些传记,在内容上、文字表达上、全书体例统一上,愚意也有需要讨论的地方。

一、内容方面,适当地增添和减少,似是可以考虑的。《李渔》传,对传主的名、字、号罗列了十种,内中就有"笠翁"一字,这样写很必要。但是我们知道,李渔在世时就以笠翁名其书,死后为其立墓碑亦以笠翁为名,后世之人也多以此名代表他,笠翁成了李渔的通称,因此笔者以为,在介绍了他的字号之后,指出笠翁是更为人称用的事实,以便于读者更容易了解他。李渔在《笠翁偶集》里有玩小脚的庸俗文字。缠足是中国妇女几百年遭凌辱的标志,也是中华民族一种耻辱的标志。李渔这方面的专门研究,是否可以提及呢?本传作者业已指出李渔专门研究了女子的声容,(第260页)于此似可加上他于缠足的考察。《豪格》传所叙豪格历史,清军入关后的部分显得单薄,若把他在陕西、四川的军事活动稍微展开一点写,是有点内容可以补充的。《瞿式耜》传对传主于崇祯元年(1628)就任户科给事中后对阉党余孽的斗争未作具体叙述,而《明史》本传则有相应的内容。崇祯初年反阉党是一件大事,瞿式耜的活动也正足以表明他正直的政治立场和作为,是其历史的一个重要方面,给予应有的重视和一定的笔墨,想来不是多余的。笔者以为,所需添加的内容文字并不多,几个、几十个字即可,它不会大幅度增加篇幅,但可使内容更臻充实。

有些内容,此种性质的传记似乎可以不写或少写,以便省下篇幅。如《豪格》传对张献忠的死亡有三百字的描写,又有同样文字的注释,张献忠败亡在豪格军前,但与豪格究竟是何关系,作者如果就此问题展开叙述是必要的,但读后令人感觉有点偏离论题:过多地写张献忠之死,在这里显得多余了。一种规格的传记文,写什么,不写什么,应有的内容不可短少,不该有的事情就不让它出现,唯是,才能符合作者自定的规则,才能更好地给读者以预定的东西,这是衡量一部著作科学性的重要标尺。

二、文字的锤炼是无止尽的功夫,名家都说文章要改个十遍八遍的,自然是至理高论,然而做到又谈何容易!不过这并不妨碍读者有这个要求和作者以此自律。以下这几篇传记似乎都有需要修饰的字句,以便去掉繁衍枝蔓的文字和病句,使行文干净利索,如《尼堪》传:"清太宗以对明朝积怨已久,倾所部亲征,尼堪随多铎军围其国王于王京汉城。朝鲜国王李倧因兵力不敷,弃城遁去。"(第119页)若在前一个国王后加"李倧",倒可使读者先明了国王是谁,次后"朝鲜国王"四字可省,整体讲尚能减少两个字。又如《郝摇旗》传:"南明皇帝赐郝摇旗名为郝永忠。"(第410页)既然是赐名,并不包括赐姓,第二个郝字还有必要写吗?

有些字句不通顺,是引用古文带来的,因为把古文献的话与今人的话用在一起,很难都衔接得很好,很恰当。作者们有一条"尽量少用引文"的原则,是非常正确的,但笔者发现,有的引文并非没有它就不能说明问题,如《豪格》传的注七、八、四十、四十一、四十二等。不必要的引文,绝不会使文章增色的,想来我们是会有同感的。

三、引文多少是体例问题,本书还有一些属于体例运用的问题。

1.古地名今注。有的传对清代地名作了今注,大多数传阙如。愚意为方便读者,以注明为好。当然,对古今同名的大地方可以不注,以免繁琐。

2.明清纪年与公历年份对照。诸传对使用的明清纪年的年头,都换算公历年份注出,甚是,至于月日,有注的,有不注的,此处似乎可商讨。人物的生卒月日,宜有公元对照,发生在阴历十二月的事,换算阳历,可能要过了年份,此亦宜注明。

3.注释详略。有的传记注释甚少。多少不是文章好坏的标准,以适宜为是;有的传记因注释太少,至令读者不知该传根据哪些古文献写的,如果想研究这一问题,就不能从这里得出必要的线索,对读者来讲不无缺憾。本书许多传记在没有引文而叙述事情的地方,也作注说明资料来源,如能都这样做,既表明传记有资料依据的科学性,又能满足读者的求知愿望。

4.内容互见。有一事涉及多人,自不必每人传记都详细书写,而把它写在事件最主要的人物传上,以免重复,这个处理原则甚佳,问题是该简略到什么程度。如《豪格》传,写皇太极死后皇位继承问题,谓事详《多尔衮传》第43页,未说明豪格态度及结局。此事对豪格至关重要,若在此有结论性的说明,既使传记内容完整,也可免去读者翻寻互见之劳。

5.传记篇幅。将历史人物依其地位,分出等第,给以相应数量的文字说明,这无疑是必要的。值得注意的是灵活掌握问题,因为很难说哪人该写一万字,哪人该写七千,而且有的人物很重要,该多写,但却没有那么多记载,硬凑一点,就没有必要了。

体例的问题,就着某一篇传记讲,破例是小事,但从全书看,就是体例不严谨的毛病了,似乎就值得注意了。

四、最后谈一下观点的问题。《李渔》传的作者力求对传主作客观辩证的分析，认为他完全沦为封建帝王和官僚士大夫阶级的帮闲文人，其作品的格调也较前更为低下。"他时时憧憬着""奢靡生活，使尽浑身解数去讨好权贵"，"其行径自不屑一顾"。同时认为他"把'士林所不齿'的'俳优'当职业来看待"，"敢与封建正统观念相抗衡"，他的"戏剧观无疑是进步的"。（第260—262页）笔者觉得这些对李渔的批评不尽如人意，他并非宫廷戏剧家，如何说他成了封建帝王的帮闲文人？帮闲文人是一个政治概念。

（原载《清史研究通讯》1986年第4期）

与社会史研究相结合的学术史专著

——《清初学术思辨录》读后

　　陈祖武先生讲他写作《清初学术思辨录》(以下简称《思辨录》)的本旨："打算从社会史与学术史相结合的角度,对清初顺治、康熙二朝,即17世纪中叶至18世纪初叶的主要学术现象进行一番清理和再认识。……意图通过这样的努力,来探索清初学术发展的规律"(见该书"前言")。读竟全书,深知陈先生是认认真真做学问且卓有见解的学者,他成功地实践了创作初衷,把清初学术界状态以清晰的图案呈献给读者,令读者明了清初哲学、经学、史学、文学、考据学的发展水平,诸家学派的产生及其斗争,清初学术的历史特点和地位。诚如陈先生所说,把对学术史的考察与社会史的研究结合起来,从清初社会生活中寻找清初学术史的演变轨迹。这是该书的一大特点,拙文就此略作评述。

　　一个时代学术思想的产生,导源于诸种社会因素:或者直接来自社会现实,即社会的政治、经济、文化生活和社会的生活方式、社会结构、社会问题;或者是社会现实的折射;或者受前人学术思想的影响,即使某一学科的学术观念,除受其本学科发展史制约外,还受其他学术观的影响。一句话,学术源于社会生活,因此学术史的研究,不是仅注意学术源流就能搞清楚的,更重要的是要把握学术与社会生活的关系。陈先生根据这种认识,把研究方法提炼为"社会史与学术史相结合"。这在研究法上虽不好说是首创,但如此明确的提法,实具创造意义。唯其如此才能高屋建瓴,洞察清初学术发展史。陈先生的成功,不能不说得力于这种认识及其相应方法的采用。

　　《思辨录》由三大部分构成,一是叙述清初社会,由前三章完成;二是说明清初诸学术领域、诸学派及其代表人物的成就,为四至十四章的内容;三是评价清初学术的历史地位,是最后一章的任务。陈先生如此安排专著结构,体现了将社会史与学术史结合起来研究的意图,使其得以实现他的著述宗旨。

　　陈先生在评述清初学术思想时,紧密联系明末清初的社会问题和清朝政府的统治政策,尤其是文化政策,强调各学科的经世致用思想及其同社会的关系。他认为清初学术的一个基本特征是经世致用,"是自明万历末叶兴起的经世思潮,至清顺治、康熙间而空前高涨"(第 15 章)。他说晚明的经世思潮,"是一个旨在挽救社会危机的学术潮流",就中徐光启和东林学派皆讲究实学,而徐氏所倡导的"已经不是一种道德践履,而是具体的实用之学,是实际地去讲求用世之学"(第 2 章)。他分析吕留良抨击王学、尊崇朱学的深刻原因,是吕留良以为王学泛滥,酿成了明朝的覆亡,因而指出吕氏思想的可贵之处是"试图使清初知识界从王学末流的玄谈中猛醒,转向治乱之原的探讨,这无疑是具有历史进步意义的"(第 7 章)。他通过对李颙"悔过自新"说和"明体适用"说的考察,强调历史反思精神,反对"重体轻用"的观念与社会史研究相结合的学术史专著(第 8 章)。在研究到史学家吴乘权时,也是指出其经世思想(第 12 章)。

至于讲到文艺思想,陈先生径直使用了"清初文学艺术的经世特征"作为一章的标题,可见他看重各个学术领域的经世思想。陈先生对清初学术经世观的认识,是从它与清初社会联系的分析中得出来的。他重视社会群体的作用,指出:"一代学术风尚的形成,绝非某个杰出人物凭一己的能力所可成就,它实为一时学术群体的共同劳作。"具体到顾炎武的经世思想,谓其后期以强烈的民族意识为突出内容,而这一意识并非顾氏所特有,亦是清初其他进步思想家的观念,"这正是清初的特定历史环境给那个时代的理论思维留下的烙印"(第 4 章)。清初的经世之学后来流行为纯学术的考据学,究其原因,陈先生论定是清初文化高压政策的结果(第 3 章)。学术思想的形成和转变,陈先生从社会群体、社会问题和政府政策诸方面去探讨,是践履其社会史与学术史相结合的研究方法,因此所得出的结论令人信服。

前述《思辨录》的成就仅为其一个侧面,其实该书优点甚多,考辨翔实,就给笔者深刻的印象,如通过《双赋》解析,说明王夫之与清朝官方没有瓜葛(第 5 章),对黄宗羲东渡日本的年代和《明儒学案》成书年代的论定(第 6 章),无不言之凿凿,切实有据。这就使得该书成为可以信赖的著作。

如果要挑毛病的话,首先是该书特点中,即将学术史与社会史研究相结合尚有令人不满足感,当然,这是大工程,难以一时完成,是应当理解的。其次是没有专论傅山、唐甄二位重要学者,给人一点遗憾。

清代学术思想史,前有梁启超、钱穆诸氏的专著,后继者即为陈先生之作。杨向奎先生在《思辨录》序言中说："继梁任公、钱宾四诸先生之后,祖武此书,将脱颖而出矣。"诚为定评也。

（原载《中国史研究动态》1993 年第 12 期）

张瑞德、卢惠芬著《中华民国史社会志·社会阶层与流动》评介

台北"国史馆"编纂的《中华民国史社会志》(初稿)于 1998 年问世,作为社会史的研究者自然希望能够读到它,现在有机会见到该书上册的第六章"社会阶层与流动",阅览之后,觉得颇有收获,也产生一些联想,愿意书写于此。

这一章由张瑞德和卢惠芬二位学者撰写,约 12 万字。作者将辛亥革命以来的社会志划分为两个阶段,第一段是民国政府在 1949 年以前的时代,第二段是台湾时期,以此分为两节叙述,即第一节"大陆时期"(1912—1949 年),第二节"台湾时期"(1949—1991 年),两节分量不均衡,第一节的内容占全篇的三分之二以上。大陆时期社会阶层与流动的历史,比之在台湾一隅的状况,当然丰富复杂得多,多予篇幅的安排显然是适当的。

《社会志》一书是采取的"志书"体,重在陈述事实,同时发表简要的评论,不过心中要有丘壑,把握了总体,知道应当写什么,什么事该详,什么事该略,分析要到什么程度。以此衡量《社会阶层与流动》部分,是写得相当成功的。

首先,具有较强的综合性和吸纳性。志书的性质决定,作者要大量吸收学术界的已有成果,融入的状况,在一定意义上说是图书质量的测量计,以此而论,作者将他人的学术观点和资料比较充分地容纳进来。20 世纪上半叶中国的社会结构和社会流动,苏云峰在《中华民国建国史》中认为,传统社会的阶层序列是士、农、工、商、贱民,实际上是商人高于农民;民国以后商人的地位再提升,工人的地位超过农民,在法律上已无贱民,形成士、商、工、农的高低顺序。作者在理论上采取这一观点,并在文章结构中体现出来,即在第一节中,依知识分子、商、工、农的次序作分别的叙述,以期明了社会阶层及其流动。在台湾工业化时期,社会阶层变动较大,研究难度因而加大,用作者的话说是"社会地位的判断更加困难"(第 501 页),于是借助西方社会学的阶级分化概念,结合台湾实际情况,将社会阶层区分为农民、工人、中产阶级和资本

家四类。理论上如此,材料上更是借助学术界已经提供的资料,即依据官方、民间团体、个人形成的资料,特别是统计数据,作出图表以帮助了解社会阶层及其流动。全篇有"表"60份,数据即由各种文献取得,或原式移植,或略作加工整理而成。大量的图表显示文章资料的某种丰富性,也表明作者利用计量史学方法,用史料来反映历史真相。

其次,观点鲜明,比较准确地把握了社会阶层与社会流动的特征。说志书的综合性特点,不是说作者不需史识,只要有搜集和排比史料的功力就行,而是同样要有准确的观点,二位作者就此下了力,成就明显。作者寻找出20世纪上半叶中国社会阶层和流动的六个特征:一、阶级开放,满汉平等,贱民解放,法律上对于社会流动的限制更为减少;二、新式教育实行后,贫穷家庭的子弟读书更加困难,使得教育在传统社会所具备的社会流动功能大受影响,而抗战期间所实行的公费制度,重新造成清寒子弟获得向上流动的机会;三、血缘、地缘关系在职业流动上,依然扮演重要的角色;四、商人地位有整体提升;五、工人阶层逐渐扩大;六、农民向上流动不易,而却容易向下流动(第544—545页)。由此将上半叶的社会阶层及其流动勾勒出来。整个说来,社会层级减少,层级整体性和个人的社会流动增进了。20世纪下半叶台湾的情形,作者认为"经历了中国历史上最大规模的社会变动"(第545页),无疑,这是令人首肯的结论。作者还认为,这个时期中农业人口萎缩,劳工阶级大幅增长,显示人口由乡村流入城市;60年代工人阶级扩大,70年代中产阶级兴起,阶层结构变动剧烈,说明这期间社会高度流动的现象;中产阶级兴起,表明社会阶层结构从大多数人属于最底层的"金字塔型",走向中间阶层为主的"钻石型",还说明人们"向上流动"大于"向下流动"(第526页)。这些对社会流动规律性的交待,看来是有充足理由的。

最后,作者的求真态度令人起敬,主要体现在史料鉴别方面。在讲到20年代中期上海童工数量的时候,作者引用三个素材,一是中国共产主义青年团的估计15万人,一是泛太平洋劳动大会的估计9.4万人,再一是上海工部局童工委员会的调查数2万余人,作者认为:"三方面用意不同,所得数字遂大有出入。中国共产主义青年团志在宣传,所举人数不免夸大。童工委员会所作调查,限于12岁以下儿童,人数则大为减少。泛太平洋大会的报告系根据上海总工会的估计,较接近实情。"(第433页)在说到工人流动率较大时,引用厂方的材料之后,发表评论,指出厂方所说的原因,隐瞒一些实情,未能反映解雇职工的缘由,如上海荣家企业经常使用临时工,以便于解雇(第467页)。关于雇农的数量及其在农户中的比重,作者使用官方土地委员会全国调查和民间几个小规模调查的资料,同时指明:"这些小型的调查由于规模小,调查人员均曾亲至现场访问被调查的对象,所获资料的可靠性乃超过土地委员会所作的全国性调查。"(第482页)这种求真的客观态度,有益于鉴别史料,澄清事实。

该书还有值得讨论的地方,或者说需要修饰完善之处,比如第一节商业资本部分的叙述显得有些薄弱,20世纪上半叶的游民问题没有提出来作必要的说明。认为清代90%以上的土地属于自耕农所有,这未必准确。关于农民的心态,一方面说"近代中国的农民虽然识字不多,但是对于新事物接受的速度颇快",如掌握新技术比美国农民还快;另一方面又说农民的生产,世代墨守旧法,无论农具、种子、耕作,均陈陈相因,不知改良。那么究竟应如何看待农民的观念,似令人不得要领。第二节的材料明显少于第一节,使人有单薄之感,个别的地方有待进一步的分析,如讲到民众认同台湾是个公平的、开放的社会,相信个人因素对前途的作用,忽视结构性因素,自然是对的,倘若再说明民众的这种认识,忽视结构性成分的作用,是承认某些现实,如没有办法选择的家庭背景,这是某种无可奈何的认同,指明这一点也许是必要的。这可能是苛求于作者了。

笔者在阅读中获知的一些资料,促发思索若干历史的和现实的问题,兹缕叙一二:

低水平的生产力和生活,何言世界中心!20世纪,有统计资料表明中国的劳动生产率、人口素质和生活水平。书中介绍1935年上海一所医学研究机构对人的膳食加以研究,发现即使每天吃到一点猪肉的工人,每天所摄取的卡路里,也不超过2600卡,其中75.1%来自碳水化合物,15.4%来自脂肪,9.5%来自蛋白质,而正常人每日所需卡路里,至少应有3000~4000卡,其中45%应来自脂肪和蛋白质。更为严重的是,受测者中70%缺乏维生素A,80%缺乏维生素B,40%缺乏维生素C,显示出工人所摄取的卡路里,在量和质上,均未达到标准。(第466页)至于农民的生活程度,由农户生活费用的百分数可知。书中引用卜凯的统计数字,并将中国农户与丹麦、日本、美国的农户作出比较,中国农户生活费用分配比数,用于食物的占58.9%,而丹麦为33%,日本为42.8%,美国为41.2%(第494页),中国农民相当多地超过他国农民。

众所周知,用于食品的开支比例越高,表明生活水平越低,中国的工人、农民远远低于上述各国。可是工人的劳动时间却特别长,如1936年上海各业平均工时数为10.57小时,1938年为11.03小时,同时期德国为7.59小时,美国为6.91小时,就是工业国中劳动状况最为恶劣的日本也不超过10小时(第453页)。劳动大众处于如此劳动、生活状况之下,令人深知国难深重,要自强自立,为树立信心,以中华历史悠久、地大物博而自豪。到了下半叶,中国人民站立起来了,生活水平仍然相当低下(由生活物资凭票供应可知),精神面貌大改样,无偿支持世界上被压迫民族和国家,似乎很是强大。粉碎“四人帮”,人们才清醒了,改革开放后,大多数人才面无菜色,于是21世纪是东方世纪、儒家文化中心、“可以说不”等等又来了。笔者非常赞成有识之士(或曰忧时之士)的提醒:老老实实,努力建设,提高国力,提高人民生活质量,自然就有了发言权。

变革与进化如何不是同义语。社会的变革往往带来社会的进步,自从进化论在中国传播之后,人们常常不自觉地将变革、革命与进化、进步联系在一起,以为变革、革命产生的一切都是好的,其实任何事情都是利弊相生的,没有绝对好的事情。清末废科举,实行新的教育制度,是革新之举,民国继承新法,使教育事业继续前进。但是科举时代教育成本低,政府又定有南、北、中三区的中试名额,贫寒家庭可以培养子弟读书中试,向社会上层流动,而新学制培养学生费用大增,致使贫家子弟难以就学,减少了向上流动的机会,该书说:“科举废除后,由于新式教育费用的相对高昂和解额制度的取消,使得知识分子出身自落后省区的机会大为减少。民国二十一年时,江苏一省即拥有全国百分之三十五的大学生,而甘肃则没有一个大学生。”(第394页)允许下层人士向上层流动,是社会活力的表现,整个来讲,民国时代要比清代好得多,但从上述一点来看,就不是这样了。新学制实行,断绝了一些读书人的出路,难怪有些人进入军校,后来投身反清革命。书中还说,1949年以后,“义务教育的普及和联考的公平性,使得各阶层都能通过教育,开启向上流动之门”(第534页),可见义务教育制度的重要。从教育制度的变化看社会流动,颇能说明改革的各种正负面后果,所以不能简单地完全不加分析地肯定社会变革。

“卫嘴子”怎么样?俗语“京油子,卫嘴子,保定府的狗腿子”。笔者知道,保定府做“狗腿子”的资格早已丧失了,作为首都的都中人士,确是气概非凡,天津人如何呢？在20世纪上半叶，天津是仅次于上海的工商业城市，这是世人的共识吧？但是笔者通过书中提供的一些数字看到，天津与上海两者之间存在着不在一个层次上的差异。以华人资本于1914年至1922年创办的纱厂来说，上海有16家，天津有6家，此外，无锡、武汉各2家，芜湖、济南、武进、长沙、武陟、石家庄各1家，上海的纱厂，几乎占全国的一半，而天津的建设虽然位居第二，但是不及上海的半数。书中特别指明上海纱厂承办人的出身背景与天津有显著的差别，1920年上海有华商纱厂19家，负责人有资料可查的17人，出身实业界的2人，官宦之家的3人，商人家庭的8人，另4人具有多重身份；天津主要投资者25人，其中除2人为军需供应品商人，其他23人均为现任或卸任的军政要员（第414—415页）。上海多系工商事业人士办厂，是干的本业，故有持续性，而天津由官僚、退职官僚来办，政治的变动就会引起连锁反应，会对工厂有不利的影响。

天津之近代工商业的发展与政治有极大关系，清朝晚期北洋大臣驻此，首先开办电报局，总局后来才从天津移往上海。在历史上天津与上海就颇有一段差距，勿因第二大城市之名而忘乎所以，以为可以和上海比肩。政治局势的变动，影响天津的兴衰，还表现在天津是否为真正的对外贸易港口，如果不是华北物资贸易集散地，可以想象天津的地位了。所以认识天津有一个为其准确定位的问题。这是观察天津的一个角度，可是天津毕竟是历史上第二大工商城市呀，何以今日如此地被人小觑？以至有关部门作出让津人参观津门的举措，一时之间，一些"景点"门前大轿车云集，老头老太熙熙攘攘，用时髦的话说，形成了一道亮丽的风景线。呜呼！天津人怎么啦？何至如此自欺欺人，何不将此精力用于思考天津发展之路，从虚妄、迷惘中走出来！多去点虚骄之心，别再耍嘴皮子了。落后不光彩，但要比强作壮语、自欺欺人要好一些。

真正明了"南开"的价值了吗？其实要讲南开，最不能忘记的是严修和张伯苓，其创业之功，其造就南开在教育界、学术文化界的崇高地位之功，已成为历史，是无法改动的了。试想，成立得并不算早的私立学校，又没有教会的财源背景，而能跻身西南联大，谈何容易！早年的南开奠定了在经济学方面的教学与研究基础，后来得到发展，成为南开的支柱学科，也使南开成为全国的经济学重镇，这一点，我们在书中得到印证。作者制作"各地工人、学徒之出身农家比率"，所依据的材料主要是早期南开经济学教授方显廷的著述，计有《天津地毯工业》《天津织布业》《天津针织工业》《天津之粮食业和磨坊业》（第

437 页）。该书讲到矿工工资时,所使用的资料出自南开大学经济研究所郭士浩主编的《旧中国开滦煤矿工人状况》一书,并且对此作出很好的评论:"在矿业方面,最具代表性的资料,为南开经济研究所编制的开滦煤矿工人的工资统计数字。由于开滦劳工档案的丰富在近代中国工矿企业中实属罕见,因此以之为基础所编制的工资率,具有很高的可信度。"(第 455 页)这本书编得好,而基础则在于开滦煤矿丰富的档案,档案制作者和图书的编辑者都功不可没。

这是就书而论,不过话说回来,一所大学怎样拥有上好的教员和研究者呢？一个学校不可能把所有的学科都办好,都成为一流的,只要有几个真正立得住脚的,就会将学校撑持起来。因此办校的方针,就是要倾力于有良好基础的、已经有了一流学术地位的学科,要给予必要的支持,应该有人力、物力的"倾斜",这个浅显的道理似乎人人都懂,但实际情况好像不是这样的。办学者似宜三思！

（原载张国刚主编《中国社会历史评论》第三卷,中华书局,2001 年）

学术研究成果大众化的成功之作
——话说沈阳出版社的"生活掠影"丛书

　　20世纪80年代中期以来,文化史、社会史成了史学界的研究热点,产生了相当数量的作品,其中不乏学术性很强的精品,唯其如此,阅读面也受到很大限制。有的书通俗则通俗矣,然恐写作过于匆忙,研究性成分贫乏,能给人的知识太少,并不能满足众多读者的求知欲。亦有作者试图撰写带有研究性的知识性读物,首先是具有研究性,没有这个基础,任何类型的著作也写不好;其次是做到深入浅出,作者先将写作对象吃透了,消化了,知道该吐出什么样的内容,并能用活泼有趣的文字表达出来;复次,配上若干图像,真正做到图文并茂。似此就不难扩大读者群,实现学术研究成果大众化的理想目标。这类社会史的"小品"近年已经有所上市,沈阳出版社近期推出的"生活掠影"八部,应属于这种类型,这八种书是:《秦汉生活掠影》《魏晋生活掠影》《隋唐生活掠影》《宋元生活掠影》《辽金生活掠影》《明清生活掠影》《晚清生活掠影》和《民国生活掠影》。每一部是一个断代生活史,而八部合起来则是从秦汉到民国的中国社会生活史的通史,显然沈阳出版社巧于构思,成功运作出一套丛书。下面简称它为"生活掠影"。

　　"掠影",意思是一闪而过的影像,比喻观察不细致,印象和认识不深刻。"生活掠影"的作者用此一词为书题,表示他们不是写作一部部完整的断代生活史,只是写出片断,而且论述未必深刻,体现了作者实事求是的治学精神,在以"自我推销"为时尚的今日,作者的这般态度,就值得称道。有了这种严肃的要求,倒赢得读者的信任,相信他们会尽心尽力去研究和写作,倒可能写出好的或较好的作品。既然是"掠影",在写作内容方面,作者就有了较大的自由度,可以各就研究所长,自由发挥,这样,从整套丛书来讲,就不会出现各个断代生活史在内容上的大同小异,只有时间、地点、人名的变化,而情节、风习则是相同的,那样将使读者倒胃口,让人看了前面几部,就不想往下看了,各抒所长写出的各代"生活掠影",就避免了那种缺憾。

"生活掠影"涉猎的生活面相当广泛,大的方面来讲是人们的衣食住行、婚嫁丧葬、节日吉庆与娱乐、人群与人际交往。而每一个方面又包含多种内容,如娱乐一项,我们在书中看到下述的内容:说唱艺术、表演艺术、竞技体育(如马球)、军中伎艺、棋艺、猜谜、水嬉、冰嬉、赌博性较强的各种玩具,以及艺人群体,他们的社会地位和生活。又如居住,不简单是住宅,还关涉到城市布局和建设,居室和花园及其和谐,行人和商贾所需要的旅舍、邸店。这是常见的社会现象,有些不常见的就需要作者去挖掘,我们也能在书中见到一些,如所谓"进士团"。原来唐代科举,中进士者需要谢座主,拜宰相,还有杏园探花宴,大雁塔题名,曲江池欢宴等节目。由谁来主持这些事务呢?新进士没有经验和精力来做,于是就有一伙社会闲人出面操办,从中渔利,被人目为"进士团"。近来去广东,友人请吃饭,常曰"打边炉",而宋代则有"暖炉会",这并非宋人的创造,而是古代"十月朝""寒衣节"的流衍。关于暖炉会的介绍,令我们知道古人节日生活的丰富多彩。说到古人的服饰,通常想到的是官员、命妇的朝服、常服,读书人的服装,农夫、商贾、工匠、军士、僧尼、道士、贱民的着装,而"生活掠影"还涉及到荷包、香袋,以至文身、刺字。这些事例表明,"生活掠影"广泛介绍历史上人们生活的方方面面,细致具体。对过往不太引入注意的生活现象的关注,是深入研究的成果,非急功近利所能得。

　　史学家往往以揭示历史发展规律为己任,这固然是良好的愿望,但常常是不现实的。笔者注意到"生活掠影"的一些作者,将精力放在具体事象的说明上,深表赞同。诗圣杜甫,形象高大,"生活掠影"利用杜甫的《今夕行》诗,说明他在逆旅长夜中与人玩樗蒲,而且异常投入,以致袒腹跣足,大呼小叫。如果为尊者讳的话,似乎不宜于写这一类事情,但这其实是杜甫为人的另一面,是真实的杜甫,作为常人的杜甫,写得好。李德裕以"牛李党争"的一方首领而闻名于后世,"生活掠影"不写他的政治生活,专写他嗜好饮茶:他不好声色,不喜饮酒,却好品茶,居住在长安,但要用常州惠山泉水,数千里运水是多么巨大的耗费,是以人们将之比作杨贵妃的喜食荔枝,他后来听人劝阻,改变了饮用惠山泉水的习惯。这使读者见到另一个李德裕。这样写,无意中道出了历史人物的个性,揭示出真实的人,提高了读物的质量,比那些空言什么什么规律,给读者岂不是更多的东西!

　　"图文并茂"的要求,一度被忽视了,现在颇引起作者与读者的留意。插图,对于某种图书来说,可不是可有可无的,图是形象的表达,与文字结合,能收到文省事明的功效，而且予人印象深刻。"生活掠影"致力于插图工作，下了一番功夫，因而每一册都配有数十帧图片，反映社会生活各方面的内容，比如市肆、民居、城垣、舟车、炊具、餐具、服饰、发型、货币、印章、人物像、游戏图、工艺品、地图、书影，等等。大部分插图的印刷效果很好，较为清晰；图像画面内涵与文字内容多能一致，没有不配套、为插图而插图的现象，因此总体效果较为理想。如何选择图像，是专门的学问，而且受到客观条件的限制，往往是可选择的图像少，难以达到理想，所以是很费力气的事情，而做不好会受到批评，"生活掠影"的作者勇于实践的精神令人佩服。插图作为著作的一部分，如同文字部分一样，应当有学术规范，对图片需要写出题名和资料出处，由于重视编选插图的事业刚刚兴起，规范尚未建立，引起注意和讨论是必要的。"生活掠影"对图像未作专门说明，愚意再版时似宜补上。

学术研究成果的大众化问题，是讨论了几十年的老问题，但是有的时期陷入一些误区。有一个时期曾将普及与提高对立起来，例如音乐方面，将起步学习五线谱改学简谱，如此只能欣赏"小放牛"，这是过分迁就文盲、半文盲受众和读者。一个时期又或多或少地存在学术作品庸俗化的倾向，一些丑陋的现象和行为，被冠以"行为科学"的美名。作者与读者的关系，总有那么一些不正常的地方，似乎双方是教育者与被教育者的关系，学者写作大众化的作品，负有提高大众素质的使命，是要向民众灌输某种观念。这种意识，笔者认为不得当，这似乎是在上者对待在下者的态度。双方理所当然是平等的，不存在谁要将什么观点加给谁的问题，书籍是作者读者双方对话的工具。

就生活史方面的著述而言，因为生活史的内容最贴近现实生活中的人们，所以最容易得到读者的欢迎与共鸣。笔者想，作者只需要将读者感兴趣的历史故事，能够发人深思的历史知识，用富有文采的笔法表现出来，使人将阅读的过程变成一种美的享受和追求，同时增长了知识，提高了生活情趣和生活质量，也启迪智慧的开发。人是社会中的人，做人要给自己"定位"，图书作者尤其要定好位置，争取成为读者的朋友，而不是在上面的教育者。"生活掠影"的作者没有讲什么大众化的道理，而是埋头去做，告诉读者历史上人们的某些生活是如何度过的，从而让读者自己去想象古人的生活方式和生活情趣。人文学科的学术研究成果大众化，是势在必行的事情，这不是一天就能了事的，但是必须积极去做，"生活掠影"为此进行实践，取得成果，实在可喜。

现在的图书评论引起诸多不满，因为多系无味的吹捧，诸如开拓什么领域,什么资料翔实,什么论点与材料结合的典范,是什么杰作、精品,如此等等,溢美之词泛滥。这就给再写书评制造了困难,因为起点就是"优",就是99点几分,不写这么高层级的美言,好像就是贬低作品。试想,过去有"一本书主义"之说,被当作个人主义思想批判了,其实"一本书",是代表作,是经得起时间检验的好书,是传世之作,一个被视为大师级的学者,不过只有一两本被人经常称道的书,如今每年出版成千上万种图书,能够传世的是很少的,评价那么高,岂不羞煞作者。清朝人不轻易发表作品,因有"悔少作"的愧疚与恐惧心理,与今人的"自我感觉良好"是不同的心态。笔者极其赞成先觉者端正书评文风的呼吁与实践。说到"生活掠影",是学术研究大众化过程中的产物,是在具有一定研究基础上编著的图文并重的好书和较好的书(八册的质量有所差别),是否能经得起时间的检验,有待作者们的进一步研究和提高著作的品质,笔者以为是可以期待的。

沈阳出版社在众多出版社中是个小兄弟,但是刻意追求梓行好书,力图创造自己的风格、自己的品牌,在推出断代史的八种"生活掠影"图书之外,还有《蒙古族生活掠影》《满族生活掠影》和《朝鲜族生活掠影》等书的制作,这是民族史方面的,与断代史方面的综合在一起,意图从不同的社会层面反映人们的社会生活。笔者不知道出版社在这一领域的全面计划,仅就已经问世的而言,已初步显示出学术品位的特色。小社办大事,这种追求,这种精神,弥足珍贵。

(原载《社会史研究通讯》第 5 期,2002 年 7 月)

开启清人诗文集宝藏的一把钥匙

——柯愈春著《清人诗文集总目提要》评介

"十年磨一剑",常常被人们用作对好书、对精品之作的赞扬。柯愈春先生著《清人诗文集总目提要》,当堪此称。

早在 1984 年夏天,他就已经基本上搜集齐素材,写出若干条目,时值我们在太原出席学术研讨会,承情让我观看数条。我所著《清史史料学初稿》虽然业已脱稿,但对清人文集的信息颇为关注。我知道清朝人撰写的诗文集存世甚多,仅南开大学图书馆收藏的就有二千多种,总数有多少,我心中无数,而又很想知道清人别集大约有多少,收藏状况如何,每种大体价值何在。柯先生告知,乾隆以前的集子约有一万七千种,如此巨量使我兴奋不已。他的著述方法,不是简单地著录,而是同时对其内容和价值作出说明,这样做,工程浩大,非一般浅学及急功好利者所能设想。2001 年,《清人诗文集总目提要》终于由北京古籍出版社梓行。为了写成此书,他开始是利用业余时间,平均每日不下四小时,后来提前退休,跑遍了全国主要地区的大图书馆,阅览上万种诗文集,这样的阅读量,说起来容易,然而我闭目一想,古籍线装书,尤其是善本书,借阅谈何容易?柯先生颇带感情说出写作的遭遇与心情:"遇到不少嘲讽与冷落,碰上种种困难与挫折,风风雨雨,笑笑哭哭,几次想舍弃而不甘心。"正是在这不屈不挠的韧性追求下,才完成了宏篇巨著。"看来字字皆是血,十年辛苦不寻常。"在柯先生的创作中,我们也多多少少地意会到这种《红楼梦》作者所言的意境。柯先生这种为学术事业埋头苦干的求实精神,使我们在敬重他的人格的同时,也相信他的著作一定会像他的人品一样诚实可信,必是一部资料翔实、言之有据的学术专著和工具书。

《清人诗文集总目提要》对现存清朝人诗文集进行了全面清理,著录一万九千七百余人的四万余种别集,对每一部著作,说明其卷数、版本、作者小传、主要内容及收藏单位或私家收藏者。这些文字,是柯先生精心考订后写出的,他阅览的上万种别集不必说了,依据各个图书馆的书目卡片和各种文献著录的资料所写的条目,也是多方核对,纠正错误。这使得该书具有较高的学术真实性。

柯先生在力求反映图书真实面貌的同时,希望还能有个客观的评价。他把握了一条原则,就是尽量使用当时人的看法,免得后人用现代观念去评价前人,造成偏颇。这样就给读者加大了信息量,增强了对那些图书及其作者的认识。由此可见,该书具有很强的研究性和学术性。

这部著作尚有待改进之处,如还有一些集子尚未寓目,正因此柯先生在《后记》中表示,将继续工作,予以增订。从学术事业讲,我们固然以此期盼于柯先生,不过我想事业为重的同时,还请柯先生善自珍摄,这也是非常必要的呀!

《清人诗文集总目提要》是一部目录学、史料学专著,以其著录四万余种载籍,给予基本准确的说明,成为学术界开启清人诗文集宝藏的一把钥匙。此书的问世,实为学术界可喜之事。

(原载《北京日报》2002 年 9 月 9 日)

评郭玉峰博士论文《明清以来湖南家族人口研究（1368—1949）——以婚姻行为、生育行为为中心》

这是一篇人口行为史研究的探索、创新之作，是一篇成功的博士学位论文。

一、论文的研究方向、方法和新鲜见解

（1）将人口史放在整体社会中进行研究，探求人口发展机制与制约因素。时间跨度大，跨越古代及真正意义的近代（至 1949 年）。

（2）突显湖南家族人口的一些特征。与前人研究比较，发现：男性未婚比例高及其原因，即明清以来湖南家族人口存在较高的男性未婚比例，与频繁的人口流动、男女性别比失衡、战乱有关，就中指出战争对人口婚姻、生育、人口增减的影响，表现为战争使婚姻适龄者丧失婚姻机会，寡妇增多，减少生育。比著名学者刘翠溶多发现战争因素，是研究的进步。18 世纪下半叶至 19 世纪，已婚男性的比例与夫妻的平均年龄差均处于一个较高的水平，系年龄相当的男女两性的数量出现不平衡，形成"婚姻挤压"现象，就湖南而言，是女性不足所致。

（3）为中国历史人口行为的规律性研究积累了不可或缺的观点和资料。湖南配偶年龄差别，夫长妻小，同于郭松义研究结论，可能成为共性。湖南配偶数、再婚率曲线与皇族不同，发现差异。女性生育幼子年龄，与刘翠溶研究结果相同。各位学者这些观点的积累，将逐渐构成中国历史人口行为史。

（4）从宗族社会地位分析人口婚姻、生育行为的差异，方法论上有宏观意识。决定男性未婚率、拥有配偶数、再婚率的高低；长子出生时父母的平均年龄大小；生子的多少。即曾、胡、王三个家族成员中社会地位的差序格局与他们的婚姻、生育行为之间存在着某种关联。（男性未婚、女性多寡，与家族声望相关，且有家庭化趋势；拥有较高社会身份的成员往往集中于家族中的某几世或某房。）

（5）对传统医学与生育关系的探讨，有价值。"传统生育医学的发展通过对人口生育行为的指导，在客观上可能对人口的增长起到了一定的抑止作用。"

（6）不宜对女性再婚比例估计过高，妇女从一而终是主流现象。

（7）20世纪前期高学历女性不婚，与世界性女性独身思潮有关。

（8）改善历史人口学研究状况，表现在研究地区方面，从江南家族、皇族、辽东旗人的人口群，到湖南，特别是望族方面。

二、存在问题

（1）以近30%介绍研究信息，表明掌握充分，能够顺利进行比较研究，促进写作成功，而发挥过度，浪费精力，影响论文深入探讨。宜于压缩关于宏观研究部分的说明，保留与论文主题历史人口学内容相关的部分。

（2）应有古近代社会转型的相关内容，人口婚姻行为、生育行为的时代变化。论文中有少许相关内容，然未提出问题，分析问题。

（3）"胡氏、王氏两族受旌节妇的守节行为与国家的旌表制度之间出现了一定的'背离'"，不可解。表明作者理解、说明社会整体问题的愿望。节妇多，受旌表极少，是普遍现象，乃因操作和吏治不良所致，穷乡僻壤者无力申报。旌表是软政策，承平之世政府关注，战争多难之时，无力进行。

（4）试图解决历史人口学研究的困境：解释的贫乏，资料的缺乏。解决办法，各种文献的利用，田野调查。然而如何能够显示出来？

三、建议修改

（1）见数字及表格，不见人物。至少需要说明文中事例的三个家族概况。

（2）"明清"为题，确否？与明代人口史有多少关系？

（3）重复：信息方面，如刘翠溶等，冯、常论溺婴三见。

（4）表达：文字颇欠洗练（举例从略）。

（此文是为郭玉峰博士论文答辩会书写的评审意见，故为提纲式的，写于2007年11月16日）

五十年的社会掠影
——评介冯尔健著《沧波掠迹五十秋》

　　展现在读者面前的《沧波掠迹五十秋》(以下简称《五十秋》,天津古籍出版社 2005 年 11 月版),是一部古典诗词和使用文白相间的语体文写作的历史诗文集,作者名曰冯尔健。对于文史读者来说,他似乎是名不见经传的、突然冒出来的人物。这样说,就人文类图书的读者而言确乎如此,何以又说"似乎"呢? 盖因他是卓有成就的科学家,为电机学界人士所熟知。

　　笔者也不必再卖关子了,不妨将他的学术履历略述于此:20 世纪 60 年代初哈尔滨工业大学毕业,"文革"前西安交通大学研究生毕业(当时未实行学位制度)。专攻电机电磁理论,研究生毕业论文《实心转子异步电动机理论分析初探》,经扩充后易名为《铁磁体实心转子异步电机理论与计算》,于 1980 年由中国科学出版社梓行,并被列为 1981 年德国法兰克福国际书展送展书目之一。该书为改革开放初期凤毛麟角之学术专著,颇具影响力,对推动相关学科领域的科研、生产和人才培养都起到一定作用,于 1990 年荣获中国科学院重大自然科学成果奖。作者遂获得同行的尊重,被推举为中国电工技术学会理论电工专业委员会副主任兼电磁场学科组副组长。这种学术成就,也令因"文革"被迫脱离专业的冯尔健从陕西咸阳进入中国科学院××研究所,从事专业课题研究,成为相关领域国内外知名学者和学科带头人。然而命运再度捉弄人,几年后所在环境迫使他不得不离开该研究所,转到中国科学院×××中心,直至 1996 年退休。虽然离开专业研究机构并退休,他仍坚持专业学术钻研,并争取到中国科学院的少量经费资助,终于在大型交流发电机电磁场和运行理论方面取得系统性成果,并据以于 90 年代后期撰成巨著《超导发动机电气理论分析基础——交流电机新理论》,该书已于 2001 年获中国科学出版基金资助,由中国科学出版社出版。其研究范围之广、立论与方法之新,深受学界同仁关注与赞赏。有资深学者表示,拟将其部分新创内容编入研究生教材和相关工程手册。

《五十秋》无序跋,唯有"弁言"表白作者著述心境。他写作缘由有三:一是记录个人不吐不快而又为时代留痕的经历,所谓"人虽微,掠迹钩沉,亦不失为时代之留痕,是以弥足自珍自玩且乐与人共也";二是所言可为史学家提供研究之素材——"聊充史家 DNA";三是寻觅知音,此实反映出作者诗人的气质。

笔者以治史为业,原不懂诗,不过"以诗证史"之法倒还晓得,不若用之,讨论此书是否有史学研究原料,有无价值。

作者青少年时期充满革命激情的作品, 是 50 年代前期青年学生精神面貌的写照,与同时代的知识分子、青年学生一样,关心国家前途,并力求促进之。早在 1949 年以前,十二三岁的作者,就不止一遍地读过岳飞《满江红·怒发冲冠》和毛泽东《沁园春·雪》,被他们抒发的"爱国激情和渴望为国为民建立功业的雄心壮志"所"震撼"。(引文见该书第2—3页,下引该书文字仅注页码)1949 年底,决心以共产主义为人生奋斗目标,并加入中国新民主主义青年团,由衷地热爱毛泽东。1952 年 7 月 2 日在《满江红·信果楼》吟道:"热血尽为民众洒,春华秋实添妖娆。"立志"为社会为他人造福"。(第 8 页)

作者被拔"白旗",开除团籍,成为政治运动的必然受害者。作者于 1951 年 7 月在北师大附中初中毕业,考入最热门学校和专业——北京重工业学校电机制造科(原为北平国立高工),享受供给制,一色校服,为世人所欣羡,何以这么说?当时社会流行革命导师列宁名言:"共产主义=苏维埃政权+全国电气化",作者于同时代青年一样服膺于此, 表现出为共产主义国家服务的志向。其时中专生不许考大学,由于作者学业成绩突出,在国家提出向科学进军的号召形势下,于 1955 年毕业时被学校推荐定向报考哈尔滨工业大学电机系,又让他考上了。这所高校,时为全国工科学苏联试点大学,名声与清华相埒。作者兴奋的同时,越发刻苦钻研学业,然而"木秀于林风必摧之",1958 年"大跃进"中,作者在"拔白旗"运动中蒙冤,被视为阶级异己分子、只专不红,开除团籍。(第 11、17 页)接下来的 1961 年毕业分配,自然是只有前往辽源地方一个"下马"小厂报到的命运:"人各一签定浮沉,几多秋雨几春风。"(第 36 页)

作者得上研究生,得益于三年困难时期结束后的调整政策。国家于 1962 年广州会议通过对知识分子工作的某种调整, 施行 "出气""脱帽""加冕"措施,营造了一片春风和煦的祥云,决定公开招收研究生,实行"择优录取"原则,幸运之神向作者伸手,1963 年他考上西安交大电机专业研究生,是时全国录取研究生约 800 名,电机专业仅招收一名,真是"中状元"了。入学再次立志为国为民而学,吟诗:"拾笔重挥毫,品学惭未高。为民为国臆,从兹倍辛劳。"(第 42 页)乃埋首书林和科学试验,研讨当时国际电机理论界热门课题之一,写出毕业论文《实心转子异步电动机理论分析初探》,并于 1966 年 6 月经导师和教研室通过,本来要被留校任教职,但是史无前例的"无产阶级文化大革命"爆发,大学生及研究生毕业分配延宕近两年,作者始得分配机会,又因出身成分不好,不得留校,被分配到北京××电机厂,挂名技术员,实际到车间干活。从事专业研究,"连想都甭想"。"尽管如此……此时仍一厢情愿地对国家和个人的前途持比较乐观的态度,笃信毛泽东的'道路曲折,前途光明'之说。"(第49—50 页)

作者再次进京工作,成为改革开放方针的产物和受益者。1970 年,根据"林副统帅"的第一号命令,作者妻子工作的北京××研究院从京城"搬迁下放"到陕西咸阳,作者亦随同前往,不得不与专业完全脱离。斯时大城市的科研机构、高等学校纷纷到小城镇、乡村开办,家属回农村,此乃"十年内乱"中知识分子的共同命运。1976 年粉碎"四人帮",1978 年作者上书中央有关部门要求专业对口,幸得"特批",可望上调中国科学院××研究所。几经周折,于 1980 年 9 月始成行,携全家老少五口进京,恰值"万花纷谢一时稀"之日,专著《铁磁体实心转子异步电机理论与计算》问世,这就是学术被认可的标志。故作者云:"自上大学以后,政治运动迭兴,历久而素志难酬。天幸'四人帮'倒台,赖国家拨乱反正政策之力,'唾手'而获扬帆学海百舸竞济、一了夙愿的绝好机会。"(第 112 页)拨乱反正政策,就是摈弃以阶级斗争为纲、实行实现四个现代化的方针,作者遂得时来运转。

作者再度被迫离开专业工作单位,成为管理机制不健全的牺牲者,也是人性嫉贤妒能、丑恶弱点的受害者。然在脱离科研机构之后,仍能利用京城学术研究条件及少量国家科研经费,再接再厉,完成新的具有重大学术与实用价值的研究。80 年代前期,科研机构和高等学校评定职称,但上方给的指标有限,十几年的职称和工资冻结,现在给的名额那么一点,真正是僧多粥少,引得各单位人员纷争不已,志在必得,不免互相倾轧。作者系外来新人,成绩再突出,终遭排挤,连副研究员也不可得,被迫离开科研单位。身处困顿之中,不仅不气馁,反而"益加澄心自励,任人讥讪,发愤忘食",历时七载,成"四文一书,付梓面世"。(第148页)"书",即为前述的《超导发动机电气理论分析基础——交流电机新理论》。专著出版,说得轻松,其甘苦自励实在难得。

处逆境,不免愤懑之情频生,乃自我调整,相信自家的努力会取得成功,迟早会被社会认可,故云:"天降吾材当尽用,不枉人世百年行。"(第161页)"寂寂于当世,熠熠于千秋。"(第157页)且放言:"君狂吾亦狂,狂狂亦何妨。"(第164页)"事业需由人做,重抖擞,便胜却人间无数。"(第146页)"虽终生陋室瓢饮,无憾矣。"(第148页)这些诗句表达出作者自负的心态,体现出他不屈不挠的精神,坚信熠熠生辉的未来。正是这种精神支撑他在逆境中坚持长期的研究与写作,所谓"坎壈独怡跋涉辛"也(第161页)。现在,他自谓在精神上业已取得丰厚的回报:他的《铁磁体实心转子异步电机理论与计算》一书,早已被后学奉为经典,时隔近五十年,前几年还有人在网上搜寻他的研究生毕业论文;尤其令他欣慰不已的,是去年还有人将他1982年在内部学术刊物上发表的两篇有关实心转子电机的论文汇集成册,上网销售,其影响力可见一斑。

作者谓其生平与著述是"学海沉浮五十秋,几破风涛几覆舟",此书乃五十秋的"沧波掠迹",为自身留痕,给史家提供素材,寻觅知音同道。笔者认为他的愿望是现实的,是实现了的。作为习史治史的笔者,视此书为上佳史料,作者的经历实系社会缩影,是个人留痕,同时是时代留痕。这么说,是从两个方面观察的:

作者以极大的热情、毅力从事电机工程学的理论研究,无论顺境抑或逆境,坚持不懈,不屈不挠,终于取得重大科研成果,荣获国家自然科学奖。为国为民的人生目标,是支撑他奋斗的巨大动力。《五十秋》让我们看到一个有理想的人,一个富有个性、有棱有角的人,一个学科上具有突出成就和相应学术影响力的人,同时不无遗憾也是一个才华未得尽展的人。

作者的成就取得与未竟其才的遭遇,均源于社会,确切地说,取决于方针政策的状态允许人们能够做到什么程度。当向科学进军号召前奏之时,作者乃获得报考大学和集中精力读书的机会,而1958年"拔白旗"的政治运动令他只能"动辄得咎";当60年代初调整政策之际,作者遂得考上研究生,科研成就指日可待;"十年内乱"致使他完全脱离专业;改革开放之后,在知识是生产力、知识分子是工人阶级成员观念下,作者全家进京,进入"翰林院",为进一步的科学研究和第二部学术专著的写作提供了前提。事实表明,当方针政策适合于国家发展之日,公民与国家相得益彰,都置身顺境。在改革开放之前,作者陷入困厄境地时,亦系国家不景气之日。由此可见,《五十秋》写出了个人的生存面貌,直接表现出国家、社会景象。这不就是历史缩影吗?!

作者谓此书为己身留痕,如前所述,确实做到了。书是折射了社会面貌,但是作者似乎没有较为系统地思考自身思想演变的历程和处世之道,为读者留下小小的遗憾。

(初稿于 2011 年冬,2019 年 2 月 10 日补充)

古代女子的择偶

　　《诗经·卫风》有一首题为《氓》的诗,前半部写一对青年男女从相爱到结亲。大意是说一个敦厚的男青年到女家来买丝,目的不是买物,而是要娶卖丝的女子为妻。女子也有了情,就送男子回家,送出很远,男子要求很快成亲,女子说不是故意拖延时日,是你还没有请人来说媒,还是等到秋天再结婚吧。这样二人约定了再会的时间和地点。届期,女子先到,见男子还没有来,心里又想念对方,又怕对方失约,因此悲伤起来,眼泪流个不停。稍后男子到了,女子高兴得又说又笑,男子向女子说,对我们的婚事,已占卜过了,没有不吉利的地方,我们结婚吧。女子痛痛快快地答应了,搬上自己的财物,坐着男子的车离去,结成了伴侣。这是一个民间的女子,接受一个普通男人的爱情,成就了夫妇。《氓》这首诗是反对女子自由恋爱的,但却反映了先秦时期民间自主择偶的某种普遍性。

　　笔者的这篇文字不再谈民间女子的爱情,而要叙述古代贵族、官僚家庭女子自选夫婿的婚姻。

　　先看春秋郑国徐吾犯妹妹的择婿。徐吾犯是郑国大夫,妹妹徐吾氏很美丽,下大夫公孙楚送了聘礼,订为未婚妻。上大夫公孙黑羡慕徐吾氏的容貌,也送来礼物,强作婚约。在这两个求婚者面前,作为家长的徐吾犯不知如何是好,遂报告执政子产。子产说这是国家政治不清明,才出现两个大夫争夺妻室的事,不是你家的过错。你也不用犯难,问你妹妹,她爱嫁谁就嫁谁。徐吾犯同两大夫商量了,都同意由徐吾氏决定的办法,于是二人分别来到徐吾家求亲。公孙黑穿着华丽的服装,将作为聘礼的物币置于堂上;公孙楚衣军服,在院中射箭,接着跳到车上离去,他没有再送赘礼,因为在先已给过聘金,认为不需要另送了。

　　徐吾氏在屋内认真地观看了两位大夫的行动,选择了自己的情人。她认为公孙黑确实漂亮,但不能做自己的丈夫,而公孙楚表现出男子汉的气概,决定嫁给他。她的哥哥尊重这种意向,徐吾氏遂同公孙楚结为伉俪。这桩婚事到此并未结束,失败的公孙黑不甘心,要杀死公孙楚以夺取徐吾氏,公孙楚一怒之下把公孙黑打伤,于是招来流放之祸。(《左传·昭公元年》)徐吾氏后来生活如何,不得而知。她在两大夫之间,不以品貌、爵秩取人,而有自己的爱情标准。

西晋贾午与韩寿的结合,有类似于《西厢记》中张生、莺莺相爱的某些情节。贾午是司空贾充的次女,贾充宴请宾客,贾午常常从内室窥视客厅情景。韩寿是贾充的幕僚——司空掾,常来参加宴会。他长得俊美,风度又好,被贾午看中,爱慕的感情无法控制,睡觉中也想到他,然而无从接近,就问身边的婢女,知道不知道他是谁。正好有一人原来是韩寿的奴婢,贾午就通过她与情人通音信,并约韩寿夜间跳墙进入闺阁。二人情好,贾午把西域进贡的奇香从贾充房间偷来送给韩寿。贾午有了情人,高兴异常,以至其父感觉到她“悦畅异于常日”,终于发现他们的往来,并承认既成事实,让二人成了亲。(《晋书·贾谧传》)

刺史徐邈的女儿,与贾午是同时代的人,也有一段选婿的经历。徐邈为给女儿择配,大会佐吏,令女儿在内室观看,暗中挑选。来客中有从事王浚,姿貌俊秀,年轻时不注意名节,后乃改变行为,立大志向。他在宴席中的表现,被徐女相中,告知母亲,徐邈就让他们结为夫妇。(《晋书·王浚传》)王浚后来在平定孙氏吴国中立了大功,官拜抚军大将军、散骑常侍。徐氏女真是慧眼识才。

以上诸女是在父兄监护下择婿的,而南朝荀阐之的女儿则是完全自主的。荀阐之,广陵人,官给事中,他女儿的婚事,《南史·荀伯玉传》记云:“当嫁,明日应行,今夕逃随人去,家寻求不能得。”看来,荀女早已有了恋人,不满意家长相中的夫婿,在出嫁的前夕,跟着意中人逃跑了,而且事情做得秘密,家里人找也找不到,很可能还得到别人的帮助。她决心与家庭决裂,可见爱情深笃,不管什么情况也不动摇。

唐末郑畋女儿选婿,其结果别是一种情形。司空、门下侍郎平章事郑畋有女当婚,时有余杭人罗隐,善作诗,尤喜咏史,然而屡次考试不能得第,郑畋赏识他,时与往来。郑畋女儿非常喜欢罗隐的诗,不时诵读,郑畋以为女儿爱慕罗隐,想为他们作配,于是招请罗隐,郑女在帘内观看他。这一看不要紧,由于罗隐长相丑陋,同她从诗中得到的印象相反,因而对罗隐深为厌恶,从此不再念他的诗。郑畋知道女儿原来只是爱读罗隐的诗,而并不喜欢这个人,就不再给女儿谋算这门亲事。(《旧五代史·罗隐传》)在自家婚事上,郑女表明了自己的态度,而且得到父亲的充分理解。

南宋理宗没有儿子，只有一个女儿，封为周、汉国公主，喜爱异常。公主到了及笄之年，议选驸马，宰臣建议选本科进士第一名周震炎。当周状元廷谢时，公主在屏风内看到周，表现出不高兴的情绪，理宗知道了女儿的心意，就不采纳宰臣的意见，周震炎从而失去了做驸马的机会。理宗是宋宁宗杨皇后所立，为酬恩，选定杨后侄孙杨镇做驸马，对这桩婚事公主再没有异议。婚后，理宗为有天伦之乐，在大内附近为公主建造宅第，时常到公主府欢聚。但是好景不长，公主活到 22 岁就病死了。(《宋史·公主传》)

　　上述女子选婚的方式和结果有所不同，但又有相同之处。大体上可分为三种类型。

　　第一种类型是南朝荀阐之女儿的完全自主婚姻。荀女反对家长的包办婚，有自己的恋人，一点不征求家长的意见，按照自己的愿望办，在家庭不可能支持的情况下，以出逃实践婚姻自主的追求。婚配是自家的事，配偶要自己来选择，她追求的是恋爱自由。这种要求，在儿女作为父母附属物的时代是很难实现的，特别是女子，要遵行三从四德的伦理，哪能容你自由恋爱！凡是追求这种自由的，其婚姻和婚后生活多有不理想的处境。即以荀女而言，出逃本身就是不幸的，离家后必然遇到许多困难，后来不知什么缘故，到寺院当了尼姑。是情人抛弃了她，还是情人死了，史无记载。不过在南北朝时期并不以再嫁为耻，不管哪种情形，她都可以再婚，但她没有这样做，万念俱灰地遁入空门，不能不说与出逃有关。她为摆脱父母之命、媒妁之言的婚姻，付出了惨淡的人生代价。

　　自行婚配，还不符合君主专制的婚姻礼仪的要求。古代议亲，根据礼法要经过六个步骤，即"纳采""问名""纳吉""纳征""请期"和"亲迎"。首先要有男方请的媒人到女方家问可不可以议亲，同意了，女方报告女子姓名，男方回去占卜，得到吉兆，告知女家，并送聘金，约定日期，新郎迎娶新娘过门。只有经过这些步骤，做到"明媒正娶"，婚姻才是合法的。若是恋爱结亲，就没有纳采、问名、纳吉等步骤，就不用请媒人，即使请了，也是事后补救，算不得数。不请媒人，不按婚仪程序走，就为礼法和舆论所不容。《礼记·曲礼》讲："男女非有行媒，不相知名；非受币，不交不亲。"凡是没有保媒的女子的结亲，被叫作"私奔"。《诗经·卫风·氓》里的那个自由结婚的女子也深知这一点，要求对方拖延婚期，以便请媒人——"匪我愆期，子无良媒"。荀氏女出逃，当然没有媒人，不行六礼，被正统派歧视，说荀家"出失行女子"。(《南史·荀伯玉传》)不仅舆论蔑视,女子在夫家的地位也低,《礼记·内则》讲:"聘则为妻,奔则为妾。"把自由结婚的女子当作妾来对待,将良人降为贱人,可见对于自由成亲的女子的迫害到了多么严重的程度。

第二种类型是在家长主持下的一定程度的自主婚姻。像徐吾氏在公孙楚、公孙黑二人中择其一,徐邈女在家长的属员中选择,郑畋女和周、汉国公主对特定的专人发表意见,可供她们挑选的对象有限,而且平素没有交往,谈不上有什么爱情,往往以一眼定终身。这一眼主要是看对方的相貌和作风,她们是千金小姐,要求夫婿的长相和风度也是很自然的,有合理性。她们的择偶还不是恋爱婚姻,但是有值得肯定的地方。这些女子的家长在女儿的婚事上是比较开明的,他们征求婚姻当事人的意见,只是在一定范围内令她们选择,一旦她们表示了态度,家长是尊重她们的,按她们的心意去办。尊重当事人,不搞父母之命神圣不可变动的信条,有一点民主的作风。像徐邈那类的家长是难得的,他们的女儿应该说是幸福的了。这些人的开明举动,与他们的为人有关,如郑畋是"器量弘恕"的人,对他人尚能"以德报怨"(《旧唐书·郑畋传》),对子女也不那么刻板,而是较宽容。徐吾犯听从子产的意见,才令其妹自择夫婿,子产是当时有名的政治家,出了这个好主意。如此看来,徐吾氏等是碰到了较开明的人,是幸运儿。

第三种类型是家长承认女儿选择对象的既成事实,如贾充同意贾午与韩寿的婚事。贾午的行为在当时被认为是丑事,贾充发觉后,不愿张扬,乃使他们结合。这种家长面对现实而不去制造恋爱悲剧,也有开明的地方。这种人在古代受到一些歧视,那是以传统礼法要求他们,说他们家教不严。那个时代确实如此,但家教严,就是女子信守三从四德,但这有何好处!所以今天我们倒可别作分析,摒弃传统观念,对贾充辈无需作过苛的评论。

"父母之命,媒妁之言",包办青年男女的婚姻,早在三代就出现了,但是从上述青年男女特别是女子自选配偶,或在父母家长主持下发表一定意见的事实,我们知道,当时青年选择配偶的权力比后来要多一些,也就是说婚姻不自主(即包办婚姻)有个发展过程,在古代是越往后越严重,从而愈加引起强烈的反抗。与此现象相反,青年男女婚姻自主权的恢复也必然有个过程,而且是相当长的,在古代不可能完结,在中国近代有了很大的发展,但要想完全实现还需当代人的继续努力。

(原载《去古人的庭院散步》,中华书局,2005 年)

汉家童养皇后

　　童养媳,亦称"待年媳",古时民间多有这种人。她们大抵是贫穷家庭的幼女嫁到也是寒微的婆家,等到成年,才同丈夫正式成亲。这样女家先减轻人口负担,由男家代为抚养,同时男女双方家庭都可以减少婚礼中的开支,这是穷苦人家采取的一种婚姻形式。待年媳在公婆家劳动,多遭虐待,苦不堪言。俟成婚后,亦多有不幸的事情降临她的身上。童养媳过的是多灾多难的生活,是不幸的人。然而在汉朝皇家却也出现童养媳,她虽则贵为皇后,但生活遭遇的不幸,有与民间相同的地方。

　　汉昭帝上官皇后原是待年皇后。上官后祖父是左将军上官桀,父亲上官安,外祖父是大司马大将军霍光。汉武帝死时,以八岁的儿子昭帝继承皇位,令霍光、上官桀、车骑将军金日磾等辅政。霍光与上官桀是儿女亲家,同金日磾也是这种关系,他实际执掌着政权。昭帝因年幼无母,由大姊鄂邑盖长公主居住宫中照料。这时上官后才几岁,其父要把她送进宫中做皇后,以提高自己的地位,但是霍光认为她年龄太小,不同意。盖长公主有姘夫丁外人,想把他按照尚公主的制度封为列侯,上官安表示通过岳父、父亲帮盖长公主和丁外人的忙,致使盖长公主同意上官安女儿入宫,先为婕妤,一个多月后立为皇后。这是始元四年(公元前 83 年)的事,昭帝 11 岁,上官后 6 岁,都不能成亲,所以上官后是在宫中童养,等待年长才能真正结婚。因她被立为皇后,朝廷大赦天下。她去拜谒高祖庙,赏赐宗亲、贵族及高级官员钱帛。上官安被封为骠骑将军、桑乐侯,初步满足了权势欲。

　　元凤元年(公元前 80 年)上官桀、上官安父子谋反,欲自立为帝,失败被杀,上官后才 9 岁,年幼没有参预,未被株连,继续当皇后。大约她外公霍光当政,也保护了她。在上官安谋反时,他的党羽中有人说反叛可能会影响到皇后安全,上官安却说顾不了那么多了,反对汉家是主要的。出事后,上官后还是为祖父、父亲立冢,用个人的奴婢去守坟。昭帝 17 岁行加元礼,才算正式成人,这时上官后 12 岁,估计她开始管理宫中事务了。霍光希望昭帝与上官有个儿子,便制造障碍,不使昭帝接近其他宫女,以便只与皇后有夫妻生活。但是,他们没有生育。

元平元年(公元前74年),21岁的昭帝死去,15岁的上官后成为寡妇。霍光等以上官后的名义迎立汉武帝孙子昌邑王刘贺为皇帝,刘贺尊奉叔母上官后为皇太后。刘贺淫乱无道,霍光等商议废掉他,启奏上官后,上官后到未央宫承明殿,身穿珠玉装饰的短袄,端坐在武帐中,侍御数百人手执武器,召见刘贺,听尚书令代表群臣宣读刘贺的罪状,上官后指责刘贺"为人臣子当悖乱如是耶",于是将他废黜。(《汉书·霍光传》)在霍光等安排下,上官后同意册立武帝曾孙刘询为皇帝,即汉宣帝,宣帝尊叔祖母上官后为太皇太后。宣帝亲理政务,上官后不会有什么政事可干,但是宫中出现了使她想不到的事情。

霍光妻子东闾显,爱小女儿成君,想把她纳入宫中为皇后。宣帝在入宫前已娶许氏,生有元帝,宣帝即位封许氏为婕妤,不久册立为皇后。霍光妻没有达到目的,恰巧许后怀孕生病,遂乘机买通女医毒死皇后,把成君送进宫掖,立为皇后。这霍皇后在娘家是上官后的姨母,到刘家却成了侄孙媳妇,这种辈分颠倒及姻亲关系,请看下面图表。

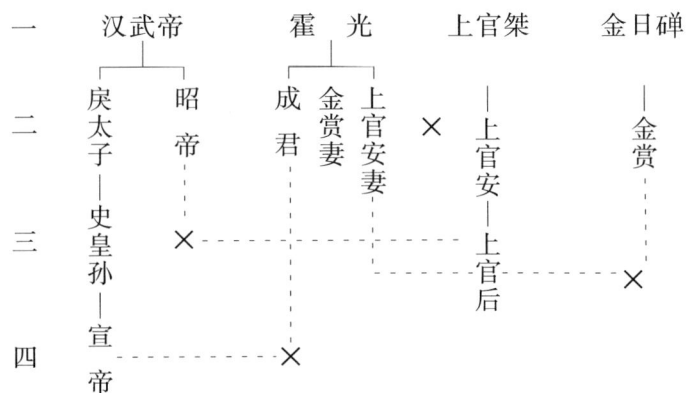

一	汉武帝		霍　光			上官桀	金日磾
二	戾太子	昭帝	成君	金赏妻	上官安妻	×—上官安	金赏
三	史皇孙—×		×			上官后	×
四	宣帝—×						

许后在世时,五天进长乐宫一次,朝见上官后,亲自递送食品,表现出晚辈对长辈的尊敬。霍成君为后,遵照许后的成例,按时去侍候做了祖婆婆的姨侄女儿上官后。

上官后因双重关系,对霍后也表示出应有的礼节。上官后活到建昭二年(公元前37年),死年52岁,在宫中47年,当寡妇却长达32年。

上官后成为待年媳并不是由于娘家的贫寒,恰恰相反,却是有大富贵作基础。她的父亲上官安与昭帝姐姐盖长公主为自身的利益捏合了这门亲事，其性质虽与民间的童养婚迥然不同，但对婚姻当事人来讲，同样是不幸的。

上官后 15 岁成为嫠妇，尽管尊为皇太后、太皇太后，但是生活上有何乐趣呢！作为一个女人，47 年的宫中生涯，无异于监狱生活，只是物质生活比囚徒要好罢了。她与昭帝的结合，也是一种包办婚姻，由此可见，即使在社会最高层次的婚姻中，包办婚对于当事人也是一种灾难。

作为一种制度，它对于全部青年男女都起作用，而不管其社会地位高低，因此这种婚姻制度是最不合理的。

（原载《去古人的庭院散步》，中华书局，2005 年）

晋武帝的择婚原则

晋武帝为皇太子司马衷（即后日的晋惠帝）选妃，几经比较看中了卫瓘的女儿。武元杨皇后和一些亲戚却想要贾充的女儿，这时晋武帝讲出他看中卫家及否定贾氏女儿的原因："卫公女有五可，贾公女有五不可。卫家种贤而多子，美而长白；贾家种妒而少子，丑而短黑。"（《晋书·惠贾皇后传》）他说的是卫家、贾家具体情况，但"五可""五不可"，却是道出了他关于婚姻选择的原则，所谓"五可""五不可"也是令人饶有兴趣的。

晋武帝的"五可"，指的是女子五项好条件：所谓"贤"，是贤惠；所谓"多子"，系指生育男儿，不包括女孩；"美"指容貌美丽；"长"，身材高大；"白"，皮肤白净。"五不可"是与"五可"相对的，指为人妒忌，生儿子少，容颜丑陋，黑皮肤，身材短小。

卫、贾两家情况，确实是晋武帝所说的那样。卫瓘与邓艾、钟会灭掉蜀国，封公爵，官司空、侍中、尚书令。本身兄弟三人，生有六个儿子，后被陷害遭屠戮，同时遇难的有六个孙子，另两个孙子在逃，即有八个孙男，卫家可以称得上是多男子的。卫家子孙姿质秀丽，在晋代是享有盛名的。卫瓘孙子卫玠儿童时"风神秀异"，乘羊车行于街市，"见者皆以为玉人"，纷纷赶来围观。卫玠舅父骠骑将军王济是"隽爽有风姿"的人，见到卫玠就说："珠玉在侧，觉我形秽"，自叹不如外甥。卫玠不仅长得好，风度也好，所以"京师人士闻其姿容，观者如堵"。他死时才27岁，对他的早逝，当时人认为是"被看杀"的（《晋书·卫玠传》），这是俊美反被漂亮累了。卫瓘第四子卫宣，被晋武帝指定尚繁昌公主，长相一定错不了。晋武帝讲的卫氏之贤，应当包括卫瓘夫妇及儿女的品德在内。

卫瓘是敬谨自持的人，对皇家克尽忠诚，居功不傲。参与平蜀，又消灭反叛的钟会，朝廷论功，自认为虽有谋略之劳，"而无搴旗之效，固让不受"。（《晋书·卫瓘传》）他对待部属很严格，所谓"性严整，以法御下"。朝廷多给他的封爵，他不让儿子承受，送给两个弟弟，所以"远近称之"。对于子女的婚嫁，不愿与帝室联姻，晋武帝令其子尚主，卫瓘辞谢："自以诸生之胄，婚对微素，抗表固辞。"但没有得到允许。卫瓘为人正直，认为司马衷不适合当太子，并向武帝作了忠告，因此后来招致太子妃贾氏的怨恨，乃至遭到杀身之祸。卫瓘的忠谨义气，必定得到夫人的支持，若是家有量窄偏爱的主妇，很难做到向兄弟义让爵位的事。残杀卫瓘的执行者楚王司马玮因罪被诛之后，卫瓘的女儿向大臣上书，要求惩办凶手，给她父亲恢复名誉，终于如愿以偿，可见卫氏是贤能的人。晋武帝所说的"五可"，验诸卫瓘之家，一一不爽。

贾充，是在本卷《古代女子的择偶》篇已经露过面的人，他字台闾，是建立晋室的大功臣、晋武帝的拥戴者，封鲁郡公，官司空、尚书令、侍中，为人品行不端，"无公方之操，不能正身率下，专以谄媚取容"。（《晋书·贾充传》）贾充后妻郭槐，有子黎民，三岁时，贾充因喜爱他就着乳母的怀抱抚摩他，郭槐以为贾充与乳母有私情，就把乳母打死，黎民怀念乳母，生生夭折了。后来贾充又有了一个男孩，刚过了周岁，郭槐又以为贾充与乳母私通，弄死乳母，儿子也随着死去，由此造成贾充没有子嗣。贾充有前妻李氏，"淑美有才行"，因娘家获罪而被流徙，后释放回京，晋武帝特许贾充有左右两夫人，但郭槐不同意，使得贾充不敢与李氏往来。贾充一出门，郭槐就令人跟踪，防止贾充到李氏那里去。这些就是晋武帝说贾家性妒和少子的根据。郭槐生有二女，长女贾南风，就是贾皇后，身材短小，青黑色皮肤，眉后有疵，长相不佳，而且同她母亲一样多妒，做了太子妃后，"太子畏而惑之，嫔御罕有进幸者"。她亲自掷戟，使孕妾的儿子堕地死去。她的妹妹贾午，就是和韩寿结婚的那个人。晋武帝说贾家人丑而黑，以贾南风来说也是实情。

"五可"与"五不可"，虽说是五项内容，实际上可归并为三条，就是人品好坏、生育子嗣的能力强弱、长相俊丑。品行优劣，在择婚中，又集中在妇女是否妒忌上。自从人类社会进入以男子为中心的时代，男子可以一夫多妻，一人可以有几个甚至几十个、几百个妻妾，同时强调女子的性忠诚。在这种情况下，夫与妻妾之间就会产生爱情纠纷；妻妾各有子女，为了各自子女的利益、娘家的利益，互相之间也会有争竞；待到子女长大成人，又有嫡庶之争。妻子为了保护自身及子女的利益，反对丈夫娶妾，反对一夫多妻，但在君主专制时代，一夫多妻制是反不掉的，于是就在家庭中发生妻子不容丈夫娶妾和有外遇的事情，这个现象被概括为"妇妒"。

"妒"当然是男子所不允许的，被视为坏品行，列进"七出"之中。在男性为中心的社会,妇妒被看成要不得的,今天分析起来,妒是女子自卫的一种反映,也是一种自卫手段,它在方法上不一定好,但在那种社会制度下是被迫无奈而采取的消极方式。对于这种妒忌,倒使我们同情妇女,不必像传统社会男权主义者那样对它深恶痛绝。但是对妒也要具体分析。主妇因妒而虐待他人,就不简单是爱情专一而产生的妒忌了。像郭槐那样,仅仅凭着疑心害死两乳母,同时致死两个儿子,是有血债的罪人,她的行为大大超过了自卫的界限。她是一种妒妇类型的代表,这种类型的妒应当受到谴责。传统时代反对妇妒,包含反对郭槐式的妒害,这一点,我们也应当注意到。晋武帝说贾家的"五不可"就含有一定的道理了。

"多子、多福、多寿",是古人皆有的思想和愿望。"不重生男重生女",是极个别时期的反常现象,多生儿子才是人们的真实心理。可是那时囿于科学知识,人们以为生不生儿子,只取决于妇女。这样人们在选妇时,就要看她的家族生育史,即能否生育以及生育性别的历史。晋武帝比较卫、贾两家,都是能生育,只是卫氏男性多而贾氏女性多。晋武帝这样看问题,不是他的创造,在他两百多年前,王莽就讲过了。王莽侄儿王光私自买了侍婢,王莽为掩盖他的不良行为,就把那个侍婢赠送给还没有儿子的后将军朱博,并矫情地说"此儿(指侍婢)种宜子",才给你买的。(《汉书·王莽传》)看来"种宜子"作为选妇的条件,由来已久了。这个条件,首先是不怎么科学的,其次对女子是苛刻的。不过,如果我们要"化腐朽为神奇"的话,由此引起对家庭生育史的注意,对研究不育症或许是有意义的。

晋武帝提出了选婚的原则,但他却不是实行家,他做的和他的原则恰恰相反,这是由于别人插手太子选妃的缘故。郭槐一心想使女儿成为皇太子的妃子,贿赂太子的生母武元杨皇后,晋武帝提出与卫家议婚,杨元后就说贾家的女儿"有淑德"(《晋书·武元杨皇后传》),并令太子傅荀颛说项,荀颛上言:"贾充女姿德淑茂,可以参选。"(《晋书·荀颛传》)侍中荀勖也向晋武帝说贾充女儿"才色绝世,若纳东宫,必能辅佐君子,有关雎后妃之德"。(《晋书·荀勖传》)晋武帝在皇后和一些大臣包围下,不能坚持自己的认识,同意从贾家为太子选妃,杨元后、荀勖等所讲的也是女方贤德和貌美,看来与晋武帝选婚原则没有出入,不过他们极端不尊重事实地虚美贾氏罢了。贾南风做太子妃后暴露出妒忌的毛病,晋武帝想废掉她,充华赵粲不赞成,说:"贾妃年少,妒是妇人之情耳,长自当差。"武悼杨皇后也说:"贾公闾勋社稷,犹当数世宥之;贾妃亲是其女,正复妒忌之间,不足以一眚掩其大德。"(《晋书·武悼杨皇后传》)荀勖、杨珧等又给贾妃说情,晋武帝也就容忍了。晋武帝定的原则不能实行,说明他对那些原则并没有深刻的认识,也说明实践是很困难的。

晋武帝择婚的五项原则中,贯穿着一个精神,是看对方的家风,即以家风的好坏作为选择媳妇的一个条件。晋武帝的认识是古人的普遍观点,也是古人从实践中总结出来的。在古代,家庭作风的传统对其成员影响很大,原因是家长制社会,家内管理严密,家长的作风深深地影响其子孙。那个时代男儿要继承父祖的遗产、职业、社会关系,离开家庭难以生存,更难发展事业,不得不禀命于父祖;女儿虽无财产继承问题,但同样希望家业兴旺,也好在婆家有地位。儿女都因与家庭利益极度一致,从而受制于家庭,很自然地继承父祖的作风,依家风行事,这就使子孙的好坏与家风的优劣有很大的一致性。以此择妇,自然有其合理性。这一精神到近现代仍有价值,但日益丧失它在古代时那么重要的意义。在近现代,随着家长制的削弱,家长对子女的影响也在减少。子女可以自谋职业,离开家庭,以至不要遗产,这样家长无法强化对子女的控制,子女也没有必要绝对尊重家风,因而年轻人的作风可能同家庭传统作风大不一样。显然在现代婚姻中晋武帝的那个看家风的精神就不能完全照用了。要之,社会条件在变化,处事原则也要随着改变。

(原载《去古人的庭院散步》,中华书局,2005 年)

"糟糠之妻不下堂"的实践者

看到这个题目，很多读者就会想到东汉的宋弘和湖阳公主的婚事，想到反映这个故事的京剧和电视剧，还会联想到和它形成鲜明对比的陈世美不认前妻的故事，想到《铡美案》和《秦香莲》等戏剧。人们对它们的主人公一褒一贬，是千百年来形成的观念。今天这些剧目以各种艺术形式与观众频频见面，自然有其道理。不过笔者知道宋弘而外，历史上还有不弃贫贱之妻的，愿意对他们有所评述。

宋弘是两汉之际人，西汉哀平之世任侍中，王莽新朝官共工（少府），更始政权召他，以死不赴任，刘秀即位征为太中大夫，随即出任大司空，受封为枸邑侯。宋弘为人，注意宗亲关系，所得俸禄，分赠九族，个人没有余财，"以清行致称"，身居相位，以辅君荐贤为己任。刘秀的姐姐湖阳公主死了丈夫，弟弟想给她再招个驸马，就假意与她评论朝臣，以了解她选择夫婿的意向，湖阳公主说宋弘"威容德器，群臣莫及"，表示看中了宋弘，而且颇有敬意。刘秀获知姐姐的目标，愿意帮这个忙。

一次因议事召见宋弘，特意安排湖阳公主坐在屏风后面听他们谈话。刘秀要做媒，但很讲究策略，并不直接提出问题，而是先了解宋弘对婚姻问题的基本观点。刘秀讲：俗谚说，人尊贵了就不再接交旧日平民朋友，富有了就抛弃家贫时的妻子而另娶新妇，这是人之常情吧？刘秀试探宋弘是否谚语中所说的那种人，宋弘回答说："臣闻贫贱之知不可忘，糟糠之妻不下堂。"表示他是不会因富贵而易友、易妻的人。"糟糠"，这里指粗糙的食物，糟糠之妻是制作粗茶淡饭的妻子。清代有一个贫士娶了一个妾，妾每天所做的食物，"惟粗粝而已"，所以他的妻子开玩笑说："古闻糟糠之妻，不闻糟糠之妾。"（徐珂《清稗类钞》）这儿说的"糟糠"准确地反映宋弘所说的意思。刘秀得知宋弘的严肃态度，只好对姐姐说：你已经听见宋弘的话，他的态度你也知道了，你们是不可能结婚的（《后汉书·宋弘传》）。

刘秀希望姐姐和宋弘成亲，但尊重当事人的意愿，不以天子权威搞强迫

249

命令。这一点和戏剧中的描写是不相同的,不能不说在这桩婚事上刘秀的做法是正确的,态度是开明的。宋弘拒绝这桩婚姻,表现出尊重患难与共的妻子的思想,忠诚于爱情,当然值得肯定。同时我们还要看到他是传统社会禁欲主义信徒,反对郑声,反对女色等,这是他的政治观念,已不完全是生活态度问题。后人在表彰他忠于夫妻生活的同时,也不宜拔高他,说什么他在婚姻问题上与皇家作"斗争"。

宋弘拒婚,确实树立了榜样。南宋国戚夏执中就以他为楷模,和糟糠之妻永为夫妇。夏执中,江西宜春人,曾祖父夏令吉当过县主簿,以后家庭情况很不好,父亲寄住在寺庙里,把姐姐送到宫中。他姐姐后来成了宋孝宗的皇后(成恭夏皇后),因此娘家人得到封赏,夏执中最初被任为承信郎,不久升为阁门宣赞舍人、奉国军节度使。执中以一介平民和妻子来到临安,皇宫里的人认为国舅妻子太土气,没有名门的地位,于娘娘面子上也不好看,为使夏后高兴,主动劝说执中休弃妻子,另从上流社会选婚。但是执中听不进去,夫妻和好如旧。一天,夏皇后召见,亲自劝说弟弟再行婚配。执中对此早有思想准备,当即说出宋弘对刘秀讲过的话,"臣闻贫贱之知不可忘,糟糠之妻不下堂",作为对姐姐意见的回答。夏后见到弟弟的坚定态度,也就不好再勉强他了。(《宋史·成恭夏皇后传》)这一对贫贱出身的夫妇终于白头到老,想来也是同穴而葬了。

还有一批不知名的新贵而不易妻的人,他们是宋弘同时代的人,是赤眉军的领导成员。赤眉军从山东兴起,打下洛阳,进入长安,纵横当时中国主要地区,一度占有天下。起事者多是平民出身,战争使他们成为新贵,地位大大改变,但是他们在生活的许多方面,还是旧日习惯。在家庭生活上,维持原来的夫妻关系,不另娶新妇。赤眉军失败,他们投降汉光武帝刘秀,刘秀在处置他们时,看到这些人有三个长处,第一条就是保留原妻。刘秀说他们"攻破城邑,周编天下,本故妻妇无所改易,是一善也"。因此优待他们,令在洛阳居住,每家赐给一所宅院,二顷田地,(《后汉书·刘盆子传》)这些将领遂能全家团聚、安居乐业了。

"糟糠之妻不下堂"的实践者,诚可赞扬,也应当赞扬。第一,他们忠于感情,夫妻已经长期生活在一起,互相了解,互相照顾,有共同情趣,因而不愿分离,以维持和发展原有感情。第二,丈夫念旧,现在社会地位大大改变了,但是昔日可能很低,夫妻有过一段共同奋斗的生活,从痛苦中走过来的,不愿放弃旧日的恩情,为谋求新的幸福而使妻子陷于新的更大的不幸。第三,不势利,因为若再结亲,对方的门第必是高贵的,甚至超过自身,可以对未来的发展提供有利因素,而要实现新婚必须弃旧,这种遗弃就纯粹是势利所驱使了。不尊重夫妻感情,为势利而弃旧另娶的婚姻是不道德的;不为势利所惑,维持原来的婚姻,是道德高尚的表现。

(原载《去古人的庭院散步》,中华书局,2005 年)

两汉南北朝的休妻

我们看历史资料，获知一些人休妻，其绝情无理之状令人愤慨，被其遗弃的妻子的惨痛令人同情。读者看到下述事实，想来一定会有同感。

陈平是西汉初年有名的历史人物，少年时家里很穷，和哥哥陈伯共有30亩田，陈伯从事农业生产，供养弟弟读书。陈平长得高大肥胖，邻里的人说陈伯家那样穷，陈平怎么吃得长得那么好。陈伯的妻子对陈平不干农活本来就有气，听了邻居的议论，就说家里不过吃的是粗糙的粮食，哪里有精美的食物! 有这么一个不事生产的小叔子，还不如没有哩! 陈伯认为他养活弟弟是尽做哥哥的责任，妻子不能和他一个心路，不利于兄弟关系的和好，就把妻子休弃了。陈平读书，不仅不生产，连生活上也是嫂子侍候，嫂子有些怨气是很容易理解的，陈伯应当同妻子商量，争取她的同情，来供弟弟读书。陈伯不与妻子协商，竟然将她抛弃，做得太过分了! (《汉书·陈平传》)

西汉王吉，字子阳，琅玡人，官至博士谏大夫。年轻时被举孝廉，出任郎官，按理应当是很会处理家内人际关系的，否则难以被地方政府看中而被荐举。但是否如此呢?且看他对妻子的态度。王吉为了求学来到长安，东家邻居有棵大枣树，枝杈伸到王吉的庭院中，枣子熟了，王吉的妻子从树上摘枣子给丈夫吃。王吉开始不知是邻居的东西，后来知道了，认为妻子手脚不干净，就把她休掉了。

东邻看到这个家庭的破裂，心里不安，认为这是那棵枣树的罪过，要把它锯掉。邻居们觉得锯掉树太可惜，于是一致请求王吉把妻子迎回来，恢复婚姻，东邻也就不用伐树了。王吉听从了众位邻居的劝告，与妻子重新结合，所以当时歌谣说: "东家有树，王阳妇去; 东家枣完，去妇复还。" (《汉书·王吉传》)王吉的妻子是爱护丈夫的，因有感情，才偷摘邻居的枣子给丈夫吃，王吉应当领这份情。当然妻子占小便宜不对，需要教育，这并不是大不了的事，与夫妻关系并不相涉。但是王吉小题大作，认为这样的妻子丢了他的人，非离婚，似乎不足以表示他人格的高尚。他这么一想，就不管妻子的处境了。邻居们也认为王吉太绝情太矫情了,出来劝导。所幸王吉听了众人的话,以复婚挽回自己的过失。可见王吉的举孝廉,可能是处理父子兄弟关系好,而夫妻关系他是不会处理的。

王莽的祖父王禁,宫廷尉史,娶妻李氏,又娶了几个妾。王禁因多妻,生有四个女儿、八个儿子。李氏生儿子王凤、王崇与女儿政君,(汉元帝王皇后)不满意丈夫多妻妾,王禁就把她休弃。李氏另与苟宾结婚,生子苟参。

政君进宫,成了元帝的皇后,后来成为皇太后,进用宗亲,命乃父王禁把已守寡的乃母从苟家迎回,恢复夫妻关系,并任用异父弟苟参为侍中、水衡都尉。(《汉书·元帝王皇后传》)李氏怨恨王禁多妻,是维护自身利益,王禁以男子的多妻权而黜妻,是不合理的一夫多妻制造成的。由于女儿当太后的政治原因使他们重新结合,则是意外的事情。

西汉末年,鲍永的父亲、司隶校尉鲍宣为王莽所杀,鲍永学习《尚书》,孝养后母。有一天他的妻子在他后母面前骂狗,鲍永认为妻子不稳重,在婆母面前喧嚷是不懂礼节,不知孝道,就把妻子抛弃了。(《后汉书·鲍永传》)狗在人前讨厌,它出去,即使声音高了一些,也是极其平常的事,鲍永竟然为此采取出妻的手段,实在令人惊异!

两汉之际,求仕而不得的冯衍,家庭生活也不如意。前妻任氏,性情暴躁,不许丈夫娶妾,生有五个孩子,而不理家务。冯衍买了一个婢女,干家务杂活。这个女奴"头无钗泽,面无脂粉",唯供做饭之用,不是妾。任氏怕她被丈夫收用,对她百般虐待,这个女子不死也是万幸。当她病倒了,儿女们干家务活,任氏也不照管。这是所谓"既无妇道,又无世仪"的女子。冯衍认为有这样的妻子是不吉祥的,在夫妻生活多年之后决心休掉她,给她的弟弟任武达写信说:"不去此妇,则家不宁;不去此妇,则家不清;不去此妇,则福不生;不去此妇,则事不成。……衍以室家纷然之故,捐弃衣冠,侧身山野,绝交游之路,杜仕宦之门,阖门不出,心专耕耘,以求衣食,何敢有功名之路哉!"任氏不容丈夫娶妾有道理,不理家就没有尽到主妇的责任。冯衍说任氏不管家而使家不成其家有一定道理,但把自身仕途的无望归咎于妻子,则是谬误了。当然,因他家庭的不和,让人小看了,舆论对他不利,不过这种影响是小的,冯衍以不祥物怪罪任氏则不合实际。冯衍与任氏离异后,又娶了妻子,后妻对前妻孩子态度恶劣,甚至要害死12岁的冯豹,相反冯豹对后母却很好。冯衍大约鉴于后妻对孩子的无理,将其休去。他给友人写信说:"自伤前遭不良,比有去两妇之名,事诚不得不然,岂中心之所好哉!"(《后汉书·冯衍传》)离异是他的不幸,有不得已的苦衷。

班超通西域名垂千古,然而在西域有一段休妻的伤心事。班超为巩固、发展东汉在西域的势力,建议联合乌孙,进攻龟兹。汉章帝命李邑出使乌孙。李邑到西域,正碰上龟兹攻打疏勒,心中畏惧,不敢向前,反而向皇帝诬陷班超"拥爱妻,抱爱子,安乐外国,无内顾心"。班超听到这个消息,想到曾参的事。曾参离家至费,鲁国有同名人杀人,有人告诉曾母你儿子杀人了,曾母不信,继续织布。又有一人说了同样的话,曾母还是不信,照常织她的布。待到第三人来告诉时,曾母吓得逃跑了。班超想,曾参是贤人,曾母是了解儿子的,但人们反复说他的坏话,他母亲也不得不信了。我今天远离朝廷,有朝中来的人说我坏话;我还没有曾参的贤名,中央难道就不怀疑我?继而又想,既然说我留在西域是为得家庭之乐,我要抛弃妻子,就安不上这个罪名了,于是狠狠心,休了妻子。班超休妻是迫于情势,但最倒霉的还是他那位无辜的妻子,本来是恩爱夫妇,不幸竟被流言生生拆散。(《后汉书·班超传》)

黄允是颇有才华的人,司徒袁隗要为侄女找配偶,见到黄允,说要有这么个人做女婿一生也知足了。黄允听到这个话,要赶着去做宰相的东床佳婿,就想遗弃妻子夏侯氏。夏侯氏深知黄允自私自利的为人作风,他有了这个主意不会改变,只好同意,但向婆家提出一个请求:我要走了,想同亲友会一会,以表表离别之情。婆家同意了,大集宾客三百余人,在宴饮中,夏侯氏突然抓着黄允的袖子不放,数说他15件见不得人的事,然后离开了黄家。从此黄允声名狼藉,没能成为袁家的女婿,官场上也不得意。在此以前素以知人著称的郭太说黄允:"卿有绝人之才,足成伟器。然恐守道不笃,将失之矣。"(《后汉书·黄允传》)黄允是无情无义之人,夏侯氏在他做出绝情的事后毅然离开他,倒也痛快。

河南尹应顺的妻子是再嫁之妇。其前夫是邓元义,且有子邓朗。本来夫妻关系尚好,但婆婆厌恶她,把她关闭在空房中,不按时给以饮食,她也不抱怨。公爹尚书仆射邓伯考发现了这个情况,但改变不了婆婆对儿媳的看法,为可怜她,就把她送回娘家。后来她跟应顺结了婚。邓元义也说她没有过失,只是他的母亲对她太不好了。这位夫人不忘前夫之子邓朗,给他写信,得不到回答,给他衣裳也被烧掉了。她到亲戚家设法把儿子找来,邓朗见母亲,只拜一拜就走了,夫人追出去说:"我几死。自为汝家所弃,我何罪过,乃如此耶?"但儿子还不谅解她。(《后汉书·应奉传》)应顺对妻子与前夫儿子的往来不干涉，是通情达理的，他的妻子因而是幸运的；但她儿子很不懂事，采取了错误态度，很伤母亲的心。许敬与应顺是同乡好友，家贫，有妻，没有生子，双亲年事已高，以为无子是妻子的毛病，在应顺帮助下休妻另娶。(《东观汉记·应顺传》)应顺不嫌"弃妇"固好，但让他人休妻就不对了。

广汉人姜诗，妻庞氏。姜诗对母亲特别孝顺，庞氏侍候婆母尤其尽心。母亲喜欢喝江里的水，而江距家六七里，庞氏经常去江里打水，供婆婆食用。一次遇上大风，庞氏不能及时赶回，而婆婆又渴了急着要喝水，姜诗因此责备庞氏，将其休出家门。庞氏到姜诗邻居家借住，日夜纺织，除供自身食用外，买了好吃的，请邻居大娘送给姜诗母亲吃，并且不让说明是她赠送的。日子久了，姜母奇怪邻居为什么总给吃的，加以询问，明白了原委，备受感动，内心也觉有愧，就把庞氏召回家中，使分离的夫妇重归于好。(《后汉书·列女传》)庞氏遇风而耽误烧水，并非过失，因为这样细小的事情，姜诗竟然绝情，难怪连他母亲后来也感内疚。

曹魏高贵乡公曹髦当政时，扬州都督毌丘俭起兵反对执政的司马氏，旋即失败。刘仲武是毌丘俭的女婿，毌丘氏生子刘正舒、正则。毌丘俭起兵，刘仲武怕受牵连，休弃妻子，令毌丘氏别宅居住，同时娶妻王氏，生子刘陶。后来毌丘氏亡故，刘正舒要求将他母亲与刘仲武合葬，刘陶不同意，刘正舒达不到目的不脱孝服，闹了几十年，直到他死，这问题也没有解决。(《晋书·礼志》)这是政治斗争带来的夫妻离散的悲剧。

南朝孙谦，青年时"躬耕以养弟妹"，后来历事宋齐梁三朝，在中央和各地做官。他有个叔伯哥哥孙灵庆，因病寄住孙谦家中。孙谦外任归来，问灵庆生活情形，灵庆就说饮食忽冷忽热，茶水亦不周全。孙谦认为这是妻子照顾不周到，委屈了堂兄，立即把妻子休出家门。(《梁书·孙谦传》)孙谦妻纵有对孙灵庆照顾不周的事，也不是应被休弃的大事呀！

男子休妻，究其原因，最主要的是认为妻子犯了"七出"之条。这"七出"是：一无子，二淫佚，三不事舅姑，四口舌，五盗窃，六妒忌，七恶疾。许敬休妻即以其不生育；鲍永妻、姜诗妻庞氏、孙谦妻、邓元义妻之见弃，即为她们不孝敬公婆和尊亲；陈伯出妻，以她好口舌搬弄是非为由；王吉去妻，因其窃盗；王禁休李氏、冯衍休任氏，皆因她们妒忌。这些妇女之被逐出夫家，除了冯衍妻任氏有一些不妥当的地方，其他人或是无可指责的，或虽有不如人意处，但绝

255

不是大过失。她们虽应了"七出"之条,却是真正无辜的。由此可见,"七出"之条在两汉至南北朝的实践是无理的, 它是男子控制女子的伦理道德和手段,是压迫女子的工具。它的本质是这样的,但同时它也可以使感情破裂的夫妇离异,倒也有顺乎人情的一面,如冯衍所说:"夫妇之道,义有离合。"(《后汉书·冯衍传》)允许离婚,符合社会客观要求。但是应当充分注意到离异权只握在男子手中,他可以行施这种权力,而女子只有听从离异的义务,夫家要弃绝,她再要求也没有用,所以"七出"对于女子总是不利的。

出妻的原因,还有班超、刘仲武式的,为政治缘由而休妻。休妻者虽有感情上的不忍,但为保住自身政治地位,还是出妻了,所以受害最深的还是女子,最痛苦的也是女人。

至于黄允式的出妻,为图进身,趋炎附势,亡情绝义,此乃势利小人所为,为人所不齿。不过应当看到,黄允式的人物,历史上不绝如缕,不是个别现象。清朝乾隆时有一个姓朱的候补县丞,听说按察使有个外甥女要嫁人,就骗妻子,说岳母病了,令其回乡省视,又给了护送的仆人600两银子,暗示把老婆也给他。仆人把他妻子带走了,他就托人为媒,娶按察使外甥女为妻,又别事钻营,终于做到封疆大吏。(朱克敬《暝庵杂识》)

在古代社会,伴随着大量的弃妻现象,有"七出"休妻的制度;休夫的事也偶有发生,但绝没有休夫的制度。休妻制度表明家庭中夫妻各自地位的不同,即夫为主妻为从,这是夫权的一项重要内容;它还反映出社会上男女地位的不平等,即女卑男尊。总之,"七出"之条及其实践是男女不平等的表现,是对女子的一种压迫,而不是解除婚姻关系的合理途径。

休妻虽是夫妻关系的破裂,在很大程度上却是父子关系的反映。"七出"的头一条是"无子",意味着断后,"不孝有三,无后为大",绝后对不起父亲,也得罪于祖先,为避免断根,就要与不生育的妻子分离;第二条"淫佚",即妻子生育的男孩不一定是本家族血统,无异于是以外姓为后,也是对父祖有罪;第三条"不事舅姑",是父母与儿媳直接冲突。这些内容,使我们知道家庭中的父子关系重于夫妻关系,为协调父子关系,就必须要调整夫妻关系来与它相适应,父子关系决定夫妻关系,包括这种关系的解除。父子关系以孝道为准则,夫妻关系应当以情爱为基础,为了实现孝道而放弃爱情,这就是古人的孝大于情。

不管什么原因,"七出"是妇女的灾难。保护妇女正当的婚姻权利,保护女子正常的婚后生活,这是由来已久的问题,是有历史根源的事情,只要男女还没有达到各方面真正的平等,这个问题就不可能不存在。虽则随着时代的变化,妇女解放事业的前进,它的严重性会削弱,但总是不可忽视的问题。

(原载《去古人的庭院散步》,中华书局,2005年)

宋初的政治联姻

北宋建隆二年(961)发生的"杯酒释兵权""欢宴罢节镇"的著名故事,人们都知道这是宋太祖防止武人篡权的手段。其实与此同时他还采用皇室子女与功臣子女联姻的办法,以制驭大臣,稳定赵宋政权。

宋太祖始建国,就将同母所生的寡居的妹妹燕国长公主嫁给殿前副都点检、滑州节度使高怀德,以事笼络,不过这时还没有有计划的政治联姻方针。待到欢宴罢节镇之后,宋太祖看到功臣之间互相姻好而不乐于与皇室通婚的现实之后,才认真实行这项政策。

事情是这样的:开宝初年(968),赵普为宰相,李崇矩任枢密使,李将其女儿嫁给赵普的儿子承宗,对这种军政首领的联姻,宋太祖异常不满。李崇矩与宋太祖在后周时私交深厚,每当宋太祖过生日,李崇矩便派儿子继昌送去贺礼,宋太祖还教过继昌射箭。宋太祖登基后,于建隆三年(962)授继昌西头供奉官,并要他尚公主,李崇矩谦让不敢当,继昌"亦自言不愿",不仅如此,崇矩还急急忙忙地给儿子聘定妻室,使宋太祖大为失望(《宋史·李崇矩、李继昌传》)。此后宋太祖、宋太宗决心推行皇室与功臣联姻的政策。

宋太祖有六个女儿,三个夭亡,长成的三人其婚配是:

昭庆公主(魏国大长公主),开宝三年(970)下嫁忠正军节度使王审琦之子、内殿供奉官都知王承衍(952—1003)。承衍婚媾时19岁,昭庆公主死于大中祥符元年(1008),结婚时可能比承衍略小。(《宋史·公主传》《宋史·王承衍传》)

延庆公主(鲁国大长公主),开宝五年(972)出嫁郓州节度使石守信之子、天平军衙内都指挥使保吉(954—1010)。公主死于大中祥符二年(1009),保吉次年死,结婚时19岁。

永庆公主(陈国大长公主),开宝五年(972)嫁右仆射魏仁浦子、供奉官咸信,咸平二年(999)死,咸信约卒于天禧二年(1018),结婚时23岁。

宋太宗有七个女儿,长女早逝,两个女儿出家为尼,太宗为两个女儿主了

婚,另两个小的则是由她们的哥哥真宗做的主。她们的婚姻情形是:

蔡国公主(徐国大长公主),太平兴国九年(984)出嫁雄武军节度使吴廷祚子元扆(962—1011),元扆婚时23岁。

宣慈长公主(扬国大长公主),至道三年(997)下嫁镇宁军节度使柴禹锡孙、太子中舍柴宗亮子柴宗庆,明道二年(1033)死,几年后宗庆故世。

贤懿长公主(雍国大长公主),咸平六年(1003)出嫁司空王溥孙、国子博士贻正子贻永,次年死。

隋国长公主(荆国大长公主),大中祥符间下嫁前述李继昌的儿子遵勖,皇佑三年(1051)死,得年64岁。

宋太祖、太宗为他们的儿子所娶之妻,据《宋史·宗室传》记载,燕懿王德昭妻韩国夫人为太子太傅王溥女,昭成太子元喜娶隰州团练使李谦溥女(《宋史·李谦溥传》谓为谦溥弟、如京副使谦升女),商恭靖王元份妻为崇仪使李汉斌女。(《宋史·元份传》)

皇室、大臣子女间的通婚,给他们的婚后生活带来较大变化,驸马的政治地位提高,政治生活改变了,这里不说,单看他们的一般社会生活情形。

选为驸马的人在家族中的地位变化了。《宋史·公主传》讲:"旧制选尚者降其父为兄弟行。"这话不如说"选尚者升入父行"。前述尚主的王贻永与其父贻正、柴宗庆与乃父宗亮名字中有一字相同,就是遵皇家之命升了一辈,王贻永原名克明,尚主后升行改名。柴宗庆尚主后升为乃祖柴禹锡的儿子,和他父亲宗亮同辈了。李继昌不愿娶宋太祖的女儿,他的儿子李遵勖却娶了宋太宗的女儿。李遵勖原名勖,宋真宗给他加了"遵"字,同时"升其行为崇矩子"。(《宋史·李遵勖传》)《宋史》讲到这几个驸马,一处是某人之孙,一处又是同一个某人之子,子、孙不一,就是对尚主升行叙述得不清楚。祖孙、父子、叔侄关系是血缘关系确定的,因为尚主,孙子成了儿子,子侄成了弟兄,这是对血缘关系的嘲弄。本来血缘的名分不可改变,皇帝的命令就可以叫它变化,皇权真是再大不过的了。宋朝皇帝这样做,也是为保持皇室在姻亲中的相应辈分地位。宋太祖、太宗兄弟与王溥、李崇矩等是同辈,他们的女儿所尚的驸马若是王、李等的孙辈,不提高驸马的辈分,就等于皇家降了一辈,故而采取这一措施,以保护婚姻双方辈分平衡。这么说或不易明白,看下表就可了然。

```
   一辈        二辈            三辈
宋太祖——德昭×王溥女
宋太宗——贤懿长公主×王贻永
      ——宣慈长公主×柴宗庆
      ——隋国长公主×李遵勖
李崇矩——李继昌————————李遵勖
王  溥——王溥女×王贻正————王贻永
柴禹锡——柴宗亮————————柴宗庆
```

驸马与父辈同行,提高了在宗族中的地位,连公主生的儿子也乱了辈分,像王承衍的儿子世隆,"每坐诸叔之上"。(《宋史·王承衍传》)人们虽然看不惯,但也无可奈何。

驸马尚主,家庭生活有好有坏,金枝玉叶的公主给驸马气受是常有的事,也有感情甚好的,如隋国长公主与李遵勖。当李继昌过生日,隋国长公主屈尊以儿媳的身份给继昌拜寿,宋真宗知道了很高兴,给她衣物作为她送给继昌的寿礼。公主初嫁时居处堂甃、瓦甓多有鸾凤形状,遵勖以为这样特殊不好,命人铲去。公主穿有龙饰的服装,遵勖以同样的原因把它们藏起来不用,公主也没有异议。遵勖喜好园林建设,嗜爱奇石,不远千里,雇人载运。他是进士出身,好作文词,在自家的花园里与名士相聚会,公主尊重他的爱好,每有宾客来宴,必亲自主管膳食,使遵勖及其友人得以尽兴。遵勖死后,公主不再穿华丽衣服,一次在宫中宴会,宋真宗亲自给她戴花,她以寡居而不戴。她失明了,真宗特地赏赐3000两银子,她不要,并对子孙说:哪有因为母亲病了要赏赐的。这位公主在生活上严格要求自己,遵循礼法,不像贵主,倒像三从四德的命妇。不过在公主中像隋国长公主这样生活的太少了。

公主的奶妈可以入参宫禁,元偍怕她到宫中妄有请托,特向真宗说明,不要答应奶娘的什么要求,因此真宗大为叹赏,"于帝婿中独称其贤"。

有的驸马在公务之外,爱好文艺,如王承衍"晓音律,颇涉学艺,好吟咏"。

有的王子生活并不美好。赵元份与李汉斌女儿婚后关系平常,《宋史》谓李氏"悍妒惨酷",造成家庭的不安宁。王府中的女婢,稍不如李氏之意,就遭到她的鞭打杖责,甚至于被打死。皇帝对元份妻妾的赏赐,李氏以夫人的身份而独占。元份病了,皇帝亲临探视,却不见李氏及他人侍候。元份死了,李氏毫无哀戚之意。皇帝因为元份的缘故,在其生前不处分李氏,他死后,撤消李氏的封号,并逐出王府。李氏那样对待别人,遭到这样的结局,生活也不会快乐。

本文开始就说宋朝皇室与大臣联姻有其政治目的,行文即将结束,按照作文前后呼应的原则,在说明贵胄青年男女的家庭生活之后,对此得有所交待了。宋太祖杯酒释兵权,任命石守信为天平节度使,高怀德为归德节度使,王审琦为忠正节度使,张令铎为镇宁节度使,赵彦徽为武信节度使,取消他们禁军将领的职权,一律到辖区就职。这些人交出中央军权,甘心与否,会不会出乱子,宋太祖并没有十分把握,于是想到用姻亲关系来笼络这些人。前此已与高怀德结成郎舅关系,次后把目标对准石守信、王审琦等人。宋太祖召见王审琦儿子承衍,说要把女儿嫁给他,承衍奏称已有妻子乐氏,不能尚主了,宋太祖说不要紧,你做我的女婿,让乐氏再嫁人好了。承衍不敢再不答应,宋太祖就令人用御马送他回家,厚资嫁出乐氏,使昭庆公主与承衍结了亲。事毕,宋太祖对承衍说:"汝父可以安矣。"是的,王审琦可以安心做他的节度使,不怕宋太祖无端加害于他了,但这只是宋太祖说话的一半含意,其实更可以安心的倒是说话者本人:他可以制驭武将的谋反,安心于他的政权的稳定了。联姻,作为一种辅助手段,确实起到安定赵宋政权的作用。这一手法在当时实行是必要的、适时的,表明宋太祖有谋略,不愧为开国之君,所以宋人邵伯温说到这件事,赞叹地讲:"太祖驾驭英雄","圣矣哉"!(邵伯温《邵氏闻见录》)圣不圣不必说,政治联姻是权贵婚姻中的常事,宋太祖不过做得适时罢了。

皇室与贵胄联姻,也是一种门第婚,即是在社会最高层次进行的,它任何时候都起着维护双方家族政治、经济的作用。但是在特定的情况下,如北宋初年,它更具有浓厚的政治色彩,起着巩固皇室政权的作用,关系着政局的安危,成为政治联姻。它的主持人拿着子女的婚姻作为政治工具,不顾及他们的意愿,它自然是排斥性爱的,很难给婚姻当事人创造幸福。封建的包办婚姻把一切人都包括在内,胄子也不能幸免,它实在是一种恶劣的婚姻制度,政治联姻尤其如此。

(原载《去古人的庭院散步》,中华书局,2005 年)

北宋几位再婚妇女的生活

在程颐说出"饿死事小，失节事大"而反对寡妇再嫁的同时，却有几位再婚的孀妇，生活没有受什么"失节"的影响，相反过得还不错。

浙江钱塘人宁直，宋真宗时进士，任慈溪县令，死时儿子宁适尚在襁褓之中，妻子李氏改嫁洛阳人赵州太守任布，把儿子寄养在宁氏宗族中。一天任布的客人问主人，尊夫人李氏前夫的儿子还好吧，把任布问得摸不着头脑，归询李氏，李氏哭着说：我初嫁你时，不愿以小孩连累你，就把他留在宁氏族中了。今听说宁家破落，孩子也不知道流落在哪里了。李氏顾了任家，顾不得孤儿，心中悲苦，不是任布问及也不敢说。任布是"知恩、知道、知命、知足、知幸"，"纯约自守"的人(《宋史·任布传》)，富有同情心，可怜李氏母子分离的不幸，花很多钱访求到宁适，收养家中，改姓任氏。任布待他如同己子，让他五岁开始受教育。任布官枢密副使时，要推荐宁适做官，李氏很感动，但是辞谢了。她对宁适说明原因：你是宁家的儿子，亲生父亲死了没地方容留才到这里，你应当自立，以刻苦学习取得功名，这样我死了才能瞑目。宁适听了母亲的教导，发愤读书，考中进士，这时李氏才高兴。李氏亡故，任布对宁适说：以前没有推荐你，是尊重你母亲的意愿，现在荐举你，表明你跟我的亲生儿子一样，请你不要推辞了。宁适鉴于继父的诚恳，出去做官。待到任布死，宁适如同亲生父亲故世一样，解职服丧。后来奏闻朝廷，复姓归宗，但宁、任两家欢好如初，世为婚姻。(邵伯温《邵氏闻见录》)李氏一身兼顾宁、任二家，有信念，善教子，终如其愿。

刘涽，彭城人，家境贫寒，父亲早死，母亲改嫁给一个当兵的。刘涽读书中进士，做官，想到母亲，于是穿着朝服，到兵士家把母亲迎回家中孝养。后来做广州太守，在任二年，以故乡有老母，要求内徙，皇帝体谅他的感情，将他调任徐州太守。他回到家乡，得以侍奉母亲。(《宋史·刘涽传》)这位老妇人前半生艰辛，后半世饶裕。离开兵士家时，记载未言她的后夫，可能已不在世了，否则刘涽对他什么态度，应有交待的。

以"先天下之忧而忧,后天下之乐而乐"名言与《岳阳楼记》闻名后世的范仲淹,苏州吴县人,两岁时丧父,母亲带着他再嫁朱姓,朱家管他叫朱说。

范仲淹与朱氏兄弟一同读书,考中明经科的学究科,继父和异姓兄弟待他一定不错。范仲淹长大,知道自己的身世,感谢母亲的抚养,拜别朱家,外出求学,考中进士,当了广德军司理参军,于是迎接母亲到家中奉养,恢复自家姓氏,用了后来通行的名字。范仲淹对待母亲很孝顺,母亲故世,辞官守丧。他经常回忆母亲生前的情况,因她在世时家庭经济不宽裕。后来虽然富贵了,但不愿奢侈。不来客人,家里不吃肉,衣食以温饱为满足。可是对待亲友却乐于帮助。他捐田建设范氏义庄,赡养同宗族的亲人。(《宋史·范仲淹传》)

杜衍有一段父死母嫁的痛苦生活。杜衍是山阴人,父亲杜遂良官尚书度支员外郎。他是遗腹子,母亲改嫁河阳钱姓,他从小跟祖父生活。长到十五六岁,异母的两个哥哥以为杜衍的母亲改嫁,一定把财物带到新夫家去了,向杜衍要钱财,杜衍哪有金钱来应付,被哥哥用剑砍伤脑袋,不得已到河阳投奔母亲。但钱姓继父不同于宁适的继父任布,根本不愿收留他,他只好在外流浪,后来得人资助才读书中进士。(司马光《涑水记闻》卷十)

宋仁宗张贵妃之父张尧封,进士,任石州推官,早死,遗下妻子钱氏、女儿(张贵妃)和庶子化基。钱氏要求张氏族人帮助,遭到拒绝,钱氏无法生活,把女儿卖给齐国大长公主家为歌舞伎,自己改嫁蹇氏,生子守和。公主家把张贵妃送进宫中,由仙韶部宫人贾氏教养,当仁宗在皇后宫中饮酒时,张贵妃以俳优演奏,被仁宗赏识,以后大受宠爱,封贵妃,乃父被追封为清河郡王,钱氏受封为齐国夫人,张贵妃兄化基、异父同母弟蹇守和,均得官。(《涑水记闻》卷八、《宋史·张贵妃传》)这是孤儿寡母陷于卑贱生活,因偶然机会而得皇帝恩赏,生活从地下升到天上。

王博文,曹州济阴人,祖父王谏曾任两京作坊副使。他幼年丧父,母亲张氏改嫁韩姓。博文好学,中进士,历官地方上的知州、转运使和中央的殿中侍御史。他认为"子无绝母礼",母亲虽改嫁离去,并不妨碍向朝廷给她请封号。母亲死时,他正在做开封府判官,认为应当像对待没有再嫁的母亲一样,给她服丧,于是向政府请求,解官持服,获准后守丧,除服了才又出来做官。(《宋史·王博文传》)

类似王博文为改嫁母守孝的还有一个郭积。郭积年幼丧父,母亲边氏改嫁王姓,生有儿子。郭积中进士,"学问通博","文思敏赡",官刑部员外郎、集贤校理。母边氏死,要求解官服丧。礼官宋祁认为郭稹的服丧是过分行为,因为边氏到王家生有儿子,已有人给她戴孝,而郭稹没有叔伯兄弟,郭家靠他一人承祀,不应当为出嫁母守孝了。宋仁宗就此事令群臣议奏,侍御史刘夔认为若儿子不为出嫁母亲守丧,则是他们间的关系如同道路上不相认识的人,"则必亏损名教,上玷孝治",因此应当同意他的要求。仁宗最后也准许郭稹解职,以实现他的守孝意愿。(《宋史·礼志》《宋史·郭稹传》)

这些孤儿寡母间的相互关系和生活实践,使我们有一个鲜明的感觉,即儿女对寡母的改嫁,通情达理,毫无怨恨,爱护尊重,生养死葬,惟恐不得尽意,惟恐老人心情不舒畅。这些儿女,多是读书人,中进士,为官作宦,有的至参知政事,有的是贵妃。他们丝毫不以母亲改嫁为耻,却以迎养再嫁母为应尽的义务,为人子之道。思想的束缚寡妇"饿死事小,失节事大",他们是没有的,事实上也是不承认的。母子、母女的关系,是天然的关系,是任何情况下也改不了的,也得承认。刘湜、范仲淹、杜衍、张贵妃、王博文、郭稹等人对改嫁母的态度是合于人性的。他们体贴母亲的苦衷,谅解她不守寡的处境和原因,反而产生使她们晚年幸福的强烈愿望,在条件许可时加以实现。事实表明,"饿死事小,失节事大"的观念在北宋还没有什么市场,待到南宋逐渐成为人们的行为准则之后,社会对于寡妇的贬抑更重了,实际上这对孤儿也不利,也是他们的灾难。

随着"失节事大"观念的流行,对于为再嫁母的守孝制度,朝廷和民间产生了不同的态度。民间尊重出嫁母的大有人在,元代池州人李鹏飞,生母姚氏是妾,受正妻欺凌,出嫁蕲州罗田朱姓。鹏飞长到19岁,知道生母情形,决心去寻找,找了三年才见到。这时朱家正患流行病,鹏飞把母亲接到家中,奉养一段时间又送回朱家, 然后经常去探视。母亲死后, 每年带领子孙去祭祀。(《元史·李鹏飞传》)政府的态度同民间不一样,变化了。明朝初年,进士王希曾再嫁的母亲任氏亡故了,他请求守丧三年,明太祖令臣下讨论,礼部尚书李原名认为,"希曾之母既已失节",不应当守制三年,只服一年就够了,明太祖同意了他的意见, 王希曾的愿望没有实现。(《续通典·礼典》《明史·李原名传》)为出嫁母守孝观念和制度的变化,显示道学家的伦理观越来越严重,越来越丧失人性,越来越不利于孤儿媳妇。由于明清以来严重歧视再婚妇女,子女不愿意寡母再嫁,而从行动上加以阻挠,及至母亲再婚了,觉得受人歧视,因而对母亲有看法,不亲近。这样轻视再嫁母亲的思想流传开来,很难消除,时至今日,不少青年反对父母再婚,手段恶劣,乃至迫使业已再婚的分离,造成老人晚年的不幸。从这个现实看,这些人的行为和思想远不及好几百年以前的范仲淹等人,不能不说其行为不当,思想陈腐。

一般来讲,男子对于妻子的前夫有一种本能的忌妒,而对妻子带来的前夫的子女则态度不一。有的像任布那样,视之如同自己的亲生儿女,甚或因怜悯之心,超过对己子的待遇;但也有如杜衍继父钱某式的,视妻子前夫的儿子为累赘,拒不收留,或者加以虐待。任布类型的丈夫有男子汉的宽厚胸怀,尊重妻子,从而及于她与前夫所生的儿子,把抚养和教育他们作为自己的责任。妻子见丈夫如此尊重自己和爱护孩子,必然增强对丈夫的敬爱,因此夫妻感情深厚,生活必定美满,会是一个幸福家庭。反之,虐待妻子的前夫子女,妻子心里痛苦,很难增进对后夫的感情,后夫的这种态度还会影响到他的子女与带来的子女的关系,这种家庭难以和睦。男子对于妻子前夫子女的态度,关系着全家生活状态,善于处理的人才会得到幸福生活。而善待妻子前夫的子女,承担抚养义务,是道德高尚的表现。任布类型的后夫对待妻子前夫儿子的热忱负责精神,虽然古往今来屡见不鲜,但是仍值得推崇,因为杜衍继父钱某那样的人也不少见,发扬前者,以杜绝后者,提高我们民族的道德水平。

处理好妻子前夫子女的关系,要有一个思想前提,就是承认妇女再婚的正当性,对她们的再婚给予同情、支持,至少要谅解,克服烈女不嫁二夫的腐朽思想。把妇女二次婚姻看成是正常现象,对她的前夫子女就不会另眼看待了,"拖油瓶"之类的观念就不会存在了,家庭关系就会处理好了。

(原载《去古人的庭院散步》,中华书局,2005 年)

窦太后与汉景帝的家庭生活

窦太后，出身于平民家庭，被汉文帝立为皇后，生女儿刘嫖、大儿子汉景帝、小儿子梁孝王刘武。景帝继位后，尊窦后为皇太后，武帝继位尊她为太皇太后。刘嫖嫁堂邑侯陈午，封为馆陶长公主。

梁孝王与窦太后母子感情特别好，当母后病时，梁孝王焦急得寝食不安。他在封地非常想念母亲，经常要求留在京城，得和母亲常相见。太后对小儿子最喜爱，赏赐多得不得了，给他的封地多达四十余城，梁孝王自己建东苑，方圆达三百余里。太后还令景帝给他天子旌旗，出行清道戒严，称作"警跸"，与天子的仪式相同。梁孝王特别富有，"府库金钱且百巨万，珠玉宝器多于京师"。（《汉书·梁孝王传》）

汉景帝因为母亲的关系，对弟弟百般照顾，封赏之外，允许他经常回长安朝见，并特许多住些日子。当梁孝王入朝时，景帝派使节用皇帝的马车去迎接。在京城，他们游猎上林苑，回宫，兄弟二人同乘一辆车。梁孝王的侍臣也得出入宫门，与宫中的宦官一样待遇。景帝给予弟弟的优待超过了一个亲王应当享受的，这在历史上是少见的。景帝照顾梁孝王更及其子刘买。一次梁孝王带刘买入朝，刘买年龄幼小，窦太后爱子而及于孙，要提前给刘买举行冠礼和婚礼。

景帝担起这个使命，有一天便对梁孝王说，刘买儿可以行冠礼了，梁孝王顿首辞谢，说20岁才行冠礼，取字，现在孩子这么小，又无显才高行的表现，怎么可以行冠礼呢？过了几天，景帝又说刘买可以娶亲了，梁孝王又是顿首谢却，说孩子不到年龄，还不懂得做父亲的道理，哪里能结婚。又过几天，刘买到宫中，把鞋子给丢了，景帝看到他衣着还不能自理，知道他实在幼稚，向太后说明他的情形，使太后也知道这孩子确实不能婚冠，事情才算了结。（刘歆《西京杂记》）

景帝继位头三年没有立太子，窦太后的意思是将来让梁孝王继位，所以景帝于一天宴饮时对梁孝王说，我死后由你来继位，梁孝王表面辞谢，心里很高兴,窦太后当然更是喜欢,可是在座的太后堂侄窦婴说:"天下者,高祖天下,父子相传,此汉之约也,上何以擅传梁王。"(《史记·窦婴传》)表示反对,把窦后气得不认他为亲戚,但他的话打动了景帝的心,遂于公元前153年立儿子刘荣为皇太子,封另一个儿子刘彻(即后来的汉武帝)为胶东王。但在三年后,即公元前150年,又把皇太子废了。窦太后召宴景帝、梁孝王兄弟,太后说殷朝兄终弟及,周朝父子相继,道理是一样的,景帝千秋后,让梁孝王来继承。景帝只得答应,于宴会后向大臣袁盎征求意见,袁盎等不赞成立弟,问窦太后:若梁孝王死了,再立谁? 回答:立景帝的儿子。袁盎说那样国家就会出乱子,太后这才没话可说,(《史记·梁孝王世家》)景帝遂立刘彻为太子。

梁孝王也不敢再让太后给他说话,就归封地了。但他对此事没有死心,派人刺杀反对立他的朝臣袁盎等人,没有成功,反而暴露了阴谋,引起景帝的怨恨。梁孝王十分害怕,通过姐姐馆陶长公主向母后说情,取得窦太后、景帝的谅解,允许他入朝。他听从一个谋士的建议,入关后轻车简从,躲进馆陶长公主的园子里。景帝派人出关迎接,只见车骑,而找不到梁孝王,事情传到宫内,窦太后急坏了,以为景帝把梁孝王暗杀了,大哭大闹,说皇帝杀了我儿子。景帝受此冤屈,又不知弟弟在哪里,也着实焦急和恐惧。但是梁孝王突然负斧至阙下请罪,太后、景帝见到了非常高兴,相对痛哭,和好了。但景帝对弟弟演出的这场闹剧不满意,感情上回不过来,不再像以前出入同辇了。待到后来梁孝王死,窦太后悲伤到了极点,不吃饭,说皇帝果然把我儿子杀了。景帝见母亲绝食,既难过又害怕,同姐姐馆陶长公主商量,决定把梁国分为五国,给梁孝王的五个儿子,另给他五个女儿汤沐邑,窦太后这才高兴,恢复了吃饭。(《史记》《汉书》)

在上述母子关系中,馆陶长公主不断地出面活动,也干预景帝的宫内事务,刘荣的废黜就同她有瓜葛。原来馆陶长公主向景帝进献了一些美人,得到景帝的宠爱。景帝薄皇后无宠无子,故立栗姬子刘荣为太子,栗姬在诸姬中有特殊地位。公主想同她拉关系,扩大自己在宫中的影响,想把女儿配给刘荣,栗姬不满意她献纳的美人,不答应这门亲事。公主改向胶东王刘彻的母亲王夫人求婚,王夫人正想同她联络,同意了。后来景帝废掉薄皇后,不立栗姬,反而废刘荣,改立王夫人为皇后,刘彻为太子。如此太子废立大事,就同公主嫁女结合在一起了,所以《汉书》说:"武帝得立为太子,长主(馆陶主)有力,取主女为妃。"这门亲事议定后,他们的婚姻结构如下图:

汉文帝×窦皇后　　堂邑侯陈某

汉景帝×王皇后　　馆陶长公主×陈午

汉武帝×陈皇后

武帝继位后与陈皇后夫妻关系从好到坏,皇后骄横,自己没生孩子,却想害死武帝宠幸的卫子夫,引起武帝的愤怒,遂把她废掉。

让我们把话题从陈皇后转到她外祖母身上。窦太后喜好黄老之学,主张无为而治,景帝因而读老子《道德经》,尊行黄老之术。

窦太后娘家贫寒,有哥哥窦长君、弟弟少君。少君四五岁被卖,后随主家到长安,一听说文帝立了与自己同乡同姓的皇后,上书自言是皇后弟弟,证据是跟着姐姐采桑叶,从树上掉下来过。窦后得到文帝的允许,召见盘问,一一合于当年情景,又问还记得什么事,少君说:姐姐进宫离家时,我们送到传舍,我让姐姐梳头,你给我梳了,又让我吃饭,然后才走的。窦后听到这里,知道确是自己亲弟,于是姐弟痛哭,左右侍御见到这悲欢离合的情景,也感动得流了泪。自此长君、少君兄弟迁居长安。景帝继位,封少君为章武侯,长君已死,儿子窦彭祖被封为南皮侯。前已提到的窦婴也入都做官,虽因梁孝王事得罪窦太后,但后来在平定吴楚七国之乱时,被用为大将军,与太尉周亚夫一起立了大功,封魏其侯。窦氏一门三侯,也贵盛一时。

汉景帝与窦太后的家庭生活,令我们感到西汉自吕后起,太后权大,干预朝政,一脉相传,成为汉朝家法。吕后公开执政已为人所熟知,窦后以黄老之术为政治指导思想,继承了刘邦以后无为而治的政治传统,参预太子立废的大事,制造了梁孝王建天子旌旗的异常局面。太后干政,必然发挥女儿作用,吕后的女儿(鲁元公主)的女儿为惠帝皇后,馆陶长公主女儿为武帝皇后,事情如出一辙。皇太后还引用外戚,以帮助她们实现理政愿望。窦后预政,比起吕后是小巫见大巫,但性质则是相同的。窦后之后,元帝王皇后和外家王氏从政,乃至有王莽代汉局面的出现。

我们还感到汉代太后在家庭中地位高,实能主持家政,对皇帝的婚姻、皇太子的建立与婚配,有相当的决定权。皇帝与兄弟姊妹的关系,往往亦由太后

268

来调节。可见在家庭生活中,不都是按皇帝意志进行的。家庭终究是家庭,成员间有血缘辈分关系,子女再尊贵,哪怕是人君,也不能不在家庭生活中照顾长辈的情绪、愿望,不能自行其是。

不过我们现在要提出两个问题。一是西汉太后预政出现在君主专制社会的前期,后世在汉人政权中越来越少,这同当时皇帝制度不完善是否有关?在制度不完善时,小皇帝或不能从政,或缺乏经验,或与大臣私人关系尚未建立,因而政权不稳定,为不使政权转移,就要依靠太后及其娘家,恃其辅佐,免得朝臣觊觎。当然在实践过程中,太后本人若权势欲望强烈会直接当政,如吕后。外戚也是如此,或掠夺一部分君权,或径直取而代之,如王莽。经历了两汉的实践,人们感到尊君有利于原有王朝的政权稳定,拥护继位的幼主,才逐渐摒除太后及外戚的干政。二是这一变化同女子社会地位的变化是否是同步进行的?古代社会中对女子的禁锢与日俱增,她们的社会地位也日益降低,在这种情况下太后及其女儿参政的机会也就越来越少了。

笔者从汉景帝与窦太后的家庭生活,想到历史上皇权与男子权力的强化问题,不知是否穿凿,但汉代皇帝的家庭生活有其特点,应当能说明,说它同政治生活联在一起大约是不会有差误的。透过皇室的家庭生活,看其对政治生活的影响,不失为研究生活史的课题之一。

殷朝之后,希望皇位的继承实行兄终弟及制的,窦太后是一个,北宋太祖赵匡胤之母杜太后也是一个,而且实现了目的,使宋太宗赵光义接替了乃兄成为宋代的第二个皇帝。皇太后主张实行兄终弟及制并不奇怪,这里有母子感情问题。母亲疼爱儿子,大小都一样,希望他们得到的权益一致,连皇位也要轮流坐,可见母亲对儿子们的爱是一样的。主张兄终弟及制的太后,还有其特定的政治环境,希望立长君以稳定政权,这也表明女性中有政治家。

(原载《去古人的庭院散步》,中华书局,2005 年)

唐代帝王生活杂谈

　　唐朝从唐高祖立国到唐哀帝灭亡，共有 20 个皇帝，这当然把非李氏的女主武则天除外，未成嗣统的嗣襄王李煴的称帝也没有计算在内。唐代是中国历史上的一个繁荣时期，有唐太宗、唐玄宗那样的英主，名垂后世，因此这个时代的帝王生活是怎样的，他们的排行、寿命、生育、晚景与归宿，说起来也许并不乏味。

行次与袭位

　　嫡长制是中国的传统继承法，唐朝皇子的生母、行次关系着他们的继承帝位，自唐太宗以降诸帝的生母和行次是这样的：

帝王	行次	生母身份
唐太宗	2	皇后
唐高宗	9	皇后
唐中宗	7	皇后
唐睿宗	8	皇后
唐玄宗	3	妃
唐肃宗	3	宫人
唐代宗	1	宫人
唐德宗	1	宫人
唐顺宗	1	妃
唐宪宗	1	宫人
唐穆宗	3	皇后
唐敬宗	1	妃
唐文宗	2	宫人
唐武宗	5	妃
唐宣宗	13	宫人

帝王	行次	生母身份
唐懿宗	1	宫人
唐僖宗	5	妃
唐昭宗	9	宫人
唐哀帝	7	皇后

在这19个皇帝中，穆宗、哀帝是嫡长子，占总数1/9弱，另有皇后生的5人，即嫡出，共为7人，占总数1/3强，庶出12人，其中6个人是长子，他们的生母在其未当皇帝前，是一般的妃嫔，有的业已死去。如此看来，嫡长制在唐代未能完全实行。

但这不是唐朝皇帝的愿望，他们为实现嫡长制作过很大努力。唐高祖建国就册封嫡长子李建成为皇太子，希望异日将皇位传给他。但是李建成、李世民兄弟阋墙，演出了一场玄武门之变的活剧，只好改立次子李世民为太子，从而破坏了嫡长制。继位的唐太宗并不想放弃这一制度，登极两个月就立嫡长子李承干为皇太子，后来李泰谋夺储位，李承干为保住地位而阴谋发动政变，事败被废，幽禁而死，嫡长制再一次未能实现。唐高宗的王皇后无子，遂立宫人生的皇长子燕王李忠为储贰。武则天当皇后，废黜李忠，册立她生的第一子、高宗第五子李弘为太子，这是立嫡长的表现，可是李弘不满于母后的作为，被生母毒死。武后生的第二子李贤继而被封为储君，还是与武后政治观念不同，被废掉，又被强令自杀。唐中宗的嫡长子李重润是韦后所生，一出世就被唐高宗立为皇太孙，后来被武则天废弃，并杖杀。中宗庶子李重俊被册为太子，韦后的女儿安乐公主竟敢侮辱他，骂他为奴隶，李重俊起兵反抗，失败被杀。李宪是唐睿宗刘皇后所生的嫡长子，武后时睿宗一度为皇帝，他被立为太子。清除韦后势力之后，睿宗再次临朝，既因李宪为嫡长欲立他为储君，又因庶子唐玄宗有定难之功想选他为皇嗣。正犹豫中，李宪主动提出不当太子的请求，他说："时平则先嫡，国难则先功，重社稷也。"不以嫡长自居，愿意让储位，睿宗同意了他的要求，托付后事于玄宗。唐高祖、太宗、高宗、中宗、睿宗都册立过嫡子(或长子)为储君，但最终的接替人均不是原先确定的，事与愿违，一至于此。后来的皇帝也没有放弃嫡长制的原则，只是不像先辈那样努力，所以更不能如愿了。

究竟如何看待唐朝皇位继承与嫡长制的关系呢？严格地讲嫡长制是皇后生的长子继承皇位，然而实际上呢？嫡长子可能夭折，皇后还可能没有生育，因此严格的嫡长继承是难以做到的。嫡长之外，以皇后的其他儿子为尊贵，唐太宗、高宗、睿宗继统前就处于这样的地位。皇后的血胤而外，妃嫔之子以行次论地位。唐代宗、德宗、宪宗、懿宗是一般宫人所生，顺宗、敬宗是妃子生的，他们的长子身份在继位中占了便宜。综合起来看，所有的嫡生子、庶长子的嗣承皇统，都可以视为嫡长子继承制的内容，唐代还是实行嫡长制的。这么说需要明确两点：嫡长制的含义是立嫡长子，这是狭义理解；广义的则包括立嫡生的其他儿子和庶生长子。说一个朝代是嫡长继承制，以嫡长为嗣君的人数不一定多，主要是看这一王朝是否以嫡长制的精神来处理继嗣问题。由此我们引申出一种看法，任何一种制度、一个事物都不是纯粹的，它有着广泛的内容，它的本质是某一个特性，但与其本质掺杂在一起的可能有很多其他成分。我们认识事物，定了性就以为是单纯的那种属性，看到杂质又怀疑其性质，这是不明白事物的复杂性所产生的。

结局与晚景

下面，我们依次了解唐朝诸帝的晚景与辞世的情节。

帝王	享年	死亡原因
唐高祖	71	被迫退位，病死
唐太宗	52	吃丹药中毒死
唐高宗	56	病死
唐中宗	55	被韦后杀害
唐睿宗	55	被迫退位，病死
唐玄宗	78	被迫退位，抑郁死
唐肃宗	52	被皇后、太监逼迫，忧郁死
唐代宗	53	病死
唐德宗	64	病死
唐顺宗	46	病死
唐宪宗	43	被宦官害死
唐穆宗	30	吃丹药中毒死
唐敬宗	18	被宦官害死

帝王	享年	死亡原因
唐文宗	33	病死
唐武宗	33	吃丹药中毒死
唐宣宗	50	病死
唐懿宗	41	病死
唐僖宗	27	病死
唐昭宗	38	被朱温杀害
唐哀帝	17	被朱温杀害

这 20 人中,12 人是寿终正寝,即是善终的,占到唐代君主的 60%,是多数。这是从表面看,其实内有四人晚景甚惨。唐高祖、睿宗、玄宗退位为太上皇,失去权力,这对忧患一生的唐睿宗影响尚小,但对打天下的唐高祖、盛世之君的唐玄宗打击太大,晚年生活乐趣大减,以至消失。还有唐肃宗,既怕太上皇玄宗复辟,又怕张皇后和太监李辅国,听任他们迫害乃父,自己内心不安,忧虑成疾,在玄宗死后一个月就追随乃父于地下了。看来这四个皇帝是在抑郁状态下死去的,虽说是正常死亡,但有不正常的情况,或许可以说处于好死与歹死之间。所以善终君主数字的 60% 要打个大折扣。

有三个皇帝误食丹药,中毒身亡。唐朝有好几个皇帝相信道家或释氏的炼丹术,希望靠药石求得长生不老。唐太宗一世英主,一生有两件事让后人非议。一是搞玄武门之变,夺储位登基,这是按嫡长制的正统观念要求于他,不是我们今日评价历史人物的标准,可以不去理它;再一项是吃蕃僧药石中毒暴亡。圣君迷信于荒诞的长生不老药,虽说古人受科学不发达的限制,对此认识不清,但总有相信与不相信两种人,唐太宗属于相信的那一类人,其愚妄之举与英主地位不相称, 此事实为圣明之累。唐武宗死于药石,《旧唐书·武宗纪》说得非常明白:看重方士,服了他们修炼的药,毒性发作,烦躁不宁,喜怒无常,十来天不能说话,随即死去。其时 33 岁,正值青年有为岁月,可怜为愚昧夺去性命。武宗的父亲穆宗也是吃了丹药故去的,《旧唐书·穆宗纪》说,他在长庆四年(824)正月初一正常地受百官朝贺,当日"饵金石之药",处士张皋上疏恳切劝告他不要服食这种东西,可是为时已晚,正月二十二死亡,年仅 30岁。追求长寿的不当,误用金石之药,反倒损了阳寿。

有五个皇帝被杀害死亡。窝囊皇帝唐中宗受制于韦后,韦后及其女安乐公主一个要临朝称制,一个要当皇太女,遂联合起来毒死作为夫、父的唐中宗。在死前半个月,许州司兵参军燕钦融上书揭露韦后的阴谋,昏聩的中宗不知警惕,反而恼怒上书的忠臣,将之在朝廷上杖杀,而他自身的悲剧旋即出现了。唐宪宗也是爱服丹药的人,元和十四年(819)十一月食方士柳泌炼的金丹药,中毒,次年元旦不能接受百官贺礼,宦官陈弘志乘机下了毒手,结果了他的性命。他的孙子唐敬宗同样死于内监之手,宝历二年(826)十二月初八的晚上,18岁的敬宗打猎回宫,与中官刘克明等饮酒,兴致正浓时,刘克明等熄灭灯烛,把他杀害。

唐昭宗、哀帝父子都是被朱温杀死的,朱温从而代唐建立了后梁。这两个亡国之君早就惶惶不宁,不知哪一天是死期,当昭宗在凤翔受制于节度使李茂贞时,要把女儿平原公主嫁给李茂贞的儿子李继,何皇后不同意,昭宗说不如此来笼络李茂贞,我们没有居停之地,只好把公主嫁了。结婚时,平原公主不能似先辈那样尊贵,如同民家女子给公公下拜,还一一向李继的族兄弟致敬。昭宗委曲求全也不可得,不久被朱温挟持东迁,何皇后对昭宗说从此我们夫妇委身于贼手,更得不到自由了,他们只能以饮酒麻醉自己。当朱温派枢密使蒋玄晖、朱友恭等到洛阳宫中杀他们时,喝醉了的昭宗围着柱子躲藏,当然脱不了剑下之鬼的命运,何皇后哀求蒋玄晖,得以苟活。哀帝继位,不敢为父皇举哀,宫中哭都不敢哭出声。蒋玄晖代表朱温要九锡,何皇后只好照办,并哭哭啼啼请求保全母子性命。及至朱温建梁的准备停当了,把何皇后杀掉,在哀帝退位几个月后又把他害死。上述五个皇帝被害有三种情形:一是唐中宗死于皇室内部争夺最高权力的矛盾;二是唐宪宗、敬宗亡于宦官擅权;三是唐昭宗、哀帝败亡于不同的政治集团之手。虽有三种区别,但都是夺取权力的政治斗争,所以这五个人是政治斗争的失败者和牺牲品。

唐代20个皇帝,善终的、歹死的大约相当,因此我们说唐朝皇帝的晚年生活大多不幸福。帝王作为最高统治者有享乐的一面,唐代皇帝结局生动地说明他们也有悲哀的一面。他们是人,就有人生的酸甜苦辣,有家庭父子夫妻关系的不协调,有主子奴才的矛盾,有君臣的对立,从而产生种种痛苦。君主并非自然会有幸福,究竟其生活如何,还要看他们自己会不会处理各种人际关系,会不会争取幸福。当然,他们的苦乐绝不同于一般人,不同于人们为生活无着而忧愁,他们即使在潦倒不堪时,也能进入醉乡,普通人何从比拟?他们生活中出现的问题,同权力的巩固与再分配紧密联系,这自然不是一般人家会发生的事。君主的苦并不值得同情。

生育与遗胤

20 个帝王中除哀帝年少生育不详,其他 19 人子女很多,其情形是:

帝王	生男数	生女数	合计子女数
唐高祖	22	19	41
唐太宗	14	21	35
唐高宗	8	3	11
唐中宗	4	8	12
唐睿宗	6	11	17
唐玄宗	30	29	59
唐肃宗	14	7	21
唐代宗	20	18	38
唐德宗	11	11	22
唐顺宗	27	11	38
唐宪宗	20	18	38
唐穆宗	5	5	10
唐敬宗	5	3	8
唐文宗	2	4	6
唐武宗	5	7	12
唐宣宗	11	11	22
唐懿宗	8	8	16
唐僖宗	2	2	4
唐昭宗	17	11	28

这些皇帝中,最少的生有子女 4 人,最多的达 59 人,平均每人生有 23.1 个子女,其中儿子 12.2 人,女儿 10.9 人。有 20 多个后人,是比较多的,似乎表明帝王生育能力强。但这种情况的一个重要原因是帝王多妻妾,唐高祖的 22 个儿子出自 18 个妻妾,唐太宗的儿子由 10 个母亲所生,唐高宗的 8 子有 5 个生母,中宗、睿宗的儿子各自出自一个母亲。玄宗 30 子,有 7 子生母不明,余下的 23 子系 17 位妇女所生,肃宗 14 子生母有 13 人,其他皇帝的儿子多

缺乏记载,无法统计。但就高祖、太宗、高宗、中宗、睿宗五帝之子的生母计算,共有皇子54人,生母43人,平均每人生育1.2人,是很少的。皇帝的多子女,实因妃嫔多造成的。

皇子是金枝玉叶,绝大多数物质生活很好,但这并不就是幸福的,有的人却有着平民所没有的烦恼与痛苦。如武则天称帝时,把李氏皇室子孙"壮者诛死,幼皆没为官奴,或匿人间庸保"。皇子们就怕政治变化,一遇到这种事,不沾边的也要遭殃,沾边的就是人头落地的结局。

前已说过,中宗的儿子李重润被武则天杀害,李重俊反韦后被戕。李重福在戍所,当朝廷大赦时,犯十恶罪的得到宽宥,被流放的回籍,而李重福不在赦中,上书父皇中宗请求赦宥,说:"苍生皆自新,而一子摈弃,皇天平分,固若此乎?"他连编氓都不如,境遇何其悲惨。文宗有两个儿子,其一是王德妃生的李永,被立为太子。后来王德妃失宠,杨贤妃得幸,她怕太子将来不利于己,向文宗进谗言,诬陷他,加之李永行为不检,文宗要废黜他,他也不对谗言进行辩白,就突然亡故。以后文宗看演出,台上少年做动作,台下有一老者总围着他转,文宗一打听,知道老者是少年的父亲,在台下活动是怕儿子失手以便保护。文宗触景生情,哭着说:"朕富有天下,不能全一子",就杀几个搬弄是非的宦者、宫女以解恨。听信谗言的昏君文宗其实就是杀子的罪人。

昭宗子李裕幼年为皇太子,宦官刘季述发动政变幽废昭宗,强立李裕为皇帝,政变破产,昭宗复位,有人以李裕附逆,要求昭宗杀掉他。昭宗看得明白,且有父子之情,说太子年少,贼人逼迫他,他有什么罪,拒不惩处他。李裕长大了,朱温怕将来不好控制他,通过宰相崔胤要昭宗杀掉李裕,昭宗不答应,及至朱温杀昭宗,把李裕及其6个兄弟同时杀害,投尸于水中。(以上资料见"两唐书"本纪,《新唐书》后妃传、皇子传、公主传,《旧唐书》皇子传)

说来奇怪,皇子不能受父皇的保护,这是政治变动造成的,皇子的命运握在他人手里。但是这不等于说他们完全是无能为力的,善于自处,看来也很重要。

(原载《去古人的庭院散步》,中华书局,2005年)

北宋不能治家的官员

儒家讲修身、齐家、治国、平天下，以端正己身为根本，在家管好家庭，出仕理好政事，造成太平世界。修身，齐家，治国，平天下，前一个为后一个的前提，齐家与治国紧密联系在一起。北宋就有几个官员因不能治家而遭到谴责，甚至降职。

薛居正，自后晋开始做官，北宋初任参知政事、门下侍郎、平章事18年，对老人讲究孝道，生活简朴。不过他的俭约可能与受制于妻子有关。居正妻是凶悍的妇人，丈夫有姬妾，她不让接近。是这位夫人患有不育症，还是居正不能生育，记载不明，反正他们没有儿子，所以居正收养惟吉为子，从小溺爱。惟吉少年就有大力气，不喜欢读书，好游玩，听音乐，常同优伶在一起，又爱蹴鞠（踢球）、角抵（杂技、摔跤），这在当时被认为不务正业，是纨绔子弟的行为，居正对此并没有察觉，更无从教导了。与居正同时任宰相的卢多逊、沈伦的儿子，都被宋太宗不秩拔擢，任为秘书郎，惟吉因不能做文章被用为武职。等到居正亡故，宋太宗亲临吊唁，向居正的妻子说：你那个不肖的儿子如果不改变行为，你的家业恐怕传不下去。惟吉听到这话，决心改变生活方式，认真读书，多与文士往来，于是得到知过能改的好评。宋太宗因而任命他为澶州知州，但是《宋史》说他同乃父一样"御家无法，家人争财致讼，妻子辩对于公庭"。（《宋史·薛居正、惟吉传》）所谓妻子辩对公庭，指惟吉死后其寡妻柴氏与子安上为家产打官司的事。这事牵涉到向敏中和张齐贤。张齐贤其人"四践两府（指中书省、枢密院），九居八座（指左右仆射、六部尚书），以三公就第，康宁福寿，时罕其比"，且其人"姿仪丰硕，议论慷慨"，很有风度。（《宋史·张齐贤传》）在他任右仆射、判永兴军兼马步军部署时，寡居的柴氏看中了他，两厢情愿，商议结婚。齐贤的二儿子、太子中舍宗诲支持乃父，赞助其事。柴氏无子，安上见柴氏出嫁，将把薛家的财产、书籍、文告带去，不同意这门婚事，打起官司。到了公堂，柴氏说以前向敏中要娶我，我没有同意，我不是随便想嫁人。向敏中也是宰相，租赁薛家宅第居住。宋真宗于是问向有没有这件事，向说我妻虽然最近死了,但并没有要结婚的意思。可是又有人揭发他已与河南尹、保国军节度使王承衍议定,要娶他的妹妹。(《宋史·向敏中传》)显然他是说谎话,但是柴氏的婚事关乎大臣体面,宋真宗不愿深究,惟指责向敏中"廉洁之操蔑闻",(司马光《涑水记闻》卷七)降为户部侍郎,出知永兴军,张齐贤降为太常卿,张宗诲贬为海州别驾。看来柴、张的婚事也没有达成。

王宾,宋太宗朝任亳州监军,当时规矩监军不许带家眷到任所,王宾妻子凶悍,怕丈夫在外有婢妾,违法跑到亳州。王宾向中央作了报告,宋太宗把她召进京,打了一百板,发配给忠靖军的士兵为妻,她就在当天的晚上死去。(《宋史·王宾传》)

王举正,宋仁宗时官给事中、参知政事。妻陈氏,妻父是宰相陈尧佐,伯父尧叟,也是宰相,叔父尧咨官至节度使,兄弟中有十几人做官,陈家"荣盛无比","推为盛族"。(《宋史·陈尧叟、尧咨传》)陈氏凭借娘家势力,对丈夫毫不客气。王举正做官,有时好讲直理。御史台推荐李徽之做御史,李是举正朋友的女婿,举正不帮忙,且以给事中的职责在掌封驳,认为李不合格。李因此仇恨举正,并控告他:"妻悍不能制,如谋国何?"意思是在家连老婆都管不了,如何能管理好国家,言外之意举正认为他不能做御史是不对的。这时知制诰欧阳修也认为举正懦弱不称职,举正不得不自动要求离职,宋仁宗遂撤掉他的副宰相职务,以礼部侍郎职衔出知许州。(《宋史·王举正传》)

陈执中,因向宋真宗建议立太子而获得继位的宋仁宗的信任,这是他敢于过问皇家事务而得福。他历官右正言、中书门下平章事、枢密使、集庆军节度使判大名府。他做官有业绩,在丰年时征发民夫,修筑被冲决的河堤200里。他不徇私情,宰相曹利用的女婿卢士伦派任福建运使,嫌边远不愿去。曹利用替他求情,改派京东,右正言陈执中就此弹劾曹利用,曹利用报复他,让他离开中央,出知汉阳军。他给仁宗张贵妃治丧,张贵妃是仁宗宠妃,死后仁宗要以皇后礼安葬,执中不加劝谏,依仁宗之意而行,并对给仁宗出主意的王洙、石全彬加以委任。在家中,执中与妻子感情不好,使妻子不敢理家,生活也很简单,而执中爱妾胡作非为,痛打婢女,竟至死亡,这是在家内不能使妻妾名正其位。御史赵抃参奏执中八条罪状,其中包括妾打死奴婢事,翰林学士欧阳修也批评他。至和三年(1056)春天大旱,谏官范镇、御史中丞孙抃等轮流弹劾执中,仁宗乃将执中罢相,以镇海军节度使兼亳州知州。执中死后,朝中议其谥号,礼官就他违礼操办张贵妃丧务和不能理家两件事大加抨击:"天子以后宫之丧,问可以葬祭之礼,执中位上相,不能总率群司考正仪典,知治丧皇仪非嫔御之礼,追册位号于宫闱有嫌,建庙用乐逾祖宗旧制,皆白而行之,此不忠之大者。闺门之内,礼分不明,夫人正室疏薄自绌,庶妾贱人悍逸不制,其治家无足言者。宰相不能秉道率礼,正身齐家……"主张在谥法中贬斥他。对张贵妃崇礼逾制,是宋仁宗的事,臣下不敢批评君主,执中就代君受过了,但家庭问题,确是事实。执中的儿子世儒官国子博士,他的妻子李氏与侍婢杀死世儒的生母,世儒参加谋议,事发后,都被斩首。(《宋史·陈执中传》)

在古代,把理家看作与治国同样的大事,官员甚至因理家好坏而升降官职。然而治国与理家是两种能力,应当有所分别。刘邦以匹夫而打天下坐天下,但家务事处理不好,对太子的废立就拿不定主意,实际上是受吕后的干扰。死后爱子赵王如意被吕后杀害,爱妾赵姬被吕后解肢为"人彘",他在家中保护不了子、妾。唐太宗、康熙帝都是英明的君主,废立太子的事也伤透了脑筋,乃至太宗欲拔剑自刎,康熙担心被太子谋害而无有宁日。这些英主处理不好家务,益发说明理家是很不容易的事情,很应当讲究,任何一个家庭都不能忽视它,越是社会上层越应如此,因为这种家庭家事处分的好坏,不仅是自家的事,还影响到社会,所以讲求家法更重要。社会上层人士因为政务或其他社会事务的繁忙,可能没有精力料理家务,这是客观原因,但这不能排除主观上不重视家政的误失。重视理家是一回事,能否料理好又是一回事,这就需要自觉地增强理家的能力,把它当作一门学问来学习,来实践。如此看来,古人把齐家与治国联在一起有一定道理,不会理家的官员遭到惩处也不为冤枉。这是全面、严格地要求社会上层人士,比对平民百姓标准高。上层人士地位高,作用大,对他们不作高要求,是不符合全社会利益的。

在前述事实中我们还看到,王举正、陈执中办事不循私情,被他们拒绝的佞人反而抓住他们不能理家的缺点大做文章,终使他们降职,遂了小人报复的心愿,这是极不公平的事情。要求官员能理家是对的,让小人钻空子就出问题了。中国的事情往往是这样子的,阴险人利用正常规范整治正直的人,使得法规更不能实现,使事情更糟,这是人们应当努力防止出现的现象。宋人故事中的教训,值得人们三思!

(原载《去古人的庭院散步》,中华书局,2005 年)

279

明初马皇后的家庭生活与人际关系

朱元璋皇后马氏,生于元至顺三年(1332),宿州人。母亲郑媪,早死,父亲马公。朱元璋称帝,他们作为已故椒房贵戚,也没有留下名字,可见是极普通的人家,不为人所知。马公与濠州人郭子兴友善,把女儿托给他,马公死,马氏成为郭子兴养女。马氏人很聪明,又好学,在子兴家识字读书,尤其喜好诗。又会做人,与养母张夫人处得非常融洽,为张夫人所喜爱。至正十二年(1352)朱元璋投到郭子兴麾下当亲兵,子兴赏识元璋,将马氏许配给他。这对新人,男25岁,女21岁,年龄、身世都很般配。马氏婚后,对家庭生活的安排,对于各种人际关系处理都很得当,深得丈夫的欢心和敬重。

朱元璋雄才大略,很快在濠州红巾军中崭露头角,不免遭人侧目,郭子兴亦对他有疑忌。诸将出征,掳获物都要贡奉郭子兴,元璋不猎取私财,无从进纳,更容易引起郭子兴的不快。马氏见此情形,就把自家财产送给张夫人和郭子兴姜张氏,请她们在义父前给干女婿说点好话,以弥缝裂痕。有一次,郭子兴把元璋关了禁闭,不给饭吃,马氏心痛丈夫,把刚烙得的烧饼放在怀中偷偷送去,等到事后才发现胸前的皮肤都烫焦了,(《明史·高皇后传》)可见这对青年伉俪感情的深厚,平时马氏对元璋生活的关照之好自不必说了。当时因战乱缺乏食粮,马氏在家省吃俭用,把粮食和好的食品留给丈夫,以至有时自己饿肚子。这些事朱元璋铭感五内,当皇帝后还向大臣讲述此事,将其比作刘秀困在河北得到冯异豆粥麦饭的美事。

据《明书》记载,朱元璋与陈友谅对垒时,曾被对方追击,马氏背着元璋逃跑,太子朱标为此绘有图像,放在怀中。后来朱标与乃父政见不合,元璋追打他,他故意把图像遗落在地,元璋见到,痛哭一场,也不打儿子了。(《明书·懿文皇太子纪》)这个记载未必是真实的,不过马氏不像当时的其他妇女缠足,是天足者,背丈夫是有可能的。马氏自奉节俭,衣服穿破了还要补了穿,听女史讲元世祖昭睿顺圣皇后用旧弓弦织成绸,做衣服穿,马后就命用旧料织治,做成盖被、巾褥,送给孤寡老人。

马皇后对子女仁爱,勉励他们学习,要求他们生活简朴,对攀比穿衣、用物的,加以教诲,又把宫中利用旧料织成的被褥送给他们,并解释说:你们生长在富贵家庭,不知纺织的难处,要爱惜财物。她对待养子如同亲生的,而且始终如一。

　　和朱元璋血缘最近的亲人是侄儿朱文正,文正在对陈友谅战争中立功,因叔父未及时赏赐而不满,元璋因此杀了文正身边的亲信,还要治他的罪。马后也把文正当儿子看,这时劝元璋:这孩子立了好多战功,守南昌尤其不易,况且只是性急要强,并不是反叛,不要追究了,元璋这才将文正免官了事。这一事例说明马后保护了亲属正当权益。

　　马后对娘家人极为怀念,每当说到父母早逝就痛哭流涕,朱元璋也因关心她而及于外家,要为马后访察亲属,以便封赏。马后认为封外戚容易乱政,不是好事,不让访找。事实上马后是孤儿,娘家已没有人了。元璋只好追封马公为徐王,郑媪为王夫人,在宿州为他们设立祠祭署,以邻居王姓主持奉祀的事。

　　马后与身边的妃子和宫人也是和睦相处,是比较慈惠的。妃嫔中有人生儿子,一定厚待他们母子。马后以皇后的身份,还要管丈夫的饮食,宫女认为她不必这样做,她说有两方面原因:一是尽做妻子的责任,再一是怕皇帝饮食有不中意处,怪罪下来,宫人担当不起,她好承着。她也设法保护宫女,有一次元璋盛怒之下要立即惩罚一个宫中下人,马后也假作发怒,命把那人捆绑起来,交给宫正司议罪。元璋不满地责问她:这是你皇后处理的事情,为什么要交给宫正司?马后回答:赏罚公平才可以服人,治理天下的君主,哪能亲自处理每一个人,有犯法的应当交给有关部门去办。元璋又问,那你为什么也发火?她回答说,当皇上愤怒时,我故意也发怒,把这事推出去,消释你的烦恼,也为有司能持平执法。这一事表明她对丈夫、宫女双方都是关怀的。

　　命妇入宫朝见,马后以家人礼来接待,给人以温暖,对朝臣的家庭也给以关心。有人告发和州知州郭景祥的儿子要杀乃父,朱元璋欲以不孝罪处郭子死刑,马后知道了,说这是传闻之词,不一定真实,何况郭景祥就这么一个儿子,处决了他就绝后了。朱元璋一调查,果然是传闻不实,如没有马后的劝说,郭家就家破人亡了。洪武十三年(1380),知制诰宋濂因长孙宋慎陷入胡惟庸党而获罪,元璋要处他极刑。宋濂是明朝开国"文学之首臣",(朱元璋《高皇帝御制文集·赠翰林承旨宋濂祖父诰》)又是太子的师傅,这时他已告老还乡,与胡党毫无牵涉。朱元璋搞胡党扩大化，宋濂眼看要遭殃，马后及时出面救援，她说：老百姓请一位先生，还知道终生不忘尊师的礼节；再说他致仕回籍，京中的事必定不知道，可别冤枉了他。但是朱元璋一心惩办胡党，不听马后的劝告。一次马后陪丈夫吃饭，她不喝酒，也不吃肉，元璋问为什么不吃不饮，她说：听说宋先生获咎，我不近荤酒，为他祈福，希望他免祸。听了这番话，元璋动了恻隐之心，饭也不吃了，第二天赦免了宋濂的死罪。

马后对士庶的生活也有所关心。明朝太学建成，朱元璋临幸阅宫，马后问有多少学生，回答有几千名。当时有些太学生携带眷属在京，他们没有薪俸，无法养家，马后建议按月发给口粮，元璋接受了，专门设立"红板仓"，存储粮食，发给太学生。此后，"月粮"成为明代学校的一项制度。

明初有个商人沈万三，是"赀巨万万，田产遍吴下"的江南第一大财主，(董谷《碧里文存》)据说朱元璋建设南京城，洪武门至水西门一段城墙由他出资修筑。又据说沈万三要求出钱犒赏军队，元璋问他，我有百万军士，你能普遍犒劳吗？他不知收敛，满有把握地说可以每人发给一两银子。这样的人，富可敌国，敢同天子抗衡，激恼了君主，要以乱民的罪名杀掉他。对此，马皇后劝解道：沈万三富是富得出奇，但他没有犯法，也没有图谋造反，杀他没有道理，也不符合法令，还是不杀的好。元璋听了她的话，免沈万三一死，把他流放到云南。

对于太医院的医生，马后也照顾他们的利益。马后最后一场病很严重，元璋命太医诊治，但马后不服药，元璋强要她吃药，她说：如果我吃药无效，你就会杀死那些医师，那不等于我害了他们吗！我太不忍心了。元璋希望她医好，就说不要紧，你吃药，就是治不好，我因为你，也不会惩治医生。但是马后还是不用药，以致死亡。马后替医生着想竟至不顾自身的治疗。她死于洪武十五年(1382)，享年51岁。

马皇后处理复杂的人际关系，很得体，当朱元璋在甥馆时，她与义父母及其家人，独立成家后与义子及丈夫的子女，做皇后以后与妃嫔、宫人、命妇、朝臣、娘家，种种关系，料理得都很妥切，与人关系融洽。

她能做到这种程度，重要的在于她按"待人以宽，责己以严"的原则去办事，与他人的矛盾就易于化解。

马皇后的所作所为，赢得了丈夫的尊敬与爱护。她生前，朱元璋褒奖她，比诸历史上的贤后唐太宗长孙皇后，为她父亲起坟立庙；她死后，朱元璋不再册立皇后,表示对她的敬重和怀念。这一对同甘苦共患难的夫妇,互相眷恋,互相体贴,从这个意义上说,尽管丈夫多妻妾,她的生活还是完满的。

《明史》赞扬马皇后"母仪天下,慈德昭彰"。的确,在君主专制时代,她是贤妻良母的典范,是"母仪天下"的佼佼者。她帮助丈夫成就帝业,谏止丈夫的败政,料理好家中、宫中事务,营造出家庭和睦的局面,她对于朱明王朝、对于朱元璋的家庭都做出了贡献。传统时代称颂她,有其道理,但是我们从马皇后身上,也看到古代女子悲惨的一面:她生活的一切就是为着丈夫,丈夫也就是她的生存价值;她没有个人的意志、爱好,没有男人那样的事业,没有个性,没有独立的人格。在那个时代,贤妻良母与女子独立是绝然对立的,而且只能是前者,社会不允许她与丈夫做对等的人。那时,贤妻良母就意味着为丈夫、儿子牺牲自己,那她的生活会失去多少意义?!

(原载《去古人的庭院散步》,中华书局,2005 年)

杨继盛的家庭生活

杨继盛,号椒山,明武宗正德十一年(1516)生,河北容城人。明世宗嘉靖二十六年(1547)进士,官兵部员外郎。大将军咸宁侯仇鸾在与蒙古瓦剌部关系中怯懦主和,杨继盛上书反对,被下诏狱,贬为狄道典史。仇鸾势败后,杨回到兵部任职,又上书指责权相严嵩的弄权,再次下诏狱,于嘉靖三十四年(1555)被处死,时年40岁。明穆宗继位,给予"忠愍"谥号。杨继盛受刑前夕,分别给妻张贞,子应尾、应箕写遗言,后世顾锛把它以《杨忠愍公遗笔》为名刊行,又被收入《学海类编》丛书中。《明史》《明书》均有杨继盛的传记。这些记载展示了杨继盛家庭生活的部分情状。

杨继盛的父亲杨富,母亲曹氏,7岁时母亲亡故,父亲的姜陈氏虐待他,让他放牛,所以他自幼就独立处理与家里人的关系。继盛看到邻居家的孩子在学塾读书,非常羡慕,回家向同胞长兄继昌要求学习,哥哥说你这么小,读书做什么,表示反对。继盛说我年岁小可以放牛,就不能读书?继昌听了觉得有理,把弟弟的愿望向父亲反映了,杨富答应了他的请求。于是继盛一边放牛,一边读书,到13岁时全力学习,18岁中秀才,以后借住僧房继续攻读。有一年继昌得了瘟疫,继盛听说后赶回家中侍候,日夜不寐,使兄康复。嘉靖十九年(1540)中举人,次年会试落第,入国子监进修,需要家庭供给生活费。继昌认为不能白白养活弟弟,也不同继盛协商,就给弟媳张贞八石谷和一片土地,算作分家的财产,继盛夫妇没有怨言地接受了。继盛在京边读书边坐馆教学,有了收入,张贞在乡种地也获得丰收。

继盛回到家乡请姻亲吃饭,乘机向继昌敬酒,说我当初默认析产,是怕我的学习费用连累长兄,现在我有余钱,可以补助家用,请哥哥允许我和你一起生活。继昌听了很惭愧,同意了他的要求。继盛又拿出一笔银两捐给政府作边疆经费,使继昌得到教官的荣誉。继盛给妻子遗言,说哥哥不懂多少道理,也没有坏心眼,只是爱占小便宜,你要让着他,他自然高兴了,表明至死惦记着长兄。

妻子张贞,勤劳治家,体贴丈夫。继盛被贬狄道,张贞跟随赴任。当地文化不发展,继盛想兴办学校,没有经费,遂卖了自己的乘骑,钱还不够,获得张贞的同意,变卖了她的服饰,买田收租,作学校的经费,可见在事业上夫妻观点一致。继盛考虑弹劾严嵩时,自言自语我怎样报答天子的隆恩呢?张贞听到,笑着说:看你这样子,该退职返里了。继盛问这话是什么意思,她说一个仇鸾差点没有把你陷害死,现在严嵩父子比仇鸾奸恶百倍,这种现实怎容你报答天子,所以不如回老家。继盛从张贞话中得到启发,决心参劾严嵩以报国。不幸的是如张贞所料,继盛又一次被投入监牢,判处死刑。张贞痛惜丈夫,向朝廷上书,为继盛鸣冤,同时要求以自身代替丈夫服刑。她爱护丈夫胜过自己的生命,继盛同样热爱妻子,深深地了解她的为人。遗言说妻子聪明懂道理,但性子刚烈,要求她抚养好儿子,保持家庭,千万不要因夫妻感情重,做出殉死的事来。在遗言中告诫儿子,要孝顺母亲,"凡事依她",对妻子的后事作了安排,也是缱绻于夫妻之情。继盛有妾,叫二贞,没有生养过,继盛入监三年,二贞吃斋诵经,给继盛祈福。继盛告诉张贞,在他死后,因二贞年轻,让她嫁人,她的衣服首饰都给她带走,不要让她守寡。他这样对待妾还是通情达理的,也是少见的。

对两个儿子,继盛在遗言中表示出自己爱护的态度,要他们兄弟和睦,不分家,特别指出小儿子性情暴躁,让大儿子看在父亲的份上原谅他,同时要求老二敬重哥哥。两人如有解不开的事,要请亲戚和解,万万不许打官司。如果在哪一方面违背他的教导,自己在九泉之下也要摆布儿子,以警告他们。继盛是把他处理兄弟关系的原则,传给儿子们。

继盛有个女儿,比儿子大,已出嫁,他要求儿子,姐姐将来富贵便罢,若贫穷一定要周济,你们母亲要给她东西,不许阻拦,表示对女儿的眷念。

继盛有同母所生的二姐、四姐,婆家都穷,继盛要求张贞和儿子们对她们予以照顾。对庶母所生的五姐、六姐,也要有所顾恤。

继盛的大伯有四个孙子,继盛获罪,大伯并不关切,他的孙子也以冷淡态度对待。但是继盛认为这四个堂侄都是知好歹的人,对自己不关心,不能责怪他们,所以要求儿子在祀产没有分净的地方,他们要占便宜就让他们占,不必认真计较,免得让外族人看笑话。

对于奴仆,继盛分别对待。有个叫杨应民的,是小时买来的,连姓可能都是随的主家,相处多年,有感情。继盛遗言妻儿,将来给他50亩地,一所住宅,让他给杨家看坟山,如果他私积钱财,房子和地都不给他。另有一个叫麹钺,是用四两银子买来的,继盛遗言他若守奴才本分,给他20亩地,一所小房,如果要求离开杨家,就以他的卖身价向他要利息,一两银子一年六钱利,年年算下来,他就赎不了身了,这样做是免得其他奴仆跟着学。还有奴仆福寿儿、甲首儿、杨爱儿侍候继盛于监狱中,有共患难的情谊,以后每人给田20亩,小房一所,都要在坟山附近的,让他们看坟。田地只许他们耕种,不许可出卖,也不用向主人交地租。

杨继盛完全按照父为子纲、夫为妻纲、长幼有序的家庭伦理来处理家内人际关系,是真正实践兄友弟恭、夫唱妇随、父慈子孝、和睦亲族、善待奴仆的人,他的家庭生活有和谐的方面,这是由卑幼、妻子、奴仆敬奉尊长、丈夫、主人造成的,这本身就有屈从的因素。杨继盛尤其强调主仆名分,他固然注意给奴仆以恩惠,给土地,给房屋,但这要以奴仆的绝对恭顺忠诚为前提,稍有不恭,特别是想离开主家,则要给以严厉的惩治,观其对麹钺的规定,以利滚利的方式要卖身价,何其严酷,所以在仁义道德之外,他还有凶狠的一面。

杨继盛处理家庭关系的思想,同他处理与君主关系的思想完全一致,在家庭行孝道,在国家就是实行忠道。他在仇鸾事件上受迫害,没有学会明哲保身之道,反而更加嫉恨奸臣,更以忠君为纲领,以清厘治道为己任,不惜性命地弹劾权奸严嵩。"文死谏",他实践了这条忠君的最高道德原则。他完整地接受了三纲五常的思想体系和伦理道德,身体力行,按传统道德讲,他是一个完人,也就是说他的忠君和他的孝道紧密联系,他是这两方面的楷模。

杨继盛以身许国,得到身后之名,赢得了一片赞扬。还在明末,就出现以杨继盛参奏严嵩为内容的《鸣凤记》传奇,讴歌继盛。杰出的思想家黄宗羲为母亲做寿,演出《鸣凤记》,家人看了为之痛哭。黄宗羲的父亲、御史黄尊素因反对魏忠贤阉党死于诏狱,黄家与杨家有共同经历,故而对《鸣凤记》有特殊感受。清朝最高统治者极为欣赏杨继盛的忠谏,顺治帝令中书舍人吴绮编写杨继盛的传奇,成昆曲《鸣凤记》院本,因为写得好,顺治帝一高兴不秩提拔吴绮,让他做杨继盛做过的官——兵部郎中,当时人认为这是"奇荣雅遇"。(陈康祺《郎潜纪闻二笔》)乾隆年间宫中演出《鸣凤记》,孝圣皇太后看了很受感动,问现在朝中有没有杨继盛这样的人,乾隆帝回答说有个叫吴炜的言官和他有点相近,因为吴炜应诏上疏,有耿直敢言的味道。(徐珂《清稗类钞》)事实表明,皇家最需要杨继盛式的忠臣。杨继盛忠于昏君一人,他的死谏,表现了他的愚忠,既不值得,也不明智;他不度形势,不讲策略,不懂得政治斗争的艺术,以死为能事,是愚蠢的表现;但他有视死如归的勇敢精神,刚正不阿的骨气,高尚的气节。对他的行为,今人不能一味称颂,而应该有分析地给予批评和肯定。

(原载《去古人的庭院散步》,中华书局,2005 年)

明季一位塾师的惨淡生涯

如果读者获知王命岳一段时间的生活状况,会对明末一个普通人家的生活及其艰难有个深刻的印象。

王命岳,字耻古,福建晋江人,生于明万历末年,死于清康熙前期,享年50岁。他19岁考中秀才,31岁成了举人,清朝顺治十二年(1655)中进士。他在给事中的任上,忠于职守,给朝廷上了关于吏治、漕运、救荒的奏疏,都关乎"军国大计"。(《清史列传·王命岳传》)传世的著作有《耻躬堂文集》。他在中进士以前的那一段生活极其艰苦,入仕后才改变了生活面貌,但为不忘昔日的艰辛,并为教育子孙后代,特作《家训》一文(《皇朝经世文编》收入)。笔者在这里所要讲的话,也是受这篇文章启发而来的。

王命岳家族,在其高祖的兄弟辈中出过进士,此后家业不盛,到他祖父时家里很穷。他父亲是病废的人,在社会上受人欺辱,在家中依靠老人养活,可是病一发作,就以打老婆解气。他祖父当家,吃饭的经常有10口人,生活来源极少,这个家很不好当。

王命岳母亲,家务之外,给人家做针线活,每日不停,夜间做到鸡叫,才休息一会,这样一天可以挣十几文钱。明季晋江大约400文可换一两银子,她一天针线活做下来能得三分银子手工钱,可以买将近两升米。全家10口人,每天早、午两餐各用米两升五合,晚饭需米一升五合,全天要吃六升半米,家中缺粮时,一天只能吃五六升米。为照顾老人,王命岳母亲淘米下锅时,从定量中抓出一把米,存起来,间或给公公另做,让他吃饱,而她本人就经常半饥半饱,面容憔悴。靠她的缝纫工钱来补贴,王家即使这样的生活也不能维持。

王命岳在19岁中秀才后的第二年开始谋生,这一年有个朋友请他伴读,只供给一顿午餐,早晚还得在家里吃。21岁时,这位友人请他辅导孩子读书,方法是书由朋友自教,王命岳只是给那个学童看文章,自身还可以另外找事干。开始朋友讲的报酬是:每月三斗米,三钱银子蔬菜钱。工钱微少,王命岳核算一下认为合得来:东家留客相陪及知友请吃,以及参加学友社吃饭,大约一个月要去 10 天，自家开伙为 20 天；每日吃米七合五勺，20 天用米一斗五升，尚可余米一斗五升；三钱银子合钱 120 文，每日用柴钱一文，三天用菜钱一文，20 天用去 27 文，能剩 93 文，可买米一斗五升。这样自身吃食之外，有余米三斗，可供全家五六天吃食，有这点进项总比没有强，于是就应允下来。但是还没有去做事，那位朋友就变卦，表示愿意供给他伙食，而不再给钱米。命岳觉得这个办法自己是吃饱了，却没有剩余的银米养家，于是同朋友磋商，按当初议的条件办，但朋友坚持不给钱米，不容商量，命岳为糊口，也只得照人家说的行事了。

王命岳不甘心辅导学童一职，在教书、自学之外，日夜给人家抄写，一天可以得七八分银子钱，和母亲的女红钱合在一起，家中勉强度日。

王命岳在东家用膳，吃的不会坏，想到老人吃不饱的情景心里就难受。有朋友同情他家穷，给他送好吃的，或者送好饭，他就借故将送饭人支开，把肉和饭送回家里给老人吃，要支开送饭的人，是怕人家知道了笑话他。有时和东家一块吃，饭菜好，他没法省下来往家里送，想到祖父、父母吃的糠秕之食，就难以下咽，索性装病，连饭也不吃了。所以他在东家尽管饭食好，但心情不舒畅。

王命岳在贫困的煎熬下，仍尽可能地学习，在教书、抄写的同时，提高自身文化水平，一旦有机会参加科举，就有可能成功。他于 23 岁上死了父亲，守丧不能参加考试，27 岁成为廪生，次年母亲故世，接着祖父亡故，如此两次服丧，又不能进考场。丧服完毕，31 岁时就中了举人。家里奇穷，又连遭大故，王命岳若没有坚强的毅力，根本不可能坚持学业。贫寒人家的子弟，要改变家庭和自身的面貌，往往能够立志，肯于吃大苦耐大劳，有不少人获得成功，相比之下，富贵之家常常出浪荡子弟，败家毁身。可见对清贫寒素者不可轻视，不可侮辱。一个社会能允许这些人奋斗，就有它好的因素，就值得肯定，可惜古代允许人们为改变自身地位而奋斗的社会条件太少了。

王家 10 口人，能有收入的主要是王命岳母子，命岳在其开始养家时祖父年已 70，显然这位老人不能从事什么劳动了，而命岳母子的精力还不能全部投入创收劳动中——一个管家务，一个兼顾学习，这样的家庭，真是生之者寡，食之者众，又怎么能不穷困呢？今天看来，他们饥寒交迫的生活令人同情，但不能节制人口生育，那么多的人不能创造生业，谁又能养活他们呢？这倒是在社会制度问题之外，人们应当总结人类自身再生产的规律问题。明末时期的王家，一点点收入全用于购买粮食，王命岳母子勤劳的目的似乎就在于把全家人的肚子填饱，此外别无他求，也不可能有其它的需求。什么穿暖衣裳，什么文化娱乐，什么人际礼尚往来的交往，一概不能奢想。人只为取得一点粮食而活着，与动物觅食虽然有本质的区别，但又太相似了。人若贫穷到那个份上，生活就太没有意思了。人不能像动物一样只要填饱肚皮。人要过人的生活，看来首先得搞好生产，用物质产品丰富生活，进而谋求精神生活的充实、高尚。

王命岳的经历，使我们知道一些读书人的生活很悲惨。试想，王命岳中秀才是有功名的人，属于社会上为数不多的士人一族，但是给人家教育学童，一个月仅有几斗米的报酬，还不能保障，是多么难得的收入呀！在这种情形下，他只好一文钱一文钱地计算着开支，一文钱竟是三天的菜金，一天的烧柴是一文钱，可这一文钱摊作三天的菜钱，哪里还有菜吃！读书人的生活惨到这步田地，还要怎么悲惨呢！中国古今的知识人士大概有一个共同的命运，就是清贫，"吃的是草，挤出的是奶"。社会如此不公平，假如人还有正义感的话，大约是不会不愤慨的！铲除这种不公平，社会才能进步。

古代贫苦人士把出路寄托在科举上。的确，有的人从中走出来了，王命岳家庭后来的变化就是一例，但能由这条道路上升的人毕竟太少了，广大的读书人只能对举业向隅而泣，所以科举又是他们的囹圄，使他们永远不能摆脱贫穷的困境。在古代，特别是清代，现实一点的读书人，在科举路上走不通时，改而经商、务农，一样可以发家，还可以用钱去捐官，得到功名品级，真正是名利双收。这大约是聪明人的做法，比那些古稀童生、耄耋秀才进考场的人应当有更好的生活。那些死守着科举之路不放的老秀才可能看不惯他们，那也只是瞎生气，不过是自己气自己，气坏了活该！谁叫你死守一条道，抱着贫穷舍不得放呢！如若还以贫寒为光彩、为清高、为守正，如此穷酸，更是可怜，令人不屑论道了。

（原载《去古人的庭院散步》，中华书局，2005 年）

古人的分家

　　谈到分家,就要明了财产继承和分家的方法。这里的几个古人分家的事例,就涉及人们容易提出的分家中的问题。

　　陆贾,刘邦的谋士,出使南越,完满成功,得封为太中大夫。吕后当政时退职,到雍州好畤县定居,想到身后事,就给儿子们分家产。他出使南越时,南越王赵佗送他价值二千金的礼物,这时他拿出一千金,给他的五个儿子每人二百金,令他们自谋职业独立生活。他自己留有所乘坐的车骑、从事歌唱音乐的侍者十人、价值百金的宝剑。

　　他向儿子们宣布:如今与你们约定,我轮换到你们家里去,每人十天,然后换一家,我还要出游,到朋友家去,因此一年也不过到你们每个人家去两次。我去谁家,谁供给饭食,还要养活侍从和喂养牲口。我的饮食一定要上好的,蔬菜、鱼肉要新鲜的,得让我满意。反正我去你们那里的日子也不多,也不让你们为我太劳累了。将来,我死在你们谁家,宝剑、车马、侍从就归谁所有。(《汉书·陆贾传》)陆贾把财产分给男儿,留下一部分自用,并对这一部分的未来所有权也作了预先的安排,如同写了遗嘱。分配财产的同时,要求儿子们尽义务:要孝敬他。自分家后,他的儿子们各自成立小家庭,轮留供奉父亲饮食。陆贾安排后事早,后来进长安给丞相陈平出谋划策,反对吕氏,汉文帝即位后,又奉命出使南越,寿终时不知是在哪个儿子家里。

　　西晋初年,乐陵郡公、司徒石苞有六个儿子,长子早亡,老儿子石崇。临终前他给诸子分家产,一一分派停当,唯独没有石崇的份,石崇母亲提醒他,还有老六哩,石苞说:我不是忘了他,别以为这孩子年岁小,我看得出来,他以后能挣家业,所以就不给他了。"知子莫如父",石崇长成后,官至荆州刺史、鹰扬将军,果然大富,有"水碓三十余区,苍头八百余人,他珍宝货贿田宅称是","后房百数,皆曳纨绣,珥金翠"。他与王恺斗富,成为历史上出名的豪奢事件。(《晋书·石苞石崇传》)石苞的分家与陆贾的有所不同,给儿子的财产因人而异,且不听妻子的意见。石苞遗言,要求薄葬:用平常穿的衣服装殓,不要反复

291

穿裹,墓内不设床帐明器,墓外不起坟,不种树。

姚崇,与宋璟同是唐玄宗开元年间的名相,他分遗产的方法学自陆贾和石苞。他看到前辈达官贵人身死之后,子孙不能理家,所有财产都不认真经理,以致毁弃,有的子孙为争家财,尺寸不让,乃至打官司,家破名败。他为避免这种情形在自家出现,觉得陆贾、石苞在世时分配财产,以杜绝后世之争的办法好,于是把田园分给三个儿子,并写了遗嘱,说明分配资财的原因,并料理自身的丧葬事务。他也主张薄葬,叫子孙只给他用常服装殓,不要紫色玉带。他不信佛,只允许子孙请僧人念经,规模要小,并用随身衣服作布施,不得用余钱做这类无益的事。另外,他还给了侄儿一部分财产。《旧唐书》讲到他的析产,说其"先分其田园,令诸子侄各守其分"。(《姚崇传》)

明代后期,山东诸城人贡生高晓,有七个儿子,在世时给他们分家产,每人 30 亩田,但到他死时,小儿子没有如实得到,儿子中的高廷芳把他分到的那一份转让给小弟弟。(方苞《望溪先生文集·高仲芝墓表》)同时期,江南无锡人华效复病危之际,作了家事的安排,他有 150 亩地,三个孩子,每人分三分之一。(《华氏传芳集·通奉大夫雍明府君宗谱传》)

陆贾、石苞、姚崇等人分家产,都是他们在世时进行的,这是分家的一种方式,即由家长主持。产业由其创造,分配时随其主张,诸子很少能反对的,这样分家时比较顺利,少发生纠纷。这种分法给家长也留一份养老财产,包括殡葬费也留足了,死后一般不会发生意外,等于自己发送自己,倒不会使子孙滞留不葬。这个分法传诸后世,时至今日,诸子分过,老人轮换去吃派饭的做法,即保留了它的一部分内容。

另一种历史上常见的分家方法,是兄弟们在父亲故世后自行分家,不过要请至亲长辈来主持,或做证人。东汉时会稽阳羡人许武,有两个弟弟许宴、许普。他向弟弟提出分开过,得到了同意,他就把家产分成三份,而每份的价值不一样,他首先要了有好田、大宅、强壮奴婢的那一份,把劣田、小宅、体弱奴婢的两份推给了弟弟,许宴、许普也都无异议地接受了。许武以所得的财力从事经营,没几年资产扩充为原来的三倍。他的邻居对许武的分家法看不惯,鄙视他的贪婪,赞扬他的弟弟们的容让精神。舆论就这样形成了,许宴、许普因而被郡太守选举为孝廉,出了名。这时许武请来家亲,哭着说:我不像做兄长的样子,主持分家干出那种丑事。其实我是因为两位弟弟都成年了,还没有荣禄,我想用那种分家法,给他们创造获得好名声的机会,今天果然得到了,我的名誉因而毁掉了也不要紧。现在我宣布,我把原来分的家财以及因此而扩充的产业,全部给我两位弟弟,表明我的原来想法。他说到做到,于是远近的人都称赞他的义行,太守第五伦把他举为孝廉,他后来官做到长乐少府。(《后汉书·许荆传》)许武这样做,是故意制造分家产的不公平,作为取得名誉的手段。

在分家中义让的人史不绝书。明代吴江人曹大武兄弟九人,他出继伯父,伯父有田900多亩,理所当然由他继承,但是他八个弟弟在本生父亲家里所能接受的田地少,为照顾同胞,他要求祖父允许把他应接受的遗产共同分配,于是他只承继了300亩田。(陈和志《震泽县志·别录》引茅坤文)

以上两种分家法,对于财产的根本原则是同一的,就是诸子平均分配,不管少长,得到的都一般多,换句话说,父亲的儿子,都有同等的权利继承父亲的遗产。不仅上述事例说明了这一点,法律也作了同样的规定。如元律就有《诸子均分财产》的条文,见于《元典章》卷十九《户部·家财》。这里所说的儿子是指正妻生育的,对于妾生的儿子,同样允许参加分配,元代就有"同亲过继男与庶生子均分家财"的规定。没有妾的名分的奴婢生的儿子也可以分得一部分财产,当然没有嫡生子多。如元代大名路人孙平有嫡子孙成,婢生子孙伴哥,孙平死后,孙成与孙伴哥为分遗产而打官司,政府判决,孙成得家产十分之八,孙伴哥得余下的十分之二。(《元典章·户部·家产·补庶分家产例》)只要是有父亲血缘的人,都有财产继承权,至于继承多少,基本上是平均分配。在继承政治遗产上则有较大区别,在汉人当政的朝代,嫡庶长幼的名分观念很强,在嗣爵上,嫡子特别是嫡长子有优先权。

女儿有无财产继承权呢?上述事例都没有涉及,显然是没有份的,即没有资格继承娘家财产。女儿出嫁叫"于归",就是婆家的人了,同娘家已经脱离家庭成员的关系,从而失去财产继承权。娘家给女儿财产,是在出嫁的时候给嫁妆,给的多少根据家庭经济情况,以不损害家庭经济为原则。有的娘家给的很多,甚至给田产,但这是陪嫁,为使女儿在婆家有地位,而不是分遗产。有的对女儿偏心,多给一点嫁妆,如元代福建莆田黄某,"爱其女,尽以腴田嫁之"。黄某没有儿子,以黄已为嗣子,他想把财产多给女儿一些,只有趁出嫁时陪嫁,否则以后就没有理由再给了。(宋濂《宋学士文集·朝京稿·莆田黄府君墓志铭》)也有给女儿分家产的,那是个别的例外。如脍炙人口的司马相如与卓文君婚姻故事中,文君随相如出走,其父卓王孙生气,连嫁妆都不给,在相如、文君夫妇开酒馆佣作之时,卓王孙认为有辱家门太甚,才给文君童百人、钱百万,以及初嫁时衣被财物,打发他们到了成都。这是迫不得已给一些钱,还不是分家产性质。后来司马相如受汉武帝重用,以中郎将身份出使西夷,蜀人以有相如为光荣的时候,卓王孙对相如刮目相看,悔恨女儿这门亲事来得晚了,于是重新给文君家产,与给儿子的一般多。(《史记·司马相如传》)这一次给钱,具有分家性质,但其所以给家产,并非女儿有这种权利,而是为了巴结女婿女儿,所以它没有什么普遍性,在女子与娘家遗产关系上并不能说明什么问题。

寡妇对丈夫遗产的继承问题比较复杂,要区别情况处理,明人吕坤在《实政录》卷三《恶风十戒》中说明得较详细。它所叙述的处理原则是:在一个有财产的人家,丈夫死了,孀妇有儿子,全部继承丈夫产业,这种继承,实际上是儿子继承,产权在儿子名下,寡母并无所有权,只是在儿子未成年时由其掌握;若本身无子, 而有丈夫在世时收养的儿子, 寡妇和养子接受遗产的三分之一,另三分之二给丈夫血缘男性近亲平分;若无养子,而有女儿,也是继承三分之一,以便同女儿往来;若全无子女,就给寡妇留下 200 亩田,让她可以生存;孀妇坚持寡居,她所继承的遗产可以变卖度日,可以出借给人;孀妇如果改嫁,不得带走原夫的遗产。这些情况归结起来,是孀妇可以继承丈夫一小部分遗产,目的是维持其守寡期间的生活,使她作为丈夫的人而存在,死去的丈夫才有义务养活她,她一改嫁就失去原来的夫妻名分,所以就不能享有遗产继承权。

总结一下中国历史上的分家法和继承制, 基本上可以归纳为一句话,即诸子平均继承制。这种继承制度使财产不断分散。一份已经集中的财产,一代人一代人地平均分下去,要不了几代,再继承的话已经没有多少财物了。明人温以介母亲陆氏问儿子:我们宗族为什么穷人多?儿子分析说:祖上葵轩公有田 1600 亩,分给四个儿子,至今传到第六代,每一代分一次家,传到我们这一代,不用说是人丁多、财产少了。(《温氏母训》,见《学海类编》第三十六册)温氏在葵轩时代是大田主,四个儿子各得 400 亩田,田产也是不少,第三代每房若还是各有四兄弟,所得不过 100 亩,就是中等田主了,第四代则落为一般农民,第五代基本上是没有土地的贫民了。这样的分家方法,使小生产者增多。在中国历史上自耕的小农很多,其来源之一就是通过分家从富有者行列里分化出来的。人们的贫富分化,当然与生产关系密不可分,但同财产继承制的关系也很大。分析中国历史的演进过程，不宜忽视这一点。

父祖给子孙分家，就出现一个老人赡养的问题，这在分家中是要明确的。陆贾轮流到诸子家吃饭的办法是常见的，老人不跟一个儿子固定生活，哪一个儿子都有赡养义务，老人也不偏向哪一个。另一种常见办法是分家时给自己留有一部分财产，以便晚年生活和死后丧葬费用，老人单独生活，不要诸子养活，免去了赡养与否的家内矛盾。这是一种好的分家法，只在有钱人家才能做得到，要不然的话，诸子分不到什么财产，老人怎么可能留下很多财物呢？当然在经济不宽裕的人家也有采用这个办法的，但绝不是极贫之家。分家后老人在诸子中选择一个儿子，同他一起生活，这也是人们采用的一个方法。在以孝治天下的古代社会，总的精神是不强调分家，社会把子孙赡养父祖视为当然的事，人们重视的是子孙如何晨昏定省，如何注意老人的衣食，孝道讲了一大堆。而在实际上，如父子如何分家，分家后如何赡养老人，却不见有多少记载，看来古人不甚讲究赡养方法。孝道淹没了赡养法，是古人重义理不重践履的毛病，令人生叹。

前面说到的事实中，有人在分家时让产，照顾兄弟侄儿，就是因为这种"义让"，才在史书上留名。如此表彰他们，说明义让的事情如同凤毛麟角，是偶然现象，而分家时争多嫌少的现象却很普遍，不过那时有个规矩，分家要请同宗尊长来主持和仲裁，娘舅往往也充当这个角色，以减少分家中的争财纠纷。财产有实用价值，讲孝义的古代中国人，也不能不讲实际，不能不在它的面前露出占有的眼神。史书留下来的义让典型不可不知，但我们要研究的应是分家中的普遍现象，找一找私有制社会分配遗产的规律。

今天人们看出古人分家中一个怪现象，就是拒绝妇女的继承权。女儿与家产继承无关，遗孀也没有份，这在当时是天经地义的，其实是极不合理的，这是排斥妇女的社会制度造成的。那么，女子享有父亲遗产的继承权，无疑是一种社会进步。为了它的真正实现，人们还要努力，还要同歧视妇女的思想和行为作斗争。

(原载《去古人的庭院散步》，中华书局，2005年)

先秦两汉时期几种服饰的流行

齐桓公时齐国人一度爱穿紫色的衣服。因为桓公喜欢穿紫衣,众人跟着学,于是紫衣价格上涨,高达元白色的五倍多。桓公感到这是一种奢侈浪费,就问管仲怎样才能禁止,管仲回答说:据我所知,国君吃过的食物,臣民必须要吃它,国君欣赏的衣服,臣民也会跟着穿。现在你自己吃的是精好食品,穿的是紫色的衣裳,白狐皮的外衣,你怎么能要求臣下节俭呢?接着建议桓公不再穿紫衣,并要对群臣讲紫色有臭味,不是好东西,如此一来人们嗜紫的毛病自然消除了。桓公采纳了管仲的意见,改变服装,穿白色的衣服,戴白色的帽子,不过一年的时间,齐国人变得节俭了。(刘向《说苑·反质》)

楚文王熊赀(公元前 689—前 677 年在位)喜欢戴獬冠,楚国的人学着戴,以为时髦。(《淮南子》)

帻的兴起是汉元帝带动的。帻在上古是不能戴冠的执事人员的一种帽子,到汉文帝时群臣贵贱人等都有戴用的,但是人们由于职务不同用料的颜色各异,形式也有小的差别,如武官用赤帻,皂吏用青帻。汉元帝额上有一撮毛发,觉得不好看,为了遮掩,开始用帻。他是皇帝中第一个好用帻的,自此之后,群臣效法逐渐多起来。(《后汉书·舆服下》及注引《独断》)

头裹巾帻的人如东汉中叶大将军梁冀,废立自专,权倾内外,妻孙寿受封为襄城君,服制同于长公主。这对夫妇作恶多端,而妆饰打扮异于常人,创造出新发型、新服装。《后汉书·梁冀传》说孙寿"作愁眉,啼妆,堕马髻,折腰步,龋齿笑,以为媚态。(梁)冀亦改易舆服之制,作平上軿车,埤帻,狭冠,折上巾,拥身扇,狐尾单衣"。这些妆饰,据《后汉书·五行志》及李贤注的解释:愁眉,把眉毛画得细而曲长;啼妆,在眼下流泪的地方作些化妆;堕马髻,发髻不在头顶正中,而偏于一侧;折腰步,走起路来,轻轻摇摆,像是脚不能支持身体一样;龋齿笑,战国帛画中的女性像有牙痛那样的笑,笑也不那么咧嘴;平上軿车,给车装饰平顶的外罩;埤帻,帻的前脸向下;折上巾,头巾的上角折回;拥身扇,大扇;狐尾单衣,后裙拖在地上,像狐狸尾巴。(《后汉书》)孙寿的装束,所追求的是一种病态美,愁眉、啼妆、龋齿笑,都像犯病的表情,像啼哭过,折腰步大约走起路来像后世的小脚女人,这样的装扮和动作,给人造成一个娇弱可怜的女子形象,使人怜爱。大将军家的这种审美观为当时人所接受,于是"京都歙然,诸夏皆仿效",(《后汉书》)从梁家流行到洛阳和全国。及至梁冀被诛,他家的那些妆饰式样也为人所不屑了,便消失了。

汉灵帝性好聚敛和挥霍,他别出心裁地玩乐,尤其是"好胡服、胡帐、胡床、胡座、胡饭、胡箜篌、胡笛、胡舞"。皇帝喜用西北少数民族的服装、生活用具、饮食和乐器,又带动了臣下:"京师贵戚皆竞为之。"(《后汉书》)

这几个故事有一个共同点,就是服饰爱好方面上行下效,国君嗜好的,贵族首先跟着学,贵族喜爱的,他的奴仆、他的同类和官僚也爱好上了,民间也随之时兴了。

在上者兴趣转移了,在下者随着趋于新花样。汉代民谣:"城中好高髻,四方高一尺;城中好大眉,四方高半额;城中好广袖,四方全匹帛。"说明风俗的流传,从城市到乡村,从首都到地方,从社会上层到社会下层,而且是上有好者,下必甚焉,愈传得广,比原样愈厉害。

服饰爱好上行下效风俗的出现,看似是极其自然,但仍有着深刻的社会原因。既然装束体现人的社会身份,上层人士的着装代表他的地位,下层人士如果有条件模仿的话,就会改变形象,似乎也是上流社会的人物了。同时为了和上层人士接近,仿效他们的妆饰,才能入流,才可能被上流社会接纳,和上层人士混在一起。所以说在下的人向比自身阶层高的人学习衣着方式,首先是为了提高社会地位。还应看到这种学习还有一个审美的因素。上层人士的衣饰,往往有其美的成分,它或者样式新颖、美观,或者质地优良,或者人着装之后显得高雅、文明、端庄、威严、靓丽,令人倾慕。爱美之心人皆有之,上层人士的着装美,也会引起人们的模仿。上层社会的妆饰中还有一种病态美,即如孙寿那样的装扮并不真美,但是下层人士不分美丑,通统学习。这固然有着美的欣赏水平问题,但更重要的还是思想上的奴隶主义驱使的。在古代,人们等级观念严重,低等级的人连在思想上也向往高等级的文明,因此对他们的装扮会不分美恶,一概接受。其实这种学习毫无道理,人们应当发展健康的美、向上的美,而不应当是病态的美、颓废的美。

上行下效,上变下也变,因此服饰习俗总在不断地变化。变异既然出自上方,在上的人的个性、爱好很能影响服饰的变异。他们如果充分意识到自身的作用,在装扮上,让它有个性,美丽、大方、健康,那才是对世人、世事有益的举动。

(原载《去古人的庭院散步》,中华书局,2005 年)

商人、工匠的服饰礼制与习俗

历史上的商人和工匠的服饰,历朝政府作了一些规定。

汉高祖八年(公元前199年)下令:"贾人毋得衣锦绣绮縠罽。"(《汉书·高祖纪》)规定商人不能穿带有图案花纹的细绫细葛料子制作的衣服,换句话说只能穿没有花纹的低质量的服装。汉朝政府在作出这项决定时,并没有对农民或其他平民的穿着作出规定,这时对商人的"特殊"待遇是限制他们服用华丽衣裳。这是我们看到的有关商人的早期服制资料。

晋朝法令:"士卒百工不得着假髻。"(《太平御览》卷七一五)西晋妇女喜欢戴假发,男子的情况我们不清楚。这条规定是针对士卒与百工的,士卒身份低于农民,这里把百工与士卒同样看待,而法令里没有提及读书人、农民,显然不能戴假发的只是工匠和士卒,士人和农民绝不会受这个限制,表明百工地位不同于一般的平民。

隋朝,关于人们的袍服,着重从料子的颜色上加以区别,政府规定:五品以上官员穿紫色的袍子,六品以下官兼用赤色的、绿色的,没有品级的胥吏着青色的,庶人用白色的,屠户、商人用黑色的,士卒用黄色的。(《旧唐书·舆服志》)品官、胥吏、农民、商人、士卒,不同颜色的服装分得清清楚楚。

唐朝初建,天子的常服,沿袭隋朝的习惯,穿黄色的袍子,但渐渐穿赤黄的,"遂禁士庶不得以赤黄为衣服杂饰"(同上)。赤黄色成为皇帝的专用色,士庶不能用,商人、工匠更不必说了。

唐高祖武德四年(621)定制,一、二、三品官,四、五品官,六、七品官,八、九品官各有其服饰,无品级的吏员、庶人、部曲、奴婢许穿绸、布料的服装,颜色是黄的或白的,还可以用铜、铁制的带子和饰物,不得用金银玉带。(《新唐书·车服》)工商的服色也就在庶人的范围里了。唐太宗又规定,袍子加襕,庶民用白色。唐文宗重申其先人定制,没有官身的人,只能穿粗葛布料子的衣服,用绿色的铜带和铁带。又规定商贾、庶人、僧道不能骑马,商人的老妻才许坐苇篷车或二人抬的兜笼。(《新唐书》)

后唐明宗天成二年(927),以服制多废坏,规定吃官粮的吏役"只得衣紫皂,庶人商旅只着白衣,此后不得参杂"。(《旧五代史·明宗纪》)商人与农民穿同样的衣服。

北宋太宗下令,县镇场务诸色公人、庶人、商贾、伎艺、不系官伶人,只许穿黑、白二色的衣服,用铁、角带钩,不得用紫色。富商大贾可以骑马,但马鞍不能带彩绘,工商庶人不能乘坐檐子,可以乘车,或二人抬的兜子。(《宋代·舆服志》)对于乘车,宋神宗熙宁九年(1076)规定,庶民只许坐牛车,车身可以作黑色的装饰,不得彩绘,不许在车前排列仪仗物品。(《宋史》)

北宋商人的穿着,孟元老的《东京梦华录》比前面说到的所有规定都要清楚一些。他说东京各种职业的人的衣着:"其卖药、卖卦,皆具冠带。至于乞丐者,亦有规格。稍以懈怠,众所不容。其士农工商诸行百户衣装,各有本色,不敢越外。谓如香铺裹香人,即顶帽披背;质库掌事,即着皂衫、角带、尖顶帽之类。街市行人,便认得是何色目。"(卷五《风俗》)工商中各个行当的人,都有习惯形成的、公认的服装,大家严格遵守,不得破坏。南宋临安的商人着装,据吴自牧的《梦粱录》所载,与北宋汴京人相同,"街市买卖人各有服色头巾,各可辨认是何名目人"。(卷十八《民俗》)

金朝服色制度,把工商包括在内的庶人,许用绸、绢布、毛褐、花纱、无纹素罗、丝绵做衣料,头巾、腰带、领帕准用芝麻罗制作,兵卒准用无纹压罗、绸、绢布、毛褐,比庶人少花纱、丝绵,奴婢又比兵卒少无纹压罗。(《金史·舆服》)

元朝庶人不许穿赭黄色衣服,许用暗花纻丝绸绫罗毛毳,帽笠不得用金玉装饰,靴子不能增饰花样,而皂隶公使人只准用绢绸做衣料,娼妓贱民只许用皂色褙子。(《元史·舆服》)

明太祖朱元璋对农民与商人的服饰有严格的规定。农夫的衣服可以用绸、纱、绢、布来做,商人只能用绢、布,而不得衣绸、纱之服,如果农民家里有一个人做买卖,全家的衣着就跌入商人的行列,不能再用绸纱做料子了。农民戴斗笠、蒲笠,可以出入市井,包括商人在内的不事农业的人不许戴。到明武宗时,增加一条禁令,商人与贱民仆役、倡优不许穿用貂皮大衣,它并不涉及农民,显然农民有这个权利。(《明史·舆服志》)

各个朝代服饰制度表明,各种身份的人,百官、士人、农民、工匠、商人、士卒、隶役、倡优都有特定的衣服及其装饰品。工商不同于贵族官僚,也不同于有功名的读书人;有的朝代中工商虽在庶人范畴内,似乎与农民相同,但多数情况下又不能服农民之服,所以就总的情形讲,有异于农民,不及农民;它与士兵、奴隶、贱民等类人也不一样。商人服饰的特点主要有三条:一是只能用低质量的衣料和其它原料,如只能用粗绸、生丝制品的绢、棉布、铜或铁的衣带钩,不能穿绫罗绸缎等高级衣料制品,也不能用金银玉石做衣服装饰物;二是衣服上不能有花纹图案,必须是素的,而不能像皇帝、贵族、官员那样有日月山川及动物的图案;三是衣服颜色必须是白色、黑色两种,其它颜色不能用。总起来讲衣服质量是低的。

商人不乏有钱者,有财力制作各种高质量的服装,但政府规定的服制使他们不能凭金钱穿着豪华的衣装。

历朝政府制定服饰法规,强制执行,各种人都不得违犯,特别是社会下层和贱民,监督比较严格。这种监督来自两方面。一是官方的,依法处理。不按规定穿衣,叫作"服色违制",或叫"服色逾制",政府有处理办法。如元朝规定:"服色等第,上得兼下,下不得僭上。违者,职官解现任,期年后降一等叙,余人决五十七下。违禁之物,付告捉人充赏。有司禁治不严,从监察御史、廉访司究治。"(《元史·舆服》)一般人要犯禁,得挨 57 板,服饰被没收赏给告发人。朱元璋特别向民间发出告示,不得在服装、首饰、器物、住宅方面违制,举例指出:"本用布绢而用绫锦纻丝纱罗",严惩不贷。(《大诰续编·居处僭分》)政府奖励告发者,因而产生另外一方面的监督,即民众之间,高服制等次的人不允许低等次的人穿着本等次的衣服,同等次的人也不愿意看见本等次的人服饰变为高档次。如清初叶梦珠在《阅世编》中所说,若平民出身的读书人没有取得功名,穿上秀才的服装,士人必然"群起而哗之",指斥他到"无颜立于人世"的地步。在服色逾制中,商人违制,历来是官员攻击和纠正的目标,朱元璋指出的本用布绢而用绫锦的就是指商人。

历朝统治者何以都要制定和执行服饰法规呢?杜佑等人的话给我们解了疑惑。杜佑在《通典》卷六十一《礼典·君臣服章制度》里说:圣王制衣裳,作五色与章服的区别,目的是通过它把人区分为贵贱等第,并据此采取相应的治理原则与方法。在杜佑以前,西汉人王吉说:"古者衣服车马贵贱有章,以褒有德而别尊卑。"(《汉书·王吉传》)杜佑以后,南宋人王栐在《燕翼诒谋录》中写宋太宗制定服饰制度,是"以别贵贱"。古人的认识是一致的,衣饰制度中尊贵者的质地好,有纹章,是为了表彰他们,不同的人有不同的衣装是为区别人们的社会身份和地位,把它作为人的贵贱身份的一种标志。表彰尊贵者及区别贵贱还不是终极目标,它是以此令人思想统一,承认各自的身份地位,特别是老百姓要承认被人治理的下层社会的地位, 这就是孔子所说的:"长民者,衣服不贰,从容有常,以齐其民,则民德一。"(《礼记》)明人丘浚说人君治理天下,而使臣民听我治理,与我合作,不在别的因素,就在"爵号之名,车服之器"。(《大学衍义补》卷二)君主以服饰制度作为治理人民的有效手段之一。服饰制度所反映的是等级制度,社会本来就存在各种身份地位的人,统治者用服饰制度把它固定化、法律化,以维护等级制,实质上是维护上层等级,而使下层等级屈服。服饰制度是等级制度的产物,又是维护产生它的制度的上层建筑。

在服制中,商人、工匠的规格低于百官、士人很容易理解,为何低于农民?而农民家中若有一个人经商,全家在服饰上要降低一等,这不明明白白地轻视商人吗?商人有经济条件穿好衣服,偏偏低于财力尚不如他的农民,不就清楚不过地表明政府有意地压制他吗?是的,历代王朝都有重本抑末政策,重农业压制工商业及其从业人员,不许商人穿高贵的华丽衣服,是表示他政治地位低,不买他经济上的账,相反还要通过政治压制他的经济力量的发展,所以商人的服制,是重农抑商方针的体现,也是施行这个方针的一种手段。这一点,前人早就注意到了。《仁恕堂笔记》的作者黎士宏就朱元璋的服饰政策,说这是"阴寓重本抑末之意"。(上海古今图书局辑《古今笔记精华》卷四)对此,统治者在制定政策时更是明确的。金章宗和参知政事张万公都觉得风俗奢靡,要用分别贵贱的各种制度来制约,左丞守贞因而要求更定服饰之制,金章宗说如果那样做的话,怕要失人心,守贞回答说"止是商贾有不悦者",(《金史·舆服志》)因此不用理会他,于是定了新的服制。统治者不顾忌商人的反抗力量,而是考虑怎样压制它,贱商的服制就是这样问世的。

商人有资财,自然要借以改变自身卑下的政治地位,他们往往不怕服色逾制,要同贵人比高低。东汉仲长统说大商人"身无半通青纶之命,而窃三辰龙章之服"。(《后汉书·仲长统传》)商人没有爵秩,甚至连啬夫、伍长也不是,可是竟然穿着有日月星辰山龙华虫图案的贵人之服。东汉正式确立十二章服制度,天子衣服绘画 12 种天象、动物、器物的图像,三公诸侯是 9 种,九卿以下官员是 7 种,庶民没有,(《后汉书·志·舆服》)商人穿章服违制,所以仲长统说是怪现象。南朝刘宋中军录事参军周朗说,当时"商贩之室,饰等王侯,佣卖之身,制均后妃",(《宋书·周朗传》)可见商人及其家属在服制和住宅方面都不守定制,好为华丽之服和雕梁画栋之宅。唐高宗给雍州长史李义玄下令,严厉管制服色与丧葬违制的人,因为"紫服赤衣,闾阎公然服用;兼商贾富人,厚葬越礼"。(《旧唐书·高宗纪》)在这里商人是服色、丧葬逾制的主要成员。

明人吕坤说织金妆花衣裳本是王府仕宦人家的品服,但如今"商贾工农之家一概穿着",(吕坤《实政录·禁约风俗》)商人又是主要的服色违制者。这类记载甚多,不必胪陈,反正是商人不安于本等服色,竞着新丽之衣,政府禁止,只有一时的效应,不久商人又逾制了,商人与政府在服制上不停地较量。

以往人们总以"商人奢侈"来谴责他们服色的逾制,如果我们承认商服制度是重农抑末政策和等级制度的产物,就不必对商人服装违制那么痛恶了。

着斗笠蓑衣者穿什么衣服,本来是生活上的事情,但历来被人们看得很重要,原来它关系到等级制度的根本问题,具体到商人则又关系到崇本抑末的重大原则,所以统治者历来重视,抓住不放,总在服装上整人。由此我们知道服饰制度不是小事,是历史上的重大问题,要认识历史,不可不注意服饰规制及其执行,这是我们研究商人服饰史所得到的一个启示。再一个启发是,总在服装问题上指责人不一定有道理,你给人统一服装,而人各有个性,各有爱好,各有审美观,你何必多所指斥,甚至归结到政治上,这岂非大有"服色违制"的味道吗?然而那是多少年前的老骨董,难道还应当把它视为宝物而舍不得扔掉吗?服饰制度既然表明人的等级身份,人们就以衣帽观察他人的社会地位。这个观念再衍化,就是以人的衣饰的好坏决定对他的态度,穿戴华丽贵重者尊崇之,穿戴平常者鄙视之,而不管其人的品德如何,事业如何。以衣饰取人乃等级制的服色制度的产物,其是要不得的,今人不应当再有意无意地使用它了。

(原载《去古人的庭院散步》,中华书局,2005 年)

晋唐间流行的发式和衣帽

西晋武帝立国之时，人们脚穿的屐，男子是方头型，女子是圆头型，用这样的型制既区别男女用屐，也区别男女身份，因为圆表示顺的意思，女子穿圆头屐，意味着顺从男子。时隔不久，妇女的屐也流行起方头的来了，于是男女无差别。（《晋书·五行志上》）到刘宋时，权倾内外的、被民间视为"真天子"的越骑校尉戴法兴制作圆头屐，"世人莫不效之"，从而改变了方头型的传统流行式样。

西晋永嘉年间（307—312），妇女束发，弄得松松的，使髻不能直立，头发遮盖额头，直到眼睛为止。（《晋书·五行志上》）几十年后女子发型发生了大的变化。太元（376—396）中，公主和贵妇们的盛行的发型是缓鬓倾髻，时兴戴假发，这假发装在笼子上，用的时候戴上，称为"假髻"，又叫"假头"。贫家妇女做不起，说起来就叫作"无头"，需要用时向人家借，唤作"借头"。（《晋书》）刘宋时女子发型又一次变异。彭城王刘义康府中的妇女梳头，将头发分成三分，结成髻，向上连在一起，称作"飞天"，并流传到民间女性中。（《宋书·五行志》）

北齐武成帝、后主时期，宫中妇女剃发，带假髻，其形状像只飞鸟，以为美观，地方上妇女学习，使它不胫而走。（《北齐书·武成纪、后主纪》）

唐宪宗元和年间（806—820）妇女作圆鬟椎髻，两鬓不再妆饰，也不擦脂抹粉，只是用乌膏涂嘴唇，令人看了是一副悲啼的面孔，这倒有点像东汉孙寿的追求病态美。白居易对这种打扮，在《世妆乐府》中有所描述："时世流行无远近，腮不施朱面无粉。乌膏注唇唇似泥，双眉画作八字低。妍媸黑白失本态，妆成尽是成悲啼。"（《全唐诗》卷四二七）白居易赞成人类的自然美，反对违反人类本性的化妆。

唐僖宗时，宫人把头发束得紧紧的，待到黄巢部队进长安，僖宗逃到四川，宫人这种发型被当地的妇女接受，不过人们称这种型状是"囚髻"。而在长安的女子则变了发式，即把头发分梳到两鬓，包住面孔，当时人管它叫"抛家髻"。（《新唐书·五行志》）

唐中宗女儿安乐公主织造毛裙,引起众人追求羽毛服的热潮。安乐公主用百鸟毛织了两条裙子,一条献给母亲韦后,一条自用。她的裙子呈百鸟的形状,正面看一种颜色,侧面看又是一种,日光下看、灯光下看各不一样。她用百兽毛制马鞍的面子,可以看出各种兽形,韦后则改用百鸟的毛制造鞍面。安乐公主出嫁时,益州官员送给她单丝碧罗笼裙,用金缕织成花鸟。自从安乐公主有了百鸟毛裙,百官之家、有钱人家都来效法,长江、岭南奇禽异兽羽毛都被采购一空。这种奢华风气很严重,唐玄宗即位后,便"悉命宫中出奇服,焚之于殿廷,不许士庶服锦绣珠翠之服",从而煞住了采捕鸟兽羽毛编造织物的风气。(《旧唐书·五行志》)

东晋初建时,男子的上装短,短到衣带系在腋下,穿的裤腿上下一般大,不收口,戴的帽子在脖子处系带。《晋书》的作者认为这种上小下大的冠服流行式,反映下逼上的形势,是王敦反叛的征兆。这当然是无稽之谈,它不过表明东晋初年人们的审美观罢了。

南齐东昏侯萧宝卷(499—501年在位)以游乐为务,"自制杂色锦伎衣,缀以金花玉镜众宝"。(《南齐书·东昏侯纪》)助他玩乐的人又制造了四种帽子,并根据形状起了名字,分别叫"山鹊归林""兔子度坑""反缚黄离喽""凤凰度三桥"。(《南齐书·五行志》)

唐初,太尉长孙无忌用乌羊毛制成浑脱毡帽,许多人仿造,他曾被拟封为赵国公,因此当时人把这种帽子叫作"赵公浑脱"。(《新唐书·五行志》)

唐昭宗时,十六王宅的主人们争奇斗丽,各有自己的巾帻式样,长安人羡慕不已,跟着穿戴,去制作的时候就说:"为我作某王头。"(《新唐书》)"王头"怎么做?这话不过是说按某王巾帻的式样给我仿制,这一省语,反映十六宅诸王巾帻式样流行的广泛。

葛洪在《抱朴子·讥惑》篇讲东晋初年的服饰变化之快及其原因:"丧乱以来,事物屡变,冠履衣服,袖袂裁制,日月改易,无复一定,乍长乍短,一广一狭,忽高忽卑,或粗或细,所饰无常,以同为快,其好事者,朝夕仿效,所谓京辇贵大眉,远方高半额也。"(《外篇》卷二十六)他说人们"以同为快",道出了中国古人"求同"的一种审美倾向。当某人首先穿戴某种衣服、帽子、鞋子,首先梳某种发型和作某种化妆时,在他是创新,是不想同于别人,不安于现成的,这是求异。但某种式样出现,众人纷纷学习,特别是宫中的、贵族的新装饰,人们模仿得非常迅速。达到目的了,也就满足了。模仿,希望和别人一样,是求同心理的表现;认为别人的衣饰形式好,加以学习,是一种求同的审美观。可以这样说,我国古人在服饰上求同的力量大于求异的力量,求同的审美观大于求异的审美观。衣饰求同,使自己的装束同于他人,既不会有怪式样遭到别人指责,也不会因为衣着古板遭人讥讪,跟别人相同了,心里也就安生了。

衣饰的求同,至少有两方面的原因:第一,中国是长期的大一统的国家,专制主义的中央集权和专制主义的文化统治,使人们无论在政治思想上、物质文化和精神文化上都要统一,不许有差异,反映到服饰上就是追求一致;第二,民众的认同是受社会上层的影响。社会上层地位高,受人尊崇,他们的爱好被认为是高尚的,下层人士多向之学习,所谓求同,就是社会下层求着与上层相同,在服饰问题上也是这样,所以我们在讲到先秦两汉人们着装时指出上行下效的现象,本篇所列举的事实也反映这种趋向,这就是求同。

中国人的认同的哲学思想和求同的审美观,有着悠久的历史,这种思想和审美观对社会发展起什么作用,对服饰美起什么作用,是应当研究的课题。对此哲学界已开始注意了,如果哲学社会科学界都来开展讨论,我们就可以提高认识了。

(原载《去古人的庭院散步》,中华书局,2005 年)

会稽公主与刘裕纳衣

会稽公主,名刘兴弟,父南朝宋高祖刘裕,母刘裕嫡妻武敬臧皇后。她是长女,刘裕建宋后封她为会稽公主。

刘裕,丹徒人,青年时家境清贫,打芦草、捕鱼维持生活,欠人家社钱还不起,穿的是妻子臧氏做的"纳布袄"。他在东晋富贵之后以及做了皇帝后,生活上清简寡欲,官员给他做脚蹬子,要用镀银的钉子,他不允许,说用铁钉就很好了。他的女儿们出嫁,送钱不多,也没有锦绣金玉的妆奁。他的整个生活是"未尝视珠玉舆马之饰,后庭无纨绮丝竹之音"。(《宋书·武帝纪》)侍中袁颙赞扬他节俭,他却说:"田舍公得此,以为过矣。"非常满足他的物质生活了。臧氏当了贵妇人之后,也是"器服粗素"。(《宋书·后妃传》)刘裕地位变化,怕后人不知省俭和谨慎,特意把旧的纳布衫袄交给会稽公主保存,同时说:"后世若有骄奢不节者,可以此衣示之。"(《宋书·徐湛之传》)给予长女教导弟妹的权力,并以往日的贫苦作为家训的资料。会稽公主于是将纳布衣珍藏起来。

会稽公主出嫁徐逵之。徐逵之是秘书监徐钦之的儿子,东晋末年任彭城、沛二郡太守,晋安帝义熙十一年(415),掌握东晋实权的太傅、扬州牧刘裕进攻晋宗室平西将军、荆州刺史司马休之,徐逵之率领精兵作为前部先锋,但不幸阵亡。战争胜利后,刘裕命太傅府内直督护丁浚主持徐逵之的丧事,会稽公主把丁浚叫到阁下,询问丧葬安排,每问一事,就叹息叫一声"丁督护",声音异常悲哀,后人根据她的悲鸣,谱成曲子,她的侄子宋孝武帝刘骏配了歌词,这首乐曲名叫《督护》,到唐朝还流行。(《唐书·音乐志》)就此一事,充分反映会稽公主与徐逵之是对恩爱夫妇,她对丈夫的永逝怀念不已。无可改变的事情是她成了年轻的孀妇,儿子徐湛之还幼小,不过这倒使她有精力照顾娘家的家务。

刘裕称帝三年就亡故,继立的少帝只一年被废,由文帝刘义隆继位。在皇室中,会稽公主居于嫡长女地位,文帝很尊敬她,宫中的大小事情都要征求她的意见,然后才能实行。元嘉三年(426),文帝亲征荆州刺史谢晦,请会稽公主入居宫中，总管宫内事务。公主在处理家务事时，或有不如意的地方，就号啕大哭，文帝也畏惧她。

公主子徐湛之，因年幼丧父，特为外公刘裕所钟爱，封为枝江县侯，文帝任用他为散骑常侍、骁骑将军、秘书监，并受到舅舅、彭城王、司徒、大将军刘义康的喜爱。

刘义康总揽朝政，不顾文帝的权威，又同他原来的长史、欲为宰相的领军将军刘湛等结党，党人中有的人以给刘义康谋取帝位为政治目标。元嘉十七年(440)，文帝先发制人，杀死刘湛等人，贬刘义康为江州刺史。徐湛之与刘湛关系密切，在刘义康被拘留时又去看望他，因此在审理这个集团时，牵连到他。宋文帝发怒，将要处他以极刑，湛之害怕，毫无办法，只好告诉母亲。会稽公主爱子心切，听了这话，立即翻腾出她父亲的纳布衣，带到宫中，见到文帝，也不行臣子之礼，放声痛哭，随手把纳布衣扔在地上，指着它对文帝说："汝家本贫贱，此是我母为汝父作此纳衣。今日有一顿饱饭，便欲残害我儿子！"这里说"汝家"如何，"我"如何，是把自己与娘家分开，好像是站在客观立场看问题。她以父亲旧日贫贱时的遗物，教训做了皇帝的弟弟，让他富贵了不要忘掉贫贱，不要不认亲戚，反对杀害徐湛之。文帝处理兄弟刘义康，本是骨肉相残，姐姐提出父亲的事，于是也悲哀起来，决定不再处分外甥了，并任用湛之为太子詹事。(《宋书》)会稽公主干预这件事情还没有终止。刘义康被遣出京城，去了江州，过一段时间，文帝到会稽公主家，在宴会非常高兴的时候，公主离席，不停地行以脑门碰地礼，悲伤得不能自制。文帝不知她要干什么，只得亲自来扶她，她于是叫着刘义康的小名"车子"说："车子岁暮，必不为陛下所容，今特请其生命。"说了又痛哭，文帝也感动得流泪，告诉她不必有这个忧虑，又指着埋葬刘裕的蒋山发誓，绝不加害刘义康，如若违背诺言，就是对不起亡故的父皇。

说着就把刚才喝的酒派人赐给义康，还在给他的书信上说："会稽姊饮宴忆弟，所余酒今封送。"(《宋书·刘义康传》)公主在儿子事情上是撒泼，到弟弟事情上以骨肉柔情面貌出现，纯是就事而发，以期达到目的。文帝关于义康的允诺只是一时的，后来公主死了，有人造反要奉戴刘义康，事关九五之位的大事，文帝就将他赐死了。徐湛之一直为文帝信任，官至尚书仆射，文帝长子刘劭杀害其父，同时杀死湛之。

历史上有几个开国皇帝爱回忆在民间时的困苦，刘裕给会稽公主的任务表明他是一个。朱元璋也是一个，他的上谕，口口声声"朕本淮右布衣"，并在《御制皇陵碑》里讲家世和本身的苦难，以教育后世子孙。不过他们的愿望总是落空的。会稽公主用刘裕的纳布衣去救犯罪的儿子，并没有用到正途上，而文帝、刘义康、刘劭兄弟父子相残，哪里有骨肉之情。至于朱元璋，死后不久就发生靖难事件，四子燕王朱棣竟夺了侄子建文帝朱允炆的帝位，和朱元璋的期望更是背道而驰！皇子皇孙的境遇，与出身寒微的创业君主的经历有天壤之别，使他们的思想认识有截然的不同，已经处于优越地位的后辈，所想的、要的、做的与先辈不一样，生活方式也迥异，因此老人欲以往日的苦制约后人的思想根本做不到，只不过是空想、妄想。

老人愿意回忆往事，叙述旧日的苦，也表现出他对自己改变自身地位的能力的自诩，他从社会低层走上高层，他是可以欣慰了，他的回忆对他来讲是有价值，可是这种回顾是向后看，对别人不会产生多大的积极作用，刘裕、朱元璋忆旧落空，就是明证。

最后要考察刘裕的"纳布衫袄"的纳布是什么？《庶物异名疏》认为它是一种布名。许慎《说文解字》讲"纳"字："纳，丝湿纳纳也。"明人《正字通》："纳，衣敝补也。"即谓"纳"是补衣服。《新方言》："今淮南吴越谓刺绣为纳绣，直隶谓粗缝曰纳。""纳"是刺绣，或是大针线缝衣。《玉篇》解"纳""或作衲"。这些说明，仍使我们对纳布不甚了了，不过可以综合一下，刘裕"纳布衫袄"的"纳布"，有两种解释，一是纳布的衫袄，二是打了补钉的衫袄，笔者以为后一种理解或许是正确的，更符合刘裕当年的衣着情况：贫穷的刘裕穿百衲衣服。如果是的话，这篇文章的题目可改为《会稽公主与刘裕百衲衣》。

（原载《去古人的庭院散步》，中华书局，2005 年）

女扮男装的风尚

记载中最早好穿男服的女子是夏桀的宠妃末喜。末喜,不同记载或叫"妹嬉""末嬉""妹喜""末喜"。《晋书·五行志》说:"末喜冠男子之冠。"明确说明末喜戴男人的官帽。《汉书·外戚传》师古注说末喜"美于色,薄于德,女儿行,丈夫心。桀常置末喜于膝上,听用其言,昏乱失道。于是汤伐之,遂放桀,与末喜死于南巢。"古人把桀、纣看作是中国历史上坏皇帝的典型,他们之所以无道和亡国,是由于末喜和妲己,因此这两人又是坏女人的代表。从师古的话可知,末喜像男子一样,愿意过问政治,夏桀还听了她的话,她应该是一个政治人物了,尽管是失败者。为此她不安心于后宫生活,既要从事政治活动,就要像男人一样装束。应该说她是女子男装的先行者。

春秋时齐灵公喜见身边的妇女作男子装扮,于是媵妾侍婢穿男人服装,戴男人装饰。国中妇女纷纷效法,都城满目皆是男装女子,于是他又看不顺眼,下令禁止民间女子穿着男服,唯独宫女照常是男子打扮。民间女子对灵公的做法不满,仍然喜穿男装,灵公生气,下令凡见男装女子就撕裂她的衣服,剪断衣带,给她难堪。但是还有少数女子不怕凌侮,照旧穿男装。晏婴深知强迫改装行不通,于是向灵公建议:若要禁令通行,最好先从宫内做起,如果宫中妇人都穿女子的服装,民间女子的男子打扮会不禁自绝了。灵公照晏婴的主意办,女子爱好男子装束的风潮就过去了。(《晏子春秋》卷六)

唐朝前期是妇女着男装的盛行时代。一次唐高宗和武则天举行家宴,他们的爱女太平公主一身男性装束,身穿紫衫,腰围玉带,头戴皂罗折上巾,身上佩戴着边官和五品以上武官的七件饰物,有纷(拭器之巾)、帨(拭手之巾)、砺石(磨石)、佩刀、刀子、火石等,以趄趄武夫的仪态歌舞到高宗面前,高宗、武后笑着对她说:女子不能做武官,你为什么作这样的打扮?(《新唐书·五行志》)太平公主男装,就其个人来讲也不是偶然的,她是一个"多权略"的女子,是唐初在武后、韦后之下的第三个有权干预政治的女人,而韦后自知智谋不及她,因而对她有所畏惧。她参预武则天的谋议,武则天也最喜欢她。武则天末年,她与唐中宗、张柬之诛杀武则天男宠张易之等,使中宗继位,以后又与唐玄宗清除韦后势力。玄宗初年有七个宰相,其中五位是她的人,因此"军国大事,事必参决,如不朝谒,则宰臣就第议其可否"。这种情况为玄宗所不能容忍,乃诛其党,赐死公主。(《旧唐书·太平公主传》)太平公主的男装,一是她的性格像男人,故喜着男服;一是干预政治,不愿脂粉气太重,以男装具其威仪,助其施展政治才能。

《旧唐书·舆服志》记载,唐玄宗时宫中妇人,"或有着丈夫衣服靴衫,而尊卑内外,斯一贯矣"。即宫内宫外,贵族民间,多有女子身穿男式衣衫,足蹬男人皮靴,女子服装男性化了。唐武宗时也有女子身着男装。武宗妃子王氏,善于歌舞,又曾帮助武宗获得帝位,是以深得君王的宠爱。王妃体长纤瘦,与武宗的身段很相似,当武宗畋猎时,她穿着男子的袍服陪同,并骑而行,她与武宗的形象差不多,人们分不出来哪个是皇帝,哪个是妃子。武宗还想把王妃立为皇后,宰相李德裕以妃子娘家寒素和本人无子为理由,反对册立,遂使王妃失去执掌后宫的机会。(《新唐书·后妃传》)王妃的男装显然是武宗所欣赏的,至少是被武宗接受的。

男人、女人生理不同,服饰式样有差别也是自然的事情。但古人的传统观念,把男女服装绝对分开,不得掺杂、逾越,否则将要遭到谴责。如男子穿妇人服,三国时以清谈著名的思想家何晏"好服妇人之衣",被另一思想家傅玄指斥为穿"妖服"。女子穿的男装,也被视为妖服,所以正史《五行志》里往往设有"服妖"一目,责备女子的男装,如《新唐书·五行志·服妖》在写出太平公主男装事实后,接着说"近服妖也",加以贬责。男女装混穿,在正统的观念里是严重的政治问题,而不是生活小事,更不是个人兴趣的事情。傅玄说:"夫衣裳之制,所以定上下,殊内外也。"原来统治者认为男子主于外,女子主于内,故有男女的服饰制度,使男女各守本分,不得僭越,若女子男装,会出现"牝鸡司晨"的事,是家庭的不幸、国家的不幸。傅玄还举例子,说夏桀因宠末喜戴男子冠亡国,又说何晏本身遭到杀身之祸,而且三族皆被夷灭。(《晋书》)所以君主专制时代,男女服制的不同,是男尊女卑的反映,不许女子着男装是制驭女子的一种手段。因此那些敢于男装的女子,在一定意义上说是反抗的行动,绝不能以"服妖"视之。指责人家装束"男不男,女不女"的传统观念,并不是天经地义的、不可改变的,那种服制上的尊卑贵贱男女的等级制度和观念应当彻底清除。再从审美角度观察,巾帼而着男装有的颇有须眉之气,有何不好!为何要搞服装的一统天下,清一色岂不令人厌烦!再说禁止女子男装,也是徒劳之举,且看历史上,舆论反对,朝廷禁止,到头来还是不时出现,禁又何益!何必去办这种蠢事,还是听从民便为好。

(原载《去古人的庭院散步》,中华书局,2005 年)

一生致力于经世致用之学的顾炎武

我们耳熟能详的话"国家兴亡,匹夫有责",出自顾炎武的"保天下者,匹夫之贱,与有责焉",后人概括成那八个字。这个话,鲜明道出顾炎武关心国事的学者本色。他一生致力于经世致用的学问,那么他是怎样成为明末清初思想界杰出人物、经世致用学倡导者的呢?

顾炎武,生于明朝万历四十一年(1613),卒于清朝康熙二十一年(1682),享年70岁,江苏昆山亭林人,字宁人,学者尊称他为亭林先生。他致力于经世致用之学,先是刻苦掌握书本知识,接着不辞辛劳从事实地与实际考察,积累了丰富知识,晚年撰著出《天下郡国利病书》《日知录》等名著。

顾炎武在祖父指导下,十三四岁读完《资治通鉴》,开始阅览类似后世报纸的"邸钞",以了解国家大事,可知他少年时代就关心国事。他读书可以用苦读来形容,在熟读基本文献之后,反复温习。青少年时期,每年春夏之间复习经书,请四个人作伴读,每人轮流朗读经文,顾炎武细心倾听,遇到不同于自己原来读过的版本的地方,或者自己记不清楚的地方,就叫暂停,弄清版本不同的原委或记忆是否准确后继续朗读。一人读20张字纸,每天复习200页书。与此同时,顾炎武参加复社活动,复社是明末文人最著名的社团,关心政事,反对宦官擅权乱政。及至清军到江南,顾炎武的嗣母王氏自杀,要求他具有明朝人气节,不可投降清朝,顾炎武就投入抗清斗争,失败后,在家乡存身不住,正好想了解天下情形,于是外出考察。

顾炎武在第五次到南京拜谒明太祖孝陵之后,北上山东,在章丘垦田。1658年,北游京畿,到昌平瞻仰明十三陵,表示对故国的思念,次年返回家乡,并出游浙江绍兴。不久又北行,经由山西到关中。1664年顾炎武在山西雁门垦田。1667年南返淮安,次年到山东,到北京。此后十年间,遍游北方。1677年,65岁的顾炎武第六次拜谒崇祯帝思陵后,到陕西华阴定居。1679年康熙帝举办博学鸿词科,招揽明朝遗民和天下英才,官员推荐他,他拒绝了,又聘请他参加《明史》纂修,他也决不应征。他在清朝生活近四十年,始终以汉民族气节砥砺自身,不与清朝合作。

顾炎武在北方,在黄河流域奔波,每到一处,访问风俗,实地考察,搜集材料,与书本知识结合进行研究。他旅行,用两匹马、两匹骡子驮载书籍。白天行走,晚间看书,到了关津隘口险要地方,找老兵和退伍军人询问当地情形,若与他平日积累的知识不相同,就停下来,在旅社里翻书,把事情弄明白才启程;若走在平原地区,没有特殊的景物需要留心,就在马背上复习青少年时期读过的经书。他怀着强烈的求知欲,把旅途的辛劳置之度外,得到了实际知识,弥补了书本知识的不足。在移徙不定的环境中研究了学问。

约在17世纪70年代前期,他总结研究成果,基本完成《天下郡国利病书》120卷的写作。他利用博览的"二十一史"、明朝历朝实录、地图、各地方的志书、诸家文集、笔记和邸钞,结合实地考察获得的知识,形成他的这部巨著。书中包括总论、山川沿革、风俗、赋役、屯垦、水利、漕运、兵防、马政、盐政、民变,侧重在赋役和防务方面,是研究明代社会经济、政治、地方史的重要著作,是顾炎武经世致用学问的代表作。笔者在20世纪60年代初研习明代中期民变史中的直隶文安刘六、刘七,福建邓茂七活动,就以此书作为重要参考文献。说这部书是顾炎武致力经世致用学问的代表作,还因为,明代中后期,学术界有空谈性理的毛病,顾炎武从明朝灭亡历史中,更看到这种学风的弊病。他提倡"博学于文""行己有耻"。他不是让人泛泛地博览群书,做蠹书虫;也不是讲求做八股文,混得一官半职;是要通过广泛阅读掌握与国计民生有关的各种知识,熟悉天下大事,以备应用。如若知识贫乏,不会做人做事,就是人生的耻辱。这种要求,实际上是主张做学问要经世致用,有益于国家,有益于社会的进步,改变空谈无益于世的学风。

顾炎武晚年的另一部巨著《日知录》32卷,关注的仍是经国要务。顾炎武读书,边读边思考,随手作出记录,晚年把这些札记作出分类,整理成书。该书类别,大致是经义、历史、诗文、训诂、名物、典制、天文、地理、吏治等。他的目的是经世致用,今天我们则用作学术资料,如研讨明代苏州、松江二府的赋税之重、杭嘉湖则例是必读之书。不过话说回来,顾炎武的经世致用之学是大学问,要求学者身在书斋,心在国家民族,做有益于国家民族的学问,做关注世道人心的知识分子。

(写于2015年3月2日,为天津广播电台演讲稿)

黄宗羲的工商"皆本"观析疑

　　黄宗羲讲的工商"皆本",被一些研究者认为是发展工商业的政治主张,是明清时期资本主义萌芽在思想领域的反映,是黄氏民主主义思想的表现。黄宗羲工商"皆本"的内涵究竟是什么,它有何意义?正确地理解它,考察黄宗羲同代人、先辈和后辈的"本末观"是很必要的,也即把他的思想放到本末观发展史上来看,应该是可取的方法。何况研究黄宗羲的这种思想,不仅是为了明了他个人,还要把握他同时代人的有关观点,才较有意义。本文企图朝着这个方向做点努力,但很不够,只将所掌握的资料进行局部的说明,故而是读书札记而已。

　　崇本抑末是封建统治者传统的政治观念,也是传统的治国方针。清朝统治者继承这种思想和政策,认为农业是本业,把管理农业及其从业者农民当作头等大事,作为政纲,这是它崇本抑末思想及政策的第一个内容。第二个内容是只承认和鼓励农业中粮食作物的生产。本来,经济作物的生产也属于农业,但它同粮食生产争土地、肥料、人力,常常被统治者看作末业,加以抑制。第三,重视农业从业人口,以保证农业劳动力。清朝政府不愿意农民向其他行业转移,以为农去一人,工商则多一人,去一生产粮食者,而多一消耗粮食的人,就会造成食品恐慌,故而以崇本抑末牢固控制农业人口。

　　清代统治者实行崇本抑末政策有其时代的原因,这里暂不分析。总之,许多材料表明,清代统治者具有强烈的崇农业贱工商的观念,并实行了相应的政策。

　　但是在清代,并非所有的人都崇奉工商即末业的观点,黄宗羲的工商"皆本"即是对官方崇本抑末论的异议。鉴于后人对他的思想理解不一致,不妨把他在《明夷待访录·财计三》中的那篇议论照录过来,以便作出说明。他写道:

　　　治天下者,既轻其赋敛矣,而民间之习俗未去,蛊惑不除,奢侈不革,则民仍不可使富也。何谓习俗,吉凶之礼既亡,则以其相沿者为礼:婚之筐篚也,装资也,宴会也;丧之含敛也,设祭也,佛事也,宴会也,刍灵也。富者以之相高,贫者以之相勉矣。何谓蛊惑,佛也,巫也:佛一耳,而有佛之宫室,佛之衣食,佛之役使,凡佛之资生器用无不备,佛遂中分其民之作业矣;巫一耳,而资于楮钱香烛以为巫,资于烹宰以为巫,资于歌吹婆娑以为巫,凡斋醮、祈赛之用无不备,巫遂中分其民之资产矣。何谓奢侈?其甚者倡优也,酒肆也,机坊也:倡优之费一夕而中人之产,酒肆之费一顿而终年之食,机坊之费一衣而十夫之暖。故治之以末,倡优有禁,酒食有禁,除布帛外皆有禁。今夫通都之市肆,十室而九有为佛而货者,有为巫而货者,有为倡优而货者,有为奇技淫巧而货者,皆不切于民用,一概痛绝之,亦庶乎救弊之一端也,此古圣王崇本抑末之道。世儒不察,以工商为末,妄议抑之。夫工固圣王之所欲来,商又使其愿出于途者,盖皆本也。

他对"本""末"以及"圣王"的"崇本抑末"有自己的理解。他不像一般的统治者把工商业一律贬斥为"末",而是把它加以分析,有末、有本。他认为的末是为礼佛、事巫、厚葬、盛婚的耗费,是为了富贵人家豪宴、华服、演剧的挥霍服务的,即工为奢侈糜费而生产,而从事奇技淫巧,商为此而作贩运。为极度享乐提供方便,都是为富贵人的淫乐服务的,是不正当的事业,毫无利于日用民生,所以才是应予排斥的末。它不能代表工商,而真正的工是世之道所必有的,商是通有无的。换句话说工商是社会经济的正当部门,必不可缺,所以它们都是本业。总之,黄宗羲认为工商与农业一样是本业,应予保护和提倡,只是不切于民用的为糜费而进行的工商才是应当抑制的。

工商"皆本"的思想,并不专属于黄宗羲,是古已有之的,而且也非一人一时偶发的,是不时出现的。班固《汉书·食货志》开篇写道:

《洪范》八政,一曰食,二曰货,食谓农殖嘉谷可食之物,货谓布帛可衣,及金刀龟贝,所以分财布利通有无者也。二者,生民之本……士农工商,四人有业。①

可知班固将工商与士农共同视作本业。比班固略晚的王符,在其《潜

① 《汉书》中华书局标点本,第 4 册 1117—1118 页。

夫论》中说："凡为治之大体，莫善于抑末而务本，莫不善于离本而饰末。"他思想中的本和末是什么呢？且看他继续写道：

> 夫富民者以农桑为本，以游业为末。百工者以致用为本，以巧饰为末。商贾者以通货为本，以鬻奇为末。三者守本离末则民富，离本守末则民贫。[①]

他认为农工商三者中皆有本有末，农夫参加农业生产即为务本，游手不治生业，就是务末。工匠制造坚固耐使的用品，便是务本，卖弄技巧制造奢侈品，即是务末。商人贩鬻实用之物是为务本，出卖奢华之物就是作末。把一个个行业都分为本、末两方面，主张崇本去末。所以在王符看来，工商与农一样也是本业，只不过不善于经营者才走到末业那里去，才是需要抑制的。而这种情形，在农业那里也存在，并非工商业所独有。

汉魏之际的徐干，讲到"四民"时说：

> 执契修版图，奉圣王之法，治礼义之中，谓之士；竭力以尽地利，谓之农夫；审曲直形势，饬五材以利民器，谓之百工；通四方之珍异以资之，谓之商旅。各世其事，毋迁其业，少而习之，其心安之，则若性然，而功不休也。[②]

与班固一样，他认为士农工商各有其业，各有其社会功能。人们从这里可以获知，徐干不会认为工商本身是末业。

北宋李觏在回答什么叫逐末、什么是冗食的问题时说：

> 所谓末者，工商也；所谓冗者，不在四民之列者。古者工不造雕琢，商不通奢靡……工之所作，贾之所鬻，商之所资，皆用物也，用物有限，则工商亦有数。今也民间淫侈无度，以奇相曜，以新相夸。工以用物为鄙而就作机巧，商以用物为凡而就通珍异，或旬月之功而朝夕弊焉，或万里之来

---

① 《潜夫论》卷1《务本》。
② 《中论》卷下《谴交》。

而坠地毁焉,物亡益而利亡算,故民优为之,工商所以日多也。①

李觏以切于民用的生产和交易为正业，为淫侈的生产和交易是末业,奔走于此的叫作"逐末"。在他的观念中,工商也是分为正业与末业两类的。他说的冗食之人,是释老、巫医、卜相、倡优。禁止他们泛滥,使之归农,则可限制工商业中末业的发展。

南宋的陈亮强调农商相辅相成的关系:

> 古者,官民一家,农商一事也。上下相恤,有无相通,民病则求之官,国病则资诸民。商藉农而立,农赖商而行,求以相补,而非求以相病,则良法美意,何尝一日不行于天下哉?②

农商既为一事,谁也离不开谁:农是本业,商也应为本业。看来陈亮是这样认识的,只是没有明确地说出来罢了。

与陈亮同时的叶适,反对崇本抑末。他说:

> 夫四民交致其用,而后治化兴,抑末厚本,非正论也。③

他对统治者把工商当作末业来压抑表示不满,而且深知四民是"交致其用"的关系,缺少哪个行业也不行,亦是把工农视为本业了。

看到上述诸人关于农工商本末的言论,把黄宗羲的观点与他们的作一对照,不难看出其间有许多相同的成分,这就是:

其一,都认为工商二业与农业一样是本业,不过有个附加条件,即手工业要进行民生必需的日用器物的生产,商业只进行此种生产的交换。工商既为本业,则不应当受压抑。

其二,都认为工商业有可能成为末业,那就是工匠从事奇技淫巧,制造僧道、巫医、倡优、贪吏、恶少使用的奢侈物品,而商人为之广为推销。此种工商

---

① 《直讲李先生文集》卷16《富国策第四》。
② 《龙川文集》卷8《四弊》。
③ 《习学记言》卷19《史记·平准书》。

既为末业,则应在禁止之列。

其三,都认为工商为本业的理由,是它们与农业相辅相成的关系。农夫要工匠的器具,并赖商人去沟通,要发展农业就不能不要工商业。再说国家以四民为本,农工商业构成它的基础,各有其用,互相促进,是国家长治的条件。

把正常的工商视作本业,至少是从班固、王符起,中经陈亮、叶适,到黄宗羲。这一事实表明,它已构成一种传统的观念,但它不是官方强调的。黄宗羲作为王符等后辈,从先辈那里吸取思想养料,形成上述共同的本末观,不过黄宗羲不只是继承,他对先辈思想进行了提炼,因而有了提高。《汉书》谓"货"是民生根本之一,还没有直接讲工商皆本。王符区分工商中的本与末,目的在于反对其中的末,而对它们本质上是本业强调不够。黄宗羲大量的篇幅也是讲反对工商中的末,然而他直截了当地讲工商"皆本",观念明确,叙述简练,是先辈重农抑工商思想的升华和准确描述,在这个意义上说也是对先辈思想的发展。

另一方面,不区分工商业内部的情况,把它们一概视为末业,这也是一种传统的观点,并且基本上是官方的观念。封建统治者以之控制人们的思想,并据以制定重农抑工商的政策。黄宗羲痛斥"世儒不察,以工商为末,妄议抑之"的偏见,反对这种统治思想,是为正常的工商业的发展而呼吁。所以他的工商皆本思想是对当时重农抑工商的官方哲学的抨击,是对这种腐朽的传统思想的冲击,表现了思想家理论上的勇气。

黄宗羲工商皆本思想的意义除上述两端之外,是否像一些研究者所说的代表了资本主义萌芽的要求呢? 黄宗羲反对奢侈,说"机坊之费一衣而十夫之暖",把机坊生产视为工商中的末业,予以谴责,其实正是机坊生产的生产关系中出现了资本主义萌芽的社会新因素,不过他没有看出来。事实上,他对资本主义萌芽还不理解,他的工商皆本除了赞成正当的工商业之外,并没有新的社会内容,不代表新的生产关系,不是新的未来的阶级的。

黄宗羲是有重大成就的思想家,以哲人的智慧概括了与他有类似观点的人的思想。在清代,工商皆本的思想也还在民间一部分人中存在着。道光十三年(1833),江南江阴袁氏家族所定《族范》,关于族人的职业发表了这样的议论:

士农工商所业不同,生理则一,为父兄者与量子弟之质地而教授之,则生理易就。必要人人尽有职业。若无职业,不但叫他后来难以谋生,必至逐日闲游,渐与小人为类,难免不入于下流,强有家业亦可计日而尽矣,故居家以治生为最急。①

　　该《族范》之制定人认为士农工商职业不同,但都是正当职业,都是谋生之道。它没有讲工商皆本,既然认为四民"生理则一",实际上是把工商当作本业了。作于嘉庆二十年(1815)的武进胡氏《家范》,讲正常的四民之业,"工不作淫巧,而其业有常","商不作奸欺,而其利以后"②。和黄宗羲相同,他反对的是工商中的淫巧诡诈,对于它们正常的生产和经营毫无鄙弃之意。这个《家范》中还讲,四民中士固然好,但"成者少,败者多","不若以丰为本",从事农工商业。这是着眼于工商和农业一样解决人们的生活问题,主张不应摒弃它们。

　　清代还有人讲出"农商国富"的观点。无锡《荥阳郑氏大统宗谱》卷三《子卿府君暨孙太夫人行述》写了郑庭槐的传记。郑庭槐生于乾隆二十年(1755),卒于道光十六年(1836),是商人兼地主——"善经商,开发钱桥四埭贸易","尤致力于农,良田五顷,亲督耕种"。可注意的是他曾说:"内以正心齐家,外以农商富国。"前一句是儒家修身齐家的传统观念,后一句把商和农并列,认为是可以富国的一业,则是前所未有的观点。商被抑末论者视为病国病民的怪物,是同民生困窘相联系的。郑庭槐则别创新说,鼓吹商业可以富国,已超出工商皆本的观念。遗憾的是他不是学问家,不能总结他的认识,加以阐述,因而尚未构成重要的思想观点。但是作为一种朴素的认识,还是新鲜的,应当肯定的。

　　郑庭槐以及江阴袁氏《族范》、武进胡氏《家范》的作者们都是草野小民,侧身农商之间,他们认为工商是正当的职业,是本业,理直气壮。表明他们与黄宗羲的工商皆本认识相一致,他们是否受到黄宗羲的影响则不得而知了。

　　班固、王符、徐干、陈亮、叶适、黄宗羲一干人都是学士,有人虽有一官半

———————————

① 《澄江袁氏家谱》卷3。
② 《毗陵修善里胡氏家谱》卷2。

320

职,但是小官、参议,有的则没有进过庙堂之门,他们都不是当权派,对王朝政府决策不起作用,他们是以在野之身观察国计民生,提出工商皆本的主张。他们比较清醒地面对社会实际,与社会下层有较多的联系,能够反映他们的一些意愿。

黄宗羲等人都反对奢侈,即都反对奢华的高消费。高消费在一定条件下、一定程度上可以刺激手工业生产和商业贸易的发展,他们认识不到这一点,而把高消费看成是绝对的坏事。由此可知,他们认为工商有本有末的观点,是有矛盾的,并非彻底主张工商皆本。这种思想有为工商发展呼吁的一面,然而并非呐喊,这当然大大影响了它的社会作用。

(原载《清史研究通讯》1986 年第 3 期,篇名《关于黄宗羲工商"皆本"思想》)

死于任所的廉洁总督于成龙

清初有两个于成龙,都是有名的督抚,这里要说的是山西永宁(今方山县)人、被康熙帝称为"今时清官第一"的两江总督于成龙。他生于万历四十五年(1617),卒于康熙二十三年(1684),得年68岁。顺治十三年(1656),39岁的于成龙开始做官,出任广西罗城县知县。出发前,给友人写信,表示出仕不是为了自家的穿衣吃饭,而是要凭天理良心办事。他做官二十多年,始终清廉,生活异常艰苦,实践了出仕的初衷。

在罗城县的艰苦生活。罗城县是清朝边疆小县,今为广西罗城仫佬族自治县,于成龙初到的时候,城里只有六户人家,衙门十分简陋,用土坯垒成台子当办公桌,荆条编成的笆子做大门,他的生活用具只有一口锅、一个饭盆。他经常出访,了解民间疾苦。人们被他的简朴生活所感动,虽然贫困,到时就缴纳钱粮。官员征税要加征火耗,这是不成文的规则,于成龙却不多收,百姓过意不去,便主动多放一点钱在土桌上,请他收下,并劝慰说,老爷不收火耗,不给自己弄钱改善伙食,我们留这一点儿给老爷买壶酒喝还不行吗?于成龙在罗城的时间长了,仆人见跟他没有油水可捞,就离开了,他便独自生活。当地人既敬重他,又可怜他,每天早晨都有人来问安,有时送点钱,于成龙哭着辞谢了,并说我一个人能吃多少东西?你们把钱拿回去,孝敬你们的父母,我就高兴了,也如同我自己吃了一样。一次,于成龙的家属来探视,百姓听说了很高兴,以为这一次可以送东西了,他们把钱物送到知县住处,说是给你家人的。哪知于成龙却说:我老家离这里六千里远,一个人带着东西不是累赘吗?结果还是没有收。

于成龙靠人接济上任合州知州。他在罗城任职七年,升任四川合州知州,没有回家探亲,径直赴任。罗城百姓送出几百里才被劝回去,一个算命的盲人非要继续送行,于成龙问他原因,他说路程遥远,我估计老爷盘费不够,我有一技在身,或许能帮助老爷。于成龙只好让他同行。果不出盲人所料,半路上遇到雨天,行走困难,延长了时间,钱花完了,只好靠这位盲人算命先生挣钱做路费,才到达合州。在这里,上司下公文要鱼,于成龙说全部税银15两,百姓苦极了,拒绝额外征收。

赴任福建按察使。康熙十七年(1678),于成龙由湖北道员升任福建按察使,出发之前买了几百斤萝卜,人们不理解,笑着说这是便宜东西,买这么多做什么,他说路上当饭吃。当时八旗兵平定耿精忠叛乱,把一些平民当作罪人惩办,役使几万名青年男女为奴隶,于成龙指着妇女儿童说,这些人怎么是叛乱分子,积点德,把他们放了吧,官兵只好放人。

在直隶参劾赃官。1780年于成龙出任直隶巡抚,青县知县赵履谦贪赃枉法,于成龙教育他,不听,遂参劾他。

在两江总督任上。上任时,不用驿站马车,自雇一辆驴车到住宿旅店,不在驿馆居停。在江宁衙门,只吃青菜,或者就一点咸菜,当地人管他叫"于青菜"。由于总督清廉,江宁官员不敢互相送礼、收受贿赂,连过端午节也不敢相互送粽子。

遭到贪官嫉恨。清廉官员与贪赃枉法官吏不可能相安无事,贪官嫉恨廉洁的于成龙,散布他的谣言,副都御使马世济在江宁听到了,回京弹劾于成龙年老多病,受人蒙蔽废事,吏部因而建议让他退职。学士锡住到东南沿海考察,回京向康熙帝报告,于成龙做官确实清廉,但是轻信属员。康熙帝明白,说于成龙的坏话不可轻信,并以他做例子教育官员廉洁奉公。

于成龙死于任所,只有三两银子遗产。于成龙死在江宁任上,由于家属不在身边,江宁将军和总督衙门官员为他料理后事,发现他只有一件袍子、一双靴子、几斛米、几碗盐和豆豉、银子三两、制钱二千文。这就是一个堂堂总督的遗产。

康熙帝认可于成龙,说他是当下第一清官,为他赐谥"清端",为他的祠堂书写"高行清粹"匾额。

于成龙是大清官,连一些应当享受的待遇都不接受,如上任不用驿站负责交通。清官,历来为百姓讴歌,盼望清官当政,这在君主专制政体下是合情合理的愿望,因为他们没法自己选择官吏。清官也有挨骂的时候,那是在"文革"初期,批判《海瑞罢官》,由于海瑞是清官,于是说清官比赃官还坏,因为他麻醉人民安于现状,不起来造反。这是只顾革命,不顾人民的生存死活。清官挨骂,是非颠倒如此,何其悲矣！百姓盼望清官,颂扬清官,有时代原因,即君主专制政体需要。论及此事,需要察明。

(写于 2015 年 3 月 3 日,为天津广播电台演讲稿)

三朝皇子师傅徐元梦

　　徐元梦(1655—1741)临终前一天,乾隆帝特为他发出上谕:"尚书徐元梦,人品端方,学问优裕,践履笃实,言行相符。历事三朝,初入禁近,小心谨慎,数十年如一日。谓之完人,洵属无愧!且寿逾大耋,亦廷臣中所罕见者。"现患病,命太医调治,并赐参药,本欲亲往看视,因将举行庆典,不便亲行,故派遣皇长子永璜往视其疾。倘若病故,赏银二千两办理后事,命和亲王(弘昼)、皇长子往奠茶酒,加赠太傅,准入京师贤良祠。(《清史列传》卷14《徐元梦传》,第4册第1009—1013页,中华书局本)可知享年87岁的徐元梦,晚年备受荣宠。也就在这一天,卧床不起的徐元梦叫曾孙递给他《论语》,看了好久,才放手,第二天他便告别了人世。他以兼通满汉文受知于康雍乾三帝,于康雍乾三朝出任皇子师,终身治学、教学,而在青年时期有被罚入内务府为奴的不幸。这里仅绍述他的为人特点。

　　徐元梦,满洲正白旗人,康熙十二年(1673)中进士,时年十九,是少年得志,二十九岁任侍讲,充日讲起居注官,康熙二十六年(1687)三十二岁时,因侍读学士德格勒获罪,徐元梦受牵连,革职,籍没内务府,这是交游不慎造成的大不幸。康熙三十二年(1693)徐元梦命运大转机,授命上书房行走,"课皇子读书"——成为皇子师傅,五十二年(1713),五十九岁,晋升内阁学士,兼礼部侍郎,免隶内务府,复归正白旗。次年充经筵讲官,出任浙江巡抚。五十六年(1717)擢左都御史兼翰林院掌院学士,雍正元年(1723)晋内阁署理大学士、户部尚书,八年(1730)因在浙江巡抚任上失察吕留良获罪。乾隆帝继位,授礼部右侍郎,四年(1739)加太子少保。六年(1741)卒,谥"文定"。

　　自康熙三十二年(1693)起,徐元梦首次担任皇子师傅,雍正帝继位,于元年(1723)正月命他"入上书房,课皇子读书",时年六十九岁,乾隆帝即位当年,八十一岁的徐元梦又一次奉命"课皇子读书"。于是徐元梦成为康雍乾三朝的皇子老师。徐元梦第一次进上书房,同事有张英、熊赐履、尹泰、顾八代、汤斌等人,多为大学士、尚书、理学名臣,所教授的是皇太子允礽、皇长子允提、皇三子允祉、皇四子胤禛等人,徐元梦讲授的是满文,不过与胤禛最密切的师傅是顾八代。雍正元年(1723),命皇子从师读书,设堂懋勤殿,举行拜师礼,徐元梦与朱轼、张廷玉、嵇曾筠、蔡世远等人为师傅,教授皇四子弘历、皇五子弘昼,可能还有皇三子弘时,但是与乾隆帝关系最深的是朱轼、蔡世远。徐元梦担任皇子师傅,前后近半个世纪,历经三代皇子,是雍乾二帝的师傅,如此经历,大约在中国历史上是绝无仅有的。他晚年的荣宠也正是帝师的缘故。

徐元梦是以精通满文、汉文而受知于康雍乾三帝。他是汉满文互译的第一把好手,朝廷重要文献多交给他翻译。康熙五十年(1711),康熙帝谕大学士:满汉文翻译,事关重大,"在内廷行走之徐元梦,现今学翻译者,无能过之"。赞扬徐元梦翻译质量最好。雍正四年(1726),因翻译错误,革职,但仍办理内阁学士的"票签本章、一切翻译事务",翻译之事依然离不开他。乾隆帝于雍正十三年(1735)八月继位当月,称赞徐元梦的翻译业绩:"兹当皇考龙驭上宾,翻译祭文甚属敬谨",乃补授内阁学士。乾隆元年(1736),帝亲书《世宗宪皇帝圣德神功碑》,特令徐元梦翻译成满文。同年,徐元梦与尚书徐本、福敏(乾隆帝藩邸师傅)阅取会试回避卷,与尚书杨名时教习庶吉士,奏言要求满洲庶吉士熟悉翻译,乾隆帝因命满洲庶吉士来年考试满文,合格者才能够散馆授职。

徐元梦参加《明史》《清世宗实录》《八旗满洲氏族通谱》《三礼义疏》等书的编写,并充任总裁、副总裁的职务。康熙晚年,三皇子诚亲王胤祉主持蒙养斋馆,兴修我国历史上第二部大类书《古今图书集成》和《律历渊源》,聘请学者陈梦雷、方苞等人,徐氏亦被邀请参加。他一生读书刻苦,还能不耻下问,经常与他人进行学术讨论。在蒙养斋馆研究经学,常与方苞交谈心得。方苞是桐城派古文的鼻祖,与徐氏交谈时有时不注意方式,显得傲气。旁边的人看不过去,责备方苞没有礼貌,对待徐元梦这样德高望重的饱学之士,像是教育学生。方苞说徐氏是真心探讨学问,我是诚心实意地说明,忽视了说话方式,不要紧。的确如此,徐氏为钻研学术,根本不计较这类琐事。

徐元梦的一生,颇具斑斓色彩,两朝帝师,三朝皇子师,历史上恐无第二人;耄耋之年活跃于讲坛,坚持不懈地教学、书写,在古人中亦不多见;不耻下问,应当是他获取学术成就的重要原因。

徐元梦以耄耋之年,犹任皇子师傅。笔者业师郑毅生天挺教授年逾八十亦活跃于讲坛,为本科生、研究生、进修班教师、访问学者传道解惑,仙逝后,笔者即意欲从历史上寻觅一位有影响的同类型人物为之作传,实亦为彰显吾师也。

(摘自 2014 年在天津广播电台演讲稿《清人晚年生活》)

终身反省的学者李塨、严修

李塨和严修，两位都是直隶（河北）人，李塨是清代前期学者，蠡县人，严修是天津人，是清代晚期和民国前期的教育家，当然这里是说他在晚清时期的事情。

清代学术史上有反对理学空谈、崇尚经世致用和自身践履的颜李学派，博野人颜元（1635—1704）是学派创立者，李塨（1659—1733）是颜元学生，发展老师的学术思想，推动学派的发展。这里不谈李塨的学术思想，关注他的两件事情，就是终身自责自勉不辍、劝谏友人不交权贵。

颜元反对学者"党同伐异，虚学欺世"，指的是有一种学派专门攻击不同于己的学者，他们没有学识而做欺世盗名的勾当。颜元在这种谴责中，表达了自我反省、自我完善的意思。李塨接受老师的自我省思精神，在为颜元编写年谱时，写出他的成功与缺失两个方面，不替老师缺点做掩饰。他自身更是身体力行。他写日记，名曰"日谱"，每日讲求修身养性，检讨得与失，以期达到完人境地，而且一个月一小结，一年一总结。他的学生冯辰为他写年谱，继承他对颜元年谱的求实精神，对李塨一生行事，"大德大节固必书，至于悔过迁善，正所以勉强进德也，亦详载，不避重复"。怎么知道李塨的悔过迁善呢？固然有学术的耳闻目睹，更多的来源是李塨的日谱。李塨在 49 岁，日谱里检查自身毛病，表示："去繁琐，戒暴怒，勿听人是非。待人以何，日必习恭一次。思吾心不精而粗，不一而杂，年已将衰而德不立，惭哉！"明确改正方向方法。53 岁，与同门友人书信写道："我兄弟年亦老大矣，衰至而骄，何常之有！望彼此共策，益拓度量，邃涵养，改过取善、雷行天复。不然，学且堕落，不唯愧负天下圣贤，亦吾师习斋之罪人矣。"与老友共勉，警惕倚老卖老，不思改过迁善，仍然需要提高涵养性，待人大度量。在得了类似中风病后的 72 岁，日记仍有"小心翼翼，惧以终始"，反省不辍，终身如此。

李塨的省思，还表现在坚持责善待友、不交权贵方面。康熙帝诸皇子争相招募名士，以提高名望。皇四子贝勒胤禛（后来的雍亲王、雍正帝）将清代考据学开创者之一的阎若璩延揽到府中,优加礼遇,所谓"执手赐坐,呼先生而不名"。作为朋友,李塨亲自进京,劝说阎若璩不要同权贵往来。他是真诚待友,才有北京之行。皇三子诚亲王允祉派大学者陈梦雷去敦请李塨,李塨谢绝了。皇十四子大将军王允禵三次派人召请李塨,李塨为了摆脱他的纠缠,几乎迁居躲避。作为著名学者,绝不做权势的装饰品,李塨做到了。实在太不容易了,名缰利索,读书人那里躲得过,但李塨做到了,这是他能够砥砺自持的结果。

严修生于咸丰十年(1860),24 岁(光绪九年 1883)中进士,不以此为满足,立志成大器,做有胆有识、不畏风险、敢于践履的人;为此勇于面对自身弱点、误失,明了知耻为人生应有品格,需要艰苦磨砺,力诚浮夸及耽于安逸生活。十年后 34 岁时,总结人生经验,提出为人行事的治心、养身、理事"四要":"治心四要:去饰,抑矜,澄昏,纠褊。养身四要:调欲,淡嗜,时劳,重药。理事四要:谨小,镇猝,谋豫,贞人。"进一步明确在实践人生正道上,警惕和克服不良意识和行为。

严修终生写日记,满篇自省自谴的内容。日记簿版心印"毋自欺堂",设有"静过(妄逆诈)动过(伪世故)"或"敬怠"栏目,填写的多系"敬二怠八""敬三怠七",表明实实在在地每日三省吾身,不自欺,不懈怠,严于解剖自己。从日记看,严修自我意识到的毛病,是性情急躁、多欲奢求、不良习惯、知过难改四个方面;改正的办法主要是端正做人态度,在于正心戒躁、窒欲、知耻、恒心,勤于反省,运用多种方式激励、磨砺自己。他在光绪十二年(1886)正月二十五日"静过"栏,书写"躁气多,宜寡言"。十三年(1887)五月初二日"记事":"日来心气浮躁,且多卞急之病,平旦之气存焉者寡矣。宜亟思居敬养气之法,先以治怒为主。"

检查自身的不良习惯,严修把惰性、爱看戏与醉酒当作克服对象。光绪十年(1874)九月十一日,"夜五更后醒,因思近来荒废景况,如沃煎油于心,焦灼难可言状,遂有改过之念。天未明即起"。严修爱同朋友聚会饮酒,常常喝醉,十三年(1877)元宵节,严修与众多友人在上午就喝醉了,午后观剧,又喝到大醉,晚间听唱,因酒性发作,大呼小叫,"丑态万出",然后赌博,恣意嬉笑。"醒后思之,不可以人齿。"于是下决心,"自今日始,饮酒不得逾十杯,不得赌博,浪唱"。认为不去掉这些恶习,就是禽兽,就不配做人。改正缺点是难事,改了会再犯,改错需要持之以恒。所以严修将日记命名为《恒斋日记》,立恒心做正人君子;有不当行为而又不能检点,或屡改屡犯,为着惕励,又标目为《无恒斋日记》，以便每一次触及日记，就用"无恒心"责备自己。

严修被誉为近代教育家、近代教育先驱、南开校父，这是他成大器的做人目标，和勇于自省、勇于进取、勇于践履所造就的。

（写于 2015 年 3 月 4 日，为天津广播电台演讲稿）

休致督抚梁章钜的"浪游"生活

在旅游中如何获得更多知识,有更加美好的享受?我想,了解老年梁章钜是如何旅行的,或许有借鉴意义。

梁章钜(1775—1849),乾隆四十年(1775)生于福建福州,晚年号退庵,官至江苏巡抚、署两江总督,道光二十二年(1842)68岁休致,寄居福建浦城,出版《退庵所藏金石书画题跋》《藤花吟馆诗抄》,所营建的北东园,在"草木日长,半亩塘中游鱼亦渐长大,甚可闭户自娱"的时候,感觉当地风俗日趋恶劣,福建省时局变异,所见所闻多不如意,遂在居停四年后,接受儿子劝说、友人邀约,举家出游江苏、浙江,自云为"浪游",时间在道光二十六年(1846)至二十九年(1849)故世前。他每去一处,绝非走到为止,而是考订掌故、风俗民情和物产,增加对该处所的了解。在与友人聚会中,必有唱和,表达对友朋的感情,因而记录成《浪迹丛谈》,刊刻于道光二十七年(1847),次年刻出《续谈》,辞世之年印刷《三谈》,他还作有《楹联丛话》《称谓录》《归田琐记》等书。

梁章钜在扬州与休致大学士阮元的交游是很有趣的事。阮元,乾隆二十九年(1764)出生,扬州人,五十四年(1789)26岁中进士,先后任翰林院编修、内阁学士、浙江巡抚、江西巡抚、两广总督、云贵总督、大学士。道光十八年(1838),阮元七十五岁,以老病请准休致,仕宦半个世纪,二十六年(1846)加太傅衔,二十九年(1749)病逝,享年八十六。1846年梁章钜游历杭州、苏州、常州、镇江之后,于五月二十日到达扬州,住在扬州新城南河下街,第二天就去拜访83岁的座师阮元,他们已经阔别五年,但见阮元言谈、步履虽然较以前差一点,而精神兴致极好,三天后,阮元邀请他到自家的瘦西湖花园游览,梁章钜作诗一首致谢。三十日,阮元又邀请梁章钜及一些诗人、僧侣到双树庵看竹,吃斋饭,中间梁章钜将持去的苏斋谈《诗画册》,请阮元观赏,并请题词。事后,阮元给梁章钜纪事诗,梁章钜奉复一诗。梁章钜获知,阮元因为高龄,给人的一般性函件写得不周正,因老年眼睛模糊之故,而应人请求写匾额,因是写大字,非常认真。一次梁章钜拜访阮元,阮元久久地注视他面貌,而后说你的眉间有二长毫,你会长寿。梁章钜注意到阮元没有寿眉,但是耳间有几根长毫,算命书上说"眉毫不如耳毫",从阮元身上得到印证。冬天,梁章钜将所作《师友集》改定本送呈阮元,阮元读得忘记疲劳,为他写序,赞扬梁章钜能够把六十年间的交游记录下来,评论又很公允,是优秀的历史之作,必能流传后世。

阮元旧宅在公道巷,巷口大牌坊,有八字对联:"三朝阁老,一代伟人",他历事乾隆、嘉庆、道光三朝,称"阁老"没有问题,但自诩"一代伟人",遭到非议,后来阮元迁到南河下街新居,将大门门联改为:"三朝阁老,九省疆臣",换掉"一代伟人"四字。梁章钜见过阮元的新旧门联,又读过《湖海诗传》中阮元的诗注,得知"一代伟人"是皇帝夸奖阮元的话,不是他自卖自夸,但他知道有人非议,就改写门联了,可见他是谦虚谨慎的。阮元荣获"太傅"加衔,梁章钜与友人去祝贺,并考证出,在清朝大臣中,生前得到太傅加衔的有七位,很难得。

梁章钜在扬州,遇上大热天气,久旱无雨,突然连着下了三天大雨,喜而赋诗,写道:"放晴待上平山望,何处新秧不插齐?"(平山堂,鉴真和尚驻所)又咏道:"游宦何如听雨眠,三家村里好相怜。荷衣云阵真堪恃,亟献新诗祝有年。"作为游寓之人的梁章钜也为当地得雨而高兴,预祝当年有好收成。诗中的三家村,是指住在同一条街的阮元、梁章钜和另一位当过都御使的人,扬州人因这条街住着三个大人物,称它为三家村。

今日去扬州的游客,往往去小玲珑山馆游览。梁章钜两次去参观。山馆的原主人是扬州绅商马曰琯、马曰璐兄弟。乾隆朝编辑《四库全书》,马曰琯家族进呈珍藏图籍七百七十六种,为私人进献者之冠,成为乾隆帝在扬州设立存放《四库全书》的"文汇阁"的重要原因,该家族获得《古今图书集成》《平定伊犁御制诗》《平定金川御制诗》等赐书的殊荣。道光间,梁章钜去观光,听新主人黄氏介绍山馆历史,记录在《浪迹丛谈》中,说明此园的特色、名称的由来和主家的变更。

梁章钜到苏州,朋友邀请观光嘉庆朝总督、《续资治通鉴》主编毕沅建造的灵岩山馆。此处他曾经去过,来去匆匆,走马观花而已,这次为"考悉其颠末",欣然再往,细细观赏,一面感叹毕沅花重金营造的园林,因为被问罪,竟然连目睹的机会也没有,更不必说在其间享受了;一面将过往没有留意的楹联抄录下来,以备补入《楹联丛话》一书,因此感到不虚此行。

梁章钜晚年的生活,以享乐为主,著述为辅。他在游山玩水中享受人生,希望能把看到的事物弄明白,获得新知识。这是较高层次的精神享受、文化享受,与单纯的追逐物欲两不关涉。旅行不是做学问,不过增长文化知识、增广见闻还是必要的。官员告老还乡,不必案牍劳形,也可以放下"伴君如伴虎"的心理负担,应当可以养尊处优,颐养天年。确实有这么一批人,梁章钜应当是一个。

(2015 年 5 月 1 日草)

清代官绅的晚年生活

　　官员和绅士到了晚年,早已功成名就,自宜于优游林下,含饴弄孙,颐养天年,享受美好的人生。乾隆十五年(1750)中举的赵翼(1727—1814),在 60 年后(嘉庆十五年)因重赴鹿鸣宴自诩:"中岁归田,但专营于著述,猥以林居晚景,适逢乡举初程,蒙皇上宠加旧秩以赏衔,准随新班而赴宴。"(《檐曝杂记·续》)晚岁得意之情,溢于言表。笔者近日阅览了清朝人物的百余种年谱,再回忆以往读过的清人传记,感到赵翼式的优游林下者有之,而不安于此者亦复不少,不可得此境遇者则更多。如若把他们的晚景归纳分类,大约可以分为以下几种类型。

醉心撰述

　　笔者发现许多以文字为生的学者,或以撰著为主要职责的官员,无论在什么年龄段,对于研究学术都有兴趣;到了老年,仍孜孜不倦,继续著书立说,当作人生的追求,写出大量的著作。另外以行政事务为主的官员,科举出身的,本来有能力写作,晚年间舞文弄墨而乐此不疲的也大有人在。

　　人们一提到明清之际的学术大师,必定说顾(炎武)黄(宗羲)王(夫之)。思想家、史学家黄宗羲(1610—1695)著述等身,年过花甲之后,新著和总结以前的著作又出了一批。他是余姚人,平时阅读诸家文集,凡是关涉到家乡的文字都记录下来。到 63 岁(1672 年)时,将《姚江逸诗》15 卷梓刻行世,同时还辑有《姚江文略》《姚江琐事》。次年到宁波天一阁阅览,把流通不广的书抄出书目,其他学人从而辗转抄写,使之流传于世。

　　康熙十四年(1675)黄氏编辑成《明文案》,多达 217 卷,后被辑入《四库全书》。67 岁将代表作《明儒学案》写成,这部巨著总括有明一代学术思想史。自订《南雷文案》于 71 岁,并由门人校刊。到 79 岁,将《南雷文案》《吾悔集》《撰杖集》《蜀山集》修订,删汰三分之一,编成《南雷文定》。83 岁得重病,应酬文字一概摒绝,全力整理文稿,将平日读《水经注》的心得汇集成《今水经》;适值《明儒学案》刻印校对,口述序文,由儿子代书。从这一年起,所作的文章,命名为《病榻集》。次年(1693),将《明文海》482卷选成,又从中择出尤须阅读的文章编成《明文授读》。86岁寿终正寝,殁前,犹作《葬制或问》《梨洲末命》等文。(黄炳后:《黄梨洲先生年谱》)

顺康时期的诗坛祭酒王士禛(1634—1711)成名甚早,然而终身时时在写作诗文。康熙三十四年(1695)62岁,任户部侍郎,"部务稍暇,与同人、诸及门为结夏文字之会",将以前的诗词和杂文汇编为《蚕尾集》,古文词另编成《渔阳文略》。次年奉命去川陕祭祀山川,写诗百余篇,集成《雍益集》,并作《秦蜀驿程后记》《陇蜀纪闻》,还认为自己写的诗少了,不如前次去四川作的多。66岁在都察院左都御史任上,撰成《古欢录》。康熙四十三年(1704)71岁结集《蚕尾续集》,同年因办案得咎,罢职回籍。73岁将当年写的诗集成《古夫于亭稿》,次年又将新作编成《蚕尾后集》。76岁有新作《分甘余话》,辞世前一年的77岁已病得很厉害,仍有《己丑庚寅近诗》问世,同时《渔阳诗话》也编成。他的全集《带经堂集》92卷,在他逝世后数月刻成。他自回籍即开始写作年谱,后来因病不能握管,口授由儿子代书,完成《渔洋山人自撰年谱》。可知他在晚年,年年有新诗、新书,与黄宗羲一样始终没有停笔。(《王氏自订年谱》)

以编刻《士礼居丛书》闻名于世的黄丕烈(1763—1825),一生访书、购书、借书、抄书、著书、出书,被世人视为"书淫"。60岁时家已贫困,除夕那天出卖了元版《国朝名臣事略》度过年关,次年冬又出售元刻本《东坡乐府》。可是他还购进来刻本唐人的《碧云集》、明抄本《李群玉诗集》,与友人石银玉、尤兴诗等人结成问梅诗社,频频开展活动。每会必赋诗唱和,并坚持校书写记跋。辞世之年跋校本《封氏闻见录》,为顾秀野藏抄《珩璜新论》连续三次作跋,为《李群玉诗集》写跋,再跋。(江标:《黄荛圃年谱》)

金石学家、朴学家、山东日照人许瀚(1797—1866),著有《攀古小庐文》,64岁时因捻军战争,书版被毁。这时贫病交加,足不能行,但是"手未尝释卷",朋友怜悯他,推荐到县书院主持讲席。他为增加收入,写信与吴重周联系,乐为吴式芬校订金石学著作《捃古录》。并要求将《金石汇目分编》一同校勘,结果如愿以偿,将《捃古录》20卷校定。(袁行云:《许瀚年谱》)

南海人吴荣光(1773—1843),曾任湖南巡抚,68岁休致,次年作出《辛丑消夏记》,自订年谱亦写至这一年。70岁出版《筠清馆金文》《筠清馆金石文字》。并开始撰著《历代名人年谱》。及至病笃,研究工作仍未停顿,不能执笔,请人代书。儿子们怕他劳神伤身,劝他歇息,也是不听。原来吴氏"无他消遣,依然手不释卷,是以精神消耗,虽日服参剂,竟未奏效"。不过,17卷书总是完成了,未留遗憾。(《吴荷屋自订年谱》)

以上几位,晚年仍醉心于写作,究其缘由,约有三个:其一多年形成的习惯,继续青壮年时期的事业,是学术追求的延续。像黄宗羲、王士禛、黄丕烈等人,可能他们就是把研究、著述当作性命之所在、乐趣之所在、人生意义之所在,所以才能坚持到生命的最后一刻。在后人看来,没有学术研究,他们的一生将大为失色。其二,为了丰富晚年的生活,将精力用到著书立说上,如吴荣光,没有别的嗜好,只有靠读书写作来消磨时光。在清代,人们的休闲生活比较单调,官绅纵有经济条件举行老人诗会,但很难经常进行。可以出外观光,如吴荣光致仕后到广西就医,游览桂林山水,然而不是每个人的身体状况都允许他外出旅行。而阅览写作,令精力有处使,可减少精神上的苦恼。其三,为了生活,不得不行文卖钱,以养家糊口,许瀚即是如此。

优游林下

官员告老还乡,不必案牍劳形,也可以放下"伴君如伴虎"的心理包袱;或虽罢官家居,有处分在身,但通常的情形是不会再出事的。这两种人都可以说无官一身轻,应当可以养尊处优,颐养天年。确实有这么一批人。

乾隆帝有两个文字之交,一是苏州人沈德潜,另一位是浙江嘉兴人钱陈群(1686—1774),前者身后陷入文字狱,后者则保持盛誉。钱氏于乾隆初充顺天学政,其母善绘画,将自己训子读书的情景,绘成《夜纺授经图》。及其亡故,钱氏奏明其事,乾隆帝特题诗其上,有句云:"嘉禾欲序贤媛传,不愧当年画荻人。"钱氏官至刑部左侍郎,乾隆十五年(1750)65岁因病致仕回籍。乾隆帝为安慰他,命其子编修汝诚侍行,并赐以诗。乾隆二十五年(1760)赐其《乔梓图》,因为钱氏想献诗而不敢造次,乾隆帝说怕他老年心情不舒畅,故有此举。钱氏76岁进京庆祝皇太后七旬圣寿,并参加香山九老会。乾隆帝于二十七年(1762)、三十年(1765)的南巡,钱氏与沈德潜迎驾,乾隆帝赐诗云:

二老江浙之大老,新从九老会中回。

身体康强自逢吉,芝兰气味还相陪。

迎堤恭遇以为喜,出诗命和群应推。

更与殷勤订佳约,期颐定复登金台。

　　希望后会有期,同时关心钱氏年衰,特命汝诚归籍侍养。钱氏原来居室狭窄,至此另建新宅,父子家人朝夕团聚,得享天伦之乐。

　　钱氏又向乾隆帝进呈其父所刻图章,其母所绘图画,乾隆帝为之赐诗、作跋。乾隆三十六年(1771),已经86岁的钱氏再次赴京为80岁的皇太后祝嘏,乾隆帝赏他紫禁城骑马,令汝诚扶掖出入内廷,又得参与香山九老会之荣,因进呈《恭和御制香山九老诗》,有句云"鹿训岩畔当童扶",乾隆帝称赞他意境超逸,作图以赐。钱氏故后,赐谥"文端",乾隆帝作《怀旧诗》,称赞他:"迎銮三于浙,祝厘两入京。唱和称最多,颂中规亦行。林下唯恂谨,文外无他营。优游登大台,生贤殁亦荣。"诚如乾隆帝所说,钱氏享年89岁,荣宠逾常,但他遵守一条规则:"文外无他营",即休致后不预政事,小心地与皇帝唱和,大约这也是得享大年的秘诀。(《清史列传》本传、《文端公年谱》)

　　福建长乐人梁章钜(1775—1849),官至江苏巡抚,道光二十二年(1842)68岁休致,并未居于故里,寄居福建浦城四年余,出版《退庵所藏金石书画题跋》《藤花吟馆诗钞》。当其所造的北东园"草木日长,半亩塘中游鱼亦渐大,甚可闭户自娱"的时候,认为"浦中风俗日偷,省中时局亦顿异,所闻所见多非意料所期",颇感不适。儿子们劝他远游避乱,友人约他游览杭州,遂举家出游江浙。因有有家而不能归之意,自云为"浪游"。自道光二十六年(1846)至二十九年(1849),遍历太湖水域和长江下游的南北各地,观赏名胜古迹,访问旧友新朋。他每去一处,绝非走到为止,而是考订掌故,满足求知的愿望。在与友人的聚会中,必有唱和,因而记录成《浪迹丛谈》,刊于道光二十七年(1847),次年刻出《续谈》,辞世之年刻印《三谈》和《巧对录》。梁氏到苏州,朋友约他观光毕沅的灵岩山馆,他曾经去过,但是以前来去匆匆,这次为"考悉其颠末",欣然前往。细细欣赏,一面感叹毕沅花重金而未能有赏盛(入住)的机会,一面将过往没有留意的楹联抄录下来,以备补入《楹联三话》一书中,因此感到"此游亦不虚矣"。到扬州,笔记写了一卷多,拜访其师、致仕乡居的大学士阮元,呈上《师友集》,阮元为之作序,誉为"他日必传之作"。(诚如阮元所言,梁氏之书为研治清史者读物)梁氏游小玲珑山馆,请主人告知其来历,令后世读者亦能明

了此园的建筑特色、名称由来和主家的更易。(《浪迹丛谈》《续谈》)

满洲旗人麟庆(1791—1846),官江南河道总督,道光二十二年(1842)因河决而罢官,其长子崇实认为乃父"十余年两河劳瘁,一旦卸肩,反觉优游"。因而赶紧在北京"整理家园,并求田问舍,为娱亲之计",建成半亩园。麟庆到京,于新宅举行满人的安杆祭天大礼,命长子夫妇主祭,表示不理家政,以颐养为事。同时,"访多年老友,相约游山"。携带二子东之蓟县盘山,历经上中下三盘,趁行宫除草之机,得领略其风光一二;北游居庸关,观览明十三陵,到汤山洗温泉浴;西游西山诸名刹和名胜,碧云寺、大觉寺、黑龙潭和玉泉山皆为足迹所到之处;西南去丰台,观赏芍乐,再前行至房山,拜谒金朝皇陵,而这里被视为其远祖陵寝。居家的日子,与旧日的僚属校阅图书,鉴别旧藏字画。有时领着幼女、童孙玩耍,以输棋为乐——"所谓败亦可喜尔"。夏天在退思斋,"读名山志,以当卧游;读《水经注》,以资博览"。秋日夜读诸葛亮《诫子书》,产生与三十年前不同的感受。同时请人作画像,经营生圹。他是真正的优游林下了。但是他也用心,每到一地,探其历史和特点,并且记录下来。在先他就请人作画,自写说明,每一幅图画就是他生活的一个片段。他说将这些画连缀起来,即为他的年谱。他在江苏任上已将其中的文字刻印出两册,图画未能刊行。回京后继续写、画,上面说到的那些行踪也都一一绘制成幅,其子说花多少钱也要全部刻印出来,他很高兴,及至弥留之际,将全稿置于榻旁,可见念念不舍。其子在他死后不久,于道光二十九年(1849)把全书刊刻完成,了其遗愿。(麟庆:《鸿雪因缘图记》;崇实:《退庵年谱》)

优游林下者与前述醉心写作者有所不同:一种是生活享受为主,著作为辅;另一种则反之,几乎是一心钻研学问,生活享乐放在相当次要的地位。然而两者亦有共同地方,即都有追求。优游林下者并非醉生梦死,他们游山逛水、享受人生,有着求知的欲望,希望能把看到的事物认识清楚,获知其原委,即懂得事理,求得新知识。此乃较高层次的精神享受,与纯粹的追逐物欲有明显的区别。

致力族务家政

前述麟庆不关心家务,是老年官绅的一种类型。另有一批人热中于家族的事务,倡办或兴办家族公共事业,修家谱,建祠堂,祭祖坟,开族会,办义塾,训子弟,以此为务而不知疲倦。这同样是一种追求,在南方人中又较多出现。

浙江海宁人查慎行(1650—1727),54 岁才中进士,官翰林院编修,得到康熙帝赏识。64 岁引疾乞休。旋里后,应族兄之召参与五老会活动,又举行真率会,"与宗兄弟劝酬齿序,杖履肩随,较农桑,量晴雨,间与田父野老咏歌盛世。且举家课,集子弟之能文者试之,有志者期以上进,自弃者勉其改行"。他以教训子弟为己责,"待子弟严而有恩,有过虽成人不少贷"。教育之外,修祠堂,兴祭田。陈敬璋在所撰《查他山先生年谱》的康熙六十年(1721)、谱主 72 岁条写道:"(查氏)一切世故不与闻,至关祖宗祠墓事,则存贮公产,嫌怨不避,经理出入,劳苦不辞,赎祭田,修祠宇,家虽贫,必竭力捐助,恒比丰厚者倍之。有时独立举行,虽困甚,弗顾也。"为什么这么认真?原因在于他认为子孙的功名财富,都是祖宗功德福泽所给予的,只有追远报本,才能保持家族的兴旺。(《查慎行年谱》)

安徽定远人方士淦(1787—1849),在知府任上被遣戍新疆,42 岁东归,48 岁建立家族支祠,"以奉祭祖"。50 岁率领三弟校定宗祠所藏家谱,用聚珍版刷印成书,计印 60 部。次年,到徽州休宁祖坟上祭,原来有个族人在其祖墓旁立坟,听说他要回来,忙着将坟迁走。他到后,大会族人,祭宗祠,并写出此行的《纪略》一卷。看来,他把祭祖修谱作为晚年的人生要务,并坚持不懈。他辞世前一年,自撰槛联:"时至即行,再休恋身外浮云、天边朗月;知足不辱,问谁似殿前作赋、塞上从军。"是把一切都看开了。(《啖蔗轩自订年谱》)

晚年为家族而死的是享誉北方的桐城学者吴汝纶(1840—1903)。他做过幕客,多年主讲保定莲池书院,去日本作过考察,学部大臣欲用其主持京师大学堂而不就。光绪二十八年(1902)到安庆筹办桐城县学堂,因二十余年没有在除夕回乡祭祖,非要在腊月二十九从安庆起程回乡间,次日黄昏到族人家(本身无家属及兄弟在农村)。这两日风雪交加,受了寒气。元旦上午祭祖过后,感到不舒服,还要到外庄探视本家,然因身体不能支持,遂将族人请到他住处议事,为其兄商定嗣子。事后,有族人说闲话,起纷争,吴氏极为生气,病情加剧,数日而亡,享年六十有四。(郭立志:《桐城吴先生年谱》)如若不是祭祖立嗣,不受风寒,不生闲气,吴氏应不会迅速辞世,而会给当地教育事业做出贡献。

家族成员的出处进退、身体状况,常常在很大程度上影响老人的健康,乃至死亡。湘军将领刘长佑(1818—1887),官至云贵总督,光绪七年(1881)休致。他的家法，"朔望必谒墓下"。他因在外从军，拜扫时日少，回籍后虔诚履行。当他 67 岁时，本在病中，而每拜墓必恸，因而病情加重。辞世那一年，他三弟在四川候补知府的儿子病逝，家人不敢告诉他，他总问侄儿为什么不来信。及至其灵柩返里，家人无法再瞒，他因三弟已丧二子，再走一个，极度悲痛，头目眩晕，诸症复发，经诊治虽有好转，数月后亡故。(邓辅纶等:《刘慎武公年谱》)

坚持修身养性

每一个有所成就的人，必定有一种理念，并以较强的自律能力去促成其实现，否则其成功是难以想象的。关键是有的人不能坚持，或不能全面地持之以恒，而是半途而废，放任自逐;而有的人却能一以贯之，任何时候都能严格要求自己，坚定人生目标，愈有成就，愈加反省，老而弥笃。遗民、隐士中有些人可以说是后一种人的典型，在清代，这一类人相当多，下面举两个人物的言行，以见其一斑。

明清之际的山西阳曲人傅山(1607—1684)，诗文、书法、医学样样精通，成就卓著。青年时代向往清明政治，明朝灭亡，甘愿隐逸，不做清朝的官，也不合作。顺治前期不幸吃了官司，事毕仍不改初衷。康熙十八年(1679)举行博学鸿词特科，要求官员推荐人才与试，给事中李宗孔等人荐举傅山。73 岁的傅氏深知应试就是与清朝合作，就要做官，与己愿相违，故而称病拒绝。但是官府不放过他，催逼他起程进京赴考。县令戴梦熊派夫役强行抬着他上路，待到离北京城 30 里的地方，他拼死不让再走。

这次特科，本为联络人才，收买人心，故而官员重视其事。见傅山不上圈套，不给皇帝面子，怎么得了。一个个为在皇帝面前卖好，纷纷出动劝驾。首先是大学士冯溥屈尊拜访，百官跟进，傅山半躺在床上，声称有病，不能起床答礼，更不能应试，人们见他如此自尊自爱，反而更敬重他。所以史书云:"是时海内名士云集，高征君名，进谒者骈填户外，征君卧床蓐不起。"他的山西同乡、刑部尚书魏象枢，见这样僵持令朝廷下不了台，出面打圆场，奏称他实在老病，请求免予考试，康熙帝允准。冯溥又密奏，傅山虽然未试，给予一官，以收人望，遂命为中书舍人。冯溥强要傅山到庙堂谢恩，傅氏坚决不答应，官方就报告他已病危，难以正式行礼，把他抬来，到了望见午门的地方，他伤心地泪流满面。冯溥怕出事，就地强行扶他下拜，他则趁势倒在地上，魏象枢赶紧说好了好了,已经谢恩了。冯溥、魏象枢等人演了一出戏,圆了皇帝的面子,而傅山始终没有妥协。事后他感叹地说,从今以后再不会有逼我做官的麻烦事了;又说元朝的刘因,以贤孝闻名,被征召就出来做官,后来以母病辞职,希望别人不要把他看作和刘因一样的人,否则死也不瞑目,表示他并未接受清朝的官职。听到这话的人,都为他捏了一把汗。(丁宝铨:《傅青主先生年谱》)总之,傅山在威逼利诱的情况下,竭力自持,坚守初衷,不与清廷合作,保持了晚节。

颜李学派的首要人物以卓越的修养传名后世。他们生活在农村,亲自耕作,讲求实学,注重践履。李塨(1659—1733)是学派的集大成者兼发展者。看冯辰等人给他作的年谱——《李恕谷先生年谱》,反复记载他的 "一岁常仪功",强调他的严于自律、悔过迁善。从年谱的写作讲,不免招来内容重复的批评,但在保存史料上则令人知晓李氏的自持精神。《年谱》云,康熙四十六年间(1707)谱主 49 岁,"仪功如常。去琐碎,戒暴怒,勿听人是非,待人以和,日必习恭一次。思吾心不精而粗,不一而杂,年已将衰而德不立,惭哉!"同年,皇三子诚亲王允祉派陈梦雷征聘他。他以草野之人不足供奉贵人辞谢。而前三年,朋友阎若璩应皇四子、贝勒胤禛之召进京。得病,李氏前往探视,劝他"老当自重",即作为平民学者,或者说是隐逸,不应当与贵胄交游。李氏 53 岁时,惧怕倚老卖老,与友人书云:"我兄弟年亦老大矣,衰至而骄,何常之有。望彼此共策,益拓度量,邃涵养,改过取善,雷行天复。不然,学且堕落,不唯愧负天下圣贤,亦吾师(颜)习斋之罪人矣。"70 岁的冬天,他得了类似中风的病,夜不能寐,然而还做力所能及的事。至次年,每月《日记》的后面,仍然写着"小心翼翼,惧以终始",自勉不懈。(《李氏年谱》)

不得卸肩

大臣在位,有的年老了仍恋栈不思引退,因而隐瞒年岁,史书有所谓"官龄"之说,即反映虚报年龄现象的严重。隐瞒,有的也无济于事,被强行休致。但也有一类人,到了老年,怕出差池,或者业已感到圣眷已衰,也有厌倦政事的情绪,颇有归田颐养的卸肩之望,因此乞请休致,然而却不一定能如愿。

乾隆初年,大学士鄂尔泰和张廷玉有各立门户的嫌疑。几十年后乾隆帝说:"鄂尔泰因好虚誉而进于骄者,张廷玉则善自谨而进于懦者。"(《清史列传·张廷玉传》)鄂尔泰对汉人大臣骄慢,也并非一点不知自禁。乾隆四年(1739)他六十周岁生日,不许家人做寿,作谢客咏怀诗云:

> 无然百岁便如何,二十峥嵘六十过。
> 官贵倍增惭愧事,恩深徒诵太平歌。
> 宾朋介寿思棠棣,儿女称觞感蓼莪。
> 老至情怀难向说,不堪重许资人多。

其有难言之隐,不敢张扬。(鄂容安等:《襄勤伯鄂文端公年谱》)七年(1742)即受到"交部议处,以示薄罚"的处分(《清史列传·鄂尔泰传》)。九年(1744)腊月得病,次年正月疏请解任调理,不准,四月亡故。十年(1745)后以胡中藻文字狱案而大遭谴责。

蒋攸铦 (1766—1830),历任直隶总督、大学士、军机大臣。道光七年(1827)皇帝命他以大学士出督两江,蒋氏具疏辞谢未成。次年奏称:"臣服官中外,有公是非而无私好恶;在己从不回护,于人何肯瞻徇?"可知圣眷已大有问题。十年(1830)春因盐泉案被责问,九月奉命内召,因而对儿子说了心里话:"我年来精力日衰,难胜重寄,以受恩深,不敢请(退)",到京可以"调摄宿疾",或许身体能好起来。哪知行到半路,被革职,并死在山东平原县。(《绳斋枇年谱》《清史列传》本传)

林则徐(1785—1850)于道光二十五年(1845)年逾花甲时从新疆戍地内调,先后任陕西巡抚、云贵总督。这中间思想颇为矛盾,身体也不好,一方面想为国出力,一方面又感到世事掣肘,所以希望卸去陕甘总督署任,返回内地。当道光三十年(1850)家居时,"设亲社,课戚中子弟",有享受天伦之乐的味道。十月初一日接到赴广西钦差大臣的任命,次日即抱病起程,半月后行到潮州而仙逝。(来新夏:《林则徐年谱》)

大臣能否卸肩,要看皇帝的眷注程度、本人的思想状态、世事的状况,多种因素综合而起作用,不是其主观愿望所能决定,这就是为官的身不由己,想去位而不可得。继续仕途,可能会出新错,也可能新账老账一块算,没有好下场,如同蒋攸铦;即使皇帝一时顾全大臣颜面,不加重罪,也让人提心吊胆,如同鄂尔泰。如此在职的老臣,晚年的生活怎么会是美满的呢?

安排后事

许多高龄官绅深知生老病死的不可抗拒,看得开,不讳言死亡,早早安排身后之事,以便子孙遵守,让后事也按生前的意愿实现。

写作脍炙人口的《圆圆曲》的吴伟业(1609—1672),明朝进士、左庶子、南明少詹事,顺治中受清朝征召,官国子监祭酒,三年后返回家乡,居于江苏苏州。这几年的仕清,以气节之玷污,让他遭受时人和后世的唾骂,他内心也相当苦恼。康熙十年(1671)十一月二十八日,在病中写《与子景疏》,实际是在作遗嘱。内容关乎到四个方面:一是料理家事,主要是安葬双亲,托付两个弟弟和朋友办理。二是收集和保存著作,如《流寇纪略》(《绥寇纪略》)的一部分被人借去,必须收回来,此事由儿子和友人经纪。三是表述己身的思想感情,谓其"一生遭际,万事忧危,无一刻不历艰难,无一境不偿辛苦,实为天下大苦人"。这大概就是气节问题困扰所产生的无法摆脱的痛苦,长期埋在心田,在此有所流露。四是身后丧葬处置:"吾死后,殓以僧装,葬吾于邓尉、灵岩相近,墓前立一圆石,题曰'诗人吴梅村之墓',勿作祠堂,勿乞铭于人。"即后事的办理原则是不事声张,不要排场,不提官宦经历;生前没有逃世,死后却与出世的僧衲相比拟,可能是为弥补仕清的悔意。沉重的精神负担,使他作了与众不同的身后安排。(冯其庸等:《吴梅村年谱》)

户部尚书、扬州人董恂(1807—1892),光绪八年(1882)以病致仕回籍,乡居十年,著述消遣,自撰《还读我书室老人手订年谱》。光绪十七年(1891)对嗣子说:我近年心甚伤,神气衰惫,恐不能久,有书成自挽匾联,将来悬我枢侧。其匾曰:"还读我书",联云:"不惠不夷,渺沧海之一粟;而今而后,听史论于千秋",表现出看得开、放得下的达观心态,照常地活着,安然地等候死亡的来临。

陈澧(1810—1882)一生以教书和写作为务,72岁的冬月,患腹疾,仍校定《东塾读书记》一卷。次年正月病危,对儿子和门人说:"吾病不起矣。然年过七十,夫复何求!吾四十时,已洞明生死之理,生死犹昼夜,无所凄恋也。吾所著读书记,已成十余卷,其未成者,俟儿子与门人编录,名曰《东塾杂俎》,此书当可传也。"(汪宗衍:《陈东塾先生年谱》)

这些老人临终所思考的事情,不外是:家事的处理,自身的丧事,作品的整理和刊刻。这三事料理不清,大概会有死不瞑目的遗憾。念念不忘先人、家事和著作,希望处理得好,留名后世。顾忌身后的评说,也是终生修身养性的一个内容,表现出自律之严。

笔者综观清代官绅晚年生活,形成如下的印象:

一个人学术成果的多寡,与其享年有相当大的关系。清人有一种观念,在青少年时代少写作,并对"少作"抱有不成熟的不安心情,往往不愿意让它传世。如黄宗羲编辑《南雷文定》,删削以前的三分之一作品;与此相对应的是重视老年之作。这样,文士越到晚年著作越多。今日检查清人的著述,凡是数量多的,大多享有高年,如顾、黄、王、王士禛、赵翼等人。高龄多出成果,符合人文学科学术研究法则。

老年人中真正能够颐养天年的并不太多,需要有良好的社会环境和自身素养的配合,但一般很难具备这些条件。社会条件是个人难以创造的,自身的素质可以通过砥砺而提高。晚年活得开心的,是注重养生而性格开朗的人。

(原载台湾《历史月刊》1997 年 6 月号)

清代帝王的生育

历代皇子皇女多夭亡,而清朝尤其严重。清代后期的同治帝没有遗胤,他的堂弟光绪帝也无后人,真是有点怪异。然而这一切都是可以认知的。

清代自顺治帝建立统一的全国政权,到宣统帝灭亡,共经历 10 个君主,宣统帝在童稚之年退位,可以不考虑他的生育问题(其实他亦没有亲子),其他 9 帝的生育状况,先制作一表,以便明晰。

皇帝	子女数			其中殇逝数			子女生母数	皇帝享年
	男	女	合计	男	女	合计		
顺治	8	6	14	4	5	9	12	24
康熙	35	20	55	15	12	27	32	69
雍正	10	4	14	6	3	9	7	58
乾隆	17	10	27	7	5	12	10	89
嘉庆	5	9	14	1	7	8	7	61
道光	9	10	19	3	5	8	9	69
咸丰	2	1	3	1	0	1	3	31
同治	0	0	0	0	0	0	0	19
光绪	0	0	0	0	0	0	0	38
总计	86	60	146	37	37	74	80	

表中的殇逝,系指 15 岁以前夭逝者,共 74 人,而清代皇帝共有子女 146 位,殇逝数是出生数的一半,其中皇女 60 人中竟夭亡 37 人,夭亡率高达 61.7%。应该说龙子龙女在保育方面不会有大问题,何以出现这么高的死亡率?笔者检视有关资料得知这样一个事实:皇帝的头几胎子女多不能存世。顺治帝的长子、长女是这类中人,康熙帝的头 6 个子女都在 4 岁以前亡故,雍正帝的大女儿和头 3 个儿子也是殇逝的,乾隆帝的长、次女及次子分

别活了 2 岁、1 岁、9 岁,嘉庆帝的长子和长、次女均于 4 岁以前离世,道光帝的头 6 个子女和康熙帝的一样,没有一个人能够活到成年,咸丰帝的长子亦是幼殇的。上面提到的就有 25 人,占殇逝总数的 1/3 强。死的这些婴幼儿出生时,他们的父亲年龄都很小:顺治帝 15 岁得其长女;康熙帝 14 岁做了父亲,所夭亡的头 6 个孩子都是他在 18 岁以前生养的;雍正帝所生长子、长女是他 17 岁那年出世的;乾隆帝 18 岁生的长女没能够养活下来。这里说的皇帝生育年龄都是虚龄,按实足年龄计算要减去 1 岁。生育要十月怀胎,这又要减去 1 岁。如此算来,康熙帝的第 1 个儿子是在他 12 岁时孕育,12 岁还是少年时代,自身发育还不健全;而夭亡者的生母也是和皇帝一般大小的少女,发育也不成熟,他们结合而生育的子女当然先天严重不足,缺陷甚多,再精心护养也不能久留于人世。皇帝成年之后,自己身体是发育成熟了,但妃嫔众多,性生活若没有节制,所生育的子女也仍然多有不健全的,故而死亡率高。总之,先天不健全是清代皇子皇女殇逝的主要原因。

表中业已显示,清帝前 7 人有生育,平均每人生养 21 人,但是到了咸丰帝时锐减,仅得 3 人,其后同治帝、光绪帝则全没血胤。皇帝遗胤的多寡,同他们的享年有一定的关系,如顺治帝死时才 24 岁,如果他能长寿,可能还会添不少子女。咸丰帝 26 岁有了载淳之后还活了五六年,且正处在生育旺盛的年岁,然而却没有再添子女,这只能说明他失去了生育能力。同治帝死年 19 岁,年纪虽轻,已结婚 2 年,后妃 5 人,若有生育能力,早该有几个子女了,然而却没有。光绪帝享年 38 岁,始终无出,显然与他年龄无关,真正问题在于他的生殖功能不正常。自咸丰帝起,皇帝享年不永,胤息奇缺,说明他们体弱,是不景气的现象,而这种式微,与国势的衰弱又是完全一致的。这表明两者有着互为因果的关系:皇帝虚弱,无力励精图治;国力不足,也使皇帝忧虑,心劳日细,健康恶劣,在此情况下,像咸丰帝、同治帝那样不节制性欲,本身只有早亡,遗下弱嗣,甚至没有血嗣。

7 个皇帝的儿女,由 80 位后妃所生,平均每位只生了 1.8 胎。康熙帝 55 个子女的生母是 32 人,平均每位后妃生育 1.7 人,其中有 21 人只分娩过一次。为康熙帝生育最多的是雍正帝母亲德妃(孝恭仁皇后)、诚亲王允祉母亲荣妃,各生 6 个子女。敬敏皇贵妃生怡亲王允祥三兄妹,是在康熙二十五年至三十年的 6 年内连续诞育的,密妃王氏于康熙三十二年至四十年也给康熙帝生了 3 个儿子,康熙四十一年到四十五年襄嫔高氏生产了 2 人。这些事实说明,康熙帝对某些后妃有所喜爱,或在一段时期宠幸某个妃嫔,故而她们生养子女多于他人。这些事实说明帝王多妻妾,是造成多子女的重要原因之一。

(原载《紫禁城》1988 年第 6 期)

清代的救荒粥厂

"嗟来之食"的典故,读者应多知晓。《礼记·檀弓》记载,春秋时代的某一年,齐国大饥,好心人黔敖制作食品,放在路旁,等待饥饿的人来吃食。一位饥饿的男子眼睛不怎么看得见,也用袖子遮着自己的脸,步履艰难地走来,黔敖左手拿着干粮,右手端着汤水,大声地叫着:喂,来吃饭啊!这时来人扬起头盯着黔敖说:我就是不要这种不尊重人的财物和施舍,才落到没有饭吃的地步;你施舍一点东西,就如此得意的样子,我是不吃"嗟来之食"的,说着扭头就走。黔敖感到自己修养不够,不应该在施舍时显出得意之色,连忙追上去认错,请他回来吃饭,但那人终不回头,后活活饿死。后来历史上有名的大孝子曾参听到这件事,认为那人最初可以离开,待到黔敖赔礼的时候就应当转回来。遇到荒年,黔敖以个人的力量和名义施舍食品,是本文所要写的清代粥厂的滥觞。但是那时人接受施舍的心态与清代的人差别很大,而粥厂的管理更与黔敖不同了,更难得见到黔敖那样的痛惜穷人的舍施人和管理人了。

赈济类型之一是设置粥厂

粥厂施赈,是清代荒年赈济的一种形式,当时最常见的是平粜,就是政府将常平仓的粮食拿出来,平价卖给老百姓,以平稳粮价,遏制商人囤积居奇;或者低利或无利息贷粮,即把仓粮借贷给百姓,等待收成后归还,以帮助灾民渡过暂时的难关;或者散米,将粮食无偿发给非常贫困的人户。粥厂,也就是施粥,特别困难户可以到这里领稀饭。后两种形式有更多的共同点,都是无偿施舍,对象都是极贫、次贫户,不同的是一种发放原粮,另一种则是给予粮食制品。因为它们有共同点,所以本文虽然讲的是粥厂,但难免要涉及散米的情形。

施粥也有不同的形式,有的是纯粹官办,有的是官绅合办,也有私家独办。当然,后一种现象相当少,因为个人力量有限,难以为继,不好收场,还会遭到埋怨。但是为此而鼓吹的人不少,如清初陆世仪在《劝施米汤约》文中提出的施米汤法,就是家里做饭时,多放点水,把米汤舀出来,再放进杂粮面煮熬,然后施舍给没有饭吃的人,自家破费不多因而能坚持下去。[1]比陆氏略晚一点的康熙朝江苏巡抚张伯行倡导"担粥法",希望富户煮粥一担,挑出去,见到饥民就施予,施完为止,第二天再重复进行。[2]下面我们将就前两种做法,举点事例,以便对清代的施粥有一点形象的了解。

开办粥厂事例

首先看首善之区的粥厂。所谓首善之区,是指首都北京,也就是当时的顺天府,顺天府为直隶所包围,不妨把直隶的粥厂一起说来。在京城,平时就有施粥的地方,如《燕京岁时纪胜》所载,京师广宁门外的普济堂,"冬施粥,夏施冰茶"。下面所要说的则是临时性设立的粥厂。康熙四十三年(1704)直隶河间府水灾,人们逃亡,巡抚李光地动用库存和借支银两十余万购买粮食,一面平粜,一面设置粥厂煮粥散给饥民。《文贞公年谱》记载:"贫民赖以存济,故岁虽荒,而途无殍者。"直隶很多饥民逃荒到北京。对西方传教士有好感的康熙帝,多方使用他们,甚至派遣他们出使欧洲,这时想到使用他们经理京师粥厂,以便向直隶灾民施粥,遂对传教士苏霖、巴多明说,你们说是为慈善来中国,现在就让你们办粥场,赐银子2000两作为开设粥场经费。苏霖、巴多明筹办开来,感到经费不足,又在传教士内部筹集500两。于是在阜成门外传教士墓区内办起粥场,购置炉灶锅碗、米、咸菜,向灾民施粥,由于组织完善,教徒协助施放,秩序非常好,清洁卫生也做得好,引起官民观看和称赞,粥场开办四个月,每日千人领食物,甚至有僧侣前来领粥。[3]

道光初年直隶先是久旱,而三年(1823)大水,受灾州县多达120个,总督蒋攸铦请出帑银180万,实行以工代赈的办法,修治永定河,同时在水灾最重的地方,于寒冬"拨米石设厂煮赈"[4]。光绪中,顺天府大雨连绵,九年(1883)水

---

① 《清经世文编》卷42。

② 《救荒事宜十条·担粥法》,《清经世文编》卷41。

③ [法]杜赫德编:《耶稣会士中国书简集·中国回忆录》第2卷,郑德弟、朱静、耿升等译,大象出版社,2001年。

④ 《绳枻斋年谱》《清史列传》卷34。

灾,顺天府尹周家楣奏准在各乡镇及京城六门外设立粥厂。十三年(1887)水灾的情形,亲历其境的震钧在《天咫偶闻》中写道:"京东大水,通州水几冒城,自是无岁不水",而以十六年(1890)最为严重,造成的灾害也最剧烈,其时京中"无舍不漏,无墙不倾","人皆张伞为卧处","市中百物腾贵,且不易致,蔬菜尤艰,诚奇灾也"。

天津人严修在光绪十六年(1890)六月初六的《日记》中说:"自五月十八日雨,二十四日始晴,而十九日雨,三十日戌刻大雨,至初三日戌刻始止,然未开晴,连日又雨数次,居室十余楹,漏痕殆遍","忧心惶惶,如滨大难"。①这时工部尚书潘祖荫和顺天府尹陈彝主持赈务,《清史列传·潘祖荫传》云:光绪十六年六月,潘氏与"府尹陈彝等放义赈,疏请择地添设粥厂,以便附近灾民就食,并恳钦派三四品京堂分驻稽查,弹压监放。八月,以顺属饥民众多,转瞬严寒,生路更窘,奏请更赏给米石。九月,奏大兴县境添设粥厂两处,冬春赈务,为日方长,请拨银米以资要需"。开始时在玉清观、西城卧佛寺、功德林、普济堂设置粥厂,又根据九年周家楣设厂的事例,在六门外的孙河、定福庄、采育镇、黄庄、庞各庄、卢沟桥等六处设立粥厂,另外在京畿各镇也开设粥厂,由皇帝拨给京仓米石和内帑银两作为经费。为此,严修等顺天府属的京官于六月十八日入宫叩谢(《潘祖荫年谱》《严修先生自订年谱辑注》)。然而事实上,京中粥厂施粥的情形,并没有像《李光地年谱》《潘祖荫年谱》写得那样美好,道咸同三朝大学士、管理工部尚书事务的祁寯藻的《打粥妇》诗,有所描述。所谓打粥,是贫民到粥厂领粥。他写的是一个 19 岁的少妇,怀抱奄奄待毙的 6 个月大的婴儿,打粥以延性命的惨状:

> 长椿寺前打粥妇,儿生六月娘十九。
> 官家施粥但计口,有口不论年长幼。
> 儿食娘乳娘食粥,一日两盂免枵腹。
> 朝风餐,夕露宿。
> 儿在双,儿亡独,儿病断乳娘泪续。
> 儿且勿死,为娘今日趁一粥,掩怀拭泪不敢哭。

---

① 《严修日记(1876—1894)》,天津古籍出版社 2015 年。

接下来看京外地区的粥厂。康熙四十二年(1703)江西兴国大旱,秋天没有收成,次年春天张尚瑗就任县令,立即进行救灾活动,先出常平仓粮放贷,接着与绅士商议用仓中余粮设立粥厂,取得同意后又捐资买粮,在治平观(道观)设局管理,于五月十一日至六月十日施粥。每人每天按五合米下锅,五更煮粥,煮好打钟,人们从东庑进来,从西庑出去,妇女在另外的殿里打粥。开始每天用米七八石,后来增加到二十石。就是这样,道路上仍有许多饿殍。①乾隆三十八年(1773),广东发生台风灾害,广州将军、两广督抚报告皇帝,乾隆帝派出大臣运送救济粮到广东,于是向各府州发出告示,官府设粥厂施赈。在广州,粥厂设于院落宽敞的东门附近的教场、西门附近的寺庙,又在市内相宜地点设立两个粥厂。粥厂煮粥有胥吏负责,由官员实行监督,吏役克扣米粮,官员可以制裁他,而官员私吞稻米,衙役不敢过问。起初煮粥用的是米,渐渐地掺和白泥充数,再后来就以树皮下锅,所以饥民"嚼泥泥充肠,啮皮皮以香"。然而这是不能充饥的,只能多受几天罪,然后死去,真是"嚼泥啮皮缓一死,今日趁粥明日鬼"②。就在教场的粥厂旁边,死尸和骸骨随处可见。

嘉庆间,太湖流域水灾不断。嘉庆九年(1804)浙西水害,巡抚阮元实行平粜、赈济、借种子等办法渡荒。第二年春蚕不收,于是施行工赈粥赈法,在15个州县设立34个粥厂,每二三十里间就有一个。每个粥厂聘请诚实绅士管理钱谷和煮赈事务,不许官吏插手银米,只让他们维持秩序。如海宁县惠力寺粥厂,请在籍部郎马钰主持厂务,同时任命原任县令、无锡人华瑞潢助理,他们制定煮赈散筹各项章程,按章行事。规定煮的粥要保持浓度,插的筷子不能倒斜,用布巾包裹不渗水,马氏、华氏也吃这样的稀饭,以保证它的质量。

在打粥方法上,分男女两处,老弱病残另设一处,每处都用木栅围起来。每到打粥时,敲梆子或放炮为信号,使依秩序进行,不令拥挤。还在寺内搭盖大芦篷,以防雨淋日晒,并为妇女建立厕棚,对有病的人给予药物。由于秩序井然,管理周到,一天有几万人进出粥厂,并没有一个人死在厂内。③阮元认为他的办法之所以行之有效,就在于使用绅士而不用官吏,正如他在《行赈湖州

① 魏世效:《兴国张公救荒记》,见《清经世文编》卷43。
② 陈份:《煮粥歌》,见《清诗铎》卷16。
③ 阮元:《硖川煮赈图后跋》,见《清经世文编》卷42。

示官士》诗中所写的：

> 天下有好官，绝无好胥吏。
> 政入胥吏手，必作害民事。
> 士与民同心，多有爱民意。
> 分以赈民事，庶不谋其利。
> 吴兴水灾后，馈粥良不易。
> 日聚数万人，煮糜以为食。
> 士之任事者，致力不忍避。
> 与官共手足，民乃受所赐。①

　　浙西士民参与赈济的记录很多，如康熙四十七年（1708）、四十八年，桐乡旱涝相继，开当铺的汪文桂"设粥厂，立药局"，救济饥民。雍正四年（1726）又遇水灾，他首倡赈济，"以食饥民"②。道光三年（1823）夏秋之交，嘉兴、湖州大雨，水深没膝，稻禾淹没，米价上涨，穷人无法生活。到了次年春天，桐乡马国棠罄其仓廪，捐谷1.07万石赈济县人，据说救活7万余人。清政府以他乐善好施，赐给四品职衔。③

粥厂的实行办法

　　叙述了这些事例，不妨对清代粥厂的实行方法作一点归纳：

　　厘户法。根据民户财产状况，确定其户别，以便在赈灾中做到区别对待，即明确赈济对象。当时著名的经学家惠士奇设想，依贫富情况将人户分为五等：甲等人家要捐助粮银，进行救助；乙等户要平价出卖粮食，以便政府平粜；丙等户自给；丁等户购买平价粮；戊等户接受散米、施粥的赈济。④在实践上自然不会像惠氏这类学者所设计的那样，如果这样无异于强迫甲、乙等户捐粮、

---

① 《清诗铎》卷16。
② 《清稗类钞·廉俭类》。
③ 姚清华：《石门马氏蠲粟赈饥纪事》，见《清诗铎》卷22。
④ 《荒政》，见《清经世文编》卷41。

卖粮,这当然行不通。在灾年,政府在实行救荒政策之始,登记贫困户,并把他们区划为次贫、极贫,以便放赈时有所区别。这种登记叫作赈籍,胥吏和职役的乡约、保甲长做登记造册时,勒索钱财,否则虽是极贫,也不能列入赈籍。王嘉福在《粥厂谣》所咏的"昨朝里正点村屋,老翁无钱名不录"①,就是这种情形。在登记时还要区分大口、小口,一般来说,10 岁以下为小口,散米时按成年人减量发给,而打粥则没有什么不同。

拨帑与捐输。赈籍所需银米,先是官拨,如前述顺天府赈灾事例所显示,政府拨给粮米和银钱;再就是官捐,各级官员捐俸,作出示范,以便劝民捐输;另外有绅民捐献,地域性灾害的赈济,民捐最多,也最起作用。前述马国棠式的人物还有一些,不过捐粮数量不一定有他那么多,比如雍正时福建漳泉大饥,仙游太学生徐方宝赈米 8 千余石,并主持赈务,积劳而亡。②在地方史志里这类记载屡见不鲜,不必缕叙。民捐出自自愿的虽大有人在,但也有一定的强制性,所谓"有司谋设厂,粥米按户索。上不遗荐绅,士庶均见迫"③。总的说来,赈物来自政府、官绅和平民三个方面,大灾政府要出钱,小范围的灾情则是民间的事情了。

分赈法。就是多设粥厂,以便利饥民打粥。江苏常熟人蒋伊于康熙十年(1671)在家乡赈荒,在乡村设置三厂,城里则设两个。实行的结果,是设在乡村的救活人多而费用少,而在城里的费用大,活人少,效果大不一样。因此他总结出分散粥厂的经验,于康熙十八年(1679)写出《敬陈分赈之法疏》,建议分县分乡赈济,而不搞大建制的粥厂。他说:"务令县各为赈,而不可聚之于一郡;乡各为赈,而不可聚之于一城;人各为赈,而不可委之于吏。"④

分散设厂,是为了饥民能够就近领粥,避免奔波,死于沟壑。嘉庆间,常州金匮县令齐彦怀实行图赈法(图,相当于现代的行政村),在城乡设立粥厂十余处,将本乡人的捐献物资用于本乡的饥民,这样人们也乐于捐输,本乡人也就近打粥,得到实惠。齐氏为此写出《图赈法》一文,以事传播。⑤分赈法越来越成为人们的共识,普遍这么做。如乾隆朝直隶总督方观承制定的《赈纪十五

① 《清诗铎》卷 19。
② 陈康祺:《郎潜纪闻初笔》卷 9。
③ 周正:《散粥行》,见《清诗铎》卷 16。
④⑤《清经世文编》卷 42。

条》规定:"赈定例,州县本城设厂,四乡各于适中处所设厂……地方官宜勿拘成例,勿惜小费,更多设一二厂,以便贫民。"①景州就设置七个厂,厂地所选择的处所,多是建筑较多、场地广阔的公共场所,诸如寺院、道观、教场。中国最早的救济机构就出现在寺院,唐代的福田院就是收养贫病无告之人的,所以在寺院设立粥厂有传统,也有经验。再说寺院斋僧,锅灶齐全,像北京雍和宫的大锅能煮几石米,使用起来非常方便。

号牌法。是打粥的具体办法,规定如何领票,怎样凭票打粥,何时、何地打粥,如何遵守纪律。如徐文弼的方法,是把一个粥厂分为四部分,用栅栏隔开,每一处又分成若干行,每行前面放置条桌,以便置放盆碗;每一部分有一个颜色的旗帜,打粥人固定区位,持有与区位相同颜色的筹码,到时凭筹去指定方位打粥。如此把人分散开来,不致拥挤,排队到桌前,器皿放到桌上,打得既快又均匀。②当然,这是理想的方法,实际上难以做到。

打粥的惨状与官贪吏蚀

打粥人的状况就如同要饭花子,不到万不得已,人们不会走进这个行列,其悲惨处境是可以想见的。嘉庆中在江南做知县的陈文述在《粥厂》诗里描绘饥民在打粥路上的情景:

疲癃纷扶藜,孺雏远负襁。
伶俜走鸠鹄,蹲踞聚夔魍。③

老幼病残手持藜杖,孺妇背负婴儿,饿得移不动脚步,说不定走着走着就倒下来,成为在头顶上盘旋的恶鹰的食物。至于打粥时的惨况,曾在江苏做过县令的谢元淮作过真切同情的歌咏,不妨将其《官粥谣》转录于下:

东舍挈男西携女,齐领官粥向官府。

---

① 《清经世文编》卷 41。
② 《清经世文编》卷 42。
③ 《清诗铎》卷 16。

日高十丈官未来，粥香扑鼻肠鸣苦。
忽闻笸街呵殿高，万目睒睒万口嚻。
一吏执旗厂前招，男东女西分其曹。
授以粥签挥之去，去向官棚施粥处。
投签受粥行勿迟，迟迟便遭官长怒。
虬髯老吏拦门前，手秉长勺色如瞋。
……官厂已收催还家。
片席为庐蔽霜雪，严寒只有风难遮。
道逢老叟吞声哭，穷老病足行不速。
口不能言唯指腹，三日未得食官粥。①

　　饥民等待打粥之时，主官之迟到，饥民之企盼；待到领粥之时，胥吏之豪横，饥民之怯弱；在回归路上，见向隅之老病同类，内心何其凄惨。这首诗如同一幅图画，映入我们的脑海。如果因打粥而能够维持生命，就是三生有幸了，须知许多人死在打粥路上，甚至等不到打粥的机会就离开人世。康雍时湖广总督杨景仁在《筹济篇·煮赈》中说，施赈之时，"活者二三，而死者十六七"②，可见死亡率之高。有幸领到稀粥而生存下来的人，大多数内心麻木了，以领粥为眼前生活的目标。但是也有一些人心理上不能接受现实，感到特别的痛苦，这主要是穷苦读书人和少数妇女。黄懋在《施粥不如散米说》文中讲，打粥时，"以少年妇女，出头露面，有志者羞愧饮泣，愚痴者习成无耻"；厂役们还对妇女评头论足，无赖之徒"调戏挨挤"，以至于造成人命案。③清初名士尤侗在《散米谣》中写道：

可怜良家子，乃与乞丐伍。
性命且不保，廉耻何足语。④

　　打粥以延生命，实在是极其痛苦的事情。但是饥饿难熬，多少人能拒绝这

①④《清诗铎》卷 16。
②《清经世文编》卷 41。
③《清经世文编》卷 42。

种"嗟来之食"呢！灾害赈济，历来是赃官污吏聚财的好机会。他们的手段，就是蒋伊所说的："报名有费"，"廪给有扣"。不给钱不让上赈籍，这就是报名有费；粥厂之粥，掺和泥土树皮，留下好米，是乃"廪给有扣"。康熙时举人郑世元有规劝官吏不要发灾荒财的诗，他咏叹道：

> 黄须大吏骏马肥，朱旗前导来赈饥。
> 饥民腹未饱，城中一月扰。
> 饥民一箪粥，吏胥两石谷。
> 我皇圣德仁苍生，官吏慎勿张虚声。[1]

乾隆朝诗人沈德潜评论此诗，说当中四句，是历代通病，无可奈何的事情。也就是说官吏在饥民口中夺食，是无法改变的现实。郑世元说饥民喝到一瓢粥，官吏就能克扣两石米，自然是赋诗的夸张。实际情形，据黄懋的估计，大约用米一石，到饥民之口的不过六七斗，其他三四成进了官吏的口袋。要知道，这时的米粮价值高昂，官吏是大大地捞了一把。至于发放贷粮中的舞弊，就不在这里道及了。写到这里，令我们对粥厂的设立产生了怀疑，其实，清朝人总在讨论是设粥厂好，还是散米好。下面了解一下他们的议论。

粥厂的利弊得失

设立粥厂的好处，是立即解决不能举炊人家的活命问题。极贫人家要钱无钱，要粮无粮，要柴无柴，贷粮对他们无用，散米也难以济事，施粥可以立即进餐。张伯行讲"极贫之人宜赈粥"；阮元说"赈粥，专为下下贫民供朝夕也"；陈芳生云："赈粥之举，则唯大荒之年，为极贫之户不能举火者行之，枵腹而来，果腹而往。"[2]说白了，施粥是延续极贫户性命的事情。粥厂比其他赈济方法容易办到，因为这是最紧急的事情，劝捐相对好实现。有了粮，可以根据粮的多少，决定施多少天粥，事情办起来比较灵活，所以杨景仁说施粥"费易办而事易集"。主持粥厂的官吏虽然也贪占，但比起平粜、赈贷中的作弊还是要

---

① 《官赈谣》，见《清诗铎》卷 16。
② 《赈济议》，见《清经世文编》卷 42。

少一些的,也正如陈芳生所说,"其中透冒之弊似少"。

粥厂的设立,弊病亦多,黄懋分析它的害处:一是领粥要奔波于路途,造成虚弱之人的死亡;二是粥厂要用许多厂役,费用比散米多;三是人们往返于粥厂家门之间,耗费精力,不能从事生产;四是饥民聚集于粥厂,容易生事,即可能发生社会治安的混乱;五是妇女抛头露面,有碍社会风化。此外,鲁之裕说到行之不善的粥厂,该打粥的人打不到,不该领的人却得到了。还有人认为,设立粥厂,聚合多人,会造成瘟疫的流行。这些问题,大多是存在的。

总而言之,在赈灾的诸种措施中,平粜、贷粮是常法,散米也较常见,而施粥则是临时性的调剂办法,是作为平粜、赈贷的补充,也是散米的补充,用杨景仁的话说是"施粥以调剂其间",或如陈芳生说的"其为道,能暂而不能久"。救荒,不能寄希望于粥厂,虽然它有其点滴的作用和不应抹杀的功能。

不仅是施粥有弊病,在古代所有救荒事业都难以实行得好,这有社会客观的和人们主观的多种原因。其中比较重要的,一是社会生产发达程度不高,生产品有限,食品少有富余,一遇到大荒,没有多少余粮可以充饥;二是吏治不清,清官少,贪官多,民命垂危、嗷嗷待哺之际,贪赃官吏也不忘口中夺食,骂他们全无心肝,亦无济于事,因为专制政体下的官吏制度决定了贪赃现象的不可避免;三是基本没有社会保障事业和机构,都是临时、就事作某种救济,就很难指望它能解决多少问题了。但是,施粥之类的赈济却给后人留下宝贵的精神财富。那些热诚、主动从事施粥的人,对饥民怀有强烈的同情心,力所能及地给予物质的帮助,救人于濒危之中,这种仁爱观念值得继承和发扬光大。

(原篇名《清代的粥厂》,署名顾真,载台湾《历史月刊》1997 年 5 月号)

乾嘉之际农村社会研究的设想

一、课题研究的背景与基础

北京中国第一历史档案馆(以下简称"一史馆")所藏档案,在"内阁全宗"中有"刑科题本·土地债务类",是清代地方政府的报告和中央"三法司"、皇帝审批的"命案"文书,藏量巨大,仅乾隆朝即有 58000 余件,嘉庆朝有 32351件。这类档案文书是极富学术价值的历史资料,早有学者注意到,李文治在《中国近代农业经济史资料》一书中就辑有此种文献,而中国社会科学院历史研究所清史研究室更是全部检索乾隆朝的土地债务类档案,摘编成《清代地租剥削形态》(1982 年)、《清代土地占有关系与佃农抗租斗争》(1988 年),相应地有学者使用这类资料写作研究论文。

我于 20 世纪 70 年代末开始接触一史馆藏档,80 年代初查阅土地债务类档案,深知它的资料价值之大,乃设定研究课题:嘉庆朝社会史暨嘉庆朝社会史资料选编。于是连续五年带领南开大学历史系本科生毕业实习,去一史馆查阅并摘录嘉庆朝土地债务类档案资料,同时组织研究生和个别教师共同前往选材,将三万余件档案全部阅过,抄录资料五六百万字。原拟当即编选成集出书,旋因已答应梓刻的出版社怕赔本太多而毁约,遂不得不将编选及研究计划后延。一拖十多年,所幸杜家骥教授于 2002 年获得教育部社会科学研究中心科研计划的支持,得到赞助,又得天津古籍出版社允诺——给予出版,因此杜家骥教授和我再度启动编选与研究工作。关于此项研究及计划,在《论"一史馆"土地债务类档案的史料价值》(《南开学报》1999 年第 4 期)一文有所说明。

承蒙萧公权教授基金会邀约我做专题研究和演讲,我想嘉庆朝的土地债务类资料尚未被学者怎么利用,我将使用它研究嘉庆朝社会史,拟定本课题研究计划,它应当是新鲜的,有学术意义的。因为我正在进行此种研究,较为方便,似乎可以预期完成。

二、研究内容设想及其学术意义

在学术内容上研讨三个方面:

(一)农村、小城镇居民社会生活的基本面貌。包括人们生活的方方面面,而重点在经济生活,其次是家庭家族生活,社区生活,移徙、浮住、外出贸迁、外出佣工生活等。经济生活内容广泛,含有农田、山林、水塘、工场、商店、戏班的拥有与租赁,伙耕、佃耕、伙佃,合伙经营,地租及其形态、押佃、撤佃、转佃、田面权,佣工、雇员的类型、工值及东伙按股分成,典当、借贷关系及利率,赊购及结账,人们的饮食、居住、衣着、日用状况,种种经济关系下引起人们间的纠纷、和解乃至命案。家庭生活,除了经济状况外,主要是家庭成员构成及人际关系(较特殊的是婆媳、姑嫂、前妻子女、前夫子女等关系),婚姻状况(有无、续弦、再嫁、通奸、同性恋),生育状况,宗族、姻亲关系,法律中的宗亲法对家庭家族内部人际关系的特别重要性。社区生活中的邻里关系,社庙祭祀,宗教生活与庙会。等等。研究将揭示农村、小城镇居民具体生活情景和社会环境,以期深入认识社会生活状况,农工商业的发展水平。

(二)社会结构,特别是下层社会结构的状况。关于命案的档案文书,载明各种涉案人员的社会身份,从而令研究者得知人们的职业及其法定社会地位,以及在案件中忽视是非曲直,而使用宗亲法、雇工人法、主仆关系法以断案定罪。就中可以注意两点:一是社会结构状况,即职业结构、阶级结构、身份性结构、民族结构、群体结构、区域结构、人口结构、教育结构,诸种结构的特点,社会结构的整体特点;二是社会等级构成,实即身份性结构,这里单独提出,是为强调它的重要性。社会结构是社会组织的组合方式,是具有各种社会身份的人及其群体的联接方式,反映社会的基本状态,等级是法定的和由习惯形成(社会公认)的,每个人都生活在特定的等级之中,等级制度是古代社会最重要的社会制度。社会结构、等级制度是我们认识传统社会的着手点和基本内容,据此可以对社会有个基本的把握与了解。

(三)司法制度和行为(法律社会史)。从命案的审理过程看司法制度及其实行,具体地说:判案从受理到皇帝定案的过程,司法审判中对法律条文的理解与判刑,议驳制度与失出失入的检讨,承审期限的规定与执行,赦免与捐赎,刑政优劣,报案与基层社会组织(乡约里保制度)及其职能、效率。案件所反映的人们的社会生活。法律社会史渐为学人所关注,从命案档案文书对它开展研究,应是可行之路。

上述前两方面的内容是连为一体的,第三个内容有附带性质,或许另作专题研究。

此项目属于基础性研究与深入性研究的结合。前此的史学研究有所未逮也。所以这样说,是因为:1.如前所述,此项目的主旨是考察社会生活基本的、具体的面貌。2.研讨将是非常细致入微的,为一般讨论所不措意的,比如目前已经知道许多命案的发生,是些微不足道的原因,过去读"三言"知道"一文钱小事造奇冤"的故事,而我在档案中看到十五文钱产生的命案,几十文、几百文的命案屡见不鲜,那时的人命是那样的不值钱,可见贫民生活之艰辛;又如高利贷盘剥,激起借贷人的仇恨而凶杀,亦为常见现象;贫民到外县外省佣工,小商人到外地贸迁,所在多有,过往我没有怎么注意这种现象,读土地债务类档案,产生鲜明的印象,对比今日之"农民工"(前所谓的"盲流"),而知这是个值得研讨的问题。3.有别于大而化之或概念化的研讨,在一般的概念中,有雇工的人家应是较为富有的,然而我看到一些贫苦佃农而有雇工的或临时雇短工、日工的,可见社会生活现象的复杂。4.由于这样的研究,基本上为他人所未进行,若能提供这样的研究成果,可以供专题史研究者利用为背景材料,从事专深研究。5.18世纪中国历史特点以及与世界历史特点的关系。

三、研究方法、步骤、时间

此项研究的结果将以论文形式表现出来,文章可能篇幅较大。

在研究方法上,将会全面阅读几百万字的嘉庆朝土地债务类档案史料,进行综合分析,适当地使用计量方法,用以配合说明社会生活史的实况。

利用其他历史文献,与档案材料作出结合研究。

完成论文的时间,约在2006年第四季度。

2003年12月12日草拟

[2003年的设想,没有能够付诸实行,仅仅写成《乾嘉之际小业主的经济状况和社会生活——兼述嘉庆朝刑科题本档案史料的价值》(《中国社会历史

评论》第七卷，天津古籍出版社 2006 年）、《18、19 世纪之际的宗族社会状态——以嘉庆朝刑科题本资料为范围》(《中国史研究》2005 年增刊)、《18 世纪末 19 世纪初中国的流动人口——以嘉庆朝刑科题本档案资料为范围》(《天津师范大学学报》2005 年第 2 期）。未按设想进行的原因，固然有许多资料不在手边——《清嘉庆朝刑科题本社会史料辑刊》2008 年始行问世，更主要的是因从事下述课题研究而未能顾及，如《中国社会史概论》(高等教育出版社 2004 年)、《18 世纪以来中国家族的现代转向》(上海人民出版社 2005 年)、《雍正帝》(中华书局、台湾联经出版事业公司 2009 年)事后思之，憾甚。唯《乾嘉之际下层社会面貌——以嘉庆朝刑科题本档案史料为例》，由台湾中正大学历史系 2004 年印出，心中不怿乃稍有弥补。2019 年 1 月 27 日记]

关于编辑《清代人物传记索引》的设想

一、编辑原则

1.选编书目标准

已入选各种传记丛书者,如《清代传记丛刊》;

新编的专著,如《清代人物传稿》《捻军人物传》;

档案已编成专著,如《清代官员履历档案全编》;

金石汇编,如《明清进士题名碑录索引》;

地方史志汇编,如《北京天津地方志人物传记索引》;

传记通史中的清人传记,可以独立成篇的,如《中国历史大辞典·清代卷》。

2.图书版本的选择

不论有多少版本,只取一种,它种不再介绍,所选原则:

整理最好的,如《清史列传》;

版本最新的;

最常见的;

已入选传记丛书的,如《清代传记丛刊》。

3.图书编列顺序及方法

将二百种图书统一编排序号,每一序号用作该书之符号。

排序原则:依图书类别排序,即传记专著、纪传体史书、方志、文集、笔记;在各类别中大体上视该书传记重要性作出先后排序;在同类性质中按重要性排列。

制作"序号书名版本表"(含序号、书名、作者、版本)。

4.立目原则

凡有本传、合传、附传者皆为之立目;

附见而有事实者立目,仅见名而无事迹者不立目。

5.传目排序

以姓名拼音字母排序,姓同音,次则以名之第一字拼音为序,类推第二字、第三字。

以姓氏拼音字母排序,制成"传目目录"。

附繁体字姓氏笔画检字索引。

附繁体字姓氏四角号码检字索引。

6.一律采用繁体字。

7.索引注释皆系自作,他人的传记索引仅作参考。

二、编辑凡例

1.一人一目,传主不论有多少传记,皆在一目中注出。

2.表达方式:人名、书名(以序数号表示)、卷数、页码,如……

3.传主书姓名:

以字、号、别号行世者,书字、号、别号;

有异姓名者,书通行姓名;

同姓名者,加注籍贯,籍贯亦同者别加年代、官爵、功名;

满、蒙人士同名者,以姓氏区别,同姓氏则以旗籍、部落、官爵、年代区分,或加父名;

凡有异名、以通行字号行世者,别立互见条;是否作注释,待定。

4.卷、页书写

书名下书卷,若原书之卷以上、中、下或甲、乙区分者,照录原书,作"卷上""卷甲"云云。

卷下书页码,若系线装书,加注 a 面 b 面;若系影印分栏本,页下加注上、中、下字样;有重复页码者,加书"又"字。

若系"补录"卷页,加书"补录"。

5.僧道传主

立目以法名为主,注出俗家姓名;依传主身份加注"释""道""尼""道姑"。

6.女性传主

有姓名则书之;

只有姓氏,书某氏,加注父、兄、夫、子姓名(选其中知名度高者),如"李

氏,尹会一母";

后妃书本姓氏,或帝号,或其徽号、谥号。

7.一人有多种传记,在主要传记后加注 * 号。

三、传记索引书目(略)

(这一设想,源于我是史料学爱好者、研究者,撰著《清史史料学》《清代人物传记史料研究》,对于各种"传记索引"之作多所利用,也想制作同类工具书为学者提供检索方便。2004 年,时值大型清史编纂工程启动之初,故有冲动,拟此设想。今检出,收入文集,自我欣赏吧。2019 年 1 月 28 日记)

"望族家族教育丛书"编辑设想

一、必要

望族依靠教育、文化的兴旺而形成与延续,俗谚"忠厚传家久,诗书继世长",充分表达了中国人对文化教育的重视和传统。编辑拟议中的这套丛书,将在一定程度上反映中国历史上从古至今,家族、家庭重视教育的实践和精神。可以想见这套丛书将会取得社会与经济的双重效益。

二、目标

(1)带有研究性的深入浅出的中档图书;

(2)每种图书文字约在 15—20 万字之间;

(3)图文并茂,每种配有数十至百余幅插图(图要多形式、多角度的,如文物、遗迹、人物像、书影、墨宝等);

(4)首批第一辑推出 8—10 册,如有可能,继续编辑出版第二辑……

三、选题原则

(1)古近代的望族,而今日仍然人才兴盛的尤重教育的家族,一般不单纯考虑中古及其以前的望族,而着重于唐宋以来的;

(2)望族出现地区不平衡,尊重这种历史实际,但适当照顾地区,即不在一个地域选择多家,而要兼顾北方家族和移民家族;

(3)每种图书,可以一市县的一个望族为写作对象,或以一个比县市略大范围的一个望族为对象,或一个地区的若干望族为对象。

四、作者选择与待遇

(1)聘请研究有素或具备相关条件的学者担任每种图书的作者；

(2)给予适当的启动费(以提交写作提纲为准)；

(3)稿费从优；

(4)主编经费。

五、编委会组成

(1)主编 1 人；

(2)副主编 2 人,一为出版社领导；另一为常建华教授,协助主编工作；

(3)编委:主编、副主编、出版社编辑室 2 人或多人(由出版社决定)、江庆柏,待作者名单确定后增加一二人；编辑室 2 人为常务编委。

六、工作步骤

(1)出版社再度确定选题计划；

(2)联系作者,并确定之；(上二项在 1999 年内进行)

(3)召开编委会及写作提纲讨论会；(2000 年 4 月,同时给作者启动费)

(4)2001 年 3 月以前交稿；

(5)2001 年底出书。

七、第一批图书选题及作者(设想):拟议的选题与作者较多,以便能及时获得第一辑书稿

(1)桐城望族家族教育　张海鹏(原安徽师大校长,专家,桐城人)

(以下内容残缺)

附:会议通知

冯尔康先生:

我社拟组织编写"中国望族与教育"丛书,由南开大学历史系冯尔康教授担纲主编。为此,我社将于 2000 年 5 月 10—12 日在南京东郊宾馆召开丛书第一次编委会会议。

素慕先生学养精博,于家族教育研究成绩卓著,敬请先生出席(来回差旅费、会议期间食宿费均由本社承担)。

本次会议议题如下:

1.讨论丛书的主旨、结构、框架及体例。

2.确定选题,选择作者。

3.研究其他相关事宜。

会议报到地点:南京市中山门外东郊宾馆总台(到南京后请乘出租车前往)。电话:025-6645181-总台

会议报到时间:2000 年 5 月 10 日

江苏教育出版社三编室

025-3303520

2000 年 4 月 24 日

(1999 年,江苏教育出版社三编室给我来信,表示要出版"望族家族教育丛书",邀约我担任主编,我同意了,遂拟出这份编辑设想。该社又在 2000 年 4 月 24 日召开编委会的通知函件中说:"我社拟组织编写'中国望族与教育'丛书,由南开大学历史系冯尔康教授担纲主编。为此,我社将于 2000 年 5 月 10—12 日在南京东郊宾馆召开丛书第一次编委会会议。"丛书编委会如期在南京举行了,但后来不知什么原因这项出书计划取消了。这份设想还有些许学术价值,故著录于此)

新概念与新史料的关系有待深入研讨

一、问题的提出

20世纪前期,史家发现、利用外国史料(如朝鲜的《李朝实录》、西方传教士的文献)研究中国史,指出"正史"歪曲的历史,同时史家发现"野史"(笔记体文献)的史料价值,亦用以否定正史。但是传教士为得到教皇、本人所属教派的支持,文书所述内容亦多不合事情之处,如夸大信徒人数,片面解释信徒被迫害的程度与原因(如误解苏努、乌尔陈一家因信教而被惩治,其实更重要原因是当时反朋党政治斗争,而主要不是宗教信仰导致的);《李朝实录》对乾隆以前的清朝政事、社会民情的记载多有不准确处,朝鲜人为看清朝笑话搜集、购买情报,清朝人中有人投其所好,卖给假情报;笔记所记,多有道听途说的事情,自然会有不实之处。外国文献和笔记,作为史料有不容忽视的价值,当初藉以说明正史的误失,令史学研究者准确认识正史,破除对它的迷信,很有积极意义。但是不能不说当时对正史的批评有偏颇,几乎全盘否定;同时迷信外国史料和笔记史料,不进行史料鉴别,也是误失。所以没有做到全面地、高水平地利用。其时有利用外国史料、笔记史料的观念,但视角不甚明确。

二、新观念新视角取得新成果

中国社会科学院历史研究所清史研究室五六十年代与中国第一历史档案馆合作,挖掘、研究"一史馆"所藏"内阁全宗·刑科题本·土地债务类",出版《清代地租剥削形态》(中华书局1982年)、《清代土地占有关系与佃农抗租斗争》(中华书局1983年),又去曲阜,查阅孔府档案。这些是在阶级斗争为纲的方针指导下,以农民与地主阶级斗争为视角,研究地租形态和主佃关系,讲述阶级斗争史和地主罪恶史。80年代中期,我去一史馆查阅"土地债务类",档案相同,但是观念、视角不同,我是利用社会史的概念,以社会生活史为视角,关注的是各种人际关系和生活状态(宗族、家庭、亲戚、乡里、男女、土著与移民、教徒与非教徒、有身份者与无身份者、主佃、东伙、良贱、主仆、旗民、不同民族成员诸种人群以及事物的关系),和同事、学生抄录资料,和一史馆编辑部合作,后由杜家骥教授领衔主持,于 2008 年出版《清嘉庆朝刑科题本社会史料辑刊》。我利用这些档案史料,撰著下层社会史:《乾嘉之际下层社会面貌——以嘉庆朝刑科题本资料为例》,台湾中正大学、纯智文教基金会于2004 年 12 月出版。论文《18 世纪末 19 世纪初中国的流动人口——以嘉庆朝刑科题本资料为范围》,《天津师范大学学报》2005 年第 2 期刊出,等等。阶级斗争史是一种角度,社会生活史也是一种角度,不同角度,会有各异的研究成果。

林天蔚(先后执教香港大学、台湾政治大学)著《地方文献论集》,我的评论文《以方志、族谱、金石碑刻为内涵的"地方文献"新概念的提出与运用——评林天蔚教授新著〈地方文献论集〉》(《中国地方志》2005 年第 4 期),指出林氏将族谱、金石碑刻纳入地方文献范畴,阐明这两个文体对地方史研究的价值,这是新视角、新方向。族谱向为宗族史研究者注目,政治文化史研究者留意,如梁启超的族谱是"史学瑰宝"之说,用于政治史,所谓"上祠堂"与地方自治,然而从地方文献角度考虑,林氏提出"族谱与地方史研究"的课题,将族谱为地方史研究提供资料的价值揭示得更加明确,又从这个角度多方位揭示族谱的史料意义,提升族谱学术价值。八九十年代中国编修地方志,在家族活动较多的地区,如江西,官修方志干部认识到族谱对于编写市县志的价值,注意到调查族谱保存状况和利用,面对家族修谱的盛行,提出官方审查、引导的建议,希望将私家修谱,纳入民修官督的轨道,由国家控制。撇开他的建议能否实行,从这一现象可知地方史研究与族谱密不可分的关系。

"以诗证史"的方向和方法的提出,给利用文艺作品为史料,开辟新史料库。文史分家,史家不敢使用文艺作品的资料,陈寅恪写作《柳如是别传》《论再生缘》,向人们证明可以用文学作品论证历史。现在人们懂得好的文艺作品能够反映历史的真相,史学家可以利用它的描写作出历史细节的想象。"图说历史"是人们喜闻乐见的历史读物,"图"从何来?相当一部分是艺术作品。我撰文《史学著作的图文配合与构建视觉史料学》(《学术月刊》2006 年第 7 期),提出构建视觉史料学的设想。

历史"细节"(细微情节),史家想象的允许。司马迁《史记》,鸿门宴樊哙吃猪蹄的描写,无疑来自司马迁艺术加工,何以人们认可?黄仁宇《万历十五年》开篇写紫禁城乌鸦盘旋,也是来自想象。(刘桂林:《紫禁城的乌鸦》,载《紫禁城》杂志)当今人们大赞其作者,视为宏观叙事历史大家。细节加工与反对细节加工,在史学史上是两派,前四史之后的正史否定细节加工,历史显得干巴,不引人注意,自我脱离读者,自我孤立,是"史学危机"丛生的一个重要原因。因此我主张可以细节加工,见刘和平著《大明王朝1566》序(《大明王朝1566》,人民文学出版社2007年)。

三、全面地、高水平利用新史料

何谓全面地、高水平地利用,全方位解读史料,勿排除史料所含有的各种成分,从各个角度说明史料所反映的社会历史。低层次的解读,只了解史料的表面内容,不理解深层含义。

"以诗证史"需要高水平,兼通文史,熟知历史上典章制度、事件、人物,把握历史大局、历史大背景,才敢用文艺作品做史料,才会用之,否则是乱用,反而给史学研究制造混乱。成功的文艺作品是社会生活的形象反映,历史真实的艺术再现,细节描写弥补史学著作的不足。《红楼梦》,撇开其思想性不说,亦可视为社会生活百科全书,何况其思想倾向不满现实,期望从佛道中汲取思想成分得到解脱,"好了歌"反映的主旨,我撰文《曹雪芹的"好了歌"与雍正的〈悦心集〉》。《金瓶梅》是商人社会生活史再现,是官、商既分离又结合与社会生活的反映。唐代长安城居民生活状况,诗人有真实的、艺术性的描述。长安城的坊市布局,棋盘式的坊巷,白居易诗云:"百千家似围棋局,十二街如种菜畦。"(《登观音台望城》)曲江池一带的游乐区,唐时名"乐游原",李商隐有《登乐游原》诗:"向晚意不适,驱车登古原。夕阳无限好,只是近黄昏。"商业与人们(青少年)的餐饮娱乐生活,李白的《少年行》:"五陵年少金市东,银鞍白马度春风。落花踏尽游何处,笑入胡姬酒肆中。"

各学科对新史料的研究着眼点不同,因而结论可能各有片面性或者说不完善。如先秦史,考古学与历史学结合不够密切,考古学家关注发现的器物的造型、构造、质地、用途,对如何使用,运用的社会性和社会意义大多未能作出说明,而历史学家不懂考古,运用考古报告,因理解不深而显得浅显,解说远不到位,难以说明历史。因此,如何进行跨学科的综合研究,是为关键,跨学科研究需要各学科通力合作,破除畛域之见;研究者应有跨学科知识,不能知识面太窄,不能固步自封,须有"以不知为耻"的精神,史学叙事与史家细节构思的允许与否?提出问题。历史记载,通常缺少事情的细节,许多事情被概括化了。可是细节很重要:一是可能改变对事情性质的认识;二是对事情的全过程不清楚;三是对事情发展、转变的关节不清楚;四是满足人们对细节追求的愿望,也即史学求真的理想。细节记载的缺乏,在史家出现两派,即允许与不允许细节构思、加工两派,司马迁、黄仁宇是允许派。我认为应该允许,前提是对历史事件、人物、制度、社会人文环境以及全部历史有个总体把握,细节构思才不会出格。史学家缺乏形象思维能力,需要向文艺家学习,学会细节描写。究竟应该允许与否?如何在没有史料的情形下进行合理的细节加工?如何验证细节加工的可靠性、真实性?

(本文写于 2009 年 2 月 26 日,是为出席中国社会科学院历史研究所、日本东方学会、日本大东文化大学主办的将于 8 月召开的"首届中国史中日论坛"准备的。该论坛的主题是"史料与中国古代史研究",遂作出本文内容的思考,后因向会议提交了另外的论文,故此稿未及杀青,今检出作为札记,收入本卷。2019 年 1 月 28 日记)

历史人物评价中如何分析
个人与当世、后世的关系

对历史人物的评价，这里仅从个人与当世、后世的关系，个人与民族、国家关系方面考察其历史地位，笔者关注点在于：

一、评论历史人物的功过，主要看其对当时、当世社会的作用。

历史人物生活在特定时代，他是为当时生活，为当世人努力，为作用于当世，主要不是为后世生活，这是现实，而不是为理想生活。因此主要以当时的作用给历史人物定位。

二、后世反响的社会作用，也需要适当考虑。

个人作用与民族国家后世发展的关系应当作为评价的一种因素，当然不应该是决定性的。对民族、国家后世的发展有利，民族国家得到巩固发展，给予应有的肯定。前人为此有所牺牲是值得的，有某种必要性，是为子孙后代造福，但是牺牲应当有限度，主要考虑历史人物对当世的功过，其次才顾及对后世的影响。若与对时人、后人的利益有冲突，不能以牺牲当时人的利益为准，在长远利益与目前利益兼顾中，只顾后世，不顾当时人的利害，是后人苛求于前人，是后人自私的表现。讲到民族国家利益，往往是指大一统，大大赞扬之。中国大一统的传统历久相沿，对民族国家发展有好处，起正面作用，然而带来的负面作用，在研讨中不能忽视。

三、个人应为国家做贡献，个人不是国家附属品。

国家与个人不能对立，重在人，个人不是国家附属品。诚然，"大河没水小河干"，国弱则民无地位，但是否因此一味要个人牺牲以维护国家，历史上是如此，今天对此类说法，如何看待？关键是将人放在什么位置，如何处理国家、政府、民族、社会、群体与个人的诸种关系，能够兼顾当然好；这种关系有其历史发展演变过程，也不应忽视，到现当代尤其应注意对个人的关照。传统上高度赞扬为民族国家而牺牲的精神，"留取丹心照汗青"的价值取向，为民族共识。不过事情不能是单方面的，应当是双向的，国家与个人的利益互为一体，个人为国家流血牺牲,国家应爱护子民,保护子民。今日在强调个人爱国价值中,应当充分注意到国民已经是公民,而不是子民,必须注意国家对民众的态度,对民众的关怀与体恤,才不偏颇,比如国人在外国遇到突发事件,国家帮助克服困难,乃至派专机接回国。个人与国家长远利益的矛盾,很难统一,不能在人物评价上完全要求个人符合国家长远利益。当然,不能做危害国家利益的事,否则是民族罪人。

(2008 年 3 月 15 日草)

分析孝道的孝与顺

区别孝与顺。孝,在私有制的传统社会完全正当,继承遗产和所有的社会资源(人际关系、地域资源、祖坟宅基),自然应当生养死葬和追思恩德(祭祀)。此种孝的初步要求是正当的、合理的。所以"养儿防老,积谷防饥"为世人之共识。为了实现孝,孝道包含顺,即孝顺。顺,顺从父母,可作两方面分析:积极方面,接受父母人生经验教育(职业的、谋生的、处世的、人生观、伦理观),多系有益的,特别是在青少年时期(人生不成熟时期);消极的、负面作用,所谓"天下无不是的父母""逆来顺受",可能造成辨别不清人生的正确方向,做出不正确的事情,同时压抑人的生活主动性、创造性,对个人、对社会无益而有害。所以在传统社会孝养应肯定,孝顺应作两分法,基本上予以否定。当所有制、谋生手段发生重大变化,传统社会的孝道与现代社会不相适应,有的就成为社会前进的阻力,就受到冲击和批判,五四时期批判孝道,是冲着孝顺来的,要求剥去家庭的束缚、子女个性发展、独立人格,此批判合理。当时没有区分孝与顺,连正常的孝也给否定了,把孝整个否定了,可是青年仍然要靠父母供养,仍然接受遗产(部分激进者宣布不要遗产,连姓氏也废除),实际上并不能实现自我,因而含有不自觉的狂热情绪。

孝道实行的范围:家与族。主要实行在家庭之中。家,包括小家庭、大家庭,即不分财产共同生活的不同规模的家庭,晚辈对所有的长辈讲究孝顺。其次是在家族实行,没有共同经济,不在一起生活,晚辈对长辈也讲孝顺,不是指生活上的供养,而是睦族,和睦相处,遵循辈分之礼节,晚辈敬重长辈。对此,法律表现极其明显,它依据辈分,实行同罪异罚的原则,维护家族孝道。这是传统社会宗法性伦理,已被历史所淘汰。

(2006 年 9 月 3 日记)

374

瑷珲的历史需要深入研讨

——瑷珲历史文化论坛总结发言

2014 年 5 月 31 日出席瑷珲历史文化论坛,受会议组织方面安排,闭幕式前作会议总结发言如下:

首先归纳学者在论坛发表的学术观点和建设性意见,然后发表两个想法。

一、论坛与会学者的观点归纳

1.讨论瑷珲史上重大问题

满洲始祖发祥地二位学者涉及。主张江东六十四屯,依据《满洲旧档》《天聪九年档》,考证神话故事起源。

瑷珲历史地位定位研究。爱国英雄城、文化荟萃城。瑷珲在森林文化占有居中区域优势。

达斡尔史研究,四篇。从地名、抗俄、驻防记忆,说明达斡尔人南迁。

达斡尔传统文化类型与历史价值,形态特征,四种产业文化多样性;文脉连贯性;文化构成完整性;容纳性,形成北疆田园文化;嫩江中上游文明、农业、军政建置奠基者之一;建筑齐齐哈尔城。计六大贡献。

瑷珲达斡尔人历史变迁。瑷珲是达斡尔人祖居地,六次主动内附,对清朝统一黑龙江流域起过积极作用。

鄂伦春族狩猎文化的当代价值。定居业农六十年的反思,如何保存驯鹿文化,保存人口较少民族的文化与生存环境。文化发展比经济发展更重要。

《瑷珲条约》各种文本的分析,特别是满文本的追寻、翻译,表明作者功力很深。

人物研究。副都统姚福升的六点历史贡献。

会议还有关于萨满教信仰的论文。

2.方法论。用历史记忆方法与心态史结合方法研究达斡尔史。比较性研究，从俄国视角观察中俄文化交流。全球意识与全球化出现的问题。有的历史问题，不得不作模糊处理。

3.建议。呼吁抢救濒危语言，进行满语、满文教育，激情呼吁，非常感人。建立民族学博物馆、自然生态博物馆、综合性博物馆。加速黑河大桥建设。

4.愿望。尘封已久的历史名城瑷珲，重新发出灿烂光芒。

二、清朝实行一国六种管理的体制正确性，在黑龙江、在瑷珲的验证

清朝实行六种管理体制：一在中原实行汉人传统的郡县制；二在漠南蒙古地区实行盟旗制度；三是执行支持黄教政策在西藏实行政教合一与金奔巴制度；四在新疆维吾尔族地区实行伯克制；五在西南少数民族地区，能够实行改土归流就实行流官制，否则仍旧是土司制；六在满族、蒙古族一些地区实行军政合一的镇抚将军制度，取得良好效果，将处于羁縻状态的地区纳入版图，实际上扩充了版图，发展与稳定了多民族国家，设立黑龙江将军，建衙门于瑷珲，使得自周朝以来在黑龙江地区生活的肃慎、挹娄、勿吉、渤海、契丹、女真与中央王朝时断时续的关系(或者像辽、金入主中国北部，而后退出)，至清朝时设立镇抚将军，随后建立黑龙江省，使得黑龙江成为中国不可分割的领土。黑龙江建省史，瑷珲作为黑龙江将军首任衙署所在地的历史，验证了清朝一国多制体制的正确性及其历史借鉴价值。

三、真正进行地方文化建设

走出"文化搭台、招商引资"的思维陷阱，真正进行地方文化建设。我出席过文化搭台招商引资的会，文化的可怜地位，搭台也不可能。要充分认识文化的重要性，文化反映国家实力和地位，是不可缺少的软实力。世界强国，要能够文化输出，被他人认同，具有普遍价值。

地方文化建设及内涵：发掘与利用地方文化特色，丰富人们的生活内涵，令人们生活愉快，促进经济文化发展。多种传统节日的恢复，如瑷珲元宵节的特色；瑷珲多民族聚居地方，多民族文化；达呼尔节；三仙女传说，故事的多元性，不妨发掘。

移民为什么宣称来自同一地区

——江苏大丰《西团陈氏族谱》序

　　前年 6 月 22 日,我给江苏大丰《西团陈氏族谱》写序,主要是讲谱牒的移民史料价值,如今别有一层想法,即一个地方的移民,异口同声地说他们的祖居地是相同的,事情是这样的吗? 如若不然,为什么这样说? 兹将序言先抄录于次,再谈今日提出的问题。序云:

　　前岁赴大丰,陈先生逸尘告云西团陈氏先世居苏州,系明朝初年迁徙而来。余在盐城地区访问及读当地氏族谱牒,多云先世来自苏州,不由不令余思索盐城居民与明初政府强制迁徙苏、松等府百姓充实凤阳的关系,莫非是移徙凤阳者的苏人后裔辗转流落盐城欤? 由盐城人咸云"苏迁",更使余联想到珠江三角洲各宗族讲叙族史,常谓出自南雄珠玑巷,意即北宋末年宋、金之战,中原民众南徙,经南雄,而后又南下珠江三角洲;或者说是南宋末年南雄始兴人为逃避政府惩治,纷纷逃亡到粤南。比南雄珠玑巷故事还要有名的是洪洞大槐树迁民故事,北方流传"问我祖先来何处,山西洪洞大槐树"的民谚,是说先世自洪洞而来。考诸史事,盖明初政府确有从晋南迁徙人口至今河北、河南以及安徽北部的命令。余尝阅闽、台人士之族谱,见其讲族史,多有祖先系来自河南光州之说。世称"开闽王"的王审知,即光州固始人也,证明此说殆非虚语。人口空间移动是常有的现象,但说源于某地,而集中在洪洞、南雄、光州、苏州等处,是有历史根据的。至于具体到某一个家族谓祖居地为某某处,大多持之有故,符合史实,但也有不少家族因先世出处不明而讹传的,或者从众,也跟着说是洪洞、南雄、光州、苏州了。是真是假,从移民史的研究来讲,都值得注意,都需要解释清楚。族谱讲族史,给移民史提供了宝贵的不可或缺的资料,余意,此即族谱学术价值之一。族谱被誉为我国文化瑰宝,盖有其充分理由,移民史资料不过其一耳。今就此略述数语,以应逸尘先生作序之命。

移民集中地说来自洪洞、南雄、光州、苏州等地,其实并不止于这些地方。1960 年初我去河北饶阳县五公公社,住在宋桥村,里老云,他们是宋濂的后人,明朝初年迁移过来的。明朝开国"第一文臣"宋濂的后裔如何到的此地,我有点不解,但那时是为接受农民教育来的,不便就专业问题进行调查,所以未知其详。迨后接触沧州徐氏家谱,亦云明初从江苏、山东迁来。河北人说是从南方迁来者,往往同"燕王扫北"联系在一起。前几年读明末人编修的徽州《新安萧江宗谱》,谱主萧江氏谓其先人是唐末黄巢之乱时移徙过来的。近日同事阎爱民先生见告:5 月与常建华先生等人去徽州访查族谱,喜见若干明人之谱,亦云唐末移来。

上述非止一端的移民同时同地迁徙说,不能不使人怀疑:怎么这么巧,大家都同时同地搬迁?其中有真有假,真的,自然有移民史的研究价值。如果是不真实的,价值何在呢?问题是移民为什么漫说同别的家族来自于同一地方?古代是"地著"的社会,宗族同地望联系在一起,地望就是家族的社会根基,也即个人立足于社会的根基,移民到新地方,等于没有了根基,尤其是初来乍到,难以被当地社会接受。倘若来的人多,大家把原来的文化、生活习俗移植过来,就容易生根,或者势力再大的,出现东晋侨置州郡的现象,就更易站稳脚跟。不是同时同地来的人,就借用那些同时同地来的家族的时间和地点,也以某地为原籍,某时为迁徙时间,以便和别人一致,以免被歧视,受欺凌,这实在是为在新区生存、立足的需要。从这种历史心理来考察,似乎可以将这种历史现象说明一二。

(1998 年 6 月 12 日写于顾真斋)

海外之旅拾零·交通、宾馆、餐饮篇

　　因着学术研讨会,或与家人出游,我去过欧洲的英、法、德、意诸国,东北亚的韩国、日本,大洋洲的澳大利亚和新西兰,美洲的美国、墨西哥,东南亚的新加坡,国内的港澳台地区,以及南北东西各地。旅程有诸多美好记忆、趣闻、新知,当然也有不惬意之事。这里想用随笔的文体,回味旅途的琐事、偶得、美好的感受,不如人意的尽量略去。具体的内容,区划为交通、宾馆、饮食、物价管理、建筑、观光、衣着、信仰、教育、臆测底层人士外貌反映的内心世界篇、种族与国别。由于笔者近期去的日本,记忆尚未淡忘,所以说到日本的事情较多。下面分篇道来。题目曰"海外之旅拾零",偶尔有境内游的事,是附带一笔,多少有对比意思。

交　通

　　出国游的交通工具,最主要的是飞机,游轮、火车相对要少得多;到达目的国度,就需要乘坐火车、公交车、出租车,或租车自驾游。

　　1994年,我从奥克兰回国,是时没有直飞航班,乃乘坐新加坡航空公司经停新加坡到北京的航班,到新加坡是夜晚,要停留十一二个小时,若出机场找旅馆,第二天一早赶回机场很不方便,就在办理登机手续时询问,机场内有无旅馆,回答有,只能住半天(四小时,六小时,记不清了)。及至飞机在新加坡机场降落,我走出舱门,即有一位中年男士向我走来,问我:"是冯先生吗?"我虽因意外而愕然,还是作出肯定的回答,他就告诉我到机场旅馆怎么走法,在什么地方上楼,看到两替店如何转弯。我循着他说的路线顺利找到旅舍,休息。新航的服务之周到,大大出乎我的想象,因为几十年所遇到的服务难得有微笑的,而新航想客人之所想,服务极其到位。

　　2002年10月,我要从天津乘飞机经由香港到台北,然后有人接我去埔里暨南大学,这一天天津大雾,飞机晚点起飞,到香港,我所预定的国泰航空公司飞台北的航班已起飞了,就改订下一个航班座位,事定之后,想到要通知暨南大学接我的先生,那时我还没有手机,乃向国泰值班人员要求使用他们的电话,对方毫无难色地让我使用,我遂与暨南大学先生通话,告知行程的改变。2003年,我又是经香港飞台北,然后去嘉义中正大学。赴台惯例,邀请方将台湾允许入境证件的附件寄给我,到香港转机时,至中华航空公司办事处换取正式入台证,我多次赴台,这种手续熟知了,可是偏偏忘记携带那个附件,在天津机场办理登机手续就因证件不全,不给办理,我满有信心表示在香港转机时一定能够取到入台证,于是对我放行。及至到香港机场华航办事处说明情况,对方要求我通知中正大学向华航提供信息,然后才能给我证件。同中正大学联系,要打国际电话,我接受了去年没有手机不方便的教训,添置了手机,但是没有购买国际通信卡,这时有手机等于没有,机场有公用电话,需要投币,我没有带港币,机场候机厅没找到兑换外币的商亭,无法,只好到即将搭乘的国泰航空公司柜台,请求使用他们的电话,获得允许,通话后立即取到入台证。两次在香港机场与国泰人员打交道,他们为客人顺利成行提供额外服务,我的印象非常好,以后乐于选择这家航空公司。

2014年,我搭乘中国国际航空公司从北京飞往悉尼的航班,登机后即向乘务人员提出升舱(由经济舱升到商务舱,其时机上有这项业务)要求,起飞不久,空姐通知可以办理升舱手续,需要交美元若干,我说我是去澳洲,带有澳币和人民币,没有美元。空姐即离开,片刻返回,告诉说机长考虑你年龄(八十衰翁),用他的美元给你垫上,你用澳币兑换给他,就可以升舱了。我连忙道谢,一是感谢空姐为此事跑了几趟,着实辛苦。二是机长分外帮忙,于是如数交了钱。心想,这是他们可怜老年人,可敬可佩。不过让人可怜,顾不得自尊了,领情好了。

2013年我在天津机场办理飞往黄山的登机手续,柜台人员问我就你一个人吗?回答是的,她不给我办登机牌,却拿出一张表格让我填写,我知道这是让我写保证书,出事与航空公司无关,看都没有看就拒绝填写,她不情愿地给我办了登机牌。2015年我在合肥机场要飞往北京,又重演了天津机场那一幕,为我送行的安徽大学教授当场斥责航空公司歧视老人。是啊,航空公司没有怎么想为老年乘客服务,真乃服务意识差,防范意识强。

日航飞机座位前面的餐桌板,周围有护栏,用餐时不必担心食品从板上滑落下来。东京成田机场出站口的地上有去巴士站的路线距离标识,需要者按标志行事就会迅速找到目的地。

1992年，我去德国特里尔，从那里乘火车去柏林，在月台候车，同行的我的南开大学同仁指点我看月台上火车停站车厢位置标识，我有点半信半疑——能够停靠得那么准吗，车来了，果然按标志停下了。如此为乘客寻找车厢上车、为站内接客提供方便。这种办法，国内的许多车站也这么做了。

在日本坐新干线火车，有的车站设有月台防护墙。火车座椅扶手有放置水杯的装置，可收可放。调整座椅器具，使用把手，放在扶手前面，明显，比扶手内侧之按钮使用方便。火车座位前面的踏脚板有两个，一只脚一个，双足可以交替上下活动，从而有了运动器械的功能，令人能够做放松动作，带来轻松愉快。类似的情形，其他国家火车设备是一个长条板子，或两个踏足板，只能收起、放下，不能足踏上下移动。

宾　馆

日本京都平安宾馆之花园，有山有水。山，给人的感觉不是堆砌的袖珍假山，像是天然的，成为花园的"外墙"和屏障；水，一汪池水，因"山"间涓涓细流注入，似是一潭活水，中间石砌小桥，倒映水中，莲萍浮动，生气盎然。大城市的宾馆大多没有花园，如台北六星级的君品宾馆，提供免费宽带上网，各项设施、服务甚好，但在寸土寸金之地难得有花园。有的旅舍有花园，意思而已。北京香山饭店之花园与平安饭店花园，两者诚可相互比美。香山饭店之花园系贝聿铭设计，园子较大，山水错落其间，山石是从云南石林运来，气派远比平安宏大。当众多客人集中入住时，不在接待厅办理手续，改在厅旁的花园进行，令客人一进饭店就置身优雅环境之中，立即情绪兴奋欢愉。

宾馆的标准间，以同样星级的来说，各国各地大小不同，平安宾馆的房间就较狭小，我住过的法国旅馆房间也小。

京都皇家宾馆不提供给免费使用的擦手油、针线包，充电插座缺如，只好利用台灯、烧水插座。可是平安、皇家及轻井泽旅馆价位甚高，一个标准间均为每日约350美元，以此可知在日本旅行费用颇高。

旅馆房间盥漱间，马桶旁边的墙上多设有电话，给客人利用方便。日本宾馆房间的智能马桶盖，冲洗水的水势从不分强弱到区分，从无干燥功能到有干燥功能，可见技术逐渐改进的过程。这种智能马桶盖设备，他国罕见。现在手机是人们最常用的通信工具,北京中国大饭店适应时代要求,在盥漱间马桶边墙上安置木板台,供客人置放手机,真是想得周到。

旅馆提供无线上网服务,有的收费,有的免费。令我没有想到的是,2017年秋天住进蓟州一间农家乐,居然可以免费上网。

日本轻井泽旅馆有交通车,接送客人至火车站,免费服务。大多数大宾馆有交通车按班点发车,收费送客人去火车站。

国际性的高级宾馆接待人员理应有外语能力,轻井泽旅馆接待人员几乎不能用英语、华语交流,唯有一位出身中国的职员,能通多种语言,服务到位。在餐馆,服务员多不通英语,更不通华语。联系日本研究中国历史的学者,我所接触过的,如今耄耋之龄老一代能够阅读汉文而不能讲华语,乃因二战后求学的那一代,缺乏学习华语的条件所造成,比他们年轻的一代能说不流利的汉语。看来斯时的日本外文教育水平不高。

东京千禧酒店(MILLENNIUM MITSUI GARDEN HOTEL,TOKYO)设有中文频道 CCTV,转播央视 2—4 频道内容,有的话语原放("国语放送"),有的日语配音,经济内容多,如介绍"一带一路",2017 年 4 月 17 日 21 时后播放《三八线》(配音);王立群在"百家讲坛"的《宋太祖·李煜》早晚播出两次,内容重复;还播放《远方的家·斯里兰卡》("一带一路")(国语放送)。

餐　饮

京都一家不大不小的餐馆,印象特别深刻。我们因不懂日餐精髓,请店家根据我们人员状况搭配上菜,第一次送上几样,没有吃饱,又请继续上菜,吃罢仍有食欲,又要了第三次,送上来一丁点鱼头菜。见店家可能按照日本人饮食习惯,不多进食。乃结账,一点不贵。原来店家为食客着想不多上价位高的食品,不多上菜,不让客人破费,但是搭配令人满意。诚实做生意,令我们大为感慨。传统社会商店往往标榜"童叟无欺",真正做到,就是讲究诚信。而今不时在网上看到饭馆宰客的天价虾、天价蟹信息,客人那里还敢要店家配菜!就此而论,日本京都那家餐馆的品格,与中国宰客的饭店相比,不啻天壤之别。

在日本,进入餐馆要脱鞋,客人餐后离开,服务生早将鞋子放在穿着方便处了。

东京银座区一家商厦底层专卖食品,多家大排档,各卖特色食物,在盒餐档卖的盒饭,到 20 时后,减价 30%~50%,不出售过夜饭。澳洲悉尼一家商厦大排档面包店,当日卖清即日面包,前些年见有华人用大纸袋购买削价面包,或谓系午餐店用作次日出售食品。

日本菜店,酱菜柜里陈列的品种,顾客可以先品尝,而后选购。想象中,只有顾客自尊自爱,才能实现。

在美国 COSTCO 超市,推出一些小块食品或饮料供顾客随意取食,确有人品尝后购买,也有食用后扭头离去。这也是相信顾客自爱的。记得若干年前,美国一家公司进驻上海,售出商品可以任意退货,于是有人将化妆品几乎用尽,然后以不合适退款,如是者多,该公司赔本不迭,撤离上海。近日网传,美国五星级游轮被中国大妈吃得亏本,退出中国市场。其实吃是一方面,更主要的是中国游客不再有其他消费,商家赚不回饮食方面的补贴,这可能是主要原因。消费者应有其人品,才会得到商家尊重,君为人不端,谁还侍候你?!

游客的餐饮习惯。2018 年末,在美国的游轮上度过,晚间就餐的大餐厅,每见服务生引领白人五六人,或七八人就餐,都是选择长条桌,让人们对面就座;而引导中国人群客,则是圆桌就坐。服务生是依据东西方人社交方式进行的,是尊重各自文化传统。中国人就餐是共食,菜肴放在桌子当中,各人自取,便于传杯递盏、布菜、夹菜,热热闹闹,交流感情。西方人是分食,各自吃食自己的那一份,不需要圆桌放置公共食品。

本文原应按设想写下去,因故暂停待补。总之,我的旅行感受有二,旅游是世界各国公民的共同行为,现代社会旅行方便,形成世界潮流,各国各地都有大量的旅行者,发展旅游业、旅游产品也是一种潮流,此其一;其二,人们旅行的方式方法相同,都使用现代化交通工具,投宿现代化宾馆,享受各国各民族食品和文化产品,此乃普世共识,是大同,当然也有差异,同样是旅者,中国人到旅行地希望进中餐馆,其他人会选择西餐、阿拉伯食物、日餐,各以其习惯和喜好而选择。这是大同中有差异。也就是说,既不要否认共性观念,也不要忽视各国文化特征和差异。

(2017 年 4 月 14 日初草,2019 年 2 月 2 日成文)

中文在海外从罕见到常见

笔者曾经因出席学术研讨会前往西欧、美国,近年时或往大洋洲、北美、东瀛旅游,兹将在海外所见中文母语的情形及产生的感受略述于此,愿意与读者共享,希望不让诸君失望。

一、不关心中文将成为世界上最通用的语文问题

美国加州大学伯克利分校教授富勒于 2010 年 2 月 7 日在《纽约时报》发文《美国人是真要学中文吗?》,说:"想象你每个月的抵押贷款账单寄到了,只不过上面的文字突然都变成中文。"[1]世界上将会出现中文取代英文,成为最通用文字吗? 中文会不会成为世界最通行的文字? 本文不关心这种问题。

西方人可以任意思考,任意发表言论,至于其思考、言论内容,关涉到中国的,他是出于何种目的,善意的,恶意的,客观的,不必代其思忖与解说,因此说你好,不足喜悦,说你坏,不必着恼,所以无需关心上引那类话。过往华女与西方人结婚,真是不少,如今偶有西方女子与中国人结为连理,网络上的信息不时可以见到。本来不是新闻却成了头条,何也,依然是原先弱国心态的表现。是以不必看洋人怎么说,关键在本身状态如何!

话说回来,中文在海外状况的巨大变化,着实引起笔者的注目。在中文日益成为世人关注的社会背景下,笔者想陈述近二三十年,中文在澳大利亚、新西兰、美国社会频繁出现,兼及日本的情形。所利用的资料,并非有意识调查所得,系随机性的,有海外发行的中文报刊资料,较多的系街头所见,以及商业广告资料。在这些资料中发现华人社区值得注意的问题,虽亦略述感想,但不过是信笔写来。

---

① [挪威]小高、史蒂格·史丹斯利著:《被扭曲的中国》,吴国卿译,台北联经出版事业公司,2016年,第 210 页。

二、中文在海外，从罕见到不时进入眼帘

在大洋洲，中文，从罕见到不时进入眼帘。罕见，是指中文刊物之外，在街道上偶见商店的中文招牌和中文小告示。二十几年前在新西兰奥克兰，除了中餐馆有中文餐馆名称，如美心酒楼之类，有出售、自取的中文报纸，自取的商业广告；在其他公共场所，唯有赌场门前用英文、中文、韩文书写的牌示。在旅游景点的文字说明，英文之外，偶有日文的，中文与此无缘。所以在赌场门前看到中文，本应有亲切感却生发不出来，国人赌博的恶习令人不快呀！二十几年后到基督城，在机场出租公司营业部门前放置中文杂志，系建筑商广告册，在市区见到若干中文广告牌和中文餐馆、公司名称。在皇后镇，多家旅行社置放若干种中文宣传品。

20 世纪末，在悉尼的华人集中区，常见中文商店招牌，又以中餐馆为多，如英华小厨、福临门、三六九上海等，华人商铺门前地上摆放自由取阅的《人民日报》海外版、《新快报》（前期为街道置放的非卖品，稍后有出售、免费两种）、《大纪元时报》等。近十来年中文报纸：悉尼市面上有发售的报纸《星岛日报》《澳洲日报》《澳洲新报》《新快报》，21 世纪初市面上有《自立快报》，后来不见了。自由索取的有《大纪元时报》《看中国》。各大报每周均有附送的周刊，《澳洲日报》周末有《1688》赠阅新闻版，另有《澳周刊》《华声地产》，免费取阅，注明"免费取阅每人仅限一份"。《澳洲新报》赠刊《澳洲新报》周刊，《新快报》周末有《财富一周》，是所谓"置业天梯"的资料。《雪梨周报》，声称是："关注时代传媒、关注时事、时尚生活，澳大利亚最赋特色的华语生活类资讯周刊"。还有《新市场报》等商业周刊。澳洲东方传媒广播电视集团文化中心主办《（澳洲）环球瞭望》月刊，悉尼刊出，免费索取。华文报纸出版年节特刊，如《澳洲日报》《墨尔本日报》《昆士兰日报》联合出版 2017 年《新春特刊》。澳洲基督教新生命事工协会主办的月刊《生活》，至 2017 年 12 月已发行 200 期，当创刊于本世纪初，向全澳洲赠阅，每期出版 24500 册。经费来源，少量是广告费，大量是教会及个人捐助。还有《号角》，澳洲与美国均有印行，不过内容不同，各有编辑部负责制作。墨尔本出版的基督教周刊《同路人》在悉尼有多家发送点，周末上街的人多能获得。基督教宣传品很多，小册子《守望台》，"宣扬耶和华的王国""谁住在天上？""值得思考的问题：生于死"。小册

子《警醒》，"传世经典，值得信赖""圣经在各个方面准确无误"。"欢欣华人基督徒传播中心"将《如何回应婚姻平权》译成中文，并推出"声音版"，系自由索取图书。

佛教的结缘书籍颇多，品种不下十数种，放在华人超市、医疗中心、LOTTO 店等处。悉尼中华佛学会明月居士林成立于 1982 年，2016 年 10 月举行创林 35 周年纪念会，500 名澳中政要嘉宾到会祝贺。

北美有传统大报《星岛日报》《世界日报》，《明报》近年似乎活跃，在拉斯维加斯、萨克拉门托都有它的办事处。金山湾区有《老中》，南湾版，半月刊，报道新闻并刊登广告，并办有"老中广播电台"。华人商店门前置放的佛教书籍，颇有不同品种，《菩提禅修》《禅修 yu 健康》《认识佛教》《佛学概论》《不要把心弄丢了——修行人的告白》《卢胜彦的哲学》等等。

至于在日本，文字改革以后仍然留用许多汉字，今日在一些公共场所所见汉字是依照汉文规范写法，与英文同时出现，则是提示华人的了，如新干线东京站显示屏："东京 东京 ToKyo"写出汉文繁体"東京"与简体"东京"。

中文广告，不考虑新闻方面的，其内容可区分为五大类，即旅行及旅行社、房地产、餐饮业、医疗文化教育，以及特种类型。下面按照其内容一一录入一些资料，而后略抒感想。

三、中文昭示的旅游业内容

澳洲悉尼北部车士活(Chstswood)镇的华人商业区，拥有各种华人经营的商店和金融机构，旅行社，仅城铁站附近步行街区就有松柏、康达、新世界假期、见闻国际旅行社四家，使用华语服务，在松柏旅行社墙上有英文提示，意思是"我们用中文同你交谈"。另外的商业楼还有旅行社，如飞达旅行社，至于悉尼的其他旅行社，有环球、欢乐旅游、寰宇国际旅游、启程旅游、日月光旅游、澳阳旅游，天翔、明星、中信国际、国安、澳华、金龙、鸿喜等等旅行社，不胜枚举。

多家出售旅游产品商店。仍以车士活镇城铁站附近商家为例，有"澳优选"旅游产品店、澳亚贸易悉尼店等，一家门楣大书"澳洲制造认证品牌"，"澳大利亚机场认证免税店"，"厂家授权批发代理分销商，欢迎店内洽谈批发业务"，介绍一种保健品，"每天一小勺都是'胃'你好"。前往华人旅游产品商店楼梯的中文广告:"澳洲特产""代购批发""全球快递""回国礼品"。另有医院广告:去皱治疗,鼻型修改,肉毒瘦脸治疗,脸型及唇型修改,玻尿酸整形治疗。代销代购店名称,走不远就能进入眼帘,甚至名曰"华人邮局",(澳大利亚邮局)"中国直邮店""跨境直运中国""快递奶粉""新到多种绵羊油,回国礼品"。

新西兰免税店中文广告:"100%新西兰节省(免税)75%~35%",商品有"皇家蜂毒眼霜""皇家蜂毒面膜"。有的商家特意写出:"新西兰旅游局颁发品质保证旅游商店""中国旅游局颁发品质保证旅游商店",货架上大书"优质"二字。使用"银联"卡付费,"店内消费满 RMB 800,即可获得一条独家围巾"。此外,在街头一些商店中文名字,如家乐福礼品店、万方纽西兰特产礼品连锁店、万国旅行社、佳乡味饭店等。

新西兰旅游点安全告示,有英文、中文、日文的,中文"岩石上容易滑跤,请勿越过安全栅栏"。

新西兰南岛早期华人矿工居住区,成为旅游点——箭市华人住宅区,有中文牌示"欢迎光临"和说明:"约有 8000 名华人来到奥塔哥-南都地区和西海岸金矿区……占矿工数的 40%。""逝去的年岁,淘金者的结局:到 1890 年,奥塔哥容易淘金的金子全部淘光了,许多华人矿工离开了"。"华人田园,为社区供应食粮:靠土地生活……","岩棚……","额外收入……","遗存的实物,重构过去"。这里有亚林商店。

在日本京都皇宫,见到汉文"参观者休憩所",竹子挂牌,上书汉字"汉竹""吴竹",匾额有"清凉殿""紫宸殿"。东京渔市海鲜丼(馆)提示顾客:"请不要携带食物入内,每人至少需要点一份。"在金龙山浅草寺传法院庭园汉文告示,写明本堂连日法会之朝座、昼座,圣观音法、大般若经转读会的具体时间。各堂堂名介绍:雷门、本堂、影向堂、传法院。五彩城多处写中文,表示欢迎与提示所至处所,诸如"欢迎光临五彩城"、维纳斯城堡、东京娱乐城、东京演播活动大厅、摩天轮、古董车博物馆。有的名胜处,中文警示"步行中禁烟"。有的酒店接待厅内写有中文提示:"1—6 时大门上锁"。

四、餐饮食品和保健品

车士活有太多的中餐馆。在 Mandarin(华人商厦)三层有福来门酒楼,有大排档东西坊、马来西亚、镇北店、优滋味、香港站、港式小炒、杨国福麻辣等，东西坊菜单中英文对照，如三巴四季豆炒米粉、特别炒饭、菠萝海鲜炒饭、印度尼西亚福建炒面等。因这个楼层多中餐馆，故有特殊中文标识，曰"珍馐美馔"（配有英文 Food court"餐饮区"）就在这个楼层的通道，地上书写中文祝福词汇："健康""家庭""幸福"。这个楼内，还有美而廉超市，其他中餐馆、食品店、华人超市遍布小镇各区，LEMON GROVE 商厦食品区有北京葡萄园小吃、李先生锅店、北方拉面馆、嘉嘉牛肉粉等。维多利亚大道（VICTORIA AVENUE）上有：好上好烧腊店、东泰林烧腊美食坊、马来西亚饭店、香满堂食坊、一芳台湾水果茶、星城海鲜馆、名牛食府、香港茶餐厅、新上海、上海天同餐馆、茉德餐厅、大家好烧腊店与肉店、水井坊川菜馆，华人西点心店两家——包店、85℃。火车站楼上有添好运等多家饭店，Woolworths 楼内有鼎泰丰饭店、肉夹馍店、卤肉饭店，真是数不胜数。超市，前述美而廉有两家（一在华人楼，一在 Woolworths 楼），吸引顾客的更有万佳、通利、新人人。

澳洲燕窝专门店，声称"精品天成""健康永恒"，推行"澳洲下单订货，货送到国内任何地址""欢迎零售，批发团购，价格优惠"。日本日惠株式会社生产的御惠牌赤灵芝，新西兰代理公司在澳洲《同路人》杂志做中文广告："日本制全植物胶囊""国际品牌""最紧要妳识捡"。

新西兰南岛蓬莱小馆，门面中文写道：正宗粤菜　精美小炒　喜庆宴会。还有华盛达酒楼分店，文华酒楼，中友便利行。日本南十字星料理，营业时间，中文书写"营业中"，"我们有中文菜单"。

新西兰一家葡萄酒厂用中国十二生肖为商品命名，以当年生肖定名，如"马年""龙年""蛇年"。澳洲兰尼斯特葡萄酒集团中文广告，谓其生产量已达数百万公升，是五星酒庄，市场分布于北美、欧洲和部分亚洲国家。

美国旧金山狮子城超市，各种商品写出中文名称及价码，如大茄子、西红柿、芦笋、丝瓜、蔬菜葱饼、孝感米佬酒、芋头糕、甜年糕、猪颈骨、猪肉排骨丝、虱目鱼、吴郭鱼、特级鱼豆腐、去头大虾、珠江桥牌生抽王、去衣绿豆片、黄冰糖，等等，出口提醒牌示："顾客购物后，请各自检查货物，离开后本店恕不负责，多谢合作！"在其附近有多家中餐馆，如小刘清粥、妈妈饺子、巴山蜀水精品川菜、环球饼店、活泉水站、品客多、香港茶餐厅。旧金山日本料理、韩国餐馆都有中文标识，日餐馆的筷子包装印有"御箸"字样，菜单中英双语对照，如"原味鸡蛋仔"、巧克力鸡蛋仔、芒果布丁、日式碗饭、盐酥鸡碗饭、炸豆腐碗饭、炸猪排饭、蜂蜜凉粉等。韩国长寿饭馆筷子包装印有"长寿"汉字，华人作生日往往在这里设宴，取其"长寿"吉祥之意。

五、医疗文化教育

澳洲悉尼车士活城铁站附近一个楼里同一楼层，有袁智江诊所(伤科·推拿)；萧佳彬中医药针灸中心；广源堂，中医药针灸推拿跌打；催眠中心，凤雅堂，诸家中医诊所。华人开办的康平医疗中心，使用华语为主的语言。该镇还有泛诗美专科门诊医院、泛诗美医美(集团)医院、明医堂中医药诊疗中心、苏牙科诊所。北京同仁堂也在车士活开设门市部。此外，农本方中医诊所，宣称"现代化中医诊治服务，融合传统医学精髓，香港第一品牌"，"采用电子医疗系统……准确控制配剂分量"。何威廉师傅广告："道家脊椎矫正术，专门接受无法根治之症，成功率百分之百"，并云"道家功夫运动疗法胜于医药治疗"。黄氏姐妹中医治疗中心，特长皮肤专科。瑞安堂中医方药、针灸、推拿，有老中医、女中医坐诊。还有刘早兰中医诊所，澳洲注册中医师。墨尔本伍俊熙全科家庭医务所，并有合作人专长针灸。

韩国人在车士活开办的两家汉医院，一名"高丽汉医院"，内设韩方神经科、韩方妇人科、韩方小儿科、韩方内科、针灸科、中医草药；另一曰"大汉"，与中医有关，所售商品广告，中文写道："解毒去湿""止咳润肺""养血美颜""清肝明目""清热防感冒"。

澳洲生产的安糖宁胶囊、天宁胶囊等药品广告："澳洲 G&W 现代中成药""亚健康难治病天然药物系列"，"二十载潜心研发结硕果，汇古今专利新药创特效"。"轻松降糖，享受生活"。

悉尼学者精英学院，1997 年创办，声称"培养精英之精英"，"一直以高品质的教学驰名悉尼，所取得的成绩有目共睹，有口皆碑！"主要是办培训课程，如依据家长和学生要求，特设 7—10 年级英文写作特别训练班。悉尼高等商业和法律学校，在法律、国际商务、会计、金融、市场营销及公共关系等学科提供三年学制的学生及硕士生快速课程，表示学校是澳洲政府 GOAD 教育质量标准署 TEQSA 正式注册的高等院校，唯一由世界顶级商业服务咨询机构澳大利亚普华永道直接投资的高等院校,中国教育部涉外监管信息网认证并推荐的 42 所澳大利亚大学与高等院校之一, 提供澳大利亚政府认可的本科与研究生学位课程。

悉尼城市法学院,推出四年制本科法律大学课程,招收澳洲本地生和海外学生。北岸进修学院,始建于 1992 年,设有中小学、幼儿班各年级课程。菁英音乐研习班,广告谓其是"悉尼唯一培育优秀音乐学子的学校"。悉尼创新专业培训学院,建筑业,华人导师,双语互动教学,辅导课程为期约三四个月,证书文凭课程均获政府教育机构认可,有三级木工证书、四级建造证书、建筑文凭证书。悉尼中医学院,澳洲国家高教局注册高等学校,中医、针灸、配药三项皆注册,四年中医针灸师注册资格,还设有推拿按摩文凭班。国际能量针灸学院,设有气电能量班、能量针灸班。南洋教育补习中心,等等。与上述各种学校不同,墨尔本常青大学,是基督徒于 2000 年为老年人进修开办的,设有书法、绘画、园艺、声乐、合唱、普通话、英语会话、太极等班。

圣公会巴拿巴神学院开设阿德莱德中文神学课程,由神学博士钟东升牧师主讲,讲授旧约概论、新约概论。

澳洲塔斯曼尼亚水族馆附近商店出售海马补肾丸,广告用中英双语文对照:如中文"海马补肾丸……天津乐仁堂制药厂"。

旧金山易忠中医针灸诊所,以针灸、推拿、拔罐为技能,专业经络按摩,接受医疗、车祸、工伤保险,各种病症,如电脑病,免费煎药,湾区首家免煎中药饮片。美华药房,系中药行。

旧金山贝家乐教育中心。

拉斯维加斯的一家参茸店,招牌下"参茸海味""健康补品"。

"足疗"商店,在悉尼、旧金山、拉斯维加斯迅速发展,成了新兴"产业"。

悉尼华兰健康集团开设足浴足疗用品零售批发中心,广告云:"千里健康之路始于足下",推荐各种产品,有藏红花足浴、藏红花沐足粉、玫瑰搓浴盐、足浴熏蒸凳等。华兰堂中医药中心经营中医药、针灸、按摩、足疗、美容美甲产品,批发零售。

六、房地产业的广告词

车士活有金峰地产、来澳地产。悉尼鼎盛建筑行,广告云:承接新房、加建、扩建、翻新。广东安华美博置业集团有限公司,计划"打造专攻最具代表性和影响力的'澳洲城商业概念'"。另一家建筑公司自云:"信誉最好建筑公司,有 20 年经验,保证绝无隐藏费用,提供华人现场视察","设计审批建筑一条龙"。PIA 华人地产投资同盟,"是悉尼华人地产界中,最具规模之物业投资公司",由于业务扩展迅速,招聘全职地产投资顾问。黄金海岸有诚信地产。澳洲本土开发商 CENTRAL EQUITY 在墨尔本出版的《同路人》周刊做广告,表示2015—2016 财政年度,推出"特别优惠"的"位于墨尔本三个市区""别墅+地块出售"(483 期,2016.6.24—6.30)悉尼出版的商业广告周刊《华声地产》,至2017 年 4 月 21 日发行第 155 期,应于 2015 年初开始印行。为投资者提供悉尼房地产信息,"投资者独享机会","黄金海岸 2017 年抢购热点!"阿德莱德的澳联地产,宣称"是华人在澳大利亚南澳地区首选信任的地产品牌","作为澳大利亚本土的华人中介公司,澳联地产一贯坚守并贯彻执行的最高标准——专业、诚实、守信"。免费房屋评估,普通话、粤语、英语服务。八方地产公司,表示"服务八方"。2019 年 2 月,自称是澳大利亚龙头房地产集团的皇冠房地产集团,推出全新"曼哈顿风格"珍藏版公寓。

悉尼原有两家房地产杂志,即前述《华声地产》和《雪梨地产》,正在笔者补充本文之时的 2019 年 3 月,《查房》创刊号问世了,表示:"一群热衷数据研究和互联网创新的 IT 即房地产人士创立,以大数据和人工智能为驱动,着眼于做购房者的'选房者的参谋',助力大家选对房。"

笔者在新西兰基督城见到的《南岛房地产》第 1 期,2015 年 12 月印刷,刊登售房公司及相关行业的广告,西人的"四季房产"广告:寄语华人购房者,招聘华人营业员及营业员的中介房房源。另一家西人公司招聘华人营业员及其条件。一家公司的分公司,业务是买卖房屋、房产抵押、保险、翻译。另一家分公司,充任房地产买卖和法律顾问。哈考特金地房产宣称:南岛不动产专家,全新西兰首家拥有国际化服务平台——国际部。还有文章介绍新西兰买产流程,首次置业该如何选择。《亚洲桥》是一份生活杂志,2015 年 12 月已经发行到 154 期,房地产业广告是其重要内容之一,如黄河建筑,具有十年历史,业务包括新房设计、建造、重建、商房、工程管理;一家建筑公司招聘木工、项目经理。

七、金融、信贷业之广告内容

车士活 ANZ 银行营业厅,客户等候地区中英文字提示说明,中文是:"请在此等候","预约客户请在此稍候",商业业务的客户区,写出"商业客户"字样。联邦国家银行取款机,有中文显示屏幕,2019 年中国年庆贺横幅,书写和图画并用——"20(猪头图形)9"。中国银行在悉尼开设两间营业部,其中一家设在车士活。汇丰银行,在悉尼设有多间营业部。

多家货币兑换店,"融侨速汇"业务是人民币、澳币"双向汇款";"金琼货币兑换"写出"汇款首选"的自许。阳光资本悉尼分公司,广告表示:"澳币人民币双向汇款,即时到帐","选个汇率好的公司,安安全全把钱寄到家"。

律师行和移民。澳亿集团广告云:"资深商业投资移民专家团队",可以提供"独一无二的移民及投资方案"。澳太国际教育移民顾问中心,宣称:"由中西专业人士构成,拥有丰富的专业知识和多年的办案经验,处理各类疑难案件无数。"具体操办境外学生签证、商业移民、配偶移民。金海岸公司业务是办理留学、移民、翻译。法兰克澳资留学移民事务所,成立于 2001 年,代办技术移民、学生、家庭团聚、雇主担保签证。潮流教育移民联盟留学服务中心,有"二十年资深经验,过万成功案例"。澳大利亚盛晶律师行业务范围:民事及商业诉讼、商业以及公司法、移民法、国际公证业务、地产买卖业务、遗产继承法。松柏移民公司:精英专家阵容,专攻疑难之案,擅长解决黑民合法及永居申请。安信移民会计师事务所,自云:"15 年资深专业机构,专注移民、税务"。安信会计师楼,系澳洲会计师公会会员、澳洲政府注册税务代理。南半球律师行,移民法律事务中心,办理业务有国际公证、物业与商业法、家庭法、继承法、移民法。通达会计师事务所,提供各类专业税务服务。悉尼西人会计师事务所用中文在《澳洲日报》悉尼版做广告,云:"丰富经验会计师,正规税务代理,公司及个人报税,会计理账,税务策划,接待指导,公司注册,核数及结业,退休基金计划,消费税及澳洲生意号码注册,多位华人职员为您提供全面的会计税务等专业服务——使你高枕无忧。"(2016 年 6 月 25 日)该事务所的另一则中文广告:"丰富经验会计师,正规税务代理。"

信贷。录悉尼一家信贷行广告:"最佳信贷","本公司接纳受理的申请,我们能保证您的贷款成功批出","特别介绍:商业楼宇借贷可达 90% 无用保险"。华人同盟信贷："华盟信贷，您最可靠的信贷专家"，"我们的承诺：您100%的满意，永远是我们的服务目标"。信贷业与房地产业有不解之缘，信贷公司均宣称：贷款、地产、律师一条龙服务，提供全方位免费咨询服务。此外，还有恒生集团、诚佳、盛佳、精英、精诚、成功、银通、广厦、澳资、捷达、发展等多家信贷公司。

塔斯曼尼亚熏衣草庄园商店接受支付宝，中文牌示："本店推荐使用微信支付、支付宝"。

新西兰有百胜换汇店，机场多有"两替"兑换门市。

旧金山多种商店接受支付宝，打折。使用中国建设银行"龙卡、信用卡、银联卡境外刷卡，消费享 8% 返现"。

旧金山律师行公证所，办理公证、委托书。

八、其他各业

金融业、信贷业、交通、旅游、餐饮等行业之外，还有华人开办的，或非华人经营的、经管的事业，也能见到中文和以华语为交流媒介者。

使用中文做广告，从事慈善募捐。ICC 国际关心中国慈善协会主办"走长城（步行筹款行动）"，为"挽救生命，终止弃养"，所有筹款"将为中国的被遗弃和伤残儿童带来关爱希望与机会"；悉尼基督教新生命事工协会赞助行动。

蜻蜓电视网络公司中文广告："华人通信娱乐专家"，"稳定高端正版直播版权，H.265 流畅，CNTV 正版授权"，"惊喜！另送国际长途包月拨打"。

电信器材店、手机店、杂货店（兼卖彩票）、理发店，等等，笔者去过的澳洲、新西兰、美国一些地方，享受过他们的服务，其经理人员，早年时多讲粤语或台湾普通话，近年说大陆普通话者大增。

丧葬业是不小的行业，华人的、白人的丧葬业经营者，无不面向华人丧家，大做中文广告。笔者因撰有专文《当代海外华人的丧葬礼仪对中华文化的传承与反哺》（《历史学家茶座》第 5 辑，2006 年）、《简论当代海外华人丧礼文化与中华文化的海外生根》，南开大学历史学院等编《纪念郑天挺先生诞辰一百一十周年中国古代社会高层论坛文集》（中华书局，2011 年），不在这里缕述了。

中文书店,车士活华人楼内有一家,较多地经营繁体中文书籍,开张几年就关闭了;在悉尼市中心有中文书店,似乎顾客不多。不过车士活图书馆内有上万种中文图书、杂志、报纸。笔者于 21 世纪初在旧金山的一个小区,见有中文书店,近年亦不见了。

澳洲维多利亚省的大洋路,有一处是交通事故多发区,游客也多,2018 年树立中文交通禁示牌。

近年,在中国年节庆期间,悉尼、旧金山街头、商店出现中文庆祝字样。如 2019 年中国年,车士活街头有一只硕大的充气猪,红色,腿部、腹部各书倒写的大"福"字;步行街心,多处矗立大红灯笼,灯笼之间挂着书有"恭喜发财"的彩旗。金山湾区的大超市,2019 年中国年期间,在出售的金桔树商标上写有"福"字。

九、中文学校的文字教育

与人们使用中文于公共场所的同时,是中文学校的开办,澳洲、美国学校的增设中文课程,以及人们对中文的认知,这里说一点零碎情形。

中文学校出现在海外最大的地区,不是那些因华工问题引人注目的澳洲、北美以及中南半岛(印支半岛),而是在亚洲东南部的文莱。笔者是从黄若《文莱的华校和华文报给我们的启示》(《澳周刊》2015 年 8 月 15 日)获知的,原来这里在 1918 年,就设立了中华中学,拥有教职员二百余人,学生三千余人。远年的不说了,近年澳洲悉尼公立小学多有中文课程的开设,教师系马来西亚、香港移民。悉尼政府出资开办中文教育,周末免费授课,有的教室讲台上方贴满古今中外世界名人照片,反映多元文化的信仰。悉尼中文学校创办于 1974 年,分设华语、粤语班,根据教学程度分设十个年级和幼稚园班。另设中文基础班,为没有中文基础的小学生日后升入正规班打基础,还有以听说为主的汉语班,招收中学、大学生和成年人。墨尔本有华人服务社开办的启思中文学校,每到学期开学日,众多家长带领孩子去报名,该校教师说,学中文不仅是为求职加分,而是让孩子配备多一种工具,日后定能闯出一片更广阔的天地。由台湾方面策划,维多利亚洲华校协会主办,"101 汉字文化节"于 2012 年 11 月 3 日举行,四百名学生和百余名家长参加,各华校代表表演诗词吟诵、合唱、舞蹈及手语颂,而以"发扬中华文化,推广正体字"为活动目的。浸信会中文学校学生的"一字诗",配以中国打击乐器演出,给人耳目一新的感觉。史宾威中华公学成人班表演双语朗诵,表演者只学了八个月中文,已能作简单的自我介绍和吟诵诗词。

在美国旧金山湾区,中文学校举办周末授课班,各界越来越重视中文教育。

这些学校的中文课,与第五节所述中文学院办学主旨不同,这是以识字为主,而不是学习科学技术。

十、随想数则

如果再把在澳洲、新西兰、美国、日本街头、商店、报刊见到的中文及其内容都写入本文,笔者亦已感到疲倦,想来读者也厌烦了。抄录就此打住。看到那么多中文,与那么多华人同胞交流,任何人都会有一些感想,笔者亦复如此,下面就将感受略书一二。

(一)反映海外华人事业、生活比较全面地开展与进展

上面过录的中文资料,显示海外华人在商业贸易、金融信贷、房地产开发、律师与移民、文化教育、医疗保健、交通旅游、餐饮娱乐、日用品零售业等生产、贸易、生活各种领域,都有经营,都在消费,换句话说,华人是厂商,是店主,是职员,是求职者,同时是消费者。

海外华人(简称"海华")的历史,早期是淘金矿工,社会最下层成员;稍后小商店的业主有所增加;再后,技术移民进入海华队伍;20世纪90年代以来投资移民急骤增多,海华成员以崭新的面貌出现在移民所在国度,无论是事业还是生活,都有了较为全面的发展,生活品质有了明显的提升。

(二)能够常见中文的原因,经济法则是关键

华人在海外经商、旅行的骤增,移民的增多,中国(含港澳台)与世界各国各地区经济文化交流的频繁,一句话,中外商人做买卖,不论是互利共赢,还是独赢,为加大开展业务力度,适应消费者认读习惯和英文认识能力的不足,使用中文能够沟通,便于沟通。这就是能够在海外常见中文的原因,经贸和旅游发展是动力,是关键因素。

使用"资本"就是要盈利,为盈利就必须以消费者为"上帝",为此要很好地适应消费者需求。2018年是中国生肖的狗年,美国星巴克特别推出以狗为

图案的咖啡杯,在美国以外的星巴克营业部都有出售,年初供应,后来就无货了。商人为赚华人的钱而利用华人节日,不就是增加赚钱的机会吗?他们的商业意识真是非同一般啊!

自从三鹿牌婴幼儿奶粉出了问题,在国外购买奶粉寄回国内,使得华人代购店火了起来,那些所谓"华人邮局""快递奶粉"为其重要业务内容。外国某些商品价廉物美,华人"代购"业兴起了。"无利不起早",赚钱是驱动力。

要而言之,华人旅行者、移民、境外投资者增多,旅游业、餐饮业、建筑商面向华人,故用中文,商人资本增殖及游客需求有以致之,使得中文不胫而走。

(三)消费者来路宽广,旅行者、移民及其迅速增多

商业发展靠的是人气,人气旺,顾客盈门,买卖就来了。顾客是谁?旅行者和移民。中国人海外旅行,人数不得了,以千万计数,增长速度之快,为人们始料所不及。试想,中国十三亿人口,百分之一的人富了起来,就是一千三百万,这么多人撒到世界各个旅游热点,当然会在那里显露身影。外国人办的商家见大批中国顾客到来,赶紧招聘会说华语者,由他们沟通中国顾客,买卖就兴旺了。

中国人海外移民日益增多,投资移民、技术移民、留学、找工留学、配偶团聚、家庭团聚等等名目的移民与日俱增。在澳洲,华人120万,占到总人口的5%,增长速度前所未有,而经济力量比其他少数民族较大。在美国、澳洲,中国留学生的人数总在外国留学生的前列。据2019年3月7日网络贴文,国际教育研究所年度报告,美国国际学生1078822,中国留学生350755,居第一位,其次是印度186267,韩国56663,美国因此受益400亿美元,由中国来的占其中30%。20世纪90年代港人移民加拿大者,位居加拿大移民数的前一二名。移民,既有自己的事业,赚钱的同时是消费。

(四)当地"土人"(无论是白人或其他肤色者)商业意识强,为开辟华人市场而运用中文

前述多家白人公司作中文广告,甚至用中国生肖图案制造商品——酒类和器皿,无不显示他们向中国人做生意的强烈意识。

2018年,到澳洲的中国游客142万,有10家航空公司往返于中澳两国,潜在的客流量220万。中国旅行者每年为澳洲的经济贡献为115亿澳元。澳洲旅游局鉴于中国是澳洲最大的游客和留学生的来源国,为招引中国游客,

决定斥资 328 万澳元,到中国去做广告,向中国人介绍"道不尽的澳大利亚"。

(五)新行业的兴起

中医,在海外迅速推广开来,原来是偶见,现在是不难发现。其服务内容主要是外科推拿、按摩、正骨。中医是真正的国粹,主张辨证治疗,具有科学性和实用价值,移植海外,有其必然性。

足疗,大约是大陆国人移民、旅行者增多的表征。在国内流行的行业,居然在海外出现了。

(六)为什么在华人频繁出没的某些地方罕见中文?

2019 年初,网上贴文谓美国五星游轮撤离中国,是被"中国大妈"吃跑了。国人虽然能吃,但也不至于吓跑人吧!事情出在哪里?原来游轮价位不高,但是乘客一般会有付费购物行为,中国人"节省",并不消费,聚餐不会买酒,而白人游客往往会有这类消费;游轮到旅行景点,代售门票,吃回扣,而华人乘客是自由行,不必买门票,游轮就赚不上钱了,哪里会欢迎这样的顾客!是以笔者在美国游轮上,国人乘客虽多,未见中文宣传字样。华人精打细算,少消费,是保留传统习惯,也难怪。人家知道你不会在船上消费,何必花精力瞎做中文广告。

笔者在日本,见高档宾馆备有日文、英文服务单,却无中文的。何故?笔者想是习惯使然,尚未及时改变吧?

(七)海外华人尚需提升品位

中文有提醒华人需要自省的内容。有人根据某种迹象预言:"若华人社区无法融入主流社会,华人拒绝接纳多元文化,则可以预计华人亦不容易为主流社会所接受。"海华融入主流社会是双方的事情,一方面华人乐于接受多元文化,尊重他人文化,另一方面是主流社会有海纳百川的气概,不是单方面的事情。华人容易指责他人的种族歧视,不过已经宣誓入籍成为公民,对热爱新的国家和热爱祖国两方面要作好平衡,若居住国和祖国之间有什么不协调,如若把爱中国放在第一位,这样人家会高高兴兴接纳你吗?你是光想得好处来的,人家会欢迎吗?不妨反躬自问一下。

遵守社会公共道德的中文提示。《澳洲日报》刊出《重赏捉贼》广告谓:"近年国际物流及国际快递业崛起……令人遗憾,有一二家不肖业者,为节省成本,专门偷窃本报报纸为包装材料,其行为可耻……为阻止其恶劣行为,本报已向警方报案,并聘请私家侦探调查窃贼住处,拍照存证,并要求中国海关协办此案。"

　　若事情不严重,该报也不会有如此大动作。有华人开午餐店,下午四五点以后,去面包店购买极其廉价的当天处理面包(限当日食用),用大纸袋装走,以便次日中午卖给顾客。大多数华人餐馆档次上不去,原因之一就在食品卫生标准不高,顾客难以认可。

　　(八)中国年的红火与抵制圣诞形成鲜明对照,需要问一个为什么。

　　(这是一篇见闻与游览札记,系陆续增补形成:2015 年 12 月始写于新西兰,2017 年 4 月续写于日本,2018、2019 年之交续作于美国,2019 年 3 月 11 日成稿于澳洲)

出国游的文化省思

2015 年金秋,我有欧洲英、法、意、瑞士、摩洛哥诸国之游,生发些许感想,信笔于次。

两个层次的"穷旅游"

在巴黎随团(华人团)旅行开始,华人导游先生说我们这个团是穷人团,因为该公司同时出发的有购物团、豪华团。猛听"穷人团"之言,立即想起三十年前的"穷旅游"信息。80 年代初,人们刚从生活文化禁欲中解脱出来,一部分人也还没有富起来。北方人的夏天避暑,去北戴河是首选,而该地的旅馆,多系大机关的招待所,供自由行旅客投宿的旅店极少,很难进入,然而天无绝人之路,斯时中小学正放暑假,商业意识强者,便利用校舍办起临时旅舍:以教室为客房,课桌拼凑为床,或备有蚊帐,或无有,遂招客住宿,价格低廉。投宿的游客清晨到东山看日出,白天海滩嬉水,颇为惬意,晚上在课桌椅上硬挺反侧,或者听凭蚊虫肆虐。北京人很风趣,将此种旅行自嘲为"穷旅游",倒是极为确切。其时穷旅游者是普通的工薪人员。穷旅游虽有辛苦一面,却换来欢欣愉悦,起到改变单调生活的效应,亦为值得回味的人生之旅。现今出国游的"穷人团"旅游,其实是观光游,如果我们以出行目的划分,当代人之旅行可以分为几类,即观光游,休闲游,购物游,业务研讨为主、观光为辅游,考察游,历练人生的背包客之旅,等等。所谓穷旅游者,以观光名胜古迹风景胜地为主要目标,每日要乘大巴赶往数处,匆匆而来匆匆而去,是实实在在的走马观花,甚而连走马观花的程度都达不到,仅仅是人到了景点,拍照了,留影了,可以向他人说道了,显摆了。行程中住的宾馆,偶有三星级别者,多数为带有卫生间的狭小卧室,其狭促之状顶不上国内同类旅馆。此行之主人,各色人等。三十年前的穷旅游与今日的出国观光游,虽均可谓为穷旅游,然而绝不是一回事,实乃不可同日而语者:是两种不同层次的旅行。那种睡课桌、不相识者共

399

居一个教室的旅行,是真正的穷旅游,出国观光游,消费以万计数,非穷人也,只是对豪掷数百十万购物者显得寒酸。西欧游,是文化消费,是高尚的文化享受,是领略近代西方先进科学文明和当代西方人生活方式的好方法。在意大利比萨斜塔得知,近代实验科学奠基人、近代力学之父伽利略是在这个斜塔和威尼斯圣母大教堂钟楼做的科学实验,在文化名城佛罗伦萨有伽利略教堂,民主广场竖立着他的铜像。至威尼斯游览,不由得想到文艺复兴时期杰出戏剧家莎士比亚的《威尼斯商人》,到维罗纳,竟然有所谓朱丽叶故居旅游点,简直是为莎士比亚树碑立传了。伦敦建有纪念莎士比亚的"莎士比亚环球剧院";英国王室举行加冕礼的威斯敏斯特大教堂,埋葬王室成员和名人,莎士比亚在此有其一席之地。生物进化论创始人达尔文,亦当仁不让地归宿于此。我们缺少基督教知识,参观梵蒂冈圣彼得教堂、佛罗伦萨百花圣母堂、米兰圣母大教堂、巴黎圣母院、伦敦威斯敏斯特大教堂、剑桥国王学院教堂,无不感受基督教、天主教对西方文明、对西人人格塑造的影响,以及早期传教士与西学东渐、儒学西传的关系。置身其间,对近代西方文化感受就深刻一些了。这种文化享受,就比一般性的大饱眼福高出一个层次了。"穷旅游"的观光游,显然是有益的。

当代"孝子贤孙"与亲情

近日互联网上信息,西安某翁,其子女各有不止一套房屋,而其本人上无片瓦下无立锥之地,哀哉老人!至于不讲公德、缺失诚信,更是不争的事实。笔者确知,十几年前移居国外之某夫妇,将国内房子卖掉资助儿子夫妻买房,虽然其时国内房价低,但多少也是一笔钱。而后儿子儿媳将老人衣物扔于街道,不让进家。一位台湾移民发恻隐之心,领回家中暂住,让他们等待时机入住政府公房。如此虐待老人,何其无人性矣!(不便用老词说他们"不孝",因为一提孝字,就脱不开鼓吹封建孝道的罪名了。一笑!)在海外,一位善于思考的老人对常在一起聚会的老友们说:"我们现在是做孝子贤孙。"听者中有愕然不解的,也有会心一笑的。试想,爷爷奶奶外公外婆,都在尽心尽力照顾第三代,比当年养活子女更上心,因为那时要谋生,没有那么多精力,现如今休闲了,就以全部精力、卖老命眷顾第三代了。真是在做儿子的孝子、孙子的贤孙。这一切令人心酸、心寒、心热。然而几天的团友生活，让人心暖，让人目睹人间的温情脉脉，目睹中国人的宝贵亲情。事情是，团友不过四十来人，竟有五对母女，占到团体人数的四分之一。母亲有七八十的，也有五六十的，她们安享晚年，圆了欧游愿望，人生无憾了。一位老妇人说还是有女儿好。北方话"女儿是妈妈的贴身小棉袄"，真是不假，五位女儿的实际行为予以验证了。女儿陪同母亲出游，花钱、请假之外是操劳，试想，高龄老妇，多半不通外文，不会使用现代通信工具，出门在外，哪一样不得女儿张罗，女儿自然身心两疲。然而她们欢愉，毫无怨言，是亲情使然，是感恩报恩，这正是她们值得尊敬之处。20世纪大批判，横扫"四旧"将传统文化中的精华当作脏水泼掉了。现在的问题是如何声张亲情，鼓励民间去做是必要的，有效的政策、方式方法自不可少。唱唱"常回家看看"，在社区墙报上批评春节不看望父母者，不过是花样文章。有收效吗？恐怕标亦不能治，与治本更不沾边了。本何在，愚笨笔者不知，唯觉得传承中华传统文化之精华有点靠谱。"敬畏天地、感恩图报、弘扬亲情、竖立博爱意识"，似乎是必要的。"我来了，让高山低头，让河水让路！"让这样的昏话，彻底见鬼去吧！亲情，不时为中外学者诟病，谓之为只顾小家，不顾群体，不顾社会，他人灾难中不伸援手，国人诚然有此毛病。缺少大爱无疆思想，与眷顾亲情是两回事，现在的要务是如何树立博爱观念，而不是批判亲情。中国人对神灵原本是实用主义的，宗教中的博爱观念极其缺乏，可以说基本上无此文化基因。亲情与博爱，一个是弘扬，一个是树立，并行不悖。儒家的伦理学说，是"德性伦理学"，抑或谓之为"角色伦理学"，是值得研讨运用的。

他人灾难，额手相庆，宜乎？

欧行中看到西欧的衰落迹象，加上媒体早就宣扬：我之现代化大都会京华与申沪的摩天楼，纽约、伦敦如何比得了。三十年河东三十年河西，风水轮流转，你们衰朽了，该我为中心了，多么自豪呀！且慢！君不闻"百足之虫死而不僵"乎？何况是否已到死期，谁敢断言。在西欧不难看到衰象丛生。伦敦地铁，遇到小雨，有的地下行人道就漏雨滴水；老旧的街道，虽说打扫清洁，但是水渍成片，潮湿，令人有肮脏感。法国的星级酒店，竟然有臭虫，受害者浑身红肿，店方居然说是前面客人留下的，推卸责任，把商业文明置于一边，实在是一副无赖嘴脸；富裕的摩纳哥，想出向游客要钱一招——收取入城费，索敛小钱。邻居意大利立即效尤。殊不知游客到此必然消费，本就是投钱，何须小家子气收小钱！穷疯了？在威尼斯坐小船游览海港，多处水中冒出阵阵臭气，令人作呕，光顾赚钱，不去停业治理。

法国治安之糟糕，令人齿冷。笔者乘坐海底铁路从伦敦到巴黎，上午到的，随后得知，当天下午那个车站卫生间发现枪支，警察到现场处置。晚间进住郊区一旅馆，第二天清晨听说，夜间一个华人旅行团入住，在门口一位女士的包被抢，警察也来了。在卢浮宫参观，中文的"安全须知"云："博物馆内可能会有扒手出没。他们混在人群之中，趁您欣赏或拍摄馆藏时作案。"如何防范小偷，"注意事项"支招："请将包关紧，背在身前。请勿暴露财物。请将钱币分别装在各个衣物内袋或包内的各个口袋中。请勿将钱包放在臀部后袋内……"叮嘱不厌其详。笔者离开法国，在一处候机厅停留约二小时，遇见三组双双荷枪警察巡逻，真乃如临大敌。一位巴黎华人说，三十年后回首今日，将视为黑暗时期。看来，他不满现状，但有信心会改变。笔者的一位熟人，年初到西欧，在国内就办好旅英手续，到欧洲后发现治安是严重问题，遂取消在欧陆一些行程和英国之行。得知笔者将有欧行，知道不可劝阻，唯一再叮嘱注意安全。今日思之，实在言之有理。如何看待这些衰象乱象？嘲笑，讥讽，高兴，似乎不宜有此态度。今日西欧的不景气，如同人的年龄，呈现老态。他原来也是生机勃勃、意气风发的，上年岁了，年轻时的英姿变得老丑难看，肌肉萎缩，活力衰减，人也显得懒散。那么城市呢，也难免露出破败景象。何以至此？笔者的浅薄学识不可能做出研究性的探讨，仅仅凭藉旅行中的直观感觉，意识到：高福利让人变懒，或多或少令人失去进取动力，在伦敦坐地铁，频频见到匆匆赶车的乘客，觉得有香港人那种紧张办事的气势，而在他处很难见到。此其一。

殖民时代后遗症、外劳与移民产生的严重问题，此其二。在白种人国家，打头碰脸见到许许多多有色人种，殖民主义时代结束了，原来殖民地的居民移居原来的宗主国，分享其社会福利。本国人干活少，劳动力不足，大量吸收外劳。七百万人口的瑞士，有一百万外劳。

难民潮的冲击，此其三。本来就麻烦不少，而今几十万难民涌入，如何承受得起！是否会一路衰败下去？资本主义社会有着调解社会矛盾的历史，早年的不必说了，二战后的高福利就是对应劳资冲突的，高税收的累进税制是防止两极分化的,都起到一些积极作用。当前的问题能否解决,拭目以待好了,笑话大可不必。讥笑老年人丑陋,是轻薄浮浅的表现,焉知自身未来如何?何况自家的肌体是否健康,是否能够长寿,也要走着瞧,关键是关照自家的民众福祉。须知,法国规定,每个城市应有 20%的补贴房。高楼大厦再壮观,究竟与民众是什么关系,难道不需要深思吗?

(写于 2015 年冬初)

学习中文的趣味

尊敬的曾老师,上午好!

亲爱的小同学们,上午好!

现在我们一同来了解学习中文有什么意思,有什么益处?好吗?我想从两个方面来说,首先了解一下中文的特点,然后再谈学习中文的意义。

好,我们就来认识中文不同于其他语言文字特别的地方:

小朋友们,你们知道世界上哪一种语言文字使用的人最多?那就是中文,它是14亿人用来作为交谈、表达感情的语言工具。

小朋友们可能知道,联合国有四种工作语文,就是你们讲的英语,还有法文、俄文,中文是其中的一种,原先你们知道吗?由此可知,中文不仅是中国人的语文,还是世界上一种通用语文。

中文是世界上最古老的、现在还在使用的语文,是活的语言。中文已经有四千年历史,世界上有不少古老语言,但是后来没人讲,没人用了,成为死文字,中文可是几千年来一直运用的,是鲜活的语文。

中文是由象形文字发展而来的,很有趣味,如"日"字,"月"字(月牙形);中文富有深刻含义,如"爱"字,当中有个"心"字,表示发自内心的关怀爱护,又如"仁"字,是由"二"和"亻"("人")的组合,是两个人合并在一起,那么"仁"是什么意思呢?中国伟大的哲学家、教育家孔子说,"仁者爱人",意思是要处理好人与人的关系,要爱惜他人,帮助他人,人们之间和睦相处,就做到仁了,小朋友们,你爱护同学吗?尊敬老师吗?中文就教你懂得做人的道理。

象形文字蕴含智慧,更是大智慧的产物和体现,中文记录了中国悠久的历史,灿烂的文化,今天要了解中华文明,有多得不得了的中文书籍可以提供。

归纳我说的中文特点,就是:是世界上各种语言文字中运用人数最多的语言;是联合国通用的四种语言里的一种;是从象形文字演变形成的;拥有丰富的中文图书,记录了中国历史文化。

现在我们可以说一说学习中文有哪些用处了：

第一，中文是世界各国人与中国人交往的必备工具，用它交换信息，联络感情，从事文化艺术、学术交流，以至于谈判，订合同，定协议。四百多年前，欧洲人到中国去传播天主教，他们首先学说中国话，学习中文，能够阅读，并能书写，才能开始同中国人交朋友，传播西欧先进的科学与艺术，进而传播天主教，由此吸引了一些中国信徒。这是为到中国传播西方文化而学习中文。最近十几年，我在澳洲中餐馆看到白人用餐习惯的变化：开始时中餐馆中白人很少见，他们爱吃油炸的食物，不饮茶，喝饮料、酒类，别别扭扭地用筷子夹食物；渐渐地，白人食客多了，与中国人在一起进餐的多了，用筷子也比较熟练了，不过依旧喝饮料、酒类，可以说他们在吃食中餐方面逐步习惯中国人的方式了。这种变化，与中国对外交往的日益增多，与中国经济发展，特别是成为世界第二大经济体有关。人们到中国去，同中国人交往大大多了起来，向中国输出商品、科学技术，中国吸引外资，向外输出大量商品，向外投资，大量地移民，等等，中国经济离不开世界经济，世界同样不能没有中国。各自需要，大家就来学习中文了。

第二，增加文化品味、丰富人生经历，学中文是掌握工具。中国毕竟是古老国家，有灿烂的文明，因此到中国的人士，不论是从政的官员、经商的商人、科技人员、学者，还是休闲娱乐的旅行者，无论是什么人，都会参观名胜古迹、风景区，到北京，长城、故宫就成为必到的地方，名胜古迹有着极其丰富的文化内涵，人们会比较北京故宫、巴黎凡尔赛宫两种迥然不同的建筑风格，以及表现皇家权威、尊严的不同方式，有了对中国文化特点的认知，就增加了文化品味，丰富了生活内容！

第三，从中国历史学习智慧和人伦法则。近代以来，西方的有识人士说，西方科学技术发达，而在人类伦理规范体系中，中国的体系值得学习。就以前面说到的"仁"字、"仁者爱人"来讲，提倡人类之爱，倡导人与人之间和睦相处，应当是人类共同遵守的法则，是有普世价值的。

学习中文的好处，就讲这么多。

中国人有着学习英文的热情，也盼望在外国出现"汉语热"（"中文热"），其实，这不是中国人盼望的事情，应当是地球村人类产生了共同的愿望，人们因此去学习中文。中文是有趣的文字，也是有必要掌握的文字，希望小朋友们喜欢它，用它和别人交谈，写中文文章给别人阅读。

谢谢曾老师，

谢谢小朋友们听我的啰嗦。

（一位在澳洲悉尼一家小学执教的华裔教员曾老师，约我给她的学生写一篇关于中文的文字，由她向学生讲解，我遂于 2014 年 2 月 24 日写出本文。2019 年 1 月 28 日记）

庆幸有这样好的图书馆

1986年,我在拙作《清史史料学初稿》(南开大学出版社1986年梓行)的"后记"里写道:"我在当助教时就爱在南开大学图书馆书库读书,因读的线装书较多,需要更换较勤,借出来阅览,就不如在库里读着方便,好在那时助教、研究生可以进库,就给了我很多便利,从而使我对书库产生了特殊感情。'十年内乱'中,一个偶然的机会,我进了库房,顿时感到精神一振,抚摸着一架架的图书,像见到心爱的宝物,翻开它,阅读它,怡然自得,宛如进入另一个世界。现在虽年龄渐增,但我仍然乐于把书拿到书库一个旮旯的桌子上翻检。这算什么习惯不去管它,我庆幸有这样的图书馆,同时深深地感谢着图书馆阅览股的先生们。我记得唐山地震那年的冬天和次年的春天,图书馆还在地震棚办公,但不仅允许我进楼查索线装书目,管理员先生还进入被震损的书库给我取书。这样的事怎能不铭感五内呢?"这些发自内心的话,是我同图书馆关系的写真。

庆幸有这样好的图书馆,包含着两方面的内容,一是它拥有我所需要利用的图籍,另一是它的优秀管理人员,能够热情而便捷地提供读者索阅的图书。

以前我经常同老图书馆阅览股的先生、女士打交道,他们就是前述"后记"中所称道的优秀图书馆管理人员。新图书馆建成后,则常去三楼的善本书室和线装书库,五楼的文科阅览室和库本库房,所有在这里工作的女士和先生,给人的印象是热情、和善、业务娴熟。我虽然不时进书库,知道那一类书大概放在什么地方,但是图书太多,不查书号,常常难以顺利找到要索取的书,这时去麻烦管理员,他们会一边告诉这部书的书号范围,一边很快地将所要的书挑出来。1996年冬天和1997年全年,我写作《清代人物传记史料研究》一书,尽管在此以前已掌握相当多的材料,但需要阅读的图籍仍然很多,因之有些日子整天在库本库挑书、看书、抄书,一天也看不了多少,深深感到时间不够用,于是同管理员商量,请求特别援助,即帮我选择图书和复印资料,她们痛快地答应了。于是我说明要读有关清朝人的年谱、日记方面的书籍,她们就将排放在各个书架上的相关著作抽检出来,搁在一起,我则随手一本本翻检,遇有需要复印的资料,就用纸条写明页码,然后由她们拿到复印室复印,便利了我带回家细读,因而大大节省了搜集资料的时间。就在我于库本库房看书的时候,知道有的老师打电话给管理员女士,请她们代找图书。当我去线装书库查书时,听管理员女士讲,得知年逾八旬的杨志玖教授亲自到馆里借还书,心中不安,希望杨教授电话通知她们需要的书籍,以便送到他家。她们这样对待包括我在内的上了年纪的人,是有优待成分,同时我在书库和善本书阅览室看到,他们对中青年以及外单位的读者也是那么热忱,尽力回答人们的咨询,令人们满意而去。因此,我才认为他们每一位都是兢兢业业、恪于职守的人,是具有强烈敬业精神的人。当前,某些图书馆,尤其是档案馆、博物馆,把全民的、公共的文献资料,看成似乎是单位所有的、管理人员所有的,因而刁难借阅者,相比之下,南开大学图书馆的工作人员开放图书文献,方便读者借阅的工作作风,就不由得不令人敬佩。

他们的服务质量高,固然基于本身的高素质,更同馆里提倡优质服务及相应措施有关。馆方采取给老年教师发放"电话预约送书上门服务卡"的措施,并将办理中文书、外文书和线装书借阅的负责人、联系电话告诉领卡教师,以便预约送书制度的实施。当馆方将这一举措电话示知并表示送卡到家时,我感动不已。至今我还没有使用过服务卡,但一想到它心里就热乎乎的。图书馆的书目卡做得很好,中文书作了书名、作者和分类三种卡片,备读者检索。又把线装书按经、史、子、集分类编出目录,印刷成册,发给有关教师,于是在我们手中就有了《南开大学图书馆线装书目》的《经部》《史部·地理类》《子部》《集部·中国古典小说》《集部·词曲诗文评》《集部·别集》及《南开大学图书馆馆藏古籍善本书目》等馆藏图书目录专册,若要利用,查检书目,会很容易地找到图书。90年代以来,图书馆走在电脑检索潮流的前面,工作取得明显的成绩。1995年我陪台北"中研院"近代史研究所所长陈三井教授到图书馆参观,他见到电脑检索大为称赞,说他刚刚访问过中国社科院某研究所,那里的检索条件远不如南开。总之,良好的管理制度和敬业的管理人员,使南开大学图书馆真正成为教师教学与科研的资料宝库。

南开大学图书馆的藏书,从我50年代中进校时得知的数十万种,到现在的二百几十万种,其中有中文平装的、线装的,有外文的,有图书,还有报纸期刊,真是种类繁多、数量宏富。对于我们从事历史教学与研究的人来说,特别重要的是拥有古典文献,而南开馆藏甚丰,仅善本书就有一千八百余种。除了这些精品图籍,馆藏另有许多特点,如清人文集藏量大,多达二千余种,这是作清史研究的极好条件。我曾经作清代著名文人袁枚的三个妹妹("袁氏三妹"袁机、袁杼、袁棠)的传记,可是她们的著述没有单行本,都收在袁枚的著作中,图书馆所藏袁枚的书,线装书就有数种,为《小仓山房外集》(8 卷)、《小仓山房全集》(文集 30 卷、诗 31 卷、外集 7 卷)、《小仓山房诗文集》(诗集 37 卷、补遗 2 卷、文集 35 卷)、《小仓山房诗集》《随园文粹》《随园诗话》等。不仅袁氏三妹的作品收在其间,袁枚之堂弟袁树、外甥陆建的文集也收入了,所以找到袁枚的集子,就有了袁氏三妹传记的大部分史料,从而有了研究的可能。

我还进行过承德避暑山庄史的考察,关于山庄的建立和建筑物,康熙帝及其臣工撰有《御制避暑山庄诗》,系诗图并茂之作;后来乾隆帝恭和乃祖康熙帝的诗,与臣工绘图,形成《御制恭和避暑山庄图咏》,并将康熙朝之作包括在内。这部书是山庄史的重要文献,我在图书馆寻觅,发现它有六种版本,即:康熙间内府刻本;香山徐氏摹本,大同书局石印本;与雍正帝的《圆明园图咏》合刻本;武进陶氏涉园影印玻璃版印图本;河北美术出版社 1984 年印本,以上五种均为汉文本;另有康熙间满文内府刻本。这部书,当有乾隆朝内府印本,图书馆未能收藏。不过从一部书讲,收有这么多的版本,对于研究者来说,已是大喜过望了。

南开大学图书馆藏书的另一个特点,是 20 世纪下半叶台湾版图书甚多,特别是一些大部头的丛书,比如馆藏有台北文海出版社于 60、70、80 年代印制的《近代中国史料丛刊》《续辑》《三编》,共计 2163 册,排了好几个书架;《中国方志丛书》,台北成文出版社于 1966 年—1985 年影印发行,收书 2035 种;成文出版社还刊行《中国方略丛书》,1968 年的第一辑 120 册,两年后第二辑问世;台北文明书局 1980 年影印的《中国佛寺志》,精装 50 册;《明清善本小说丛刊初编》,台北天一出版社 1985 年影印,馆藏 18 辑 230 种。这些图书,对于中国历史、文学史、哲学史的研究都有参考价值。此外,馆藏方志、族谱也均有特色,不俱述。

南开大学图书馆的丰富藏书和馆方的良好服务,为我们教师教学与科研提供了极其充足的参考资料。本人正是利用这一条件进行史学研究,写出一点东西。如前述《清史史料学初稿·后记》所讲,写作此书得力于图书馆。后来,这本书经过大幅度的补充,易名《清史史料学》,由台湾商务印书馆于 1993 年印制问世,我在"自序"里再次讲到此书与南开大学图书馆的关系:"(新书)增写台湾学术界和出版界对清史史料文献整理、出版和研究的概况。我到南开大学图书馆库本书库作了浏览,将其所藏台湾出版物的有关内容写进书中……"没有馆藏的台湾出版品,是很难作这种补充的。去年 12 月我写成《清代人物传记史料研究》,在"后记"中表达对一些单位和个人的感谢之情,其中写道:"余写作此书,利用南开大学图书馆库本库、特藏部、线装书库的图籍,得到许多管理先生和女士的热情帮助……没有他们提供的便利,不可能在现时把书写出来。"的确,是图书馆提供了资料,管理人员的协助,节省了我的精力和时间,这是最宝贵的帮助。这叫我怎么能不感到我是幸运的哩!我为有南开大学图书馆而庆幸,而自豪。我还想,什么叫幸福,有这个好的图书馆可供利用,就是我们读书人的幸福!

我庆幸有这样好的图书馆!并祝愿图书馆繁荣昌盛,管理员女士、先生工作顺利,生活美满!

(1998 年 4 月 25 日写于顾真斋,收入南开大学图书馆编《南开大学图书馆建馆八十周年纪念集》,南开大学出版社,1999 年)

一个有荣誉感的历史系所
——四个月所感受的台湾暨南大学历史系所

按：本系获资助邀请天津南开大学历史学院、中国社会史研究中心冯尔康教授来台讲学，于本系硕士班开授"18世纪以来中国家族史"课程，于学士班讲授"中国社会史专题"课程。冯先生于2002年10月2日来台，于2003年1月31日离开台湾，历时4个月。此篇文章是他在暨南大学讲学期间，对于历史系所作的指正与鼓励。

我于2002年10月至2003年1月在暨南大学历史系所讲授一个学期的课程，与系主任和各位老师、助教、研究班及大学部同学的接触与交游中，深切地感到这是一个有着浓厚的荣誉感的学系，一个欣欣向荣的、令人备感温暖的学术团体，兹将感受略抒于后：

将好学生输送出去

我在历史系办公室兼资料室的场所，不止一次地见到李广健教授在给大学部四年级的五六位同学讲课，打听为什么在这儿上课，得知此原来并非正式课程，是这几位同学有志于考研究部，李教授在帮他们进行系统知识的复习，提高他们的专业水平。我因而对同学的这种努力颇为赞赏，对李教授不惜时间、精力指导学生的精神，甚感钦佩。到年底，获知张家豪、刘懿萱二位同学考上了本系所的研究班，他们二人也在听我的课，我向他们道贺。接着听说系主任王鸿泰教授让他们往外校去考试，争取到名牌学校去读书。原来暨大历史系所才建立六年，张家豪等同学是第一届毕业生，王教授的意思是让他们走出去，考个更理想的学校，既有利于他们的提高，也是对新学系的暨大历史系所教学质量和成绩的检验，更是以此促进自身改进教学，增强办学能力，提升教育质量。一个仅有六年的新的学系，如同开始学步的幼儿，仍属于发育阶

411

段,名声自然不能远播。但系主任和教授有如此强烈的提升学科名誉的理想和襟怀,系所怎能不办得欣欣向荣,怎能不实现提升在教育界、学术界地位的愿望!

老师们的主人翁意识

我同李盈慧教授在交谈中,她多次表示,感谢我这么远到系里教课。当李广健教授知道我赠送系里几本书,他连忙向我道谢,系上仅有一位主任,两位李教授只不过是系里老师,并没有行政职责。然而他们主人翁的意识很强,既然将我当作客人,便自觉地以主人身份对我客气了。我曾经向系主任王鸿泰教授称颂他们的行为,王教授说我们系小,老师少,大家才这样的。他是谦虚,我想不是人多人少的问题,而是老师们有一种自然的同时又是强烈的主人翁意识,人人对系所有一种归属感,将她看作是自家的,自觉地去爱护她,希望她发展壮大。并能以自身的行为给人一种感染力,认识到这个系所的巨大凝聚力,从而令这个群体对外界产生难于抗拒的吸引力。这个新的系所一定会茁壮成长,不要多久,就会盛名远扬。

密切的师生关系

我不时地听到老师、同学讲到"老大",老大也者,指原先代理校长、教务长、历史系所创办人的徐泓教授,这是在"9·21"地震时期领着师生渡过艰难时日的师长,大家之间有着深厚的感情,才在背后这么亲密地称呼他。12月下旬,在徐教授六十花甲大寿之时,系里老师和少数同学,先到徐府祝寿,接着共进晚餐,餐后去徐氏新置山间别墅参观,对雅致的书斋,师生拍摄多张照片,做为珍贵的纪念。12月学校为毕业班同学摄影,老师们穿戴整齐地出席,除了集体拍照,一些同学分别找老师合影,我看老师们都很高兴,特别为即将有第一届毕业生而兴奋。在集体照中,有一张是要求各自选择表现个性的形象,在拍照之前,王鸿泰主任突然做出一个动作,右足踏在椅子上,左臂支于大腿,手托右腮,面朝镜头,摆出姿态,似乎等待拍照,但又倏忽坐好,引得众人大笑,我知道他性格开朗,不知竟然如此活泼,从未见有系主任和师生相处那么和谐。元旦前,由学生会组织联欢晚会,同学表演精彩节目之外,伍碧文教授、滨岛敦俊教授、王鸿泰教授先后登台高歌一曲,在这种欢乐的气氛里,我这从未在大庭广众中登过台的人也献了一次丑——唱了首民歌。有时我听学生管助教(系所办公室秘书及办事员)廖文媛小姐叫"文媛姐",可见他们之间的真挚感情了。这种种现象,都令人羡慕老师之间、师生之间形成的真情厚谊,这种友情,我有深切的感受。到了当天晚上王鸿泰教授请吃饭。他陪同学、友人去奥万大、雾社观光,李广健教授和陈以爱博士贤伉俪亦去,邀我一同前往,我们高高兴兴地游玩了一天。承王、李教授的情,我还随同他们到水里、台中海港共餐风味小吃或海鲜。李教授夫妇还做东请我们到中兴新村一家别有风格的饭店就餐。我们在埔里镇上多次聚餐,有时廖文媛助教或同学也去,餐后必有一个项目,到"嘟嘟冰"小吃店吃凉热冰,其乐融融。

在没有到暨大以前,因为来校办手续的事情,我多次同助教廖文媛小姐通电话,她总是不离口地称我"老师",令人感到亲切,同时感到她办事的灵敏、熟练和热情。及至见面以来,这种感受更深切了。无论是教学、生活上的事情,乃至邮寄图书的事,都是她来帮助处理,我内心是很感谢她的。

到系里不久,许紫芬教授开车带我和滨岛教授去埔里镇购物,她知道我需要买一些日用品和用具,领我到相关的商店,并且帮助我选择用品,做到实用实惠。她又告诉我暨南大学的生态环境良好,要充分享受大自然的恩惠。我本来就有早晨健身活动的习惯,经许教授的介绍,深知环境的宝贵难求,决不要辜负天赐的美景,于是在清晨的跑步、散步之外,格外注意对大自然的欣赏,看晨曦初上之时青山颜色的变化,实在是美的享受。

每星期二上午课后到系办用餐,在一起的有也是刚下课的廖咸惠教授,餐后回学人会馆,总是搭乘她的车子,有时她要留下来复印资料,但要照顾我先走,就要放弃原来计划,我当然不会同意,坚持等她印好再走。她助人为乐的精神,令我十分感谢。

到研究班上课,陈怡行同学总是开车到住处接我;在大学部讲课,则有谢旻儒同学来接。他们帮助我可多了,有时带我去台北、台南、雾社、草屯、中兴新村、鹿谷,或逛书店,或参观民俗信仰寺庙,或办某些事情,或者购物。此外,侯之毅、曾美芳、许馨燕、孔令芝、吕聪福、洪玉菇、邱志仁等等同学都关照我。他们年轻,同他们的接触增添了我的生活情趣,应该说我们结下了友情。

两岸大学生的异同

我在台湾,不断有人问我,海峡两岸的大学生有什么异同。在暨大历史系所作讲演时也有同学问到这个问题。两岸的大学生我所知有限,在大陆主要是我所服务的学校——南开大学,这里则是暨大历史系了。在研究生方面,我觉得此间的同学有理想有追求,一般三年半、四年,甚或更多时才能毕业,取得学位,而在大陆三年必然取得学位,因此有一次问许馨燕同学,你学这么长时间,只为拿硕士学位,不觉得亏吗?她回答得很干脆:我对所做的海外华人历史的课题非常有兴趣,一心想把它写好,所以不计时间得失。我听了颇为惭愧,我以目前大陆的硕士生状况来看待这群暨大的研究生了。他们是有抱负的,不是为拿学位而上学。我还知道许馨燕、陈怡行、曾美芳等同学大学部不是学历史的,转到历史学方面来,就是冲着理想而来的,自然学习兴趣浓厚,不达到目标不罢休了。要想提高学生学习质量,没有淘汰是不行的,大陆几乎是百分之百地按期毕业,难免有滥竽充数的了。在大陆因为高考考生多,考上名牌大学不容易,因此考上的大学生相对用功些,而且水平相对整齐些。而台湾入学率高达80%,于是出现参差不齐的现象,我发现许多同学学得很好,也有一些同学没有认真地读书,因此用"惜时"二字勉励同学。"寸金难买寸光阴","莫等闲白了少年头,空悲切"这是老话,年轻人听着可能反感,然而这是千真万确的真理,可不要到老年有所"悲"呀!两岸的学生还有一点不同,似乎台湾学生单纯一点,保留了中华文明的某些优良传统;在大陆,出身农村的学生往往具有刻苦求学的精神。

最后,我要说,暨大历史系所的师生如此努力,它在教育界、学术界的地位必将日益高升,进入名牌系所的行列。

(2003年元月22日写于台湾暨南大学学人会馆,载《暨南史学》第6号,2003年7月)

写作与"三多"

　　我虽然写过一些文章,但要说怎样作文,就讲不出什么道理,在这儿只能谈一点体会,与青少年朋友交流。所说的也许对你毫无意义,那就作罢,并请你原谅。我的写作体验,可以概括为"三多"——多读书,多练习,多写熟悉的事情。下面分别作一点说明。

　　古人讲"开卷有益",是说打开书本阅读,就会获得好处。是的,书本是知识的载体,是人类精神财富的结晶,阅览它自会得益。勤于开卷,获取的知识必然会多,因此要养成爱读书、多读书的习惯。这种事,成年人是不说自明的,青少年就需要逐渐地懂得这个道理,并热情地投入。开卷固然有益,但读什么样的书,则是大有讲究的,因为书有其读者对象,同样对象的书,也有质量差异,所以读书应当有选择,要找那些好书来读,好书当中,又有经典之作,比如我读小学、初中的时候,老师指导阅读《古文观止》《唐诗三百首》,那是古典文学的经典之作,尽管我那时不用功,没有背熟,后来知道那是最应该牢记的、理解的。我读高中的时候,课余就看当时流行的苏联小说,如《祖国的早晨》之类,然而西方文艺复兴以来的经典作品,知道极少,也难以寻觅,还是到 80 年代之后,才翻阅一点,如巴尔扎克的作品,从中认识西方近代社会,而所读的苏联文学作品后来体会受益无多。

　　读书,尤其是在求学时代,就要大量地读,读各种类型的书,各门学科的书,为了多多获取各种学科的知识,爱读的,不爱读的,都要读一点,不喜欢的,也要耐心地读一点,如此才能获得各种知识,免得将来要利用时,产生"书到用时方恨少"的遗憾。归结我的多读书的意思,就是多读,读好书,读经典著作。读书有什么好处呢?就写作而言,我想到两点,一是得到完善的知识结构,二是明了文章的写法和典故、词汇的运用。

　　书读多了,知识多了,为写作积累了素材,但这远远不够。要想写好,有的名家告诫初学的青年,写出草稿,要润色,哪怕改个八遍、十遍,也是改到满意为止。这说得非常有理,非常到位。不过这是作文做到一定阶段的话,我想说的是写作的前期准备,就是写日记。古人,特别是清代人、民国时代的人,有写日记的愿望,也有这种习惯。远的不说,政要蒋介石、学者胡适、文学家鲁迅、科学家竺可桢等等,都有日记遗世。我小时候,父母、老师都让记日记,也着实写了两年,但是不好好写,一是懒,二是觉得没有可写的事情。那时让记日记,主要是从修身着眼的,古人讲每日"三省吾身"——反省当日做的不对的地方,以便改正,提高修养;其次是记事,记所见所闻,记感想。那时春天学校组织春游,老师必定出春游的作文题。日记、游记是练习写作的必要的方法。我那时以为日记没得可写,是少年不懂事,也没有同老师、父母交谈,缺少了相应的开导。后来后悔也无法弥补。少年时代天真,无世事之累,正可以用点心思,将写日记当作件事,把学业进展、同学相处、师长教诲、观察社会、体验人生的种种心得写出来,这不就是练习写作了吗?何况有日记保存下来,是人生记录,非常可贵的纪念品,也是一种精神财富。

创作要写自己熟悉的题材,青少年朋友真正懂得这个道理才好。写熟知的事情,自然好下笔,写起来有如"神助",走笔如飞的境界或许能够出现。不熟悉的事,勉强动笔,硬着头皮杜撰,痛苦万状,也作不出好文。我就有正反两方面的体会。以撰著《雍正传》来讲,雍正皇帝是康熙皇帝第四个儿子,他的同胞弟弟允禵排行第十四,社会传说康熙帝临终遗命传位十四子,可是雍正帝把"十"字改为"于"字,从而夺了他弟弟的皇位。所以我在写雍正帝诞生时,特意指明他是第四子,请读者留意,以便理解我后面写他继位时政治斗争的故事。我能这么提醒读者,是对雍正帝历史有完整、深入考察的缘故。

实现前述"三多",关键在于"勤奋"。"怠惰"是人的天性,留心克服才好,成年人自觉性较高,尚不易清除,年轻人不成熟,更要注意克服,要勤苦向上,多读书,多动笔,写熟悉的事,渐渐就会写文章,写好文章了。

(2006 年 1 月 5 日草,载南京《时代学习报》2007 年 3 月 16 日,及南京《全国优秀作文选》小学版 2007 年第 3 期、初中版 2007 年第 4 期)

《寻根》杂志题词

倾心于"根"、讲求伦常的公民探求中华文化之精髓,还原历史之魂,创造当代中华新文明。

(2013 年 12 月 1 日)

《海洋史研究》题词

研究海洋史,推进海洋资源利用和保护。

(2015 年 9 月 14 日)

《南开史学》复刊题词

郑毅生天挺先生创刊,我以在刊物上发表文章为荣。如今复刊,祝愿一如既往地支持独立思考的良史之作,赓续秉笔直书精神,为史林立一家之言,助益南开史学更上层楼。

(2019 年 4 月 8 日于顾真斋)

冯尔康著作目录

编选原则

甲、目录按著作内容分为六类:雍正帝等人物传记;宗族史;社会史;文化史;史料学;其他。

乙、同类著作的排序规则为:先独著,次合著及编辑类著作。

丙、独著的著作,不再注明著作方式;合著及编辑类著作,注明合作者及著作方式。

丁、一部著作的不同版本,均按独立品种著录。

一、雍正帝等人物传记

1.《雍正传》,北京:人民出版社,1985年

2.《雍正传》,台北:商务印书馆,1992年

3.《雍正传》,北京:人民出版社,1998年

4.《雍正传》,上海:上海三联书店,1999年

5.《雍正传》,北京:人民出版社,2014年

6.《雍正帝》,北京:中华书局,2009年

7.《雍正帝》,台北:联经出版事业公司,2009年

8.《雍正皇帝》,北京:故宫出版社,2016年

9.《雍正继位之谜》,北京:中国人民大学出版社,1990年

10.《雍正继位之谜》,台北:云龙出版社,1991年

11.《雍正继位新探》,天津:天津人民出版社,2008年

12.《雍正皇帝全传》,冯尔康、许盛恒、阎爱民著,北京:学苑出版社,1994年

13.《清朝通史·雍正朝》,冯尔康主编,杜家骥、阎爱民著,北京:紫禁城出

版社,2003 年

14.《清代人物三十题》,长沙:岳麓书社,2012 年

15.《康熙事典》,王思治、冯尔康编著,台北:远流出版公司,2006 年

16.《砥砺篇》,北京:中国青年出版社,1991 年

17.《砥砺篇》,台北:书泉出版社,1993 年

18.《砥节砺行——寻找品格的磨刀石》,天津:天津教育出版社,2013 年

19.《郑天挺纪念论文集》,吴廷璆、陈生玺、冯尔康、郑克晟编,北京:中华书局,1990 年

20.《郑天挺学记》,冯尔康、郑克晟编,北京:生活·读书·新知三联书店,1990 年

二、宗族史

21.《中国古代的宗族与祠堂》,北京:商务印书馆国际有限公司,1996 年

22.《中国古代的宗族与祠堂》,台北:商务印书馆,1998 年

23.《中国古代的宗族与祠堂》,北京:商务印书馆,2013 年

24.《中国的宗族与祖先祭祀》(日文版),小林义广译,东京:风响社,2017 年

25.《18 世纪以来中国家族的现代转向》,上海:上海人民出版社,2005 年

26.《中国宗族制度与谱牒编纂》,天津:天津古籍出版社,2011 年

27.《中国宗族社会》,冯尔康、常建华等著,杭州:浙江人民出版社,1994 年

28.《中国宗族史》,冯尔康、常建华等著,上海:上海人民出版社,2009 年

29.《中国宗族》,冯尔康、阎爱民编著,广州:广东人民出版社,1996 年

30.《宗族史话》,冯尔康、阎爱民编著,北京:中国社会科学出版社,2012 年

31.《清代宗族史料选辑》,冯尔康主编,阎爱民、冯尔健、惠清楼副主编,天津:天津古籍出版社,2014 年

32.《中国家谱综合目录》,国家档案局二处、南开大学历史系、中国社科院历史所图书馆郝存厚、冯尔康、武新立编,北京:中华书局,1997 年

三、社会史

33.《中国社会史概论》,北京:高等教育出版社,2004 年

34.《中国社会史研究》,天津:天津人民出版社,2010 年

35.《顾真斋文丛》,北京:中华书局,2003 年

36.《乾嘉之际下层社会面貌——以嘉庆朝刑科题本档案史料为例》,
    嘉义:台湾中正大学历史系,2004 年

37.《中国社会结构的演变》,冯尔康主编,郑州:河南人民出版社,1994 年

38.《古人社会生活琐谈》,长沙:湖南出版社,1991 年

39.《古人生活剪影》,北京:中国社会出版社,1999 年

40.《去古人的庭院散步》,北京:中华书局,2005 年

41.《清人生活漫步》,北京:中国社会出版社,1999 年

42.《生活在清朝的人们》,北京:中华书局,2005 年

43.《清人社会生活》,冯尔康、常建华著,天津:天津人民出版社,1989 年

44.《清人社会生活》,冯尔康、常建华著,沈阳:沈阳出版社,2002 年

45.《中国社会史研究概述》,冯尔康等编著,天津:天津教育出版社,1988 年

46.《中国社会史研究概述》,冯尔康等编著,台北:谷风出版社,1989 年

47.《清嘉庆朝刑科题本社会史料辑刊》,杜家骥主编,冯尔康、朱金甫副主
    编,天津:天津古籍出版社,2008 年

48.《中国历史上的农民》(彭炳进教授学术讲座第一辑),
    冯尔康、常建华编,台北:馨园文教基金会,1998 年

49.《中国历史上的生活方式和观念》(彭炳进教授学术讲座第二辑),
    冯尔康、常建华编,台北:馨园文教基金会,1998 年

50.《二十世纪社会科学研究与中国社会》(彭炳进教授学术讲座第三辑),
冯尔康、常建华编,台北:馨园文教基金会,1999 年

51.“中国古代生活丛书”,李学勤、冯尔康主编,北京:商务印书馆,1995 年

52.“中国古代生活丛书”,李学勤、冯尔康主编,台北:商务印书馆,1998 年

四、文化史

53.《尝新集——康雍乾三帝与天主教在中国》,天津:天津古籍出版社,
    2017 年

54.《封建社会的一面镜子——红楼梦》,北京:中华书局,1974 年

55.《曹雪芹与红楼梦》,北京:中华书局,1986 年

五、史料学

56.《清史史料学初稿》,天津:南开大学出版社,1986 年
57.《清史史料学》,台北:商务印书馆,1993 年
58.《清史史料学》,沈阳:沈阳出版社,2004 年
59.《清史史料学》,北京:故宫出版社,2013 年
60.《清人传记史料研究》,北京:商务印书馆,2000 年
61.《清人传记史料研究》,天津:天津教育出版社,2005 年

六、其他

62.《明清史国际学术讨论会论文集》,明清史国际学术讨论会秘书处论文
  组编(郑克晟、陈振江、冯尔康、南炳文编),天津:天津人民出版社,
  1982 年
63.《第二届明清史国际学术讨论会论文集》,明清史国际学术讨论会论文
  集编辑组编(冯尔康、陈振江编),天津:天津人民出版社,1993 年
64.《扬州研究——江都陈轶群先生百龄冥诞纪念文集》,冯尔康主编,王
  戎生等编,台北:联经出版事业公司,1996 年

冯尔康文集总目录

《社会史理论与研究法》
目　录

解题（常建华）

历史学研究综论

"说故事"的历史学和历史知识大众文化化

对人的全面关注与史学家的应有作为

养成史学研究独立思考意识

　　　——以十七、十八世纪中西文化交流史研究为例

浅说独立思考是学术研究的首要准则

史学的生命在于说真话

杂谈二十世纪中国史学研究的观点与方法

拜读郑克晟教授著《明清史探实》感言

社会史研究及其方法论

开展社会史研究

中国社会史研究的回顾与展望

中国社会史研究专著简介和书目

三论开展社会史研究

深化与拓宽

迈向未来的社会史研究

社会结构理论与中国社会结构史研究

为史学研究新领域鼓与呼

我的习史治史

附录

《古代宗族与社会结构史》
目　录

中国古代史札记

古人的生养死葬

附　录

《清代宗族史论》
目　录

清朝宗亲法及其指导思想

国法·家法·教化
　　——以清朝为例
宗法观念与清代职官制度
简论清代宗族的"自治"性

总论清代宗族特点

清代宗族的社会属性
　　——反思 20 世纪的宗族批判论
清代宗族制的特点
清代宗族族长述论
清代宗族文化
　　——从文化角度认识清代宗族
清人"礼以义起"的宗法变革论
　　——宗族活动的主导意识

清代宗族载体

族规所反映的清人祠堂和祭祀生活
论清代苏南义庄的性质与族权的关系
清代宗族祖坟述略
清代北方宗族的祖坟建设与祭祀活动
清代宗族祭礼中反映的宗族制特点
清代宗族与族人丧礼
清代宗族的兴学助学及其历史意义
18、19 世纪之际的宗族社会状态
　　——以嘉庆朝刑科题本资料为范围
清代的家庭结构及其人际关系

清人族谱

略述清代人"家谱犹国史"说
　　——释放出"民间有史书"的信息

宗族不断编修族谱的特点及其原因
　　——以清朝人修谱为例
清人谱法中求实际与慕虚荣的矛盾观念
清人谱序阐述的宗族建设理论
家谱的学术价值与现代社会价值
朱次琦的为人与谱牒学研究

《近现代海内外宗族史研究》
目　录

解题(常建华)

宗族活动及研究

18 世纪以来中国家族的现代转向
北洋政府时期传统宗族的演变
20 世纪上半叶式微中更生的家族
20 世纪中国社会各界的家族观
改革开放以来宗亲宗族活动概况
当代宗族与现代化关系
20 世纪中国宗族史研究状况评介

海外华人、宗亲会与宗族文化

晚清南洋华侨与中国近代化
当代海外华人述略
20 世纪下半叶以来台湾、香港和海外华人的宗亲会
20 世纪 90 年代初期新西兰华人社团述略
当代海外华人的丧葬礼仪对中华文化的传承与反哺
当代海外华人丧礼文化与中华家族文化的海外生根

《清史专题研究》
目　录

女性史

清代的婚姻制度与妇女的社会地位述论

母子共同砥砺

　　　　——尹会一之母李氏、洪亮吉之母蒋氏、

　　　　张惠言之母姜氏教子的故事

"少守三从太认真,读书误尽一生春"

　　　　——袁机评传

《楼居小草》的作者袁杼

女诗人袁棠

社会经济史

清代的押租制与租佃关系的局部变化

清代的货币地租与农民的身份地位初探

清代地主层级结构及经营方式述论

十七世纪中叶至十八世纪中叶江南的商品交换、消费与本末观念

清代自耕农与地主对土地的占有

游民与社会结构的演变

十八世纪末十九世纪初中国的流动人口

　　　　——以嘉庆朝刑科题本档案资料为范围

乾嘉之际小业主的经济状况和社会生活

　　　　——兼述嘉庆朝刑科题本档案史料的价值

地域史

清初广东人与江苏

清代广东人在上海

清初吉林满族社会与移民

清代仪征人才的兴起及原因

清代乾隆时期扬州人的引领时尚

　　　　——建设文化教育休憩城的历史启示

《徽学研究》
目　录

<h1>《文化史散论》</h1>
<h1>目　录</h1>

文化史杂谈

历史之谜

《史料学研究》
目 录

解题(杜家骥)

综 论

传记、年谱、日记、书信、文编

方 志

中日学者都有重视史料的治学传统

  ——"中日学者中国古代史论坛"开幕式发言

《中国近事》的史源与史料价值

  ——将清代前期中国天主教史放在世界历史中研究的切入点

《师友述怀·序跋札记》
目　录

440

441

书　评

古人婚姻的各色情状